21世纪应用型本科系列教材·文化产业类

文化产业概论

第三版

韩骏伟　著

中山大学出版社
SUN YAT-SEN UNIVERSITY PRESS
·广州·

版权所有　翻印必究

图书在版编目（CIP）数据

文化产业概论/韩骏伟著 . —3 版 . —广州：中山大学出版社，2023. 9
21 世纪应用型本科系列教材·文化产业类
ISBN 978 - 7 - 306 - 07789 - 9

Ⅰ. ①文…　Ⅱ. ①韩…　Ⅲ. ①文化产业—高等学校—教材　Ⅳ. ①G114

中国国家版本馆 CIP 数据核字（2023）第 067290 号

WENHUA CHANYE GAILUN

出 版 人：王天琪
策划编辑：邹岚萍
责任编辑：邹岚萍
封面设计：林绵华
责任校对：邱紫妍
责任技编：靳晓虹
出版发行：中山大学出版社
电　　话：编辑部 020 - 84110283，84113349，84111997，84110779，84110776
　　　　　发行部 020 - 84111998，84111981，84111160
地　　址：广州市新港西路 135 号
邮　　编：510275　传　　真：020 - 84036565
网　　址：http：// www. zsup. com. cn　E-mail：zdcbs@ mail. sysu. edu. cn
印 刷 者：佛山市浩文彩色印刷有限公司
规　　格：787mm×1092mm　1/16　19.5 印张　435 千字
版次印次：2009 年 9 月第 1 版　2014 年 4 月第 2 版
　　　　　2023 年 9 月第 3 版　2023 年 9 月第 10 次印刷
印　　数：22701—25700 册
定　　价：55.00 元

如发现本书因印装质量影响阅读，请与出版社发行部联系调换

作者简介

　　韩骏伟，中国戏曲学院党委副书记。中国传媒大学广播电视艺术学博士，北京师范大学电影学博士后。主要研究领域为古代文学、影视艺术、文化产业。在核心期刊《艺术百家》《现代传播》《电视研究》等发表论文30多篇。出版专著《国际电影与电视节目贸易》、《电影现象学》（合著）、《电视剧艺术文化学》（合著）、《国际文化贸易》、《区域文化产业》等，译著有《传媒管理学导论》。主持国家社会科学基金项目"中国文化服务贸易国际竞争力研究"等多项科研课题。

内容提要

　　本书对文化产业相关概念与学科建设、世界及中国文化产业概况、区域文化产业规划、文化产业园区、国际文化贸易、广播电视电影产业、报刊出版产业、演出产业、会展产业、艺术品产业、动漫游戏产业等一系列文化产业领域的重要问题进行梳理；同时，为了帮助学生和其他读者加深对文化产业基本概念和理论的理解，收录了《文化及相关产业分类表》《文化产业十大发展趋势预测》《"十四五"文化产业规划》等重要资料，供读者学习时参考。

　　本书可以作为高等院校文化产业管理、艺术管理、新闻传播学、公共事业管理、国际文化贸易、会展经营管理、动漫产业管理等相关专业的教材或教学参考书，也是文化产业研究者、政府管理者、文化产业从业者和爱好者的重要参考资料。

第三版前言

根据马克思的精神生产理论，文化产业具有双重属性。它既是一种物质生产方式，为人们提供丰富的文化产品，能够创造经济效益，具有市场属性；也是一种精神生产方式，承载着思想情感和价值观，能够创造文化效益，具有意识形态属性。因此，我们要牢牢把握正确导向，坚持守正创新，确保文化产业持续健康发展。

党的二十大报告指出，推进文化自信自强，铸就社会主义文化新辉煌。繁荣发展文化事业和文化产业，深化文化体制改革，完善文化经济政策。实施国家文化数字化战略，健全现代公共文化服务体系，健全现代文化产业体系和市场体系，实施重大文化产业项目带动战略。坚持以文塑旅、以旅彰文，推进文化和旅游深度融合发展。

近年来，文化体制改革取得重大进展，文化产业占国民经济比重明显提高，在促进经济发展方式转变中的作用日益突出。随着网络、数字、信息技术的发展，动漫游戏、数字音乐、移动多媒体等新兴文化产业迅速崛起，文化产业业态更加丰富。2018 年，《国民经济行业分类（2018）》（GB/T 4754—2017）颁布实施，中共中央宣传部、国家统计局对《文化及相关产业分类（2012）》再次进行了修订，形成了《文化及相关产业分类（2018）》。

根据这些新的发展和变化，本版对所涉及的相关内容做了重新梳理和研究，更新了相关数据资料，对部分内容进行了修订，主要包括：按照《文化及相关产业分类（2018）》，修订了书中涉及的文化产业分类；按照党的二十大报告中文化产业的最新内容和表述，更新了相关提法，增加了文化产业高质量发展等内容；在更新产业数据和相关内容时，考虑到某些领域自 2020 年后受新型冠状病毒感染（以下简称"新冠"）疫情影响较大，为体现行业的常态化发展规律，采用了 2019 年前的数据；对文化产业特别是影视、动漫、数字出版等领域涌现的新的业态和形式、产业发展新趋势等进行了增补，如增加了游戏产业的内容；更新了资料链接，如《〈文化及相关产业分类（2018）〉概要》、《"十四五"文化产业发展规划》、《关于推进对外文化贸易高质量发展的意见》、2022 年修订的《营业性演出管理条例实施细则》等最新的文化产业资料。

本版大范围的改动如上所述，细微的改动不计其数，以力求做到数据最新鲜、理论最前沿，将纰漏降到最低。不当之处，敬请方家指正！

作者

2023 年 3 月

目　　录

导　　论

21 世纪的一个重要现象就是文化在全球战略格局中发挥着越来越重要的作用，文化产业被誉为 21 世纪的朝阳产业。从国际上看，"联合国千年发展目标"对文化创意高度重视，文化与科技、经济的融合度不断加深，文化产业的形态正在全面影响着全球化的风貌和走向。各国文化产业已经发展为当代全球经济体系的一部分，大众文化的商品性、大众传播的高科技性、文化资本的内在动力和文化产业的巨额利润，都成为文化产业发展的强大保证。从国内来看，在推进经济、政治、文化、社会、生态文明建设"五位一体"的总体布局中，文化是国家重要的软实力，文化产业的发达程度直接关乎"文化强国"的可持续发展能力。党的十八大以来，新时代文化产业作为坚定文化自信的现实基础，是国家治理体系和治理能力现代化的强有力支撑。

第一节　文化产业及相关概念

一、文化工业

（一）文化的概念

文化是一个表示人类社会文明发展程度的概念，最初是泛指人类区别于动物的一切活动及其成果。《易经·贲卦》之象言说："刚柔交错，天文也；文明以止，人文也。观乎天文，以察时变，观乎人文，以化成天下。"文化即由其中的"人文化成"简化而来，指用人文对人进行教化，以治理天下。在西方，文化（culture）一词来源于欧洲拉丁语，后引入英语世界，原指对土地的耕耘和对农作物的栽培，是一个物质范畴的概念。后来，"文化"的概念得以延伸，主要用于精神意识、道德修养、知识水平等方面。现代社会得到广泛认同的"文化"概念，由"人类学之父"、英国人类学家爱德华·泰勒在《原始文化》一书中提出："文化或文明，就其广泛的民族意义来讲，是包括知识、信仰、艺术、道德、法律、风俗以及其他人类作为社会成员而获得的各种能力和习惯在内的一个复杂的整体。"① 关于"文化"的指向意义，广义的文化包罗万象，是与政治、经济相并列的概念；狭义的文化则指向意识形态的精神领域。

（二）大众文化的概念与特点

文化产业概念源于对大众文化的理论研究。随着西方工业革命带来的技术进步，农业社会逐步向工业社会转型，生产的机械化和批量化使得物质产品生产由传统的个体形式向协作模式转变。物质生产工业化的同时，作为意识形态的文化艺术也呈现工业化的趋向，电影、电视等现代传媒文化形态兴起，出现了"大众文化"的特定范畴，即指以工业社会的发展为背景、兴起于当代都市、与当代大工业密切相关、以全球化的现代传媒为介质的大批量生产的当代文化形态，主要包括畅销小说、商业电影、电视剧、广告、流行音乐、休闲报刊、体育比赛、歌舞、游戏、动漫等。

1935 年，西方马克思主义流派法兰克福学派代表人物本雅明发表了《机械复制时代的艺术作品》一文，率先指出了 20 世纪二三十年代出现的一个新的文化现象，就是收音机、留声机、电影的出现带来的文化方面的变化，艺术品不再是一次性存在，而是可批量复制生产的，这就使艺术品从由少数人垄断性的欣赏中解放出来，将无产阶级文化带入了新的广阔天地。在大众文化研究的基础上，对文化工业的探讨成为文化产业的理论基础和实践支撑。

1964 年，英国伯明翰大学成立"当代文化研究中心"，标志着英国文化学派的诞生。英国文化学派的代表性学者有雷蒙·威廉斯、斯图亚特·霍尔、特里·伊格尔顿，研究重点在于从意识形态方面对文化产品中所包含的内容进行探讨，注重研究文化产业的符号生产机制及符号生产原则。英国文化学派把文化的研究方向由精英文化转向大众文化，关注许多理论家不屑一顾的电视以及其他大众传媒，辩证地看待大众文化的消极面和积极面，对文化产业理论研究起到了承上启下的重要作用。与法兰克福学派不同，英国文化学派客观评价大众文化的社会地位，认为人并非由于文化工业而变成了"单向度的人"，而是经过了编码—解码两个环节，即大众并非对传播者传播的文化产品简单地接受，而是对这些文化产品进行选择和再生产。在文化经济中，受众用自身独特的解码能力对电视文化资源进行再生产，创造出大众文化。大众文化作为后现代社会的文化模式，是实现人类自身全面发展必不可少的条件之一。总的看来，大众文化表现出以下特点：

1. 商品性。大众文化是现代工业与市场经济充分发展的产物，是消费时代由消费意识形态来筹划、引导大众消费的商品买卖行为，文化研究的重点转向流通过程，更关心文化产品的用法与用途。

2. 通俗性。大众文化是大众共同参与的当代社会文化空间或文化产品，是从城市到农村整个社会上散在的众多"一般个人"的文化。它既不同于精英文

---

① ［英］泰勒：《原始文化》，广西师范大学出版社 2005 年版，第 16 页。

化，因为精英文化具有明显的阶层性、小众化；也不同于民间文化，因为民间文化具有明显的自发性、小批量生产的特点。

3. 流行性。大众文化是采取时尚化运作方式的当代文化形态，伴随文化产品批量化复制和模式化生产，呈忽起忽落的变化趋势。文化产业的文本是开放的，受众虽不参与内容的生产，却可以参与文本的解读，从而能够主动地、创造性地接受文化产品。

4. 娱乐性。大众文化是以娱乐大众为主要目的的流通文化，特别注重娱乐性、休闲性、享受性，拒绝高雅与低俗的传统划分，取消了文化产品中审美标准的首要地位。

5. 传媒性。大众文化是在大众传媒的引导下发生、发展和变化的，没有大众传媒，也就没有大众文化。

（三）文化工业的概念与特点

1947 年，法兰克福学派代表人物阿多诺（也译作阿道尔诺）和霍克海默合作出版了《启蒙辩证法》一书，正式提出"文化工业"（culture industry）的概念：文化工业是凭借现代科学技术手段，大规模、标准化复制生产商品化、非创造性的文化产品的大众娱乐工业体系。认为，文化工业目的是创造消费使用价值，以市场为导向，经济效益是其运作杠杆，文化的工业性并不是指生产过程完全是工业化的，而是指"产品的标准化和分配技巧的理性化"。[①] 阿多诺和霍克海默对文化工业展开了系统的批判，指出它首先出现在一些较为发达的工业国家，由商业力量操纵，以娱乐消遣为目的，是制作和传播大众文化的手段和载体，以独特的大众宣传媒介，如电影、电视、收音机、报纸、杂志等，操纵了非自发性的、物化的、虚假的文化，成为束缚意识的工具、独裁主义的帮凶，并以更为巧妙的方法即通过娱乐来欺骗大众、奴役人，丧失了作为艺术本质的否定精神与超越价值。文化工业是现代科学技术进步的产物，不同于以往任何时期的文化形态。文化产品的类型、内容和风格日趋单调和雷同，电影、收音机和报纸杂志形成了一个无论在整体上还是在局部上都具有齐一性的系统，破坏了文艺作品的反叛性和超越性特质，造成了艺术形式的终结。在阿多诺和霍克海默看来，"文化工业"具有以下特征：

1. 文化商品化。文化工业具有商品化属性，是一种以市场为导向的商品生产体系，这就决定了它的运作规则遵循商品交换的原则，由市场价值规律来调控。文化生产成为商品生产，文化从人类思想、智慧的结晶物化为一种商品形态，追求价值和利润成为其最终的目标。文化作品变成了批量复制的大众消费品，其艺术精神和审美价值日渐通俗化。"文化工业引以为豪的是，它凭借自己

---

① ［德］霍克海默、阿道尔诺：《启蒙辩证法》，渠敬东、曹卫东译，上海人民出版社 2006 年版，第 150 页。

的力量，把先前笨拙的艺术转换成为消费领域以内的东西，并使其成为一种原则，文化工业抛弃了艺术原来那种粗鲁而又天真的特征，把艺术提升为一种商品类型。"①

2. 文化技术化。文化工业是现代科学技术迅猛发展的产物，技术催生了电影、电视、无线广播、唱片、录像机、录音机、电脑和互联网等新的艺术载体，使原来个体性、原创性、一次性的文化生产标准化、模式化、批量化，高度依赖于科学技术。没有现代的科技手段，也就不可能大规模地复制、传播文化产品，也就不可能产生文化工业。法兰克福学派中的本雅明对文化的"技术化"持肯定态度，认为技术是艺术生产力的一部分，代表着一定的艺术生产力的发展阶段。阿多诺等则认为文化工业的技术已经成为纯粹的标准化批量生产的成就，科学技术的高度发展的直接后果是人的理性变成了纯工具化的思维，人文理性遭到科技理性的严重挑战。

3. 文化标准化。文化工业的目的就是根据消费者的需要大规模进行批量化生产以获得经济利益，文化生产和文化产品表现出标准化特征。阿多诺与霍克海默在《启蒙辩证法》一书中指出，在 20 世纪的发达工业社会，以技术理性为表现的文化工业，通过文化产品"整齐划一"的生产与消费和"不断重复"的灌输，把因循守旧的行为模式当作"自然的令人尊敬的"合理模式强加给个人，从而扼杀了人们的个性、自主性和创造性。流行文化的生产就是一种标准化现象，所造成的后果是不仅扼杀了艺术创造的个性，而且扼杀了艺术哲学的自主性。

4. 文化强制化。文化强制化是文化工业异化功能中对人们思想意识领域形成的一种控制力。文化逐渐演变成一种支配力量，文化愈来愈屈从于工具理性的需要，成为即时满足的工具。按照法兰克福学派的观点，当代西方社会的大众传播媒介迅速发展，使文化工业迅速成长为资本主义体系的一个重要组成部分，尤其体现在思想意识领域。文化的标准化、模式化、商业化以及单面性、操纵性、强制性构成了资本主义文化艺术的重要特征，是压抑个体意识、个性、创造性、想象力的工具，也是资本主义维护其统治的意识形态工具，从而控制和规范着文化消费者的需要。

由于法兰克福学派的批判受制于当时的历史背景，因此，阿多诺与霍克海默对文化工业或大众文化的批判有片面和偏激之嫌，但他们关于大众文化的内涵、特征、功能的揭示，确实反映了文化工业的消极方面。

---

① ［德］霍克海默、阿道尔诺：《启蒙辩证法》，渠敬东、曹卫东译，上海人民出版社 2006 年版，第 151 页。

二、文化产业

(一) 文化产业的概念

文化产业作为一种特殊的文化形态和经济形态，从不同角度出发，有着不同的理解。1978 年，联合国教科文组织（United Nations Education Scientific and Cultural Organization，UNESCO）组建专门小组对文化产业进行研究，并于 1982 年在墨西哥城召开了世界文化政策会议。联合国教科文组织认为：文化产业指按照工业标准生产和销售文化产品或服务的产业，包括出版、音乐、电影、手工业、设计等。文化产业的本质是精神性的文化内容的生产与流通，受到著作权法的保障，形式为货品或者服务。文化产业是推动并保持文化多样性和确保文化民主的中枢，具有文化属性和经济属性双重属性。

我国第一次正式提出"文化产业"的概念是在 2000 年 10 月，党的十五届五中全会通过的《中共中央关于制定国民经济和社会发展第十个五年计划的建议》提出，要"完善文化产业政策，加强文化市场建设和管理，推动有关文化产业发展"。2003 年，文化部制定下发了《关于支持和促进文化产业发展的若干意见》，将文化产业表述为"从事文化产品生产和提供文化服务的经营性行业。文化产业是与文化事业相对应的概念，两者都是社会主义文化建设的重要组成部分。文化产业是社会生产力发展的必然产物，是随着我国社会主义市场经济的逐步完善和现代生产方式的不断进步而发展起来的新兴产业"。2004 年，国家统计局对"文化及相关产业"进行分类，主要包括文化产品制作和销售活动、文化传播服务、文化休闲娱乐服务、文化用品生产和销售、文化设备生产和销售活动以及相关文化产品制作和销售活动。2009 年，国务院发布了我国第一部文化产业专项规划《文化产业振兴规划》，提出要"加快发展文化创意、影视制作、出版发行、印刷复制、广告、演艺娱乐、文化会展、数字内容和动漫等重点文化产业"，标志着文化产业上升为国家的战略性产业。

(二) 文化产业的分类

在相当长的一段时期，文化在我国未被视为产业看待，而是作为文化事业，其统计数据缺乏系统性，不能反映文化作为产业的发展历程，尤其是不能反映近年来文化产业在社会转型、产业调整中飞速发展的现实。由于缺乏科学、统一的分类标准，文化产业在国民经济中的地位和对社会经济的作用不能得到很好的反映，很大程度上影响了对我国文化产业发展状况的认识和地区之间的比较，影响了国家的宏观管理以及战略规划和政策的制定。

为全面加强社会主义文化建设和深化文化体制改革，建立和培育社会主义文化市场，为界定和规范我国公益性文化活动和经营性文化活动提供决策参考，2003 年 7 月成立了由中共中央宣传部（以下简称"中宣部"）牵头，国家统计局、文化部、国家广播电视总局（以下简称"广电总局"）、新闻出版总署、国家文物局等单位参加的"文化产业统计研究课题组"。课题组的主要任务是，科学界定文化产业的概念，建立科学的文化产业指标体系和统计制度，为国家的文化方针政策和文化体制改革提供科学的统计数据，为社会主义文化建设、文化管理和文化统计提供科学、统一的范围与定义。目前，文化产业分类标准历经三个版本。

1. 《文化及相关产业分类（2004）》。2004 年，为适应文化建设和文化体制改革的要求，规范文化产业的统计范围，建立科学可行的文化产业统计，国家统计局在与中宣部及国务院有关文化部门共同研究的基础上，依据《国民经济行业分类》（GB/T 4754—2002），制定并颁布了《文化及相关产业分类（2004）》，并作为国家文化产业第一个全面统一的统计标准应用到 2004 年底开展的全国经济普查之中。分类首次明确了我国文化产业的统计范围、层次、内涵和外延，开启了我国文化产业标准化、科学化的时代，为启动和开展文化产业统计工作奠定了根基，为反映文化产业在国民经济中的地位和对社会经济的作用提供了规范和标准。但由于当时文化体制改革刚刚起步，在很多行业内部，公益性和经营性单位共存，公益性和经营性的统计分类标准尚未确定。

2. 《文化及相关产业分类（2012）》。2012 年，为适应我国文化产业发展的新情况、新变化，中宣部、国家统计局参考《2009 年联合国教科文组织文化统计框架》，根据《国民经济行业分类》（GB/T 4754 – 2011），对分类进行修订完善，形成了《文化及相关产业分类（2012）》，为反映我国文化产业的发展状况以及文化体制改革和文化产业发展宏观决策提供了重要的基础信息。由于文化体制改革取得重大进展，多数行业的公益性或经营性属性可以确定，特别是全国经济普查确定了以是否执行企业会计制度来区分经营性文化产业单位和公益性文化事业单位的原则，因此，文化产业仅指经营性文化单位的集合，文化事业仅指公益性文化单位的集合。

3. 《文化及相关产业分类（2018）》。2018 年，随着"互联网＋"文化新业态不断涌现，依据《国民经济行业分类》（GB/T 4754—2017），兼顾文化管理需要和可操作性，国家统计局颁布了《文化及相关产业分类（2018）》，增加了符合文化及相关产业定义的活动小类，重点是调整了分类类别结构。《文化及相关产业分类（2018）》将文化产业界定为：为社会公众提供文化产品和文化相关产品的生产活动的集合。统计范围包括两大领域共九大类别：一是文化核心领域，即为直接满足人们的精神需要而进行的创作、制造、传播、展示等文化产品（包括货物和服务）的生产活动，具体包括新闻信息服务、内容创作生产、创意设计服务、文化传播渠道、文化投资运营、文化娱乐休闲服务六大类别；二是文化相关领域，即实现文化产品的生产活动所需的文化辅助生产和中介服务、文化装备生产和文化消费终端生产（包括制造和销售）等活动，具体包括文化辅助生产和中介服务、文化装备生产、文化消费终端生产三大类别。根据活动的相似性，在每个大类下设置若干中类，共计43个，在每个中类下设置了若干具体的小类，共计146个。

《文化及相关产业分类（2018）》与2012年版相比，变化突出表现在以下三个方面：一是新增设了分类编码，将文化及相关产业划分为大类、中类、小类三层，层次和编码简洁明了。二是新增了符合文化及相关产业定义的活动小类，其中包括互联网文化娱乐平台、观光旅游航空服务、娱乐用智能无人飞行器制造、可穿戴文化设备和其他智能文化消费设备制造等文化新业态。三是重点调整了分类的类别结构，吸收了近年来文化体制改革的有关成果，突出了文化核心领域的内容，体现了文化生产活动的特点。凡属于农业、采矿、建筑施工、行政管理、体育、国民教育、餐饮等活动均不纳入分类，如茶叶种植、国民教育系列中的艺术院校、咖啡馆和酒吧等服务；对虽有部分活动与文化有关，但已形成自身完整体系的生产活动不予纳入，如旅游、快递服务、互联网批发、综合零售等。

文化产业统计属于主题型、派生型统计，并不直接见诸国民经济和社会发展统计公报，而是按照一定的频率公开三类数据，分别为：按季度公布规模以上文化及相关企业营业收入，按年度公布文化及相关产业增加值，每五年进行一次的经济普查公布市场主体数量、产业规模、从业人数变动等微观观测指标。将文化产业统计视为派生型统计，主要是由于《文化及相关产业分类》建立在国民经济行业分类和国民经济核算体系基础之上，各类代码均能与国民经济行业分类一一对应。另外，文化及相关产业增加值、规模以上文化及相关企业营业收入两类数据的产生，也需要根据国民经济核算体系的方法，结合相应的调查制度、核算制度和法律法规等系统核算得出。

（三）文化产业的特征

1. 高知识性、智能化。文化产业强调通过开发人的知识潜能以创造财富，文化产品和服务以创意为核心，是文化和思想的载体，具有知识密集型特点，其生产过程就是文化创新过程。从某种意义上说，文化产业就是知识产业，是把知识转化成经济效益的产业。知识经济以知识为主要驱动力，知识是比原材料、资本、劳动力更为重要的经济发展要素。文化产业与信息技术、传播技术和自动化技术的广泛应用密切相关，呈现出高知识性、智能化的特征。

2. 高附加值。文化产业处于技术创新和研发等产业价值链的高端环节，是一种高附加值的产业。在文化产品的创作、生产、传播等环节中都含有数字、网络等现代信息技术的因素，科技和文化的附加值比例明显高于普通的产品和服务。

3. 强融合性。文化产业作为一种新兴的产业，是经济、文化、技术等相互融合的产物，具有高度的融合性、较强的渗透性和辐射力，为发展新兴产业及其关联产业提供了良好条件。文化产业在带动相关产业的发展、推动区域经济发展的同时，还可以辐射到社会的各个方面，全面提升人民群众的文化素质。

（四）文化产业的属性

文化产业的生产目的有别于衣食住行等满足人的物质生存需求和基本发展需求的具体物质生产，是为了满足人的精神生活需求而进行的生产活动。按照马斯洛人的需求五层次理论，人首先要满足最基本的生存需求，才可能发展其他更高级的需求。基本的生存需求的满足催生了文化和精神上的需求，促进了文化产品的创造和生产。

1. 意识形态属性。按照马克思主义的基本原理，承载着特定思想价值、伦理道德、审美教育的文化具有意识形态性，属于上层建筑范畴。文化产业作为以文化为主要内容进行生产和经营活动的经济领域，因文化产品和服务具有意识形态属性，其生产和经营活动也同样具有意识形态属性。文化产业的生产过程不是一般的单纯的物质生产，而是富有创造性的精神生产过程，文化产品和服务是具有意识形态属性的特殊商品。在文化生产、消费过程中，文化产品包含的思想、知识、文化等精神内容影响着人的生活习惯、文化认知乃至世界观、人生观、价值观，进而影响人的社会行为，发挥着意识形态功能。

当今世界，各种文化激荡碰撞，文化贸易促进了各个国家和地区之间的文化传播和交流。在我国，一方面，通过文化产品出口，实现中华优秀文化"走出去"，增进世界对中华文化的认知和了解；另一方面，通过文化产品进口，实现世界优秀文化"引进来"，促进世界各国历史文化的交流和对话。在这一过程中，要高度重视文化产业的意识形态属性，始终坚持马克思主义在意识形态领域的指导地位，始终坚持党对文化工作的领导，维护国家的文化安全和意识形态安全。

2. 市场属性。在文化产业整个生产经营过程中，无论是文化产品的生产，还是文化消费，都涉及市场经济活动中最基本的买卖行为，都会发生各种各样的经济关系，实现各自追求的经济目标。文化产业主客体的关系表现为经济关系。文化企业作为市场经营主体，要考虑投入产出、成本核算、市场规律、营利模式。文化消费要遵循市场经济规律中的商品交换规则，通过商品交换，实现文化产品消费。文化产业的生产和消费过程与其他物质生产产业一样，遵循市场经济规律。文化产业提供的文化产品和服务进入市场，并被消费者接受以后，就达到了使用价值和交换价值的统一。

文化产业在社会经济发展过程中产生着越来越大的经济效益，创造出巨大的物质财富，在许多发达国家已成为社会经济发展的支柱产业。在当今时代，文化产业成为经济发展新的增长极，因此，要始终坚持以市场为导向，严格遵循市场规则，健全并完善文化生产经营机制，坚持社会效益和经济效益相统一，把社会效益放在第一位。

三、文化产业相关概念

（一）版权产业

版权是当今知识经济时代最重要的生产要素之一，是文化产业的核心和基础，其发展水平被国际社会认为是衡量一个国家或地区创新能力和核心竞争力的基本标尺。版权产业（copyright industries）这一概念的形成始于瑞典、美国、德国和奥地利学者的研究。版权产业已成为美国国民经济的支柱产业和经济增长的主要动因，具有知识产权特征的版权产品带来的出口收入超过了汽车、服装等制造业，是"知识经济"的驱动力。1990年，美国国际知识产权联盟（International Intellectual Property Alliance，IIPA）开始系统地研究美国版权产业的发展状况，出台了最早、最完整且具有国际权威性的版权报告《美国经济中的版权产业：1990》。

在美国1940年启用的标准工业分类编码（Standard Industry Classification，SIC）中被列入服务业的文化产业有：娱乐业与电子传媒业，包括电影、电视系列片、光盘、有线电视、广播等；印刷业与出版业，包括新闻报纸、杂志、书籍出版、书籍印刷、印刷贸易服务等；旅行与旅游产业，包括旅游服务的各种运输、住宿、饮食、旅行社、会议与展览、国家公园、海滩、博物馆与历史遗址等。后来，美国为了适应经济整体转型和新兴业态发展，把文化产业列入国民经济统计的重要序列。1997年开始用北美产业分类系统（North America Industry Classification System，NAICS）替代SIC分类系统，对有关文化的数据归类做了调整，并于2002年开始应用到每5年一次的全国经济普查中。

世界知识产权组织（World Intellectual Property Organization，WIPO）认为，版权产业分四部分：一是核心版权产业，指完全以创造、生产、表演、展览、传送和分销版权材料为目的的行业；二是关联产业，指由核心版权产品带来的相关消费行业或为其提供设备的行业；三是部分版权产业，指销售的产品只有部分享有版权的行业；四是非专一支撑型版权产业，指对版权材料依赖较小、版权在其商业活动中只占较少份额的行业。

2004年，美国国际知识产权联盟依据世界知识产权组织的定义，调整了1990年的分类，将版权产业细分为四部分：一是核心版权产业，主要目的在于创造、生产、分销或展示版权材料的行业，如报刊、图书、音乐出版、广播电视、娱乐商业软件等；二是部分版权产业，其产品部分受到版权保护的产业，如家具、珠宝、玩具设计等；三是非专一支撑型版权产业，向市场和消费者分销版权材料和非版权材料的产业，如运输服务、电信通信服务等；四是关联版权产业，主要生产、制造及销售相关设备，以方便创作、摄制或对版权材料进行利用的产业，如生产、制造、销售电视、录像机等。

（二）创意产业

创意产业（creative industries）这一概念的形成始于澳大利亚。1994 年，澳大利亚政府出台了该国历史上第一个国家文化政策报告《创意之国：澳大利亚文化政策》，提出创意产业的概念。报告详细阐释了对电影、电视、广播、多媒体、创作者、过去及未来的遗产、文化产业、教育培训、国民信息等"创意产业"的保护政策。1997 年，英国为振兴经济，成立了"创意产业特别工作小组"，正式将创意产业作为英国重点发展的产业。1998 年，英国创意产业特别工作小组首次将创意产业定义为：源自个人创意、技能及才华，通过知识产权的开发和运用，具有创造财富和就业潜力的行业。具体包括 13 个行业：广告、建筑、艺术和文物交易、工艺品、设计、时装设计、电影、互动娱乐软件、音乐、表演艺术、出版、软件、电视广播。此后，新加坡、新西兰等国家和中国香港地区也陆续采用创意产业的概念和分类，并研究出台了相应的政策。

创意产业经济学家理查德·E. 凯夫斯认为，创意产业活动会全面影响当代文化商品的供求关系及产品价格，在新的全球经济、技术与文化背景下，创意产业的提出建立了一条适应新的发展格局、把握新的核心要素、建构新的产业构成的通道。[①] 另一位经济学家约翰·霍金斯提出，创意产业是产品都在知识产权法保护范围内的经济部门，版权、专利、商标和设计产业等四大类知识产权对应的四个领域共同构建了创意产业，把科学技术工程部门中所有以专利为基础的研究与开发活动也列为创意产业，从而解决了创意活动中艺术与科学相分离的问题。[②]

创意产业实质就是文化产业，其理念是从创造者、策划者、设计者出发，强调创意者的创造力和创意产品的创新性，旨在提倡、鼓励和提升人的原创力的贡献度。创意产业的主体是创意人，客体是文化资源，其主要特征是高科技手段及知识产权的开发与运用。由于创意产业强调创意活动是一种文化活动，中国台湾等一些地区又将创意产业称作文化创意产业。

第二节　文化事业与文化产业

一、文化事业与文化产业的区别

文化事业是指以继承和弘扬优秀传统文化，吸收优秀域外文化，丰富和提高人们的审美水平、思想觉悟、道德素养和才智能力，纯化和优化社会风气、生产秩序、行为规范与价值取向，并以能给人的全面发展和社会的全面进步提供精神

---

① ［美］凯夫斯：《创意产业经济学：艺术的商业之道》，孙绯等译，新华出版社 2004 年版。
② ［美］霍金斯：《创意经济》，洪庆福、孙薇薇、刘茂玲译，上海三联书店 2007 年版。

动力与智力支持为目的的公共文化建设，而文化产业则主要是指按照经济法则和价值规律，采取规模化生产和市场化运作的方式，以赚取利润和发展经济为目的的文化生产与文化消费活动。这就决定了文化事业的公益性质和文化产业的经济性质。文化事业与文化产业的区别主要有以下几项。

（一）生产目的不同

文化事业部门生产公共产品，以国家需要为转移，主要追求的是社会效益。文化产业部门是为市场生产商品，以文化消费需要为转移，是一种旨在营利的经济活动，主要追求的是价值与利润。

（二）资本来源不同

生产文化产品必须拥有资本，文化事业的生产资本由政府公共财政或社会公益资金提供。而生产文化商品的资本则主要来自企业。在我国社会主义市场经济制度下，多种经济成分并存，生产资本需从不同经济成分中获取。

（三）机构性质不同

文化事业机构是政府部门的附属单位，以行政方式进行管理。文化产业机构是企业单位，由企业法人进行经营活动。

（四）运营机制不同

事业机构由国家财政提供经费维持其生产与服务活动，以寻求最高社会效益为原则。企业的生产与经营是以少投入、多产出、追求最高经济效益为原则。社会效益与经济效益有时是一致的，有时则是矛盾的。当有矛盾的时候，事业机构必须也必然把社会效益放在第一位，企业必然要考虑自己的利润目标和承受能力。

（五）调控方式不同

对事业单位，国家可以采取行政命令的方式直接调控，要求它生产什么样的文化产品，怎样为大众提供服务。对企业单位，一般地说是以间接调控为主：一是法律，国家通过立法程序把生产和经营文化服务商品的基本准则写进法律，要求企业依法经营，违法必究；二是税收政策引导，对企业经营国家和社会最需要的商品实行低税率，而加以限制的文化商品则实行高税率；三是价格杠杆，工资、利率、商品与服务的价格等，都可以按社会效益的原则对企业进行引导。

二、文化事业与文化产业的关系

中国传统文化是重义轻利的，文化的功能更多地体现在思想、精神、道德与礼俗的范畴，排斥物质利益。在现代社会综合国力的全球化竞争中，文化的地位和作用越来越重要，成为经济发展和社会进步的一种巨大驱动力量。发展文化事业和文化产业，是进行中国特色社会主义文化建设的两个主要的支点和亮点，也是文化强国战略的基本内容和主攻方向。文化事业与文化产业相互渗透、相互配合、相互促进，以其特殊的力量和特有的方式构成了文化的驱动链与文化的有机体，使文化既成为经济发展和社会进步的精神引导与智能支撑，又成为经济发展和社会进步的直接构成与具体指数。

随着生产力的快速发展和恩格尔系数的逐步下降，一方面，为了实现可持续发展和建构循环经济，就必须尽量减少对物质资源的消耗和对环境的污染；另一方面，人们对文化产品和文化服务的消费需求也与时俱进，呈现越来越广泛、迫切和巨大的趋势。因此，必须加快发展社会主义文化。

1. 繁荣发展社会主义文化，要一手抓公益性文化事业，一手抓经营性文化产业，这也是文化体制改革的必然选择。文化事业主要向社会提供公共文化服务，以政府为主导，增加财政投入改善服务，实现和保障人民群众的基本文化权益。文化产业主要通过市场来调节文化产品和服务的供给和消费，以市场为主导，转换机制，面向市场，满足人民群众多样性的精神文化需求。要正确区分和把握文化事业和文化产业的不同性质，既集中力量办好公益性文化事业，又放手发展经营性文化产业，推动文化事业和文化产业相互联动、共同发展。

2. 要充分发挥社会主义市场经济体制的活力，加快文化产业的发展。扩大融资渠道，以多种方式吸收公众投资，解决文化发展的资金瓶颈；打破行政区划的限制，跨地区兼并、重组，迅速扩大文化建设的规模；推动文化经营单位以市场为导向，推进内容、形式、手段和体制机制的创新，培育具有自主知识产权的知名文化品牌；广泛运用现代科技手段，运用社会大生产方式，推动文化产业的升级。

3. 要推动国有文化单位的改革，发挥国有文化单位在文化发展中的主导作用。一方面，大力发展公共文化事业，通过加大政府投入，调整资源配置，逐步构建公共文化服务体系；加强基层特别是农村基础文化设施建设，解决基层文化产品和服务相对缺乏的问题，满足基层群众的精神文化需求。另一方面，深化文化事业单位改革，推进经营性国有文化单位转企改制，培育一批合格的市场主体。国有文化企业进一步理顺体制、完善机制，增强经营活力和竞争动力，加快重塑市场主体地位，打造一批有实力、有活力的国有文化企业和企业集团，使之成为文化市场上的战略投资者和主导者，形成以公有制为主体、多种所有制共同发展的文化产业格局。

4. 要推动转变政府职能，充分发挥政府在文化建设上的宏观调控作用。在社会主义市场经济条件下，政府作为市场规则的制定者，要进一步理顺文化行政管理部门与所属文化企事业单位的关系，使政府部门实现从办文化向管文化转变，从面向直属单位的微观管理向面向社会的宏观管理转变，从行政管理为主向综合运用经济、行政、法律等手段管理转变，强化政策调节、市场监管、社会管理和公共服务的职能，通过宏观调控为文化事业和文化产业的发展创造良好的体制环境。

5. 要充分调动社会各方面参与文化建设的积极性、主动性和创造性，形成全社会共同参与文化建设的良好局面。加快社会主义文化的繁荣发展，必须放手让一切有利于文化发展的劳动、知识、技术、管理和资本的活力竞相迸发。要进一步完善鼓励捐赠和赞助等各项政策，拓宽渠道，引导社会资金以多种方式投入文化公益事业。要创造良好的政策环境和平等竞争机会，鼓励和引导社会各方面力量进入文化产业领域，开创文化建设的崭新局面。

三、文化产业基本运作过程

文化产业基本运作过程包含"创意—生产—传播—消费—再生产"五个基本环节，文化产业运作过程的推进对应着文化表现形态的演变，即"文化资源—文化产品—意义和快感—资金和品牌"。

1. 创意包括创作和制作两个过程，"创作"是指"创造点子和编写内容"，而制作是指"制作单件作品"，如手工艺和美术等。

2. 生产主要指批量化的复制，是将文化资源和创意转变为现实产品的过程。

3. 传播包含流通和展示两个并列的过程。流通是指可复制的有形文化产品从生产者到消费者的过程，展示实质上包含了联合国教科文组织分析框架中的展览和播送两种情况，指借助一定的平台将不可复制的或无形的文化产品送达消费者的过程，流通和展示两个过程都暗含着文化产品所包含的信息的传播。

4. 消费包含购买和使用两个逻辑上前后相连的过程，购买是产品价格的实现，指资金与产品的交换过程，而使用是产品价值的实现，指消费者利用文化产品满足文化需求的过程。

5. 再生产包含人的再生产和产品的再生产两个方面，前者指消费者通过使用文化产品获得意义和快感的过程，后者指生产者通过文化产品被消费而获得资金和建立品牌的过程。

资料链接

表1 《文化及相关产业分类（2018）》概要

领域	类别代码			类别名称	行业分类代码
	大类	中类	小类		
文化核心领域（本领域包括01至06大类）	01 新闻信息服务	011 新闻服务	0110	新闻业	8610
		012 报纸信息服务	0120	报纸出版	8622
		013 广播电视信息服务	0131	广播	8710
			0132	电视	8720
			0133	广播电视集成播控	8740
		014 互联网信息服务	0141	互联网搜索服务	6421
			0142	互联网其他服务	6429
	02 内容创作生产	021 出版服务	0211	图书出版	8621
			0212	期刊出版	8623
			0213	音像制品出版	8624
			0214	电子出版物出版	8625
			0215	数字出版	8626
			0216	其他出版业	8629
		022 广播影视节目制作	0221	影视节目制作	8730
			0222	录音制作	8770
		023 创作表演服务	0231	文艺创作与表演	8810
			0232	群众文体活动	8870
			0233	其他文化艺术业	8890
		024 数字内容服务	0241	动漫、游戏数字内容服务	6572
			0242	互联网游戏服务	6422
			0243	多媒体、游戏动漫和数字出版软件开发	6513*
			0244	增值电信文化服务	6319*
			0245	其他数字内容服务	6579*
		025 内容保存服务	0251	图书馆	8831
			0252	档案馆	8832
			0253	文物及非物质文化遗产保护	8840
			0254	博物馆	8850
			0255	烈士陵园、纪念馆	8860

领域	类别代码			类别名称	行业分类代码
	大类	中类	小类		
文化核心领域（本领域包括01至06大类）	02内容创作生产	026工艺美术品制造	0261	雕塑工艺品制造	2431
			0262	金属工艺品制造	2432
			0263	漆器工艺品制造	2433
			0264	花画工艺品制造	2434
			0265	天然植物纤维编织工艺品	2435
			0266	抽纱刺绣工艺品制造	2436
			0267	地毯、挂毯制造	2437
			0268	珠宝首饰及有关物品制造	2438
			0269	其他工艺品制造	2439
		027艺术陶瓷制造	0271	陈设艺术陶瓷制造	3075
			0272	园艺陶瓷制造	3076
	03创意设计服务	031广告服务	0311	互联网广告服务	7251
			0312	其他广告服务	7259
		032设计服务	0321	建筑设计服务	7484*
			0322	工业设计服务	7491
			0323	专业设计服务	7492
	04文化传播渠道	041出版物发行	0411	图书批发	5143
			0412	报刊批发	5144
			0413	音像制品、电子和数字出版物批发	5145
			0414	图书、报刊零售	5243
			0415	音像制品、电子和数字出版物零售	5244
			0416	图书出租	7124
			0417	音像制品出租	7125
		042广播电视节目传输	0421	有线广播电视传输	6321
			0422	无线广播电视传输	6322
			0423	广播电视卫星传输	6331
		043广播影视发行放映	0431	电影和广播电视节目发行	8750
			0432	电影放映	8760

领域	类别代码			类别名称	行业分类代码
	大类	中类	小类		
文化核心领域（本领域包括01至06大类）	04 文化传播渠道	044 艺术表演	0440	艺术表演场馆	8820
		045 互联网文娱平台	0450	互联网文化娱乐平台	6432*
		046 艺术品拍卖及代理	0461	艺术品拍卖	5183
			0462	艺术品代理	5184
		047 工艺美术品销售	0471	首饰、工艺品批发	5146
			0472	珠宝首饰零售	5245
			0473	工艺美术品及收藏品零售	5246
	05 文化投资运营	051 投资与资产管理	0510	文化投资与资产管理	7212*
		052 运营管理	0521	文化企业总部管理	7211*
			0522	文化产业园区管理	7221*
	06 文化娱乐休闲服务	061 娱乐服务	0611	歌舞厅娱乐活动	9011
			0612	电子游艺娱乐活动	9012
			0613	网吧活动	9013
			0614	其他室内娱乐活动	9019
			0615	游乐园	9020
			0616	其他娱乐业	9090
		062 景区游览服务	0621	城市公园管理	7850
			0622	名胜风景区管理	7861
			0623	森林公园管理	7862
			0624	其他游览景区管理	7869
			0625	自然遗迹保护管理	7712
			0626	动物园、水族馆管理服务	7715
			0627	植物园管理服务	7716
		063 休闲观光游览服务	0631	休闲观光活动	9030
			0632	观光游览航空服务	5622

领域	类别代码			类别名称	行业分类代码
	大类	中类	小类		
文化相关领域（本领域包括07至09大类）	07 文化辅助生产和中介服务	071 文化辅助用品制造	0711	文化用机制纸及纸板制造	2221*
			0712	手工纸制造	2222
			0713	油墨及类似产品制造	2642
			0714	工艺美术颜料制造	2644
			0715	文化用信息化学品制造	2664
		072 印刷复制服务	0721	书、报刊印刷	2311
			0722	本册印制	2312
			0723	包装装潢等印刷	2319
			0724	装订及印刷相关服务	2320
			0725	记录媒介复制	2330
			0726	摄影扩印服务	8060
		073 版权服务	0730	版权和文化软件服务	7520*
		074 会议展览服务	0740	会议、展览及相关服务	7281—7284 7289
		075 文化经纪代理服务	0751	文化活动服务	9051
			0752	文化娱乐经纪人	9053
			0753	其他文化经纪代理	9059
			0754	婚庆典礼服务	8070*
			0755	文化贸易代理服务	5181*
			0756	票务代理服务	7298
		076 文化设备（用品）出租服务	0761	休闲娱乐设备出租	7121
			0762	文化用品设备出租	7123
		077 文化科研培训服务	0771	社会人文科学研究	7350
			0772	学术理论社会（文化）团体	9521*
			0773	文化艺术培训	8393
			0774	文化艺术辅导	8399*

领域	类别代码			类别名称	行业分类代码
	大类	中类	小类		
文化相关领域（本领域包括07至09大类）	08 文化装备生产	081 印刷设备制造	0811	印刷专用设备制造	3542
			0812	复印胶印设备制造	3474
		082 广播电视电影设备制造及销售	0821	广播电视节目制作及发射设备制造	3931
			0822	广播电视接收设备制造	3932
			0823	广播电视专用配件制造	3933
			0824	专业音响设备制造	3934
			0825	应用电视等设备制造	3939
			0826	广播影视设备批发	5178
			0827	电影机械制造	3471
		083 摄录设备制造及销售	0831	影视录放设备制造	3953
			0832	娱乐用智能无人飞行器制造	3963*
			0833	幻灯投影设备制造	3472
			0834	照相机及器材制造	3473
			0835	照相器材零售	5248
		084 演艺设备制造及销售	0841	舞台用灯制造	3873
			0842	舞台照明设备批发	5175*
		085 游乐游艺设备制造	0851	露天游乐设备制造	2461
			0852	游艺用品及游艺器材制造	2462
			0853	其他娱乐用品制造	2469
		086 乐器制造及销售	0861	中乐器制造	2421
			0862	西乐器制造	2422
			0863	电子乐器制造	2423
			0864	其他乐器制造	2429
			0865	乐器批发	5147
			0866	乐器零售	5247
	09 文化消费终端生产	091 文具制造及销售	0911	文具制造	2411
			0912	文具用品批发	5141
			0913	文具用品零售	5241

领域	类别代码			类别名称	行业分类代码
	大类	中类	小类		
文化相关领域（本领域包括07至09大类）	09 文化消费终端生产	092 笔墨制造	0921	笔的制造	2412
			0922	墨水、墨汁制造	2414
		093 玩具制造	0930	玩具制造	2451—2456
					2459
		094 节庆用品制造	0940	焰火、鞭炮产品制造	2672
		095 信息服务终端制造及销售	0951	电视机制造	3951
			0952	音响设备制造	3952
			0953	可穿戴智能文化设备制造	3961*
			0954	其他智能文化消费设备制造	3969*
			0955	家用视听设备批发	5137
			0956	家用视听设备零售	5271
			0957	其他文化用品批发	5149
			0958	其他文化用品零售	5249

注：行业分类代码后标有"＊"的表示该类别仅有部分内容属于文化及相关产业。

资料来源：根据国家统计局《文化及相关产业分类（2018）》（https：// www. gov. cn/zhengce/zhengceku/2018 – 12/31/content_5427877. htm）整理。

第一章　世界文化产业

西方发达国家的文化产业已经具有相当的产业规模和经济实力，在社会经济生活中的作用日益重要，已成为许多国家竞争力的核心部分。美国、英国、法国、日本、韩国等国家在发展文化产业过程中，制定了一系列发展文化产业的国家政策，推出了一系列经济举措，取得了突出的经济效益和市场影响。

第一节　世界文化产业概况

一、经济增长的新驱动轮

世界经济的产业中心逐渐由有形的财物生产转向无形的服务性生产。在 21 世纪的经济学中，文化创造价值成为引人注目的问题。在许多发达国家，文化产业不仅是国家文化的基本形态之一，而且越来越成为强大的经济实体，创造出了可观的经济效益，成为经济发展的引擎。美国学者沃尔夫指出，文化、娱乐——而不是那些看上去更实在的汽车制造、钢铁、金融服务业——正在迅速成为新的全球经济增长的驱动轮。① 文化软实力已成为社会生产力的重要部分，并成为一国综合国力的具体反映。美国的电影业、日本的动漫产业、韩国的网络游戏产业、德国的出版产业、英国的音乐产业等都成为国际文化产业的标志性品牌。

全球文化产业呈现出持续高增长趋势。摩根·斯坦利咨询公司曾发表一份全球投资报告，对 11 种产业建立世界级竞争能力的大企业所需年限做了统计分析，发现大众传媒所需年限仅为 8 年，其收益远远高于医药、银行、电力、能源等其他产业。因投资回收期短、利润丰厚等特点，以大众传媒为主的文化产业一直受到社会资本的热切关注，并引发新一轮的投资参与热潮。

文化产业需要的自然资源不多，主要依赖智慧创造，故而信息时代把经济增长的大部分份额给了文化产业。信息产业正日益转化为负载着高知识、高文化的高技术产业。在全球化背景下，投资文化资源保护已成为帮助一个地区发展的有效途径，独特的文化资源无疑是参与未来文化竞争的品牌。文化产业已发展成为一个生机无限的经济增长点，蕴藏着巨大的利润空间。

---

① ［美］沃尔夫：《娱乐经济——传媒力量优化生活》，黄光传、邓盛华译，光明日报出版社2001年版。

二、国家战略性支柱产业

文化产业同高科技产业一样，是迄今为止世界上最有前景的产业。与传统产业相比，文化产业以创意为利润核心，低消耗、高回报，并且具有经济关联效应大、对外输出无摩擦、有助于展示国家形象等优点。在世界范围的产业结构调整和经济全球化浪潮中，发达国家倚仗自身雄厚的经济实力，通过掌握文化产业的话语权和规则制定权，逐步推动全球文化产业向垄断化、规模化和高投入、高科技化发展，从而巩固了发达国家在文化产业的垄断地位。

美国政府极力帮助本国的文化产业向其他国家扩张，并且利用其在国际上的政治、经济地位，极力推广所谓的自由经济，阻碍其他国家对本国文化产业实施保护性政策，其目的就是为美国文化进入世界各国清除障碍。美国文化产品出口已超过汽车与航天产品的出口，美国传媒业控制了世界绝大部分的电视节目和广播节目的生产与制作。

英国文化产业的平均发展速度是经济增长的两倍。从70年代中期开始，英国就取得了流行音乐喜剧市场的支配权，英国人把音乐喜剧变成了吸引游客前来旅游观光的表演项目和重要的出口资源，文化产业在英国的产业规模与汽车工业不相上下。

日本于1995年确立了21世纪的文化立国方略，2001年制定了知识产权立国战略，2003年又出台了观光立国战略，大力扶植本国文化产业的发展。日本娱乐业中电子游戏的年产值超过了汽车工业的年产值。日本通过并购吞并等方式加速向美国文化产业进军。以电影业为例，日本的索尼公司一家就收购了美国好莱坞七大片场中的三个。

韩国在20世纪末遭遇金融危机后，提出了文化立国的救国方针并制定了文化产业发展的五年计划和远景规划，《我的野蛮女友》《大长今》等影视作品一度横扫东亚各国。韩国的经济实力虽然未进入世界十强，但却是文化产业大国。

三、文化产业的高科技化

文化产业是知识密集、信息密集、技术密集的领域，数字化、网络化趋势正在给文化产业的存在形态和发展趋势带来革命性变化。随着新科技浪潮席卷全球，从传统的广播、电视、出版等文化产业，发展到今天涵盖了互联网等最新内容的数字文化产业，文化产业的内涵和外延也得到了不断的扩展。数字化、网络化、智能化等高新技术已经成为当前文化产业发展的基本内容，其中最主要的就是移动互联网的发展和多媒体技术的融合。这种融合使技术操作更加简便，提供的服务更加全面，也使不同行业、不同媒体间的业务可以相互合作，给产业的发展提供了更为广阔的空间。另外，文化产业中的数字化内容产业近些年尤为引人注目，它涉及移动内容、互联网服务、游戏、动画、影音、数字出版和数字化教育培训等多个领域，微信、抖音、网络游戏等都属于这种新兴的极具成长性的数字化内容产业。

以影视的数字化发展为例，20 世纪 90 年代，各种形式的数据向数字传送转换的步伐明显加快。美国于 1997 年制定了实现数字电视的时间表。日本富士产经集团于 1998 年提出了"彻底数字化"口号，启动了数字化通信卫星广播，1999 年又启动了新的卫星数字广播站，开通了新的传播网络。1999 年，加拿大制定了《未来计划蓝本》，明确提出加拿大要在 21 世纪全球文化竞争中抢占数字化技术的 12 个制高点。同时，先进的计算机逐步用于生产数字虚拟道具和虚拟演员。2009 年 12 月 16 日，导演詹姆斯·卡梅隆耗时 14 年精心打造的史诗巨作《阿凡达》在全球上映，影片开创性运用了数字 3D 立体电影技术，被称作电影界的技术革命。数字化使影视艺术突破实景拍摄的局限，走向更加广阔的虚拟表现领域。虚拟演播室、虚拟主持人等虚拟技术的诞生，使影视艺术的纪实性特征受到挑战，降低了影视节目的制作成本，也为影视艺术的创新插上了科技的翅膀。

四、文化产业的全球化

作为一种人类发展进程，"全球化"是指在市场经济和科技进步的双轮驱动下，不同国家和地区之间相互渗透、相互依存的程度不断加深，最终使人类活动突破区域限制，世界经济成为一个统一的发展整体。尽管近年来，美国等国家经济制裁、技术封锁、贸易保护主义抬头，但全球化潮流不可逆转，不管是发达国家还是发展中国家，都自觉或不自觉地融入其中。在全球经济一体化的态势中，市场竞争行为打破了国家和地域限制，把世界各国的国民经济日益连接为一个整体的全球经济，营造了一个"无疆界的市场"。全球资本的广泛自由流动，世界性的经济结构和产业结构调整带动了国际分工新体系的重组，生产、技术、信息、投资、金融、贸易、消费全球化的趋势不可阻挡。各国经济在体制上进行新的改革，在结构上进行新的调整，在资源上进行新的配置，在秩序上进行新的整合，成为推动经济增长的强大动力。

随着经济全球化，文化产业的壁垒不断被打破，跨行业、跨国界的企业重组、兼并，具有一定实力的大公司打破行业之间的分工界限，在资本、技术、经营组织等方面实现企业并购或重新整合。这种企业兼并与重组主要有三种模式：一是文化产业内不同行业的横向联合，二是文化产业内某一个大行业的纵向整合，三是非文化产业企业的跨行业整合。通过企业整合，传媒业、娱乐业、旅游业、电信业、IT 业、新闻出版业等行业之间形成了相互渗透、相互融和的格局，建立了一批跨行业、跨国界的大型文化产业集团。跨国文化产业集团既能根据国际市场的变化迅速调整结构，开发出新产品，又能在全球范围内对各种资源和经营能力实现优化组合。跨国文化公司组建大企业集团的目的远非企业资产和人员的集中归并，又或者是同行业内部单位数的简单相加，更重要的是实现技术、市场、人才、经营和品牌等综合优势的互补，增强企业的整体竞争力，从而控制全球每一个市场。跨国集团把新兴的信息网络优势与传统的影视制作、旅游娱乐等专业优势结合起来，实现文化资源的高效组合，打造传媒业的新经济神话。

20世纪90年代，出现了一场史无前例的全球媒体巨头之间的合并、收购浪潮。迪士尼买下美国广播公司（American Broadcasting Company，ABC），西屋买下哥伦比亚广播公司（Columbia Broadcasting System，CBS），时代华纳收购美国有线电视新闻网（Cable News Network，CNN），这就使得广播、影视、报纸、杂志、音像制品的所有权归于一个综合性媒体巨人，出现了全球性的"巨无霸"传媒公司。时代华纳、迪士尼、贝塔斯曼、维亚康姆、新闻集团、美国电信公司、宝丽金（飞利浦所有）、全球广播公司（通用电器所有）、环宇和索尼等跨国媒体集团规模庞大，拥有全球分配网。2000年，娱乐业巨头时代华纳和当时全球最大的互联网服务商美国在线合并组成"美国在线时代华纳集团"，成为当时最大的企业合并案，集团业务横跨出版、电影与电视产业，是一个强大的、具有综合性的巨型航空母舰式的文化产业集团，控制着《时代》杂志、《人物》杂志、《财富》杂志、《体育画报》、《娱乐周刊》、美国有线电视新闻网（CNN）、华纳兄弟公司等具有世界影响力的文化企业。

第二节　美国文化产业

一、美国文化产业概况

文化产业在美国被称为"版权产业"，其快速发展与政府的宏观战略密不可分。美国文化政策的根本出发点是维护国家利益，核心目标是向世界推行美国的意识形态与价值观念。对内扶持民间文化艺术活动，促进文化产业竞争，提倡自由经济与市场化运作；对外支持文化产业的扩张，强调文化产品生产与营销的市场化模式，以商业化运营及投资主体多元化保障文化发展的活力与可持续性。美国的文化政策遵循政府有限干预原则、管理法制化原则、重视知识产权保护原则、鼓励多方投资原则、顺应经济全球化原则。为推动文化产业更好地适应数字化时代需求，美国国会1997年通过《反电子盗窃法》与《跨世纪数字版权法》，对网络版权符合法律保护的权利和法律责任做出规定。2011年，美国批准《美国发明法案》，强调完善的知识产权保护对促进生物技术、信息技术、互联网及先进制造业发展的推动作用。2014年，美国发布《大数据：抓住机遇、保存价值》白皮书，提出支持大数据与云计算发展的一系列政策。2015年，美国商务部发布《数字经济议程》，强调重视基于互联网的开放自由与信任安全助力创新和新兴技术，通过发展数字经济保持竞争力与经济繁荣。2015年，出台新版的《美国国家创新战略》，提出构建创新友好环境并将其作为滋生创新的土壤。2020年，美国安全中心发布《设计美国的数字发展战略》，提出了美国政府升级数字发展战略，主要内容包括：美国政府应加强同盟友的技术合作来提高彼此的数字技术水平；建立一个自由、开放、多边的新兴数字生态系统，并制定技术规范与标准；建立数字监管机制以跟踪其他国家在该领域的项目、交易和发展；通过职业技能培训等方式加强数字技术人才储备；招募顶尖数字技术人才以推动美国数字发展战略的实施进程。

美国是世界上文化产业最发达的国家，在电影产业、广播电视产业、流行音乐产业、动漫产业与出版产业等多个领域引领世界文化产业的发展潮流。从全球市场范围看，美国影视作品占有绝对霸权优势地位。美国电影在世界 150 多个国家和地区放映，美国电视节目在世界 125 个主要市场播出，在欧洲电视台播放的电影中，美国电影占 70% 以上，全球销售的各类影视制品大多数是美国公司生产的。[①]

美国的电影公司大部分集中在洛杉矶的好莱坞地区，好莱坞已成为美国影片的代名词。现在，美国影视业大公司主要有迪士尼、索尼、米高梅、派拉蒙、20 世纪福克斯、环球、华纳兄弟等。美国人到影院观看电影的人次在世界上居首位，每人年均 5 次。美国电影产业的规模效益，一方面来源于外部的通过多策略贸易战争占领的电影市场份额，另一方面来源于内部的好莱坞式的机械化配方式生产。自 1987 年至今，美国电影一直占据整个世界电影市场一半多的份额，不仅攫取着世界各国的文化产业利润，更在文化价值观念等意识层面对各国进行"软"控制。事实上，美国电影制作的配方并不复杂，研究观众的趣味与需求，在电影中加入各种观众喜爱的戏剧成分，宛如中草药配方一样，拼盘出一部浪漫的电影，或者干脆直接模仿、复制票房收入高的经典电影。在这种配方化生产中，美国的文化价值观念渗透其中。

迪士尼动画片貌似是充满幻想、纯真与欢乐的片种，但在文化输出中所承载的意义并不单纯。迪士尼动画片一个重要的功能就是配合美国官方意识形态进行文化宣传，因而在生产上获得了国家极大的经济支持。打着所谓的自由与民主旗号的美国，在文化侵略遇阻时，常常会不择手段来实现自己的利益。例如，面对美国文化对智利的入侵，智利人马特拉（与多夫曼合作）写了《如何解读唐老鸭》一书，对美国文化侵略进行了揭露与反击，该书因此遭到美国政府的禁毁。

世界各国一直从"文化主权"的角度反抗美国的文化入侵。在 1993 年关贸总协定乌拉圭回合谈判中，法国提出了"文化例外"的概念，反对美国倡导的将自由贸易范围扩大到文化领域；加拿大直接颁布法令限制电影发行领域的外国投资；韩国采取增加国产电影放映时间比例的办法限制美国电影侵入。然而，在电影贸易战中，贸易配额、关税壁垒与政府补贴对阻止美国电影入侵所起的作用甚微，美国通过政治压力、海外合资合作等政治经济手段，化解了各国大部分的文化抵抗力。

---

① 张慧娟：《美国文化产业的特点和优势》，《学习时报》2013 年 8 月 15 日。

二、美国文化产业的特点

（一）投资主体多样

美国文化产业的市场化程度高，投资主体主要是企业。美国文化艺术团体的资金主要来源于公司、基金会和个人捐助，数额远远高于政府资助。美国联邦政府主要通过国家艺术基金会、国家人文基金会和博物馆学会对文化艺术业给予资助，州和市镇政府以及联邦政府某些部门在文化方面也提供资助。

（二）科技含量高

在美国，20 世纪 50 年代，彩色电视机问世；60 年代，计算机集成电路化；70 年代，光导纤维投入生产；80 年代，卫星通信投入使用；90 年代，信息高速公路开通。科技成果的诞生，带来排版印刷、音像制作以及其他信息交流技术的变革，为文化产业的生产、流通和消费的发展开拓出广阔的市场。每一项对影视产业产生影响的科技成果几乎都会被同步运用于电影、电视之中。在图书出版业，从 90 年代开始，出版公司开始将因特网技术运用于图书销售，网上售书方便了顾客挑选图书，极大地推动了出版业的发展。

（三）政策支持力度大

1965 年，美国国会通过了《国家艺术及人文事业基金法》，创立了致力于艺术与人文事业发展的机构——国家艺术基金会与国家人文基金会，保证了政府每年拿出相当比例的资金投入文化艺术业。此外，政府还依据文娱版权法、合同法和劳工法推动文化产业的发展。

（四）市场化程度高

美国影视业、图书出版业、音乐唱片业已建成庞大的全球销售网络，控制了世界许多国家的销售网，众多电影院、出版机构与连锁店。然而，因受市场利益驱动，美国文化产业也存在过多迎合通俗文化和流行艺术的需求、过分依赖技术要素等问题，文化产品更多地趋向娱乐性，降低了文化产品的艺术品位。美国政府积极推动包括文化商品在内的所谓贸易和投资领域自由化，为其文化商品输出提供保障，同时，凭借知识产权保护，推动视听产品、出版物等文化商品进入国际文化市场。

三、美国的文化霸权

美国作为一个文化产业大国，占领了全球文化输出的高地，取得了全世界的文化霸权地位。这不仅是由于美国在全球政治格局中作为唯一的超级大国，也不仅是由于美国在经济全球化的充分扩张，更在于其文化全球化自身的意义。美国文化产业的成本中，无论是资本的投入，还是技术信息或人力资源，都在全世界独居榜首。

（一）自由经济与跨国资本互动

文化产业首先是一种商业化的产业形态。在经济全球化的时代，美国自由主义的经济政策为文化产业的扩张提供了经济基础和政策支持。20世纪80年代以后，经济全球化正是大势所趋，而美国成为领跑者。美国文化产业在全球的文化霸权源于全球化带来的世界经济制度的结构性转变，体现在国际贸易、金融市场、跨国公司、高技术产业等不同层面。

1. 在对外贸易方面，美国文化产业依赖于国际贸易的全球互动。美国文化商品跨越地域时空的限制，遍布五大洲的每个角落。与此同时，美国仍是一个较大的文化进口国。在文化产业的制造方面，由于美国本土的制作成本日益升高，因此，很多文化企业都在本土创作的同时，将录像制品拷贝之类的工业移至本土之外，以降低制作成本，同时，利用第二市场、通过随机价格来增加收入，这是一种全球生产与销售一体化的商业策略。

2. 在资本支持方面，美国文化产业依赖于金融市场的全球紧密流动，如若没有大量资金的投入，其整个文化产业的运作便无从谈起。只有在金融全球化时代，美国文化产业才能获得更大的资本来源，从而在国际市场上继续立于不败之地。美国好莱坞影片的制作成本越来越高，大制作影片的投资达到了天文数字。膨胀的资金必定被制片商转嫁给市场去进行融资，依靠强有力的金融市场来支撑美国电影产业。大制作带来大收益，这增强了投资者对美国文化产业的信心，大投资的持续使得文化产业在美国经济总产值中的地位居高不下。

3. 在运作机制方面，美国文化产业主要依赖跨国公司。在现代信息技术迅猛发展的推动下，各种生产要素以越来越大的规模、越来越快的频率在全球范围内自由流动和重新配置，各国和各地区越来越被纳入不断扩大的、日渐统一的世界市场经济之内。"当代文化同步化的主要代理人，大多数来自美国的跨国公司，它们设计了模拟全球的投资计划与营销策略。"① 美国文化产业依靠的不仅是国内资金的集中，更依赖于外来投资的激活和推进。

（二）开放战略与政策引导

在美国，独立的非政府组织，如艺术家协会、传播者协会、文化组织者协会等专业群体和组织，在文化政策形成过程中具有非常重要的影响力。美国占据着全球文化的制高点，操纵着全球文化生产和贸易的游戏规则，在文化产业上具有经济主导性，只要其他国家和地区不设置文化保护的障碍便大行其道。美国政府驱除文化限制的自由市场诉求，为美国文化向其他国家渗透和转移大开方便之

---

① ［英］汤林森：《文化帝国主义》，冯健三译，上海人民出版社1999年版，第215页。

门，这其实就是要求文化服从于市场，美国政府貌似宽松的文化策略也就转化为一种市场策略，是一种高度的"开放战略"。

美国政府虽然没有设立专门的文化部门，但对文化产业给予大力扶持，提供了宽松的投资环境和严格的法律保障，对文化产业采取的是多方投资和多种经营的方式，鼓励非文化部门和外来资金的投入，凸显出美国文化产业跨国经营的特点。美国政府对用于资助文化事业的经费有严格的审批程序，即先由政府核定，再由议会审查批准，如果政府和议会就某一文化议题产生争议，最终将由法院做出裁决。美国政府更注重文化及其产业是否合乎法律的规范，凡是违法的，政府有权给予取缔，对侵犯知识产权的行为一律严惩不贷。当然，美国对文化也有道德层面的监督，比如电影的等级制和音乐电视的监察制等，在影视中对性和暴力的描写到底要占多大比重，一直是美国社会长时间以来争论的焦点。

美国倡导的文化市场自由竞争，实质上是一种更深层、更有效的文化霸权战略。美国在经济全球化、文化全球化的市场环境中，利用经济上、资本上的优势，利用美国文化产业发展上的优势，向其他国家渗透、倾销其意识形态和价值观念，扩大美国文化产品的消费市场，被称为"文化帝国主义"。文化帝国主义就是以文化取代武力、政治手段的帝国主义，它是西方文化中心主义的畸形发展。推行文化帝国主义的国家不仅在全球范围内赚取了金钱，而且通过文化输出巩固了自身制度的统治。1993 年，美国亨廷顿发表《文明的冲突》认为，"冷战"后国际冲突的起因可以定格为一种"文明的冲突"，美国的全球战略在从"强权性的霸权"向一种软性的"渗透性的霸权"转换。这不仅是美国自身权衡利弊的政治抉择，而且也是由"冷战"后世界政治格局的变动造成的。①

第三节　日本文化产业

一、日本"文化立国"战略

在日本，文化产业统称为娱乐观光业，已经成为日本经济的重要支柱产业，主要包括以下部分：①电影制作及放映、展览、音乐及戏剧演出等文化艺术业；②报纸、杂志与图书出版、电视与广告、网络等信息传播业；③体育与健身业；④休闲娱乐业；⑤旅游观光业。

"二战"以后，日本高举"科技与贸易"的大旗，实施"经济立国"战略，创造出了"日本奇迹"。到 20 世纪七八十年代，日本成为当时世界范围内仅次于美国的第二大经济体，拥有了可以和美国、欧洲相抗衡的经济实力和技术实力。

---

① 刘悦笛：《美国文化产业何以雄霸全球？——一种文化经济学的透视》，《中国文化报》2004 年 7 月 30 日。

随着全球化趋势以及科技信息业的发展，日本人以经济和物质为中心的思维方式和行为方式引起了诸多国家的不满，因此，日本对文化的思考和实践也逐步由注重内部文化的自身建设、构筑和发展转向与外部文化的接轨、融合以及向外部文化的辐射。

二、日本文化产业的特点

（一）企业积极参与和从事文化体育活动

在日本，大型文化交流活动的举办，多依赖于企业、公司的参与和资金赞助。企业也常常通过支援文化艺术协议会来参与文化体育活动。文化艺术协议会成立于1990年，为社团法人。日本已经有16个府县、地方自治体设立了这类组织。另外，日本约有800家企业拥有自己的博物馆和美术馆，多展出各自的美术收藏品。

（二）报社、电视台举办文化体育活动

在日本，报社不仅以办报为主要经营业务，而且还举办各类文化活动，扩大影响，提高知名度，以影响更多读者。通常，报社都设有专门从事文化体育活动的部门，表演艺术、美术、书法、摄影展览等都是报社的强项。报社举办文化活动，加之有电视台的配合，因而具有规模大、文化含量高、观众多的特点，这是日本较为独特的现象。

（三）广告业的发展较为完善

日本的广告业很发达。日本电通公司（以下简称"电通"）是世界上最大的广告公司，电通全球网络遍及36个国家和地区，拥有70余家子公司及联营公司，进行着全球性的广告活动。电通除为客户提供专业服务外，还举办各类文化、体育活动。因为文化体育活动同报纸、杂志、电视、广播一样，也是广告媒介的一种，也即广告公司业务的载体之一。迄今为止，电通参与了电影电视的拍摄制作，主办过音乐会和文物展览，参与博览会和各种大型体育比赛，如奥运会、地区运动会等。

（四）经纪公司成熟

在日本，画家、电影演员、歌手等都有自己的经纪人，签约都由经纪人出面，艺术家本人基本上不露面，一旦违约或出现问题，都由经纪人或委托律师出面解决。在日本，经纪人的作用非常大，他们不仅起到发掘和培养画家、演员和歌手的作用，更重要的是，他们激活和培育了良好的文化艺术市场，使得大家都遵守游戏规则，从而更加规范地从事文化产业。

（五）文化产品综合效益高

围绕同一作品，电影、戏剧、书籍、唱片等同时推出，这是迄今日本电影、出版和音乐的一种综合经营模式，也是文化产业中较为成功的做法。由此产生的综合经济效益比单单出版小说、拍摄电影或制作唱片都要高得多。

（六）充分发挥文化交流对文化产业发展的推动作用

日本文化产业的发展表明，仅靠本国的文化艺术难以形成丰富多彩的文化市场，必须开展形式多样的文化交流活动，才能使文化产业形成旺盛和持久的活力。日本举办的各种文化主题年等大型国际文化交流活动，以及众多来自国外的艺术演出和美术及文物展览等，都产生了巨大的经济效益。引进外资和国外先进技术，为本国文化产业注入活力，也是其发展重要的一环。这方面成功的例子有1983年建成的东京迪士尼乐园、2001年开业的东京海上迪士尼乐园和在大阪建成的环球影城等。这些游乐园的开放，不仅带动了当地的经济，周边地区和城市也因此获得实际效益。

三、日本文化产业迅速发展的原因

日本文化产业的迅速发展，得益于意识或观念先行。日本政府认为，凡是与文化相关联的产业，都属于文化产业；凡是可以产业化的文化，都应通过产业的运作方式来发展。这样，政府有限的预算资金才能发挥更大的效益。20世纪90年代的10年，日本经济不景气，被称为"失去的10年"，然而，日本的文化影响力却在增加。日本采取了中央政府推动、地方政府和民间企业一起投入的机制，取得了显著的效果。日本借助文化产业的兴起，提升其国际地位和在世界各国的影响力，并尝试一种渐进式的经济转型。日本主要依靠市场机制发展文化产业，但政府主导的特点也很明显。大力支持和发展文化产业，制定相关的鼓励政策，是日本文化产业得以迅速发展的一个根本原因。

（一）国际局势和经济形势促使日本寻求文化产业发展之路

"二战"以后，世界局势有了新的变化，全球的文化艺术也百废待兴。由于长时间的战乱，一些艺术家开始重新思考"我们是谁，我们从哪里来，我们到哪里去"的哲学问题，艺术观念和形式发生了飞速的发展。经济形式影响着文化艺术的发展。就当代艺术而言，从欧洲萌芽，但随着美国经济的崛起，其飞速发展却发生在美国。经济的发展，同样带动着艺术品的消费，尤其在"二战"后，长期的非常态生活，积聚了人们对文化消费的需求以及从艺术品中获得安全感、归属感的心理需求，这些需求极大地推动了艺术产业的发展。在这样的国际大背景下，日本在"二战"后集中力量发展经济。日本虽然资源有限，但有一定的技术优势做基础，因此，日本政府通过科学技术振兴本国经济，提升并巩固了在全球经济中的地位。技术的进步，推动了日本以动漫为主的文化产品的发展。日本在国际文化艺术舞台上找到了一种适合自己的语言，并且这种语言获得了全球的认可，加上经济的发展，让日本人产生了很强的文化自信心。

（二） 确定文化产业国家战略

近现代以来，日本的国家发展战略大致经历了三个阶段：明治维新到"二战"结束时的"军事立国"战略；"二战"后到20世纪七八十年代的"经济立国"战略；从20世纪后期开始转向"文化立国"的国家发展战略。从"军事立国"到"经济立国"，最终落实到"文化立国"，这既是日本国家发展战略的调整，也是为应对经济发展问题而进行的经济增长方式的调整。"二战"后，日本创造了世界的经济奇迹，但随着经济的增长，环境与资源对经济发展的约束越来越严重，人们的生活质量并没有随着经济增长而真正得以改善，日本开始考虑新的增长方式。日本学者日下公人的《新文化产业论》对日本文化经济政策的制定产生了深刻的影响，他指出：基础工业复苏的奇迹不会再出现，日本的产业结构应转向以最终需求为主的产业，这种产业结构重心的转移是各国经济发展的必由之路；文化产业是最终需求产业中最有前途的产业之一；日本人要利用文化资源创造新文化，从人的大脑中寻找资源、开辟市场，用人文精神去创造经济奇迹。①

1995年，日本确立了21世纪的文化立国方略；2001年，提出全力打造知识产权立国战略，明确提出要在10年内把日本建设成世界第一知识产权国；2003年又制定了观光立国战略。为把文化立国战略落到实处，日本政府还通过设立战略会议、恳谈会、幕僚会议、审议会等形式，研究商讨具体对策，推动文化产业发展。2013年，日本提出"酷日本"战略，构建以动漫为龙头的内容产品政策体系。

（三） 文化立法为文化产业发展提供法律保障

1995年，日本制定了《科学技术基本法》，引导日本企业将计算机、信息和通信业与知识和娱乐业紧密结合起来，推动数字产业的发展。

2000年，日本通过了《形成高度情报通信网络社会基本法》，包括"总则""基本方针""战略本部""重点计划"等内容。总则阐述了制定该法的目的，即为了适应世界性的、急剧而又大幅度变化的社会经济构造的需要，并通过因特网等高度情报通信网络，自由、安全地从全世界获得并传送多样化的情报和知识，从而促进各个领域创造性地、具有活力地发展，为提高产业的国际竞争力和便利人民的生活做出贡献。为此，国家需要从政策法规和财政方面采取必要的措施，地方政府、公共团体需要与国家相互配合，共同完善有关政策。该法实施的基本

---

① ［日］日下公人：《新文化产业论》，范作申译，东方出版社1989年版。

方针是：首先，在扩大充实网络情报内容的同时，提高从事网络内容人员的能力，并加强二者间的密切联系，促进网络商务活动的开展；其次，增加行政情报的公开、简洁、效率化以及透明度，提高服务质量和多样化，确保情报准确、安全。最后，还要加强与国外的联系，为国际的协调合作做出贡献。为了达到上述目的，该法要求从组织上予以保证，成立高度情报通信网络社会战略本部，以制订、实施重点计划。该法还规定，内阁总理大臣为战略本部部长，国务大臣为副部长，战略本部可以根据需要，要求有关行政机关、地方公共团体、独立行政法人协助提供资料和其他必要合作。

2001 年，日本公布实施《振兴文化艺术基本法》，明确规定了振兴媒体艺术、传统技能、生活文化、大众娱乐、出版物、唱片、文化遗产等文化艺术的基本概念，以及国家及地方政府的责任，同时规定了有关振兴文化艺术的基本政策和方法。1996 年，日本文化厅制定了扶持文化艺术的政策《特殊 21 计划》，旨在落实 21 世纪新文化立国战略，扶持艺术创造活动，包括推动国际文化艺术的交流发展。2001 年 10 月，日本修订了 1970 年颁布的《著作权法》，并更名为《著作权管理法》。该法的作用是引导人们公正使用文化成果，有效维护作者权利，使文化产业得以健康有序发展。

2003 年，依据《形成高度情报通信网络社会基本法》《振兴文化艺术基本法》，日本成立了知识财富战略本部，由首相亲自挂帅担任部长，制订了详细的《知识产业推进计划》，提出：①努力开拓有魅力的文化产业；②对知识性的、具有创造周期的文化产业予以保护；③促进文化产业的流通；④从执行政策的高度把文化产业当作商业行为对待。明确将音乐、电影等文化产业与技术、工业、名牌等并列为国民经济的基础产业，并采取了一系列政策措施。2004 年，日本出台了《关于促进创造、保护及应用文化产业的法律案》。另外，针对文化市场的中介业务、中介组织、经纪人、经纪公司等，日本制定了《著作权中介业务法》。这些法律法规的制定为日本文化产业的发展提供了依据，规范了行为，保护和支持着日本文化产业的发展。

（四）通过行政管理引导文化产业发展

行政指导是日本政府为实现特定的目的，不直接运用法律手段，仅以相关法令为依据，通过相关产业部门的行政主管机构提出劝告、建议、指导、指示、期望、要求、命令等行政裁决方式，促使企业接受政府意图并付诸实现，从而控制特定对象的行为。

日本政府常常依据国内外经济技术的特点及其发展变化来指导产业的发展计划，并对包括文化产业在内的创新产业实行较多的政策扶持，即政府通过信贷、财政补贴、税收优惠等积极手段，促进产业发展。努力促进也是政府对文化产业进行行政指导的有力手段，在日本，形成了中央政府推动、地方政府和民间一起投入的机制。

（五）文化产业的投融资方式

在资金上，日本政府对文化事业的投资逐年增加，主要用途是：创设"文化艺术创造计划"，重点支援歌剧、芭蕾舞、电影等方面的人才和优秀作品，以及支援儿童体验文化艺术等活动；充分利用现有的传统文化和文化遗产，教育培养新一代接班人；改建、扩建国立博物馆、国家剧场、美术馆等文化设施；推进国际文化交流，等等。

1989年，日本设立了"振兴文化艺术基金"，主要用于连续、稳定地支援各种艺术文化活动，由政府和民间共同出资。企业是日本文化产业发展壮大的主要投资及融资来源，个人或企业可以单独赞助，也可联手赞助。赞助时，不得直接将钱交付给受援的个人或团体，中间必须通过一个叫作企业知识产权协议会的组织审核批准。凡是捐款赞助振兴文化艺术事业的企业或个人，国家将减少其应交纳的所得税或是将捐款计入企业开支，对在指定的文化遗产建筑物或占地内建造建筑物者，国家将对其免税。此外，日本政府在促进文化产业创业投资方面，还积极鼓励文化投资同IT产业的深度结合，从而使传播信息、知识和提供娱乐的文化产业兴旺起来。

（六）发挥"政产学研"协作机制

在日本政府体系中，经产省和文部省都具有文化的管理职能。经产省是从经济的角度管理文化产业，也称文化内容产业，其情报、信息、政策局专设文化产业政策关联课，负责制定相关规划和政策，并组织调研课题，研究文化消费和市场规模。2000年以前，文部省只负责公益文化的管理，不分管文化产业。但2000年以后，文部省也开始关注、研究文化产业的发展情况，并建立了文化产业年度统计制度。2001年日本内阁对中央省厅进行大规模的改组，为加强政府对振兴文化的立案职能，文化厅内设置了文化审议会，并于2002年提出了"建造一个重视文化的社会构造，实现一个令每个人内心感到充实的社会"的口号。

知识财富战略本部在制订《知识产业推进计划》的同时，于2003年设立"文化产业调查会"。该调查会起用广播、电视、电影、音乐、漫画等文化产业界的创作人员为调查会成员，从不同的专业出发，及时发现问题，补充和修订文化发展策略，制定出切实可行的文化政策。日本在进行文化信息产业的投资中，主要是采取"产学研"的协作体制，将有限的技术人员和研究经费集中起来，促进科技创新、加速科研成果转化和实现产业化。1986年，日本政府制定了《研究交流促进法》，鼓励国际机构的研究人员到民间企业参加共同研究，要求国立研究机构的设施向民间研究人员开放，并接受他们参加协作研究项目。日本在文化产业发展中，由政府提供法律保障和政策支持，学术和研究机构负责提供市场预测、发展前景等信息支持，企业通过与政府和研究机构合作谋求文化产业发展。

（七）政府建立完善的配套服务体制

对知识产权的保护不仅仅体现在法律法规方面，《知识产业推进计划》强调对"知识性的、具有创造周期的文化产业"的保护。同时，日本动漫画创意的中介服务非常发达，各家制作公司和工作室都有"版权服务窗口"，处理所属作品的版权转让事宜。日本还成立了全国性的"动漫画产权市场化实行委员会"，以加强对动漫画版权的统筹管理。

日本政府还积极举办各种评奖活动，奖励和表彰文化产业的制作者。无论是获奖者还是没有获奖的参与者，只要其积极性被调动起来，将加倍进行创造，从而生产更多财富。政府支援地区文化活动，包括重新挖掘、振兴具有地方特色的文化遗产、民间艺术、传统工艺和祭祀活动等。制定长期规划，对具有地方特色的文化艺术提供综合支援。为提高民众文化活动水平，中央政府与地方政府联手，共同举办全国规模的文化节。从财政和艺术人员培养方面对各民间艺术团体提供资金和活动场地等具体支援。

充实美术馆、历史博物馆的活动内容，从资金和人员培养及具体业务安排上提供支援。实施美术品登记制度，以便让美术作品的持有者与美术馆之间建立某种联系，使私人珍藏的美术作品能与更多的观众见面。

（八）政府组织实施面向全球的日本文化推广计划

2006 年，日本实行"漫画外交"，强调利用日本的文化产品优势引导产业发展。2008 年，动漫角色凯蒂猫 Hello Kitty 成为日本旅游大使，日本外务省为此举行了一个特殊的"外交使节就任仪式"；2008 年，全世界家喻户晓的蓝色机器猫哆啦 A 梦正式"接受"日本外务大臣的"任命"，成为日本历史上第一位动漫大使，担负向全世界宣传日本动漫文化和日本对外形象的重任。

2009 年，日本推出英语国际新闻频道 NHK World TV，旨在传播日本文化。该频道 24 小时不间断播放，可通过卫星接收、有线电视网络转播和互联网收看。日本基金会通过邀请外国教师赴日本参加全部免费的培训、在海外建立日语中心等方式推广日语教学。

为了加强文化输出，日本政府增加了国际文化基金的数额，到欧美等许多国家举办茶道、花道表演，向亚洲国家尤其是东南亚国家赠送大量书籍，设立并扩充在各国的日本文化研究机构和文化交流设施。

（九）鼓励和加强日本民众的文化消费

为促进民众进行文化消费，日本经常动员文体界明星加盟各种大型演出，聘请外国专业团体赴日演出，电影电视与音像出版以及图书出版联手经营，引进外国先进文化设备。同时，政府鼓励报社在以办报为主要经营业务的同时，举办各类大规模文化活动，以扩大影响，提高知名度，招徕更多读者。

日本通过推行"终身教育"培育文化教育市场，使得家庭妇女或在职员工付费学习各种文化知识，扩大裁剪、编织、烹饪、茶道、花道、书法、绘画等自娱产业的市场规模。政府建造各种文化娱乐中心，举办各种趣味讲座，与企业一起扩大市场规模、增大民众消费。

娱乐市场是日本文化产业的重要支柱，该市场有游戏中心、电视游戏、游戏软件、公营博彩、赛马、赛艇、赛车、彩票、弹子房等，其中，以游戏中心的市场规模最大，内设大型游乐场。

（十）行业协会作用突出

日本文化行业协会很多，负责制定行业规则，维护会员的合法权益，同时进行行业统计。日本文化行业协会的作用十分突出，被看作政府职能的延伸。同时，日本的文化企业很看重行业协会，不仅积极参与其中的活动，而且遵守行规。日本文化产品的审查通常不是由政府直接负责，而是由行业协会把关。比如，影协下设的电影伦理管理委员会负责电影审查，凡未经该机构审查的作品，一律不能在影院公映。

1939 年，日本音乐著作权协会成立，是专门从事音乐著作权事务的法人团体。它主要根据《著作权中介业务法》，负责征收电视、广播、卡拉 OK、CD 等所使用的音乐著作权的使用费。1994 年，日本电脑娱乐提供者协会成立，会员主要为软件开发商、学校及经销商，是针对行业的发展开展调查和统计的法人社团。2002 年，该协会对电脑游戏软件产品实行分级制度，并对行业内企业开发的软件产品内容进行审查。①

资料链接

文化产业十大发展趋势预测

一、文化产业数字化催生新的发展契机

随着 5G、8K、大数据、人工智能、区块链等信息技术的发展，文化消费新场景不断解锁，新兴业态不断涌现。中国文化产业的基本结构发生巨大变化，已经步入以数字文化产业为主要特征的新时代。

从 2020 年国家文旅部发布《关于推动数字文化产业高质量发展的意见》，到 2021 年中央网络安全和信息化委员会印发《"十四五"国家信息化规划》将"实施文化产业数字化战略"写入"十四五规划"，再到 2022 年中共中央办公厅、国务院办公厅印发《关于推进实施国家文化数字化战略的意见》，数字文化产业的重要性正在不断凸显，其发展速度也在日益加快。

数字文化产业发展将紧密围绕"交互融合"与"虚拟现实"展开，通过数字产业化、产业数字化的双向交融，全面加强文化创意 IP 产业链的开发，有效提升优质数字文化产品供给

---

① 张爱平、何静：《日本的文化产业概况与特点》，江蓝生、胡惠林等主编：《文化蓝皮书（2001—2022）：中国文化产业发展报告》，社会科学文献出版社 2022 年版。

量，有力地促进中国数字文化消费领域的转型升级。

二、虚拟化、智能化发展成为主流

互联网社交媒体使得人类的交流日益数字化，而随着各类高敏传感器的使用，人的身体和感官更被高度媒介化和无限延伸，人与人之间、人与物之间的互动也开始大规模进入虚拟场景，人机共生的愿景正在不断走近我们。

2022 年，国内有包括 10 个省级行政区在内的 30 个以上的地方政府和相关机构发布元宇宙领域的支持性政策或征求意见稿。这也预示着未来社会的虚拟化趋势将会大大加速，并且为个体的想象力、创造力发挥提供更多的施展机会和场域。信息数字化和设备智能化，以及各种 XR 扩展技术的广泛应用，使得人类可以在日益丰富多元的流动性空间中实现超真实的虚拟生存。

三、中华文化国际地位持续提升

今天，文明冲突、文明隔阂、文明跨越的现象和趋势不减反增，中国文化国际传播的规模广度、影响效度、竞争力度，在全球文化传媒市场上的话语权仍然有待大幅提升。党的二十大报告提出，要坚守中华文化立场，提炼展示中华文明的精神标识和文化精髓，加快构建中国话语和中国叙事体系，讲好中国故事、传播好中国声音，展现可信、可爱、可敬的中国形象。加强国际传播能力建设，全面提升国际传播效能，形成同我国综合国力和国际地位相匹配的国际话语权。深化文明交流互鉴，推动中华文化更好走向世界。其中，创造力是提升中华文明传播力影响力的内核，认同感是提升中华文明传播力影响力的重点，凝聚力是提升中华文明传播力影响力的关键。作为文化艺术工作者，我们要立足本职岗位，在文化传承的过程中真正担当实干，利用好各种渠道和手段，生动展示中华文化的独特魅力，助力中华文化国际传播力、影响力、竞争力的持续提升。

四、后疫情时代的文化产业复苏加快

受 2020 年初开始的新冠疫情影响，全球和国内旅游文娱等聚集性文化消费当时几乎以"归零"的代价按下了传播暂停键。而在过去三年防控政策成果的基础上，2022 年末中国防疫政策因时因势做出重大调整，2023 年新年伊始开启全面走向后疫情时代的序幕，各地的文化产业也将随之进入稳步复苏与快速增长的阶段。

在既往严峻的防疫形势下一度被压抑的文旅消费欲望，重新释放出巨大的产业动能，各大文化机构、旅游景区、商业综合体纷纷推出各类创意活动、艺术产品、文旅项目来吸引受众。疫情期间的文娱活动虽然受到严重影响，但也在某种程度上推动了文旅产业的数字化、网络化、智能化发展，各种基于新兴技术的新型业态，快速迎合了消费者需求和未来文旅产业发展大方向。

五、文化产业进入高质量发展时期

2022 年 8 月，中共中央办公厅、国务院办公厅印发《"十四五"文化发展规划》指出，贯彻新发展理念，构建新发展格局，推动高质量发展，文化是重要支点，必须进一步发展壮大文化产业，强化文化赋能，充分发挥文化在激活发展动能、提升发展品质、促进经济结构优化升级中的作用。

发展文化产业有利于当代中国经济转型升级，有效赋能各种产业，以文化创意、科技创新、产业融合催生新发展动能。文化产业具有很强的外部性与高渗透性，溢出效应很强，能够与各类产业进行深度融合，全面赋能产业升级发展。随着全球进入后疫情时代，中国正处于经济转型升级以及新旧动能转换的关键时期，大力发展文化产业是从高速增长阶段迈向高质量发展阶段的重要手段，能够在中国式现代化道路上体现出强大的新发展动能。

六、文化产业继续助力乡村振兴

《中共中央国务院关于做好 2022 年全面推进乡村振兴重点工作的意见》提出"启动实施文化产业赋能乡村振兴计划"，充分展示文化产业和旅游产业赋能乡村振兴成果。2022 年 12 月第十八届中国（深圳）国际文化产业博览交易会上，国家文旅部首次设置文化产业赋能乡村振兴展区，许多企业家、创业者、艺术家、文化工作者试图通过文化产业推动乡村振兴，推动产业兴旺、生态宜居、乡风文明、治理有效、生活富裕。国家层面初步布局文化产业赋能乡村振兴的八大重点领域即创意设计、演出产业、音乐产业、美术产业、手工艺、数字文化、文旅融合和节庆会展等其他文化产业形态。各地还在探索建设文化产业赋能乡村振兴人才库，通过文化产业特派员制度引导城市资源与乡村需求进行有效对接，基于乡土文化资源特点提出针对性强、特色鲜明的乡村产业振兴方案，并将其融入镇乡整体规划方案，使乡村真正发展成为荟萃乡土人文底蕴、集聚特色文化产业、焕发绿色生态文明风尚的理想居所。

七、文化创意产业跨界融合发展

2022 年 12 月，第五届全球文化创意产业合作与发展国际会议在上海举行，尝试搭建基于交叉学科的跨界对话与交流平台，探索文化创意产业中的价值本体、技术伦理以及复合创新教育方面的新问题、新挑战、新机遇，积极探索符合中国式现代化以及新文科建设需求的新文创人才培养，努力促进文创产业教育的繁荣发展。

随着碳中和、碳达峰等生态与科技主题的深入人心，相关的社会生产生活需求也日益增多，文化创意产业已经成为国民经济发展的新动力，而跨界融合将是新文创产业发展的关键。融合作为文化产业未来发展的大趋势，不仅指各类文化创意产业之间的融合，更需要各种高稀缺性、高附加值的跨界融合，比如作为文化与科技融合的经典艺术形态，数字艺术的兴起为破解后疫情时代文旅营销等方面的痛点和难点问题提供了有效方案，文化旅游与艺术科技的快速融合态势，也使之成为中国文化产业创新的重要引擎之一。

八、艺术与科技深度融合，催生新应用

创新驱动发展战略的深入推进，是中国式现代化的强大动力。2020 年习近平总书记在长沙考察时就指出："文化和科技融合，既催生了新的文化业态、延伸了文化产业链，又集聚了大量创新人才，是朝阳产业，大有前途。"

随着互联网、大数据、云计算、区块链、数字建模、人工智能以及激光技术、纳米技术、生物技术、航空技术、新能源技术等先进技术的发展，各种智慧场景的创新设计成为推动社会进步与经济增长的新力量，除了传统的动漫游戏、电子竞技、网络演播、线上展示、3D 打印、手机出版，更先进的数字孪生、算法赋能、沉浸体验、材料革命、智能物联、虚拟景观等基于数字技术的新兴文化业态，成为文化产业发展的新动能与新的经济增长点，数字技术深度介入艺术生产所形成的艺术 3.0 生态系统，将极大地助力中国经济社会未来的高质量发展。

九、文旅消费复苏并走向品牌化

2022 年 12 月 14 日，中共中央、国务院印发《扩大内需战略规划纲要（2022—2035）》，强调顺应消费升级趋势，提升传统消费，培育新型消费，扩大服务消费，适当增加公共消费，着力满足个性化、多样化、高品质消费需求。要积极发展服务消费，要扩大文化和旅游消费。各种"文旅＋"的跨界探索推动着文旅新业态、新模式的兴起，比如酒店＋博物馆、民宿＋休闲、餐饮＋文创、艺术＋科技、文娱＋教育等。

十、文化遗产数字化建设加速发展

2022 年 5 月，中共中央办公厅、国务院办公厅印发《关于推进实施国家文化数字化战略

的意见》明确提出，统筹利用文化领域已建或在建数字化工程和数据库所形成的成果，关联形成中华文化数据库。

2022 年 6 月 11 日第 17 个"文化和自然遗产日"推出的"云游长城"小程序，是世界上首次通过数字技术实现最大规模人类文化遗产高精度、交互式数字还原，腾讯团队更是第一次将云游戏技术应用于文化遗产保护利用。

数字化作为唤醒和激活传统文化的重要路径，能够为文化遗产的活化创新提供新动能。随着数字技术深度融入社会生产生活的方方面面，也为中华民族优秀传统文化的继承发扬带来新机遇。文化遗产作为不可再生资源，以往限于技术条件保护留存比较困难，而数字化手段能够有效打破困局，便于永久保存和活态传承，比如故宫博物院藏品总目数据库、数字敦煌资源库等。

资料来源：北京大学文化产业研究院《2023 中国文化产业发展报告》，2023 年 1 月第二十届中国文化产业新年论坛发布。

第二章　中国文化产业[①]

　　随着社会不断进步，人民生活水平不断提高，产业环境不断完善，我国文化产业经历了从小到大、从弱到强、从单一到融合的发展过程。进入新时代，我国文化产业面临着新的发展机遇，总体规模迅猛上升，且结构不断优化，新型文化业态不断出现，文化产业市场体系和服务体系日趋完善。随着我国经济由高速增长阶段转向高质量发展阶段，文化产业已成为我国经济发展新的增长点，对转方式、调结构、扩消费、促就业发挥着重要作用，是具有美好前景的朝阳产业。

第一节　中国文化产业发展历程

　　新中国成立初期，我国逐步实现对农业、手工业和资本主义工商业的社会主义公有化改造。在此过程中，文化单位通过社会主义改造被纳入计划经济体制，多数成为事业单位，实行规划生产、统销统分，资源高度集中，非独立的经济实体，运营所需设备资产等由国家专门拨款，所取得的利润上缴财政。例如上海的电影公司、景德镇的陶瓷厂等文化企业通过公私合营等方式转变为公有经济。过去以文化技艺谋生的个体劳动和自由职业者成为事业单位的文化艺术工作者，如天桥的杂技艺人、相声演员等。我国在经济领域逐步确立了全面的计划经济体制，形成了文化单位事业化、文化管理高度集中、文化资源统一调配、文化产品统购统销的崭新的社会主义文化体制。文化强调意识形态属性，文化生产不以市场需求为导向，"百家争鸣""百花齐放"的"双百"方针成为社会主义文化发展的指导思想。

　　随着东西方阵营的对立和"冷战"的开始，我国对以美国文化为代表的资本主义文化持批判态度。国内文化市场主要对社会主义国家及亚非拉等国家开放，与欧美国家文化交流几乎中断，对外文化市场处于半封闭状态。因此，以好莱坞为首的商业电影在我国失去了生存空间，国内放映的主要是苏联、东欧和朝鲜等的影片，且数量较少。

　　改革开放后，我国国民经济持续增长，人民生活水平逐步提高。随着科学技术革命的推动、全球化浪潮的拉动和文化思想领域的变革，文化产业开始萌芽并

---

　　① 本章内容涉及的是新中国成立后我国文化产业的发展状况。

逐步发展，大致经历了四个阶段。

一、文化产业萌芽期 (1978—1991 年)

(一) 文化事业单位的企业化改制

1978 年，党的十一届三中全会提出把工作重点转移到社会主义现代化建设上来的战略决策，揭开了以经济建设为中心、以改革开放为主旋律的社会主义现代化建设新篇章。在逐步建立社会主义商品经济的目标指引下，文化行政领域积极转变职能，开始进行大规模的体制改革。1978 年 12 月，国家出版事业管理局在全国报纸经理会议上正式宣布了报社企业化经营的决定。

1980 年，文化部召开全国文化厅局长会议，讨论艺术表演团体体制改革问题，掀起了文艺院团改革的高潮。借鉴经济体制改革经验，在文化单位推行以承包经营责任制为主要内容的改革，在文化管理领域实行"双轨制"改革，即"国家扶持的全民所有制院团"与"多种所有制的艺术团体"并存发展的体制，同时实行"以文补文""多业助文"等改革措施。1981 年，京剧表演艺术家赵燕侠承包了北京京剧团，这是第一个实行承包制的演艺院团。1982 年，国务院进行机构改革，将文化部、国家出版事业局、国家文物事业管理局、外文出版发行事业局合并为中华人民共和国文化部。同年，文化部、财政部、国家工商局发布《文化事业单位开展有偿服务和经营活动的暂行办法》，全国文化事业单位逐步试行以经营承包责任制为主要形式的体制改革。

1984 年，中央颁布《中共中央关于经济体制改革的决定》，进一步扩大企业经营自主权，部分事业单位开始了企业化经营的模式，独立核算，自负盈亏，通过银行借贷筹资生产，实现利润。1988 年，文化部颁发《关于加快和深化艺术表演团体体制改革的意见》，提出由国家主办的、代表国家和民族艺术水平的全民所有制艺术表演团体要少而精，由社会各种力量主办的艺术表演团体则实行多种所有制形式。1991 年，国务院批转文化部《关于文化事业若干经济政策意见的报告》，在肯定"以文补文"的同时，正式提出"文化经济政策"的概念。

(二) 文化市场与娱乐消费的出现

1979 年，广州东方宾馆开设国内第一家音乐茶座，成为新中国文化市场兴起的标志。同年，我国出现了第一支报纸商业广告、电视广告、外国商业广告，广告业开始出现，并发展成为独立的文化服务行业，电台、报纸、电视等各类媒体的广告投放时间不断增加，广告质量逐步提升。随着国外录音机的进口及以邓丽君为代表的港台音乐的流行，内地音像业开始起步，产生了最早的一批流行歌手，形成了"走穴"演出的风潮，带动了演艺和音乐产业的迅速发展。1983 年，上海和广州率先开始录像的生产和经营，建立了最早的文化演出公司。1984 年，上海开办了第一家营业性舞厅，之后，经营性文化娱乐场所在各地陆续涌现。人们对知识的渴求引发的巨大购书需求刺激了图书出版业的迅猛增长，图书出版社由 1977 年的 114 家增加到 1988 的 506 家。改革开放带来文化市场的兴起，推动了文化的发展繁荣和思想文化领域的历史性变革。

1985 年，国家统计局发布《关于建立第三产业统计的报告》，将文化艺术作为第三产业的组成部分列入国民生产统计的项目，确认了文化艺术的商品属性和产业属性。1988 年，文化部、国家工商局联合发布了《关于加强文化市场管理工作的通知》，第一次在政府文件中采用了"文化市场"的概念。1989 年，国务院批准在文化部设置文化市场管理局，开始建立全国文化市场管理体系。

到 80 年代末期，随着文化体制改革的深化，文化的经济属性得到凸显，我国文化产业取得了突破。但同时，文化发展还没有完全摆脱计划经济体制的束缚，文化体制深层次的矛盾尚未被触及，文化市场规模小，内容单一，其产值在国民经济中所占比例较小，文化产品和服务的数量与质量尚不能满足社会公众的文化需求。

二、文化产业成长期（1992—2001 年）

（一）文化体制改革的系统展开

1992 年，邓小平同志发表南方谈话，把我国的改革开放和社会主义现代化建设推进到一个新的发展阶段。党的十四大第一次明确提出建立社会主义市场经济体制，要"积极推进文化体制改革，完善文化事业的有关经济政策，繁荣社会主义文化"。同年，党中央、国务院发布《关于加快发展第三产业的决定》，正式把"文化产业"列入第三产业，把文化部门由财政支出型部门定位为生产型部门。从中央到地方出台了一系列鼓励文化产业发展的政策，改革开放进入快车道，文化体制深化改革，文化市场扩大开放并进行规范管理，文化商品和服务的价格体系开始形成，文化消费快速增长。

1993 年出台的《关于当前深化电影行业机制改革的若干意见》指出，"电影制片、发行、放映等企业必须适应党的十四大确立的社会主义市场经济体制"，从社会、经济两个效益，开始了由计划分配转向市场分配、由管理与经营一体化转向管理权与经营权相分离、引进世界通行的分账发行方式等改革。

1996 年，党的十四届六中全会做出《中共中央关于加强社会主义精神文化建设若干重要问题的决议》，强调"改革文化体制是文化事业繁荣和发展的根本出路"。文化政策从以政府管制为主向以尊重市场规律、发挥市场作用为主的方向调整。文化体制适应社会主义市场经济体制改革的需要，从"直接管理"向"间接管理"、从"办文化"向"管文化"、从"小文化"向"大文化"等转变。

1998 年，文化部设立文化产业司，标志着我国把文化产业纳入政府工作体系。为应对中国即将加入世界贸易组织（World Trade Organization，WTO）的挑战，国家开始推动国有文化企业的集团化改革。1997 年广州日报报业集团成立，开始了我国文化产业集团化、规模化发展的阶段。随后，上海世纪出版集团、南方日报报业集团、湖南广电集团等相继成立。2000年，广电总局、文化部联合下发《关于进一步深化电影业改革的若干意见》，重点推动电影制片发行放映一条龙改革试点，组建电影集团，进行集约化发展。2001年，广电总局、文化部发布《关于改革电影发行放映机制的实施细则》，打破了我国电影市场的行政分割和地域界限，推动了影院之间的联合，促进了资源的流动。同年，中共中央办公厅、国务院办公厅转发《关于深化新闻出版广播影视业改革的若干意见》，提出组建中国广电集团、中国出版集团等70多家文化集团，加快文化市场整合和结构调整。同时，文化企事业单位的人事管理制度、收入分配制度等方面的改革也在进行。1999年，国家改革图书稿酬制度，变指令性的付酬标准为指导性和指令性相结合，以指导性为主、指令性为辅，增加了"版税"和"一次性付酬"两种付酬方式，"版税制"重新成为支付稿酬的主要方式。《著作权法实施条例》《出版管理条例》《互联网上网服务营业场所管理条例》等相关行业性法规和条例也相继出台。

（二）文化要素市场的孕育和生长

为适应居民消费性的、多样化的文化需求，报纸种类大大增加，经济类、国际时事类、文化类、休闲类、生活服务类等多种报纸相继出现。1992年，全国首个具有独立法人资格的编辑出版学术团体中国编辑学会成立。

1992年，文化行业第一家股份制有限公司上海东方明珠股份有限公司成立，并于1994年在上海证券交易所率先上市，之后，无锡中视影视、湖南电广传媒、成都博瑞传播、北京赛迪传媒、北京歌华有线、陕西广电网络等文化企业先后上市，迈出了国有文化企业借助资本市场发展壮大的第一步。2001年，证监会颁布的《上市公司行业分类指引》，将传媒与文化产业列为上市公司13个基本产业门类之一，包括出版、声像、广播电影电视、艺术、信息传播服务业5大类，表明文化上市公司的行业地位已获得资本市场的初步认可。

文化资源配置更具市场化，社会资本、民营资本、外资涌入文化产业领域。1997年，国有文化部门只占整个文化经营单位的10%左右，而非国有文化企业在整个文化经营单位中占比达到88.6%。[①] 20世纪90年代初，由于演艺市场的演出需求和国营剧团的僵化体制之间存在矛盾，不少国营剧团的内部演员以个体身份参加民营剧团的演出。1997年出台《关于继续深化艺术表演团体体制改革的意见》，文化资本市场、文化中介市场开始孕育成长，逐步覆盖了演出市场的大部分领域，要素市场朝专业化、规范化和国际化发展。

文化市场的交易方式也迅速与国际接轨。1992年10月11日，中国文物艺术

---

① 蔡武主编：《筑牢文化自信之基——中国文化体制改革40年》，广东经济出版社2017年版，第80页。

品拍卖的首场交易——"'92 北京国际拍卖会"在北京举行。1995 年 6 月 22 日，中国拍卖行业协会成立，推动了《中华人民共和国拍卖法》的诞生。1996 年，国家文物局下发《关于一九九六年文物拍卖实行直管专营试点的实施意见》《关于加强文物拍卖标的鉴定管理的通知》。1999 年，北京翰海、中国嘉德、北京荣宝斋、上海朵云轩四大公司成交拍品 8000 件，成交总额为 3.6 亿元。

三、文化产业的发展期（2002—2011 年）

（一）文化体制改革顺利推进

2001 年，中国加入 WTO，标志着中国改革开放进入历史新阶段，是中国深度参与经济全球化的里程碑。加入 WTO 以后，我国不断完善社会主义市场经济体制，全面加强同多边贸易规则的对接。同时，国际间的政治、经济、文化等各领域竞争日益加剧，文化产业的重要战略地位进一步凸显，国家集中出台一系列加快文化体制改革和促进文化产业发展的政策措施，发展文化产业成为我国国民经济和社会发展的重要组成部分，我国文化产业进入快速发展时期。

2002 年，党的十六大第一次正式区分了文化事业与文化产业，明确阐述二者既相互联系又相互区别的辩证关系，强调"一手抓公益性文化事业、一手抓经营性文化产业"。政府职能逐步转变，由管文化、办文化向以管为主转变，由主要管理直属单位向管理系统和社会转变，由主要以行政手段为主向综合运用法律、经济、行政等管理手段转变。

2003 年，文化部发布《关于支持和促进文化产业发展的若干意见》，将文化产业界定为"从事文化产品生产和提供文化服务的经营性行业"。2007 年，党的十七大报告进一步对文化产业与文化事业进行论述，强调要解放和发展文化生产力、提高国家文化软实力。2009 年，我国第一部文化专项规划《文化产业振兴规划》出台，标志着文化产业成为国家战略性产业。

（二）现代文化市场体系进一步确立

2003 年，中央成立文化体制改革试点工作领导小组，启动文化体制改革试点工作。中宣部、文化部、广电总局、新闻出版总署联合发布《关于文化体制改革试点工作的意见》，对文化体制改革试点涉及的财政税收、资产处置、收入分配、人员安置等多个方面做出较为全面的规定，明确提出要加快文化产品市场和生产要素市场建设，发展市场中介组织，形成统一开放、竞争有序的文化市场体系。文化主力军逐步涌现，国有文化事业单位开始转变为文化市场主体，民营文化企业快速成长。2003 年，广电总局颁布《电影制片、发行、放映经营资格准入暂行规定》，基本放开电影制作、放映环节，大幅开放发行环节，鼓励境内国有、非国有资本（不含外资）与现有国有电影制片单位合资、合作或单独成立制片公司。境外资金涌入，"合拍片"成为我国电影的一个市场化需求，《英雄》创造了高达 2.5 亿元的票房收入。2004 年末，电影生产的国有企业投资比例下降到 50% 以下，境外资本、民营资本联合拍摄的影片达到 80%。[①]

2005 年，《国务院关于非公有资本进入文化产业的若干决定》出台，明确鼓励和支持民营资本进入文艺表演团体、演出场所等文化产业领域，在文艺表演团体和演出场所等文化公司中可持有股份。

2006 年，我国第一部文化发展规划《国家"十一五"时期文化发展规划纲要》出台，提出要发展重点文化产业，优化文化产业布局和结构，转变文化产业增长方式，培育文化市场主体，健全各类文化市场，推动国有文化企业转制。

2008 年，中宣部会同文化部等多部门印发《文化体制改革中经营性文化事业单位转制为企业的规定》《文化体制改革中支持文化企业发展的规定》，成为指导文化体制改革的根本性文件。各行业主管部门也先后出台行业改革的实施意见，如推进新闻出版体制改革、深化国有文艺演出院团体制改革、推进出版业体制改革等政策。在变革资本投入方式方面，《关于鼓励、支持和引导非公有制经济发展文化产业的意见》等政策相继出台，提出要鼓励和支持非公有资本进入电影电视剧制作发行、文艺表演、文化娱乐等文化产业领域，鼓励和支持非公有资本从事文化产品和服务出口业务。2008 年，光明日报社等单位主办第一届"全国文化企业 30 强"评选活动。

2010 年，中国经济总量首次超过日本，成为世界第二大经济体，综合国力显著提升。2011 年，《中华人民共和国国民经济和社会发展第十二个五年规划纲要》提出"推动文化产业成为国民经济支柱性产业，增强文化产业整体实力和竞争力"。文化产业呈现规模化、国际化的新特点，日益成为经济发展新的增长点。

2011 年，党的十七届六中全会通过了《关于深化文化体制改革推动社会主义文化大发展大繁荣若干重大问题的决定》，明确提出"加快发展文化产业，必须毫不动摇地支持和壮大国有或国有控股企业，毫不动摇地鼓励和引导各种非所有制文化企业健康发展"，"促进文化产品和要素在全国范围内合理流动，必须构建统一开放竞争有序的现代文化市场体系"。我国文化市场体系不断完善，规模进一步扩大，涌现出一批总资产和总收入超过百亿元的大型文化企业，成为文化产业领域的领军力量。文化产业从小到大呈现蓬勃发展态势，整体规模和实力快速提升。

四、文化产业的提升期（2012 年至今）

（一）文化产业所有制结构大力调整

2012 年，党的十八大报告提出，解放和发展文化生产力，扎实推进社会主

---

① 尹鸿、王晓丰：《2004 年中国电影产业备忘》，胡惠林、章建刚、张晓明主编：《2005 年：中国文化产业发展报告》，社会科学文献出版社 2005 年版，第 150 页。

义文化强国建设，促进文化和科技融合，发展新型文化业态，提高文化产业规模化、集约化、专业化水平，增强国有公益性文化单位活力，完善经营性文化单位法人治理结构，繁荣文化市场。2013年，党的十八届三中全会通过《中共中央关于全面深化改革若干重大问题的决定》，提出推动文化企业跨地区、跨行业、跨所有制兼并重组，强调充分发挥市场在资源配置中的作用。2014年，国务院出台《关于推进文化创意和设计服务与相关产业融合发展的若干意见》，同年，文化部、财政部联合发布《推动特色文化产业发展的指导意见》，将特色文化产业纳入中央财政文化产业发展专项资金扶持范围。

2017年，党的十九大指出，现阶段我国社会的主要矛盾已经转化为人民日益增长的美好生活需要和不平衡不充分的发展之间的矛盾。文化产业高质量发展在满足人民群众日益增长的精神文化需求方面担负着更重要的作用，同时成为促进经济转型、社会进步的重要支柱。同年，中共中央办公厅、国务院办公厅印发了《关于实施中华优秀传统文化传承发展工程的意见》和《关于推动数字文化产业创新发展的指导意见》，进一步就传承传统文化、发展数字产业做出具体部署。

2018年，随着我国经济发展进入新常态，文化产业逐步由高速增长转向高质量发展。国家机构改革推动了文化产业管理机制的完善，原文化部、国家旅游局合并组建了文化和旅游部，促进文化和旅游的融合发展，中宣部统一管理新闻出版工作和电影工作。2018年，中宣部、国家统计局联合发出《关于加强和规范文化产业统计工作的通知》，要求各地坚持以文化属性定位定向，继续统一使用文化产业概念，不宜简单以文化创意产业、数字文化产业等新概念代替文化产业概念，自行扩大统计口径。

2018年，在全国宣传思想工作会议上，习近平总书记强调，"要推动文化产业高质量发展，健全现代文化产业体系和市场体系，推动各类文化市场主体发展壮大，培育新型文化业态和文化消费模式，以高质量文化供给增强人们的文化获得感、幸福感"，为中国特色社会主义文化产业高质量发展指明了方向。2020年，党的十九届五中全会对"十四五"期间繁荣发展文化产业做出全面部署，提出了到2035年建成文化强国的战略目标。

（二）文化科技创新推动文化产业结构不断优化

2012年以后，我国文化产业结构最为明显的变化是以互联网为载体的新型文化产业的快速发展，日益成为文化产业的新增长点。随着信息化、数字化、科技化的发展趋势，文化产业进入跨行业、跨地域融合发展的新阶段。传统文化产业转型升级步伐加快，数字文化产业迅速发展壮大，数字出版、网络影音、游戏动漫、智慧旅游等文化产业新业态发展迅速。2017年，文化部印发《关于推动数字文化产业创新发展的指导意见》，提出数字文化产业已成为文化产业发展的重点领域和数字经济的重要组成部分，优化数字文化产业供给结构、促进优秀文化资源数字化、推进数字文化产业与相关产业融合发展、扩大和引导数字文化消费需求。

2019 年，科技部等六部门联合发布《关于促进文化和科技深度融合的指导意见》，提出加强文化共性关键技术研发、完善文化科技创新体系建设、加快文化科技成果产业化推广、加强文化大数据体系建设等。2019 年，中国保利集团、阿里巴巴集团、腾讯控股有限公司等九家文化及相关企业进入《财富》世界 500 强排行榜。2020 年，文化和旅游部印发《关于推动数字文化产业高质量发展的意见》，提出顺应数字产业化和产业数字化发展趋势，实施文化产业数字化战略，积极融入以国内大循环为主体、国内国际双循环相互促进的新发展格局，促进满足人民文化需求和增强人民精神力量相统一。2022 年，中共中央办公厅、国务院办公厅印发《关于推进实施国家文化数字化战略的意见》，提出八项重点任务："一是统筹利用文化领域已建或在建数字化工程和数据库所形成的成果，关联形成中华文化数据库；二是夯实文化数字化基础设施，依托现有有线电视网络设施、广电 5G 网络和互联互通平台，形成国家文化专网；三是鼓励多元主体依托国家文化专网，共同搭建文化数据服务平台；四是鼓励和支持各类文化机构接入国家文化专网，利用文化数据服务平台，探索数字化转型升级的有效途径；五是发展数字化文化消费新场景，大力发展线上线下一体化、在线在场相结合的数字化文化新体验；六是统筹推进国家文化大数据体系、全国智慧图书馆体系和公共文化云建设，增强公共文化数字内容的供给能力，提升公共文化服务数字化水平；七是加快文化产业数字化布局，在文化数据采集、加工、交易、分发、呈现等领域，培育一批新型文化企业，引领文化产业数字化建设方向；八是构建文化数字化治理体系，完善文化市场综合执法体制，强化文化数据要素市场交易监管。"

2019—2022 年，受中美贸易战及新冠疫情的影响，增速持续放缓，据文化和旅游部《2019 年文化和旅游发展统计公报》数据显示，2019 年，有线电视实际用户 2.12 亿，生产电视剧 254 部共 10646 集，电视动画片 94659 分钟；故事影片 850 部，科教、纪录、动画和特种影片 187 部；出版各类报纸 315 亿份，各类期刊 22 亿册，图书 102 亿册（张），人均图书拥有量 7.29 册（张）。[①] 据国家统计局数据，2020 年，文化产业增加值的增长为 1.3%，占 GDP 的比重 4.43%。其中，文化娱乐休闲服务增加值下降 19.8%，而内容创作生产实现较快增长，达到 11.1%。这一结构性变化反映出传统业态深受疫情影响，新业态则增长较快，也体现出文化产业从高速增长向高质量迈进的转变。2021 年，全国规模以上文化及相关产业企业营业收入 119064 亿元，比上年增长 16%。[②]

---

①　数据来源：https://www.mct.gov.cn/whzx/ggtz/202006/t20200620_872735.htm。

②　数据来源：www.stats.gov.cn/sj/zxfb/202302/t20230203_1901364.htmlo。

第二节　中国文化产业发展现状

一、新时代文化产业的发展机遇

（一）经济快速发展为文化产业的发展奠定了物质基础

经过改革开放几十年的发展，我国的经济建设和社会发展取得了巨大成就，社会主义市场经济体制已经建立起来，社会生产力水平有了较大提高，整个社会的经济规模有了较快增长。2010 年，中国国内生产总值 GDP 总量仅次于美国，列世界第二位。经济发展为文化产业发展奠定了雄厚的物质和资本基础，社会主义市场经济体制为文化产业的发展奠定了制度基础。根据世界各国的发展经验，当一个国家人均 GDP 达到 3000 美元以上时，正是社会大众文化消费大幅提升的阶段。2009 年，我国人均 GDP 已经超过 3000 美元，但人均文化消费规模只有发达国家的 1/4，整个社会的文化消费需求旺盛，文化产品短缺问题日益显现。

（二）社会大众对精神文化生活的需求快速增长

恩格尔系数是考察一个国家居民消费结构的重要参考指标，是指居民食品类消费支出占家庭消费总支出的比重。联合国粮农组织提出，依据恩格尔系数判定一个国家居民生活水平发展阶段的标准，60% 以上为贫困，50%～60% 为温饱，40%～50% 为小康，30%～40% 为富裕，30% 以下为很富裕。目前，欧美等发达国家的恩格尔系数一般为 20% 左右。根据恩格尔系数，随着居民收入水平的提高，消费结构中食品等物质用品消费所占比例会不断下降，休闲、娱乐、体育、旅游、教育等精神文化消费所占比例则会不断上升。

（三）城市化进程的加快为文化产业的发展提供了消费空间

文化产业的发展主要依靠的是城市而不是农村，世界其他国家的文化产业快速发展期都是和城镇化的发展进程相联系的。2011 年，我国城镇居民的比例超过农村居民，标志着我国数千年来以农村人口为主的城乡人口结构发生了逆转，从一个具有几千年农业文明历史的农业大国，进入以城市社会为主的新成长阶段。城镇化水平的不断提高，意味着越来越多的人不再靠土地吃饭，转而靠知识、靠技能吃饭。这种社会需求的增长为出版、教育等众多文化产业部门的发展提供了广阔的空间。

（四）科学技术的进步带动了文化产业的快速发展

从世界范围来看，当代文化产业发展的一个特点就是文化产业与高新技术的融合，科学进步和新技术发展成为文化产业发展的助推力。以信息技术产业为主体的产业结构变化，为许多与文化产业相关联的新兴产业群的成长提供了技术基础。在文化产业领域，与信息、网络等高新技术密切相关的网络内容产业、手机短信、移动网络等新兴文化产业迅速成长。科学技术进步对文化产业发展的带动作用越来越大，卫星直播、网络电视、移动电视等新业务更为活跃。

（五）全球化的发展使得增强文化产业竞争力成为一项紧迫任务

加入 WTO 后，我国的文化产业与国外的文化产业在市场运行机制、社会大众文化生活等方面的交流日益广泛，促进了我国文化产业与世界各国的交流交易。同时，外国的文化资本和文化产品越来越多地进入我国，发达国家凭借其强大经济实力和文化产业优势地位，将其文化产品、社会政治观念、思想价值观念等一并输入我国，对我国文化安全产生一定的影响。抵御外来文化的消极影响，特别是消除资本主义社会负面文化思想的侵蚀，大力发展中国特色的文化产业，提高文化产品的市场竞争力和市场占有率，成为一项重要而紧迫的任务。

二、文化产业呈现蓬勃发展的态势

（一）文化产业实现高速增长

党的十八大以来，我国政府不断出台一些政策，给文化产业发展创造了良好的政策环境，我国文化产业规模高速发展，文化经济总量明显提升。据第四次全国经济普查数据，2018 年末，全国有文化及相关产业法人单位 210.3 万个，比2013 年末增长 129%；从业人员 2055.8 万人，比 2013 年末增长 16.8%；资产总计 22.6 万亿元，比 2013 年末增长 118.3%。其中，规模以上文化及相关企业增加值达到 38737 亿元，占国内生产总值的比重为 4.3%，从业人员 375.07 万人，吸纳了大量就业人员，为社会发展提供了强力支撑，展现了蓬勃的生机与活力。[①] 文化产业对国民经济增长的贡献率不断上升，成为国民经济新的增长点。我国已成为世界演艺、动漫、影视、出版、网络文化、艺术品交易的生产和消费大国。

（二）产业结构不断升级

信息产业的迅猛发展带动文化产业结构的战略性调整，发展数字文化产业成为提升文化产业综合竞争力的主要趋势。信息技术不仅为传统文化产业提供了先进的手段和多样的形式，同时催生出"互联网＋文化产业"的新业态。以手机客户端为载体的新媒体文化产业，改变着文化产业的组织方式和产业链构成。电

---

① 国家统计局：《第四次全国经济普查公报（第六号）》，www. stats. gov. cn/xinwen/2019 – 11/20/content_5453895. htm。

子票务、网络游戏、手机广播电视、数字文化节目制作、在线文化娱乐、三维动画等新兴文化产业业态，推动着文化产业结构升级。以抖音、快手为代表的短视频和以喜马拉雅、荔枝电台为代表的线上知识付费音频平台快速发展。

（三）新兴业态逐步形成

动漫游戏、网络信息等新兴文化产业迅速崛起。相对于新闻出版、广播影视、文艺演出、音像业、文化娱乐业等传统文化产业，以文化旅游业、网络产业、手机内容产业等为主的新兴文化产业迅速崛起，成为文化产业发展新的增长点。跨界融合成为文化产业发展最突出的特点，文化与互联网、旅游、体育等行业融合发展。基于以区块链技术、大数据技术、VR/AR/MR 技术为代表的高新技术在文化生产中的广泛运用，推动了新兴数字文化产业发展，加快了文化产品和服务的数字化和网络化进程。

（四）文化体制改革日渐深化

文化体制改革的不断深入和发展，有力推进了我国文化产业发展的进程。加快推进出版、发行、影视制作、演艺、广电网络、新闻网站、非时政类报刊等经营性文化单位转企改制，将文化产业从文化事业中剥离出来，增强了文化发展的生机和活力。培育了社会主义文化市场，规范市场行为，完善运行机制，初步建立了比较完备的现代文化市场体系。加快文化法制建设，制定了一系列促进文化产业各行业发展的法律法规，加强了文化事业和文化产业的法治化管理，为推动文化产业发展营造良好的法制环境。推动国有文化企业跨地区、跨行业、跨所有制兼并重组，加快培育骨干文化企业，推动了文化产业的规模化、集约化、专业化发展。

（五）文化融资规模迅速扩大

从直接融资方式的分布来看，上市文化企业主要有权益融资和债务融资两种渠道。针对文化产业的信贷产品近年来大规模创新，各银行逐步扩大了融资租赁贷款、应收账款质押融资、产业链融资、股权质押贷款等符合文化企业特点的信贷创新产品的规模，探索开展无形资产抵质押贷款业务。文化产权交易所的数量与规模在逐渐增加。其中，以 2009 年成立的上海文化产权交易所和深圳文化产权交易所为代表，搭建了以文化物权、债权、股权、知识产权等为交易对象的专业化交易平台。文化产权交易所为投资者及生产者提供了相对公允的交易平台，极大地便利了文化产品交易、文化产业投融资、文化企业孵化、文化产权登记备案、文化艺术资产托管、区域股权市场中介服务等业务的开展。

（六）文化消费潜力巨大

社会大众的文化消费需求日益增长，文化消费支出快速增加。文化市场的需求呈现不断扩大的趋势，城镇居民用于文化产品的消费支出出现大幅增加。社会财富的增加，使大众生活的消费结构发生变化，适应社会发展的需求，人们越来越重视知识的培养和素质的提高，文化消费逐渐向教育型、休闲型转变。社会文化消费主要集中在教育培训、休闲娱乐和文化旅游等领域，体现社会大众重视对孩子的教育和自身素质的提高，社会大众巨大的文化消费潜力，为文化产业的快速发展提供了广阔前景。

（七）文化走出去成效显著

党的十八大以来，我国先后出台《关于进一步加强和改进中华文化走出去工作的指导意见》《关于加快发展对外文化贸易的意见》《关于加强"一带一路"软力量建设的指导意见》等文件，统筹对外文化交流、文化传播和文化贸易，文化走出去力度空前加大。大量出版物进入欧美等发达国家市场，中央电视台海外频道用户达4亿户，分布在全球168个国家和地区。对外文化贸易方面，我国文化产品和服务在国际市场的份额得到扩大，竞争力得到提升。

第三节　中国文化产业高质量发展趋势

"十四五"时期是我国开启全面建设社会主义现代化国家新征程、向第二个百年奋斗目标进军的重要机遇期，也是推动文化产业高质量发展、提升国家文化软实力、建设文化强国的历史关键期。党的十九届四中全会提出，"要完善以高质量发展为导向的文化经济政策"。

一、文化产业高质量发展的基本内涵

（一）高质量发展内涵的演变

高质量发展最初指的是能够更好地满足人民日益增长的物质与精神需求的经济发展方式、结构和动力状态。因"质量"具有生产成本、交易成本、市场价格、社会价格、福利价值等特性，经济增长的高速度与高质量之间是相互矛盾的。经过40多年的改革开放，我国经济总量从1978年占世界GDP的1.74%飞速提升至2019年的16.28%，稳居世界第二。但高速增长阶段过后，我国经济过去一味追求速度的发展方式的内在矛盾与问题日益显现，最突出的问题是经济发展的"不平衡、不协调、不可持续"，即经济发展质量不高，主要体现在经济供给侧与需求侧的结构上。

党的十九大报告指出，我国社会主要矛盾转化为人民日益增长的美好生活需要和不平衡不充分的发展之间的矛盾，经济工作的主线也转向了供给侧结构性改革，强调经济领域要注重高质量发展。2020年，《中共中央关于制定国民经济和社会发展第十四个五年规划和二零三五年远景目标的建议》进一步提出具体要求，即高质量发展不局限于经济领域，经济、社会、文化、生态等各领域都要体现高质量发展的要求。以推动高质量发展为主题，必须坚定不移贯彻新发展理念，以深化供给侧结构性改革为主线，坚持质量第一、效益优先，切实转变发展方式，推动质量变革、效率变革、动力变革，使发展成果更好地惠及全体人民，不断实现人民对美好生活的向往。

（二）文化产业高质量发展

文化产业属国民经济体系中一种特殊的产业门类，具有文化和经济的双重属性、形态和价值。同其他产业一样，文化产业发展同样存在供需结构性问题突出、创新驱动力不足、发展不平衡不充分、国际竞争力不强等问题。2018 年，全国宣传思想工作会议首次提到文化产业高质量发展，指出："要推动文化产业高质量发展，健全现代文化产业体系和市场体系，推动各类文化市场主体发展壮大，培育新型文化业态和文化消费模式，以高质量文化供给增强人们的文化获得感、幸福感。"①

1. 文化产业高质量发展是一种新发展理念。必须坚持社会效益与经济效益统一，社会效益优先。文化产品和服务的供给质量始终作为首要衡量标准，文化产业的高质量发展的内在要求就是质量第一、效率优先。持续深化供给侧结构性改革，培育优而强的文化市场主体，重点培育骨干企业、拉动中小微企业协同发展，提供质量优、品质高、创意佳、价格适中的文化产品和服务。同时，通过需求侧管理刺激需求从而达到产业调控与结构优化，形成以需求牵引供给、以供给创造需求的良性动态平衡。

2. 文化产业高质量发展是一种新发展方式。必须坚持数字化、集约化的发展方式。高质量发展要突破文化产业现有的结构性问题，解决文化产业投入回报周期长、文化企业内生发展动力不足、文化产业链条短、集约化程度低等亟待解决的难题。抓住新一轮科技革命和产业革命机遇，培育文化产业新业态、新产品、新体验、新模式，健全文化产业上中下游网络化、全产业链化的文化产业体系。

3. 文化产业高质量发展是一种新发展路径。必须坚持以创意创新为内核、以数字技术为支撑的发展路径。要以国家自主创新体系建设为契机，加大文化创意与文化技术在文化产业领域的研发与投入，着重培育国内自主创新团队与文化企业，整合创新要素与资源，构建文化产业创新体系。要紧扣文化产业的特殊性，加强文化产业发展的高质量管理体系建设，充分发挥政府职能部门对文化企业的"放管服"职能，推进文化和旅游部、科技部、工信部、商务部等部门的联动体制机制建设，构建促进文化产业高质量发展的政策体系，促进文化产业与

---

① 新华社 2018 年 8 月 22 日电：《习近平出席全国宣传思想工作会议并发表重要讲话》。

旅游及其他产业的融合创新发展。

二、中国文化产业发展趋势

文化产业具有天然的创意性、引领性、低消耗、可持续的特点，使文化产业正崛起成为我国经济发展的新动能。文化产业各个领域面临着空前的发展机遇，初步显现出四大发展趋势。

（一）科学技术推动文化产业的升级和革新

现代信息技术赋予文化新的内涵、新的功能和新的形态，极大地推动了中国新兴文化产业快速成长，为提升我国文化发展提供了强劲动力，可以说，现代科学技术是文化产业持续发展的根本动力。文化产业的持续发展必将通过高新技术的应用，不断实现文化产业结构的升级换代。以数字技术、互联网技术、信息通信技术为主要特征的现代科技，与文化产业相融合，不断产生新的文化产业的形态和种类。传统文化产业将依靠现代科技实现转型升级，如传统的演出业在引入现代技术后，也呈现出完全不同于以往的崭新的表现形式。

随着"互联网＋"时代的全面到来，科技与文化融合成为大趋势，文化产业以新技术为支撑点，技术含量越高，效益就越好。结合5G、互联网＋、大数据、云计算等国家战略与科技演变，以数字创意产业为代表的新兴文化产业将引领文化产业潮流，包括网络文学、动漫、影视、游戏、创意设计、在线教育等适应市场需求的文化行业将继续保持活力，文化内容将成为文化产业核心竞争力。总之，科技的发展激发了人们多元化、规模化、个性化需求，也使得文化产品的种类更加多元化、服务更加个性化。

（二）文化产业与国民经济深度融合

随着我国改革的不断深化，文化产业的壁垒逐步被打破，文化产业内部、文化产业与其他产业之间的合作、兼并或联盟步伐加快，规模不断壮大。文化产业和其他产业融合发展，是经济文化日益一体化的必然要求。2016年，《"十三五"国家战略性新兴产业发展规划》将数字创意产业与新一代信息技术、高端制造、生物、绿色低碳等产业一起纳入规划，这是文化产业融入国民经济的一个里程碑。国家规划层面引领和促进文化产业发展，标志着文化产业在国民经济中的重要地位进一步凸显和提高。未来文化产业将会融入到国民经济更广泛的领域，进一步放大文化产业的格局。

文化产业与第一产业融合发展，将极大地推动乡村振兴。文化产业与第二产业融合，将文化的内涵或者文化的元素植入产品中，必将提高产品的文化含量与附加值，又可以带动制造业的升级与发展。文化产业与其他第三产业融合，让产品和服务更有温度和情感，将更符合消费者多样化的精神文化需求。总之，未来文化产业将日益发挥对国民经济的外溢性和渗透性效应。

（三） 文化产业集约化、规模化发展

产业集群化发展是当今产业发展的趋势之一。作为新兴的文化产业，较强的产业融合性决定了其发展过程中需要整合各种资源，集群化发展趋势将非常明显。中国文化产业初步形成了以环渤海、长三角、珠三角为核心集群发展的总体空间格局。这三大地区，是我国经济最为发达的地区，文化需求大，是技术、人才集聚高地，在文化消费、对外文化贸易、文化企业竞争力等多项指标方面均处于全国领先地位。中西部地区文化产业集群主要分布在省会城市，因历史文化资源和自然资源相对丰富，再加上政策推动力度大，以文化休闲娱乐和消费性文化产业集群为主体，如西安曲江文化产业集聚区、开封宋都古城文化产业园区等。目前，我国文化产业集群已经成为加快产业发展、繁荣文化市场、开展国际文化交流和参与国际竞争的生力军。

文化产业集约化、规模化的趋势，不仅符合世界文化产业的发展趋势，也将大大提高我国文化产业的整体竞争力。建设各具特色的文化产业集群，是整合地域文化资源、形成集聚效应和规模效应、提高产业市场集中度、促进产业内部分工与协作、提高发展质量和速度的必然趋势。各地将依据自身优势形成各具特色的文化产业带和集聚区，形成具有强大带动效应的区域文化产业孵化器和发展极，实现文化产业规模化、集聚化发展。

（四） 文化产业多元化发展

随着我国国有文化单位的股份制改造和文化产业向其他资本的进一步开放，非公有资本投资文化产业渐成规模，文化产业的整体实力和竞争能力得到了极大提高。目前，民营资本、社会资本投资文化产业的比重不断增加，已经成为文化产业中不可忽视的力量。与文化体制改革初期相比，文化市场主体已呈现多元化趋势。由于大量社会主体的进入，改变了以往文化市场竞争先天不足的缺陷，给文化产业的发展带来了新的生机和活力，在娱乐、广告、文艺演出和电影领域表现尤为突出，涌现出一大批具有较强竞争力的民营文化企业。

民间投资顺利进入文化领域，进一步提高文化设施的使用效率。未来，在政策层面和消费者需求层面等多重驱动下，民营资本和外资将积极通过新设、并购等方式进入政策许可的文化领域，继续推动文化产业的资本结构、市场结构发生巨大变化。

三、文化产业高质量发展的目标要求

（一） 坚持以社会主义核心价值观引领文化供给

发展文化产业，首先必须坚持正确的方向。推动文化产业快速发展，建设社会主义文化强国，要始终坚持社会主义先进文化前进方向，无论改什么、怎么

改，导向不能丢，阵地不能丢。当前，在我国，先进文化和落后文化、健康文化和腐朽文化并存，有的与历史发展方向一致，有的与历史发展方向相悖。因此，新时代发展文化产业，必须始终坚持社会主义先进文化前进方向，坚定中国特色社会主义共同理想，大力弘扬民族精神、时代精神和集体主义精神，为建设中国特色社会主义提供强大的文化支撑，为构建社会的和谐稳定提供坚强的思想保证。

社会主义核心价值观是民族文化的精神内核与行为准则，承载着中华民族的精神追求，体现着整个社会的价值标准。"十四五"时期，文化产业发展承担着助力2035年建成文化强国的历史使命，要始终以社会主义核心价值观为引领，坚持马克思主义在意识形态领域的指导地位，坚守文化自信，深耕中华民族优秀传统文化资源，将文化自信外化为文化生产、文化传播与文化消费的各个环节，统筹国内国际两个市场，推进文化产业的国际交流与对外文化贸易，不断提升国家文化软实力。

（二）坚持以人民为中心，满足人民精神文化需求

推动文化产业快速发展，不断丰富人民精神世界，增强人民精神力量，不断增强文化整体实力和竞争力。文化产业发展的根本目的是满足人民的精神需求和文化消费，提升人民的审美品位，促进人的全面发展。要不断丰富和提升人民群众精神文化生活，更好地保障人民群众的基本文化权益，提高人民群众的思想道德素质、科学文化素养，以优秀文化产品践行社会主义核心价值观，引领社会风尚，不断增强人民群众对中华文化的认同、对中国特色社会主义的文化自信。

新时代文化产业高质量发展，要坚持以人民为中心，主动承担起"兴文化""展形象"的历史使命。要把社会效益放在首位，做到社会效益和经济效益相统一，避免唯GDP、唯资本、唯技术的倾向。要注重社会主义价值观与中华传统价值观的结合，突出文化产品的内容创意和价值引领，体现中华文化精神，鼓舞人民为实现中华民族伟大复兴的中国梦而努力奋斗。要善于发现和把握广大人民群众的客观需求，创造出参与度高、体验感强，能满足人民群众高层次审美需要和娱乐需要的文化产品。通过大力发展文化产业，不断解放和发展文化生产力，不断增强中华文化国际竞争力和影响力，建设文化强国。

（三）坚持创新、协调、绿色、开放、共享的新发展理念

创新是文化产业高质量发展的根本动力，通过发展模式、业态产品、人才培养等多方面的创新发展，不断增强文化产业的核心竞争力。协调推进文化事业与文化产业共同发展、社会效益与经济效益有机统一、供给侧结构性改革与需求侧管理动态平衡以及文化产业区域协调发展、城乡协调发展，同时，处理好供给与需求、市场与政府、开放与安全、国内与国际等重要关系。绿色是文化产业高质量发展的应有之义，文化产业资源消耗少、附加值高、可持续发展动能强。开放

是激发文化产业内生创新发展动力、提升国家文化软实力、拓展文化传承传播力的必要手段，要以改革开放的心态加强文化产业的国际竞争力。秉行共享理念，推动文化资源、文化技术平台等共性需求实现共享，促进文化产品与服务为全人类共享。

（四）坚持中华优秀传统文化创造性转化、创新性发展

文化产业是中华优秀传统文化创造性转化、创新性发展的重要载体。要按照时代特点和要求，对传统文化进行现代化挖掘和解读，从中找到根本，汲取营养。要运用新媒介、新科技、新载体对中华优秀传统文化进行创新，赋予新的表达形式，创作出为人们喜闻乐见的文化产品，促进优秀传统文化与时代精神相结合，创新文化产品的内容和传播形式，让中华文明的影响力、凝聚力、感召力更加充分地展示出来。

（五）坚持讲好中国故事，扩大文化贸易

推进国际传播能力建设，讲好中国故事，传播好中国声音。视觉影像是跨越国界、跨越文化的国际化语言，可以说是讲好中国故事的最佳传播方式。2019年，国产电影《流浪地球》打破了中国电影北美票房纪录，通过电影人物、情节等传播人类命运共同体的理念，是具有示范意义的"用国际语言讲好中国故事"的文化产品。我国文化产品出口贸易额主要来自文化制造业，文化内容产品的国际影响力、竞争力不强。近年来，虽然我国游戏产品出口增速较快，但多数文化行业如图书、音乐、影视等的内容产品还没有形成在国际广受认可的民族品牌，国际化进程亟待加快。新时代文化产业高质量发展需要具有全球视野和世界眼光，发挥"一带一路"倡议在推动文化产业质量转型中的作用，推动文化"走出去"与国际化运营，提升中华文化在全球化舞台上的地位，展示中国形象，传播中国价值，弘扬中国精神，向世界讲好中国故事，提高文化产业的国际影响力。

资料链接

《"十四五"文化产业发展规划》解读

2021年5月，文化和旅游部发布《"十四五"文化产业发展规划》（以下简称《规划》）。《规划》全文约1.8万字，包括序言及9个章节。《规划》坚持以习近平新时代中国特色社会主义思想为指导，立足中华民族伟大复兴战略全局和世界百年未有之大变局，对"十四五"时期文化产业发展形势、机遇及存在的问题进行了简要分析，作出"十四五"时期我国文化产业仍处于大有可为的重要战略机遇期的综合判断，明确了国家"十四五"时期文化产业发展的总体要求、重点任务、保障措施，并通过8个专栏列出44个重点举措、工程项目，描绘了文化产业发展蓝图。

发展文化产业是满足人民多样化、高品位文化需求的重要基础，也是激发文化创造活力、推进文化强国建设的必然要求。"十三五"期间，我国文化产业繁荣发展，2015年至2019年，全国文化及相关产业增加值从2.7万亿元增长到超过4.4万亿元，年均增速接近13％，占同期国内生产总值比重从3.95％上升到4.5％。"十四五"时期是我国开启全面建设社会主义现代化国家新征程、向第二个百年奋斗目标进军的第一个五年。我国进入新发展阶段，经济长期向好，市场空间广阔，随着供给侧结构性改革不断深化，现代产业体系加快发展，以国内大循环为主体、国内国际双循环相互促进的新发展格局加快构建，乡村振兴、区域协调发展和新型城镇化深入推进，文化产业将深度融入国民经济体系，在服务国家重大战略、培育新的经济增长点、赋能经济社会发展方面发挥更大作用。新一轮科技革命和产业变革深入发展，创新驱动发展战略深入实施，将不断催生新产品、新业态和新模式，为文化产业转型升级提供强劲动力。人民美好生活需要日益广泛，对精神文化产品供给提出更高要求，文化产业将成为增强人民群众获得感、幸福感的重要途径。与此同时，当今世界正经历百年未有之大变局，我国发展不平衡不充分问题仍然突出，文化产业自身发展的质量效益还不够高，产业结构还需优化，城乡区域不平衡问题仍然突出，文化产业和旅游产业融合不够深入，文化企业整体实力偏弱，创新创意能力和国际竞争力还不强，文化经济政策有待完善落实。

综合判断，"十四五"时期我国文化产业仍处于大有可为的重要战略机遇期。要立足中华民族伟大复兴战略全局和世界百年未有之大变局，深刻认识我国社会主要矛盾变化带来的新特征新要求，深刻认识错综复杂的国际环境带来的新矛盾新挑战，增强机遇意识和风险意识，认识和把握发展规律，善于在危机中育先机、于变局中开新局，改革创新、奋发有为，推动文化产业发展不断开创新局面、迈上新台阶。

一、指导思想

高举中国特色社会主义伟大旗帜，深入贯彻党的十九大和十九届二中、三中、四中、五中全会精神，坚持以马克思列宁主义、毛泽东思想、邓小平理论、"三个代表"重要思想、科学发展观、习近平新时代中国特色社会主义思想为指导，紧紧围绕统筹推进"五位一体"总体布局和协调推进"四个全面"战略布局，坚持稳中求进工作总基调，立足新发展阶段，贯彻新发展理念，构建新发展格局，坚定文化自信，坚守守正创新，坚持以社会主义核心价值观为引领，围绕举旗帜、聚民心、育新人、兴文化、展形象的使命任务，以推动文化产业高质量发展为主题，以深化供给侧结构性改革为主线，以文化创意、科技创新、产业融合催生新发展动能，提升产业链现代化水平和创新链效能，不断健全现代文化产业体系和市场体系，促进满足人民文化需求和增强人民精神力量相统一，为社会主义文化强国建设奠定坚实基础。

二、基本原则

1. 坚持正确导向。坚持马克思主义在意识形态领域的指导地位，坚持社会主义先进文化前进方向，坚持把社会效益放在首位、社会效益和经济效益相统一，既遵循社会主义先进文化发展规律，又体现社会主义市场经济要求，确保文化产业持续健康发展。

2. 坚持以人民为中心。坚持以满足人民美好生活需要为根本目的，牢固树立以人民为中心的创作生产导向，不断扩大优质文化产品供给，更好满足人民精神文化生活新期待，更好推动人的全面发展、社会全面进步。

3. 坚持创新驱动。坚持以创新为核心驱动力，激发文化创新创造活力，全面推进文化产业内容形式、载体渠道、业态模式等创新，适应高新技术发展趋势，推进文化和科技深度融合，以创新激发动力、增强活力、释放潜力，推动产业结构升级、链条优化、价值拓展，提高质量效益和核心竞争力。

4. 坚持融合发展。坚持以文塑旅、以旅彰文，推动文化产业和旅游产业深度融合发展，推进"文化＋"战略，坚持以文化赋能发展，发挥文化引领风尚、教育人民、服务社会、推动发展的作用，促进文化产业与实体经济深度融合，为国民经济和社会发展注入文化活力。

5. 坚持系统观念。围绕落实国家重大发展战略，坚持全国一盘棋，把握文化产业发展特点规律和资源要素条件，统筹区域城乡文化产业发展，正确处理发展与安全、政府与市场、事业与产业、供给与需求、国内与国际等重要关系，加强战略谋划、整体推进，促进形成文化产业发展新格局。

三、发展目标

到 2025 年，文化产业体系和市场体系更加健全，文化产业结构布局不断优化，文化供给质量明显提升，文化消费更加活跃，文化产业规模持续壮大，文化及相关产业增加值占国内生产总值比重进一步提高，文化产业发展的综合效益显著提升，对国民经济增长的支撑和带动作用得到充分发挥。

——产业结构优化升级，新型文化业态更加丰富，数字化、网络化、智能化特征更加明显，产业链条和创新发展生态更加完善，文化产业与相关领域融合更加深入，文化产业整体实力和竞争力显著增强。

——供给体系质量明显提升，推出一批适应人民群众文化消费需求的精品力作，文化产品和服务内涵品质、创意水平持续提升，推出更多具有自主知识产权的文化产品和服务品牌，城乡居民文化消费更加活跃。

——产业布局更趋合理，区域分工协作体系更加完善，协调发展机制逐步健全，建设一批具有显著示范效应和带动作用的文化产业功能区、文化产业中心城市、区域文化产业带，产业规模化、集约化、专业化水平进一步提高。

——发展环境更加优化，文化市场主体规模持续扩大，结构更加合理，竞争力显著提升，文化市场环境更加健康有序，文化经济政策体系更加完善，文化产业投融资体系更加健全，文化产业人才大量涌现，文化创新创造活力进一步激发。

展望 2035 年，我国将建成社会主义文化强国，国家文化软实力显著增强，文化产业整体实力和竞争力将大幅跃升，文化产业发展质量效益、城乡居民文化消费水平将迈上新的台阶，文化产业对国民经济发展的支撑和带动作用将达到新的高度。

四、主要任务

《规划》从推进文化产业创新发展、促进供需两端结构优化升级、优化文化产业空间布局、推动文化产业融合发展、激发文化市场主体发展活力、培育文化产业国际合作竞争新优势、深化文化与金融合作等 7 个方面，立足新发展阶段，贯彻新发展理念，构建新发展格局，明确了"十四五"时期文化产业发展的主要任务。

1. 推进文化产业创新发展：包括加快发展新型文化业态、改造提升传统文化业态、加强文化科技创新和应用、构建创新发展生态体系四方面内容。

2. 促进供需两端结构优化升级：包括扩大优质文化产品供给、畅通文化产品传播流通、释放文化消费潜力、改善文化消费环境四方面内容。

3. 优化文化产业空间布局：包括推动区域文化产业协调发展、促进文化产业融入新型城镇化建设、发展乡村特色文化产业三方面内容。

4. 推动文化产业融合发展：包括发展文化和旅游融合重点业态、打造文化和旅游融合发展载体、推动文化产业与其他相关领域融合三方面内容。

5. 激发文化市场主体发展活力：包括发展壮大各类文化市场主体、构建完善文化企业服务体系、规范发展文化产业园区基地三方面内容。

6. 培育文化产业国际合作竞争新优势：包括构建文化产业国际合作新格局、增强对外文化贸易综合竞争力、创新文化产业国际合作支撑体系三方面内容。

7. 深化文化与金融合作：包括完善支持政策体系、推动服务机制创新、引导扩大有效投资三方面内容。

五、保障措施

1. 落实经济政策：结合文化产业高质量发展需要，进一步推动落实和完善文化经济政策体系，用好财政、税收、金融、投资、土地等方面政策，更好发挥引导激励和兜底保障作用。争取各类财政资金、基金加大对文化产业的支持力度，优化投入方式，提高资金使用效益。持续推动落实国家相关支持文化产业发展的税费减免政策、应对新冠肺炎疫情纾困政策，切实降低文化企业经营负担。推动完善金融支持文化产业发展的系列政策举措。支持各类文化产业投资基金发展，鼓励各类产业投资基金、创业投资引导基金投入文化产业。推动将文化产业用地纳入国土空间规划，在国家土地政策许可范围内，创新文化产业用地供应和利用方式，建立科学的文化产业用地保障制度，有效保障文化产业设施、项目用地需求。鼓励利用老旧厂房、旧仓库等闲置设施和存量建设用地发展文化产业，持续推动落实在五年内继续按原用途和土地权利类型使用土地的过渡期政策。

2. 强化法治保障：坚持立法先行。加快推进文化产业促进法立法工作进程，推动文化产业相关法律、法规、规章等的立改废工作，全面推进依法行政，健全促进社会效益和经济效益有机统一的制度规范。建立健全重大决策合法性审查、公平竞争审查、风险评估等工作制度。加强互联网文化管理及文化新业态法规制度建设探索。推动出台《文化市场综合执法管理条例》《文化市场综合行政执法事项指导目录》，健全综合执法制度机制。积极参与制定文化产业发展国际规则。建立健全文化产业安全监管机制，守好意识形态、文化安全和社会稳定底线，完善和落实安全生产责任制。

3. 加强人才培养：以文化产业高质量发展为导向，以内容创作、项目策划、创意设计、经营管理、投资运营、文化金融、国际合作等为重点领域，做好人才培养工作。深入实施高质量产业人才培养扶持项目，以文化产业园区（基地）和业内领先企业为重点对象，不断推进培训体系、师资力量体系、协作机制和资源平台建设，调动各方面社会力量广泛参与。推动文化产业相关学科体系建设，加强实践型、应用型、复合型技术技能人才培养。发挥高校院所、文化企业、园区基地、众创空间、孵化器等作用，推动产学研用合作培养人才。加强职业经理人培养。加强文化产业领域智库建设，培育一批具有较强影响力、支撑区域文化产业发展的文化产业研究机构，在理论创新、智力支持和产业实践等方面发挥积极作用。

4. 规范市场秩序：加快构建以信用为基础的文化市场新型监管机制，依法依规开展失信惩戒，推进"互联网＋监管"。开展平安文化市场建设，完善文化产品和服务内容审核机制，加强线上线下内容审核及动态监测。全面落实文化市场综合执法改革任务，完善权责明确、监督有效、保障有力的综合执法体制，推进文化市场综合执法队伍建设，及时查处整治突出问题，维护文化市场繁荣稳定。完善全国文化市场技术监管与服务平台功能，提升执法信息化水平。落实《关于进一步完善文化市场综合执法运行机制的通知》，健全完善联合办案和执法协作机制，加强区域执法协作。加快转变政府职能，深化简政放权、放管结合、优化服务改革，进一步完善审批方式，加强事中事后监管，积极探索适应新业态、新产品、新模式的监管方式。加大文化产业相关知识产权保护力度。有效预防和制止文化产业领域垄断行为、不正当竞争行为，防止资本无序扩张。

5. 抓好组织实施：各级文化和旅游行政部门要充分认识"十四五"时期文化产业发展的重要意义，积极推动各级党委和政府把文化产业发展摆在重要位置，在党委和政府的领导下，立足地方实际，把握发展规律，突出地方特色，认真抓好《"十四五"文化产业发展规划》的组织实施，加强对落实情况的监督检查，确保各项任务措施落到实处。主动加强与宣传、发展改革、财政、科技、自然资源、金融、税务等部门沟通，推动建立统筹各方、协调有力的文化产业发展工作机制和格局。加强与统计部门合作，推动建立部门间文化产业数据共享机制，准确反映文化产业发展状况，充分发挥统计数据对工作决策、政策制定等的支撑作用。

资料来源：根据文化和旅游部《"十四五"文化产业发展规划》（https：//www.gov.cn/zhengce/2022－08/16/content_5705612.htm）整理。

第三章 区域文化产业

每个地区都有其代表性的文化资源，发展区域文化产业，必须结合当地文化资源分布实际，盘活区域文化资源，针对个性化的文化消费需求，构筑特色鲜明、协同推进的区域文化产业发展格局，把特色文化资源优势转化为产业优势和市场优势。近些年，我国政府通过出台一系列政策来引导扶持区域文化产业的发展。

第一节 区域文化产业的特点

一、区域文化产业发展的意义

（一）有利于保护区域特色文化

我国幅员辽阔、地大物博，各个地区都有独特的文化，为特色文化产业发展提供了丰富的资源。区域特色文化是一个区域范围内特有的具有鲜明特征的文化类型，是特定区域源远流长、独具特色的文化传统，是特定区域的生态、民俗、传统、习惯等文明表现。区域文化与地域环境相互融合，是传统文化和民间文化的重要组成部分。发展区域文化产业，有利于传承和发展区域特色文化。

（二）有利于促进区域文化经济发展

将区域文化产业与地域特色旅游产业相融合，利用区域特色文化开展各类活动，吸引大量游客，提高经济收益，餐饮行业、酒店行业等也会因此获得更高的收益，从而有利于带动区域经济的发展。

（三）有利于多样性文化交流

只有民族的，才是世界的。我国地域特色文化有其独特性，能够丰富世界多元文化的内容。联合国教科文组织早在 2001 年就通过了《世界文化多样性宣言》，提出"文化多样性与生物多样性 样重要"的观念，以保护各国各地独特的文化。发展区域特色文化产业，有利于文化多样化发展和文明交流互鉴。

二、区域文化产业空间结构的特征

文化产业空间布局是指在经济一体化背景下，为社会公众提供文化及相关产品的企业和相关支撑机构，为追求依附于消费者最满意区位条件而形成的基于分工与协作的资源整合配置、要素流动转移的空间分布形式。文化产业空间布局是一个动态、发展的过程，具有以下特征。

（一）文化整合性

文化产业空间布局是一个国家或地区文化产业各部门、各要素、各环节在地域上的动态组合与分布形式。不同的文化产业空间布局存在着不同形式的文化冲突，文化产业对要素、资源进行合理的空间整合和配置，不仅体现在硬性的执行标准上，更体现在文化的认同感和归属感上。

（二）人口依附性

文化产业空间布局不能像农业、工业那样远离人口聚居区，凭空形成一个产业部门或业态，而是具有人口依附性。因为文化产业所提供的文化产品和服务主要是为满足人们的精神消费需求而产生的，越接近市场，就越能契合并满足市场的需求。市场趋向可以产生更大的经济效益，同时可以与其他产业形成关联以获取最大的边际效应，因而，人口聚居的区域往往也是文化产业布局的聚集区。

（三）趋集中性

由于文化产业是高文化与高技术相结合的产物，只有在现代科学技术力量高度集中的地方才能产生，因此，这种生产力发展水平的运动规律性决定了文化产业布局的现代选择。文化产业是依托于大城市和现代工业发展起来的产业形态，由于现代社会运动的城市化趋势，因此，以往分散的文化产业布局不断地朝着大城市和超大城市集中。

（四）层次性

根据"微笑曲线"原则，文化产业基于附加值的大小可分为三个层次，即处于高端的研发与设计，处于中端的营销与服务，处于底端的生产与制造。其中，由于处于高端的文化产业在空间布局上对人才、科技、信息等要素需求更高，其布局要求也更苛刻；中端次之；底端要求相对较低，区域适应性也更强。

三、区域文化产业发展模式

（一）集约式模式

这种模式重在集合要素优势，节约生产成本，提高经济效益。经济和文化发展水平高、文化产业在国内外已经具有鲜明优势且产业要素丰富的地区重在创新驱动文化产业融合性发展，形成有较强竞争力的产业生态系统，利用先进的信息技术和行业优势发展和创新文化产业，有效发挥其引导性的优势作用，成为推动当地经济水平提升的重要支柱性行业。文化产业主要以集约式逐步形成和发展，对产业整体的布局与筹划方式既可以是超越地域限制的组合，也可以是行业间的横向联合，集约式可实现最大限度的资源与信息共享，有效提高产业本身的发展速度，从单一的产业模块形成链条式发展，以规模的扩大带动行业经济产出。集约发展可跨行业联合经营能力较强的企业，以更为尖端的技术支持文化产业高水平的汇聚，推动产业在技术和效能方面的开拓性发展。

（二）制造型模式

这种模式主要聚焦于文化实物，通过带有地域文化色彩的实物传播，构建当地的特色化文化产业。带有地区特色的文化建构形式不仅可以是文字符号，也可以是真实的物品，从多种行业入手打造纪念品、文化、旅游、体育等产业用品都能够传递相应的内涵，实现地区历史精髓的展示和传播。将传统而久远的文化传承融于富有现代化气息的物品中，以先进的技术、思维理念对优秀传统文化进行再诠释，将呈现出别样的艺术形式，从而形成地区富有特色和竞争力的文化品牌。

（三）资源型模式

产业要素较为缺乏、文化产业发展水平较低但拥有优质文化或自然资源的地区可选择资源驱动模式，旨在推动当地产业特色化、品牌化发展，打造特色文化产品或品牌。例如，甘肃省依托敦煌石窟这一珍贵历史文化遗产，推动文化、考古、数字科技、休闲娱乐等领域深度融合，成功地将敦煌石窟打造成为世界知名的特色文化品牌。地区传统的文化资源是难得的瑰宝，如果加入适当的现代化元素，便可以获得当代民众的接受和认可，从而产生大范围的开发价值。此外，旅游业一直是承载着地方区域文化的主要产业，优化旅游线路布局，结合节庆活动，能有效提升区域文化的感染力。

第二节　区域文化产业发展现状

文化产业空间布局是优化资源配置和制定区域发展战略的基础。文化产业是依托城市市场和现代工业而发展起来的产业形态，受到产业政策、市场需求、创意人才、文化禀赋等相关要素的影响，产业布局不断朝着城市集中。在集聚过程中，各文化企业之间共享资源、信息、技术以及基础设施，形成一定的集聚效应、规模经济效应和外部经济效应，成为促进区域特色经济和优势产业发展的主要动力。文化产业的空间布局模式具有明确的演化性。空间布局是一个动态发展的过程，随着文化产业生产要素的优化配置，其空间布局会进行同步演化。文化产业空间布局的形成过程通常为：在城市发展初期形成一两个文化核心，之后再沿主要交通干线进行文化传播，形成产业集聚态势，之后再通过要素完善形成多个文化产业核心区，最终集聚成区域性文化发展片区。不同类型的文化产业在城市中的区位选择存在明显差异，产业链位置、规模与实力、内在属性、城市空间差异等都是影响区位选择的关键性因素。我国文化产业空间布局，从文化产业增加值、法人单位数、文化产业集群（园区）数量等经济导向性资源上都明显呈现出东部与中西部地区发展的不充分、不平衡问题。

一、区域文化产业发展不平衡

（一）东部地区文化产业专业化水平较高，产业集聚度较好

根据各省（市、自治区）文化产业法人单位数、文化产业营业收入、固定资产投融资情况及文化产业资产总额等指标综合来看，我国文化产业主要集中在东部地区。北京、上海、广东、江苏、浙江、山东 6 省（市）文化产业增加值排名全国前 6 位，产业发展水平处于领先地位，文化产业增加值占地区生产总值比重超过 5%，成为地方经济发展的支柱产业。在文化产业法人单位数中，东部地区数量多，空间聚集态势十分显著。按行业分类统计，全国超过 70% 的文化制造业法人单位集中在东部地区，浙江、广东、江苏、山东、福建 5 个省的文化制造业法人单位合计占全国的近 2/3。全国文化批发和零售业法人单位有 2/3 集中在东部地区，江苏、广东、浙江、北京、山东 5 个省（市）的文化批发和零售业法人单位合计占全国的一半以上。东部地区拥有的文化服务业法人单位占全国的一半以上，其中北京、江苏、广东、浙江、山东 5 个省（市）的文化服务业法人单位合计占全国的四成以上。①

（二）中西部地区文化产业法人单位数量相对较少，东北地区占比更少

中西部地区文化制造业、文化批发和零售业法人单位数量均未达到全国单位总数量的 1/3，文化服务业法人单位不到全国的一半。四川、河南、福建、湖南、湖北、河北、安徽、陕西、江西、天津、重庆、辽宁和云南 13 个省（市）的文化产业规模处于全国的中等水平，2017 年文化产业增加值在 500 亿～1500 亿元之间，排全国第 7～19 位，文化产业增加值占地区生产总值的比重介于 3%～5% 之间。广西、黑龙江、内蒙古、山西、贵州、吉林、甘肃、新疆、海

① 张美英：《中国文化产业空间布局态势及其合理度评价》，《中国石油大学学报（社会科学版）》2018 年第 5 期。

南、宁夏、青海和西藏12个省（市、自治区）文化产业规模较小，发展水平较低，文化产业增加值约在500亿元以下，在全国排名第20位以后，文化产业增加值占地区生产总值比重基本处于3%以下。[①] 中西部文化产业主要集中在一些中心城市。由于文化产业的市场依附性和文化要素聚集性，受文化消费市场分布的影响，中西部地区文化产业主要围绕太原、郑州、武汉、长沙、南宁、银川、西宁、成都、重庆、昆明等中心城市形成点状布局。

（三）跨区域文化产业带逐步形成

在大数据时代，文化产业空间布局将文化产业的诸多要素进行有机的市场化配置与整合，突破行政区划的阻隔和产业门类的分割，逐步实现文化产业要素的自由流通和集聚，最终实现跨区域性生产、交换与消费的文化产业发展大格局。随着"一带一路"战略和"区域经济一体化"布局的推进，文化产业空间布局以东部沿海城市为支点，打破东中西分布不均衡的局面，实现跨区域联动，有利于促进文化产业要素更广泛、更自由的流通，缩小东西部区域差异。向内辐射广大内陆地区，实现区域合作，向外面向海外市场，实现"走出去"。东部地区逐步形成以京津冀一体化发展为核心的环渤海文化产业带，以上海、江苏、浙江联动发展的长三角文化产业带和以广州、深圳、珠海带动的珠三角文化产业带，同时，随着大运河国家文化公园的建设，形成大运河文化产业带。中部地区则随着黄河国家文化公园的建设，逐步形成黄河文化产业带。西部地区形成藏羌彝文化产业走廊。北部地区随着长城国家文化公园的建设，逐步形成长城文化产业带。

二、区域文化产业发展存在的问题

（一）政策机制有待完善

目前，我国区域特色文化企业存在规模小、分布散、产业链不完善、资源配置不到位的问题，导致经济效益差，难以形成品牌效应和规模效应。政府出台了一系列区域特色文化产业扶持政策，但是政策缺乏针对性，地域特色文化产业的配套设施建设不完善，很多特色文化企业缺少融资渠道，难以将企业做大做强。有的地方缺乏文化产业管理经验，缺乏符合当地特色的文化产业发展规划，文化企业难以形成合力，未能在当地形成规模效应，打不响地域文化产业的品牌，限制了地域特色文化产业的发展。

（二）特色化、品牌化不够突出

区域文化产业面临有实践缺理论、有经验无模式、有政策不精准的问题。对于不同发展阶段、不同发展模式的产业发展策略、技术升级路径、空间形态布局

---

① 李坤：《精准推动地方文化产业发展》，《中国国情国力》2020年第7期。

及人才、金融和财政等配套政策需求的研究不够透彻，缺乏精准指导地方文化产业实践的发展模式。在地方文化产业规划、政策制定中普遍存在着缺乏地方文化资源清单、缺乏产业发展水平和资源潜力评估指标体系、缺乏对市场主体和文化消费精准分析等问题，很多地方的规划和政策一味简单抄袭先发地区，缺乏立足当地实际、实现差异发展的思考。因此，地方如何因地制宜地选择发展模式、推动文化产业错位发展，是当前亟须解决的问题。

（三）高端文化产业人才缺乏

区域特色文化产业发展离不开专业性人才，因为区域特色文化需要他们来挖掘其文化价值和商业卖点，并通过创意设计来提高区域特色文化与主流文化的融合度，让消费者更容易接受和喜欢。目前，很多地域特色文化企业都是家族式企业，往往缺乏创意设计和文化管理方面的专业人才。我国区域特色文化博大精深，研究区域特色文化投入大、成效慢，需要领悟区域特色文化的真谛，进而对其进行创意设计，开发区域特色文化产生商业价值，推动区域特色文化产业发展。

（四）不同区域存在较大差异

我国不同地区的特色文化产业发展差异较大，主要表现在东部地区比西部地区发展迅速，南方比北方发展迅速。因为东部地区和南方的经济比较发达，民间融资方便快捷，且这些地区的其他产业具有产业化和规模化的基础，地域特色文化产业可以借鉴这些产业的发展模式快速形成品牌效应和规模效应，从而做大做强。而西部地区和北方的经济欠发达，地域特色文化企业融资困难，且其他产业难以为其助力，本地的小型文化企业缺乏产业化和规模化意识，难以做强做大。

三、区域文化产业创新发展的对策

（一）发挥政府产业政策的指导作用

首先，政府要制定支持区域特色文化产业发展的财税政策。可以设置专项区域特色文化产业扶持资金，同时，在税收方面给予优惠政策，通过税收减免或先征后返的方式减轻文化企业的资金压力。其次，制定促进区域特色文化产业发展的土地使用政策。同时，制定严格的特色文化管理和保护制度，对当地的文化古迹、传统手工艺等进行全面的规划与保护，妥善处理人居环境与古建筑和古迹的关系。

（二）建立良好的投融资环境

出台中小微企业融资扶持政策，降低区域特色文化企业小额贷款的门槛，并降低贷款利率，由政府部门与各大金融机构合作，扩大区域特色文化产业的融资渠道，确保文化企业能高效融资。引导龙头企业参与区域特色文化产业的发展，凭借大企业资源整合的能力，利用项目合作、股份制和兼并收购等方式整合区域特色文化资源，使各个文化企业形成合力，扩大当地特色文化产业规模和影响力。同时，加大对区域特色文化产业融资的监管力度，完善中介服务体系和法律法规建设，对投资项目进行严格评审，通过体制和机制创新，充分发挥社会融资主渠道的优势。

（三）培养引进高端专业人才

人才是区域特色文化产业发展的关键因素。针对目前我国文化创意人才和文化管理人才匮乏的问题，高校相关学科和课程要突出区域特色文化产业教学内容，培养了解当地特色文化的人才，利用案例教学、实践教学模式提高学生文化创意和文化管理的实践能力。文化企业应聘请国内外顶尖的文化创意和文化管理专家进行业务指导，为当地特色文化产业的可持续发展出谋划策。加强对企业管理者文化管理和文化创意设计方面的培训教育，提高管理者的综合能力。

（四）打造区域特色文化品牌

要做大做强区域特色文化产业，就要提高其规模和知名度。政府要加强当地特色文化产业的基础设施建设，如兴建产业园区、产业基地和研究所等基础设施，有文化古迹的要加强古迹周围的道路、景观和绿化等硬件基础设施的建设。此外，还要加强当地特色文化服务。在提高文化知名度方面，通过媒体、政务活动、庆祝活动、博览会、招商会等宣传推广当地文化产品，结合招商引资，促进区域特色文化产业发展。

（五）合理整合配置生产要素资源

对区域产业分工进行合理定位，打造文化产业优化发展区域、重点发展区域、引导发展区域以及基础布局区域，避免区域定位趋同，从而为文化产业生产要素的自由流通与合理配置创造条件。重视文化产业空间发展的关联性，协调产业要素的配置。区域文化产业既是结构系统，又是功能系统，要协调区域内部经济、社会、资源等要素的配置比例，以促使文化产业发展各环节、各链条形成合力。依托创意、知识、信息、科技等高级生产要素布局文化产业，力争建成数据共享、知识交流、创意活跃、科技发达、网络互通的文化产业空间新格局。

第三节　区域文化产业空间规划

经济全球化及新的国际分工使得文化产业的空间布局运动和区域发展呈现出新的发展趋势。在新的形势下，文化产业空间布局的不平衡运动规律形成和表现出新的特点，研究文化产业空间发展规律对科学制定区域文化产业规划具有特别重要的意义。

一、区域文化经济存在的历史性与文化产业发展的当代性矛盾

（一）区域文化经济是区域经济和区域文化综合发展的结果

区域文化经济是历史运动的产物，既反映一个地区文明发展的水平，也反映一个地区资源和要素的物质性状况以及人们对这种资源和要素的把握情况。资源和要素的丰俭程度是人们选择一定的地理条件生存的客观依据。对区域文化经济而言，倘若资源的某一要素在这一区域是相对丰富的，那么，这一区域可能形成文化经济中心。只要这种资源要素的配置状况没有发生变化，一般来说，由此而形成的区域经济文化格局就不会发生变化，文化产业空间布局往往也是以此为依据的。

（二）空间成本因素是构成区域文化经济存在和发展的重要客观条件之一

空间不仅有距离，而且还有阻隔和障碍，距离的长短和障碍的大小直接关系到文化经济成长发展的成本。距离成本限制了自然要素禀赋优势的发挥和空间聚集文化经济实现的程度，使文化经济活动局限于一定的空间范围，这就是文化产业的空间布局总是集中于沿海大城市、交通发达地区、平原地带的原因。即便是在已经拥有先进的卫星传输系统和发达的互联网的今天，偏远地区文化经济的发展仍然不能和城市文化经济发展的现代化相比。而正是这种空间成本因素的规定，使得文化产业空间布局不得不以若干个大城市为中心展开，并形成相应的文化产业带。

（三）文化经济活动并非完全可分的，这是区域文化经济客观存在的第三个条件

文化产业能否成为一个地区经济发展的支柱产业，关键要看它在整个区域经济结构中的比重和贡献值。文化产业布局的空间运动主要表现在三种形态上：数量扩张、结构转换和产业升级，这三种形态同时也是区域文化经济发展的三个主要方面。数量扩张是指区域文化经济各个产业的文化生产规模在原有基础上的扩大。结构转换是指各文化生产规模伴随着文化生产要素在各产业之间的转移，出现某些产业相对增长较快、某些产业增长相对较慢甚至增长停滞的结构变动的现象。网络视频的发展给电视产业带来的影响和冲击就是一个典型的例子。当这种结构转换表现为文化产业的所有制结构转移时，由此而发生原有文化资源配置结构的变动和利益格局的变动，有时甚至还会出现增长主体转移的现象，这种转移直至这种力量出现新的平衡才告结束。产业升级是指通过技术改造和技术创新使

传统文化产业向现代文化产业转变的文化产业变革，通过改变增长方式提高产业的核心竞争力，如电视产业数字化。区域文化经济的现代性的存在方式是多样的。文化产业布局及其结构不仅最能反映区域文化经济发展的实质，而且文化产业布局中的产业结构比集中体现了该区域文化经济的发展方向。

二、区域文化产业规划的制约因素

区域文化产业规划作为社会经济未来发展的空间投影，是对未来空间资源的一种配置，同时也是对现有空间资源配置的一种再认识。规划应该深刻反映社会经济的要求，尤其是发展中的要求，因此，规划一定是超前的。规划还应该反映人们对事物发展规律认识局限性的反思，所以，规划具有某种意义上的批判性和否定性——一种积极的否定和批判。制约文化产业规划的因素主要有以下几种。

（一）规划能否深刻认识文化体制、国民经济发展基础及文化要素禀赋等社会经济环境诸要素

1. 文化体制的制约。文化产业空间布局本质上是一定社会历史条件下文化体制的反映，包括文化意识形态管理体制、文化经济管理体制和文化行政管理体制等方面。文化意识形态管理体制涉及对文化产业与意识形态关系的认识，事关国家文化安全的核心利益，因此，文化产业空间布局结构的开放性程度反映了一个国家文化市场准入的程度。文化经济管理体制事关以何种文化经济制度来建设和管理文化产业，不同的国家经济制度下的文化产业空间布局是不一样的，政府主导还是市场主导——两种不同的主导原则必然导致不同的文化产业布局的结果。文化行政管理体制事关政府文化行政权力的范围和权力作用的大小程度。在现阶段，我国文化产业布局最大的一个特点就是文化行政分割，这是构成现阶段我国文化产业空间布局运动的最大障碍。除此之外，现代文化市场体系和现代公共文化服务体系尚未健全，文化开放水平需要进一步提高，这些文化体制改革要求，也正是目前制约文化产业发展的体制原因。

2. 国民经济发展基础的制约。文化产业是现代国民经济发展的产物。其布局不仅是文化生产能力空间运动的结果，而且是国民经济发展水平和发展程度的结果。一般来说，只有在现代工业比较发达的区域，现代文化产业才有资本支持的可能。就技术本质而言，文化产业属于高新技术产业，它不仅需要有专门的文化人才，而且还需要专门的技术人才和专门的科学技术能力，包括文化产业技术装备能力，否则，不可能有现代文化产业的产生。但是，这还不是最主要的，从产业运动的角度来说，决定一个地区文化产业发展水平和空间布局能力的，是该地区能够在多大的程度上为发展文化产业提供文化产业发展所需要的资本的能力。

3. 文化要素禀赋的制约。文化要素禀赋在这里是一个历史性的概念，是指一个地区文化产业空间布局规划现有的文化产业基础和条件，包括已有的文化产

业结构所具有的产业关联程度、文化产业体系构成的现代性程度、文化市场的成熟程度、文化区位优势、整个社会对于发展文化产业的集体认知程度以及文化消费传统等等。

（二）规划主体对未来发展的认识的真理性程度

这是一个属于文化产业发展主观领域的问题，更多的是体现和反映规划主体的智慧和能力。如果说历史作为一种客观性局限是无法选择的话，那么，当下主体对未来发展认识的真理性程度，将不仅直接决定文化产业空间布局规划的绩效，而且它所形成的历史局限性也将作为文化要素禀赋，长期影响着这个地区文化产业发展的未来命运。这种真理性程度具体从以下两方面来理解。

1. 视野的广阔度。这是指对整个国家乃至整个世界发展大趋势的了解和熟悉程度。文化产业空间规划是一种战略性规划，是能够反映事物的发展趋势的。这个发展趋势不是局部性的，而是整体性的。文化产业布局究其个别性来说是局部性的，但是为什么我国在 20 世纪和 21 世纪之交提出要大力发展文化产业，并且把发展文化产业放到整个国家的国民经济和社会发展的整体性规划中去？这是因为文化产业特殊的产业属性和产业功能在现代国民经济和社会发展中有着其他产业无法替代的作用，尤其是在世界范围内，已经成为国家力量形态的崭新表现方式。

2. 观念的先进度。所谓观念的先进度，是指文化产业规划主体对于文化产业认识的程度，这里包括对文化的理解，对文化和意识形态关系的理解，对文化产业与文化建设关系的理解，以及对文化产业发展和人的主体性建设的理解，等等。①

三、文化产业空间规划的任务

（一）促使区域文化产业与文化企业的趋集中化运动，实现文化生产力的集约化发展

文化产业的集中聚集，一是有利于形成文化产业的综合竞争力与核心竞争力，实现对各种文化资源的优化配置与有效利用；二是有利于利用市场信息，形成对各种文化资源的吸纳能力和辐射能力，提高创意能力，节约文化资源的流通成本；三是有利于文化能力向社会能力的转化，在消化吸收现代高新技术的同时，以产业集群实现的方式改造社会扩大再生产的方式和途径，进而达到为社会发展提供智力支持和文化生态环境的目的。从文化能力运动的历史轨迹来看，历史文化名城往往都是文化生产能力、文化扩散能力和社会建构能力最强的空间存

---

① 胡惠林：《区域文化产业战略与空间布局原则》，《云南大学学报（社会科学版）》2005 年第 4 卷第 5 期。

在，现在世界上的国际大都市也往往是文化产业最为集中和文化影响力最为强劲的地方。因此，为了实现文化产业布局空间集聚的文化经济效益，从政策主体来说，首先，必须选择历史文化条件优越和经济发达的地区作为文化产业布局的集聚区，形成新的增长能级；其次，根据不同集聚点、不同核心文化产业的性质，确定并培育不同文化产业集聚区的产业经济功能和文化传输功能，以利于不同功能区之间的分工和协作，从而形成各种文化资源合理配置的最佳产业结构；最后，构建大中小规模不等的产业集中体系，实现不同规模文化产业和企业之间的优势互补，形成良性的文化产业发展的生态群落。

（二）促进区域文化产业和文化企业的合理分散，实现文化空间经济的均衡发展

文化产业的集中只有处于适当的量度内才是有价值的，超过了一定的极限，产业生存空间过于狭窄，必然引发和导致恶性的市场竞争，由此造成投资环境的破坏，致使文化资本外流，最终导致整个产业发展停滞甚至衰败。因此，除了市场的自发调节外，文化政策主体必须通过相应的干预手段，使得文化产业布局的空间运动朝着有利于文化产业良性发展的方向运行。在我国，文化产业布局的战略思维应当是：在实现对原有区域文化产业结构战略性调整以达到布局合理化的同时，一个特别重要的任务就是推动中部和西部文化产业的发展，尤其是西部落后地区文化产业的布局，在实现效率目标的同时，实现文化产业布局的空间公平。

（三）把握区域文化产业结构的个性发展规律与特点

文化产业空间布局与产业特点紧密结合，只有对我国文化产业发展概况有清晰的认识，才能对区域文化产业空间布局有恰当的定位。一个国家或地区如果产业部门组合得当，产业地域组合科学、合理，那么，它将推动国民经济和文化建设健康、快速、有序地发展。文化产业结构不是诸多文化部门的简单相加，而是文化部门或地域的组合与质态的反映，因此，其结构功能可能是乘数效应或除数效应。区域文化产业结构都是具体的，各有各的个性与特点，它与区域的资源条件和文化环境紧密结合，与区域发展阶段相一致。因此，在产业结构共性发展规律的作用下，文化产业部门必须深入探讨区域文化产业结构的个性发展规律与特点，这也是区域文化产业空间布局的重要任务。文化产业的基本细胞是文化企业，即企业是市场的主体。企业依据生产技术联系、经济联系以及性质的相同性而组合为文化产业部门，再由众多的文化产业部门组合成为文化产业结构，各文化产业部门都要落实在一定的区域范围内。在该区域范围内，各文化产业部门与经济事务的有机组合则形成文化产业的空间结构。文化产业部门结构与文化产业空间结构是整个文化产业结构不可分割的两个方面，人类的文化经济活动最终要落实在产业部门和具体区域上。因此，只有科学把握区域文化产业结构的个性发

展规律和特点，才能科学地实现产业的合理布局。

（四）推动文化市场跨区域协同发展

打破以行政区划为界限的治理体系，促使要素聚类整合，实现有限资源在区域内的优化配置。2022年4月，中共中央、国务院发布《关于加快建设全国统一大市场的意见》，力求在全国范围内，建设一个基础制度规则统一、基础设施高标准联通开放、要素资源和服务高水平统一、市场竞争和市场监管公平规范的大市场。文化产业发展要依托国家重大区域发展战略，借助产业结构优化提升区域产业竞争力。

1. 培育跨区域的文化生产主体。科学整合区域企业资源，拓展相关产业及衍生产品的生产链条，促进企业间兼并重组和联合协作，形成区域旗舰企业，扩大企业规模经济效益和范围经济效益，引领区域文化产业发展。同时，加强中小微企业的沟通，通过中小微企业联盟等组织掌握企业发展状况，加强企业生产联系，细化企业分工，避免同质化竞争，增强文化产品的有效供给。

2. 促进跨区域文化消费。充分挖掘和利用文化消费大数据，对文化消费进行精细分析，制定跨区域文化消费优惠政策，根据消费趋势调整产品供给。

3. 加强跨区域文化服务。强化跨区域文化行业协作，搭建跨区域文化产品展销会、特色文化展品博览会、图书市场、艺术品交易市场等交易平台，拓展文化策划、经纪、代理等中介服务跨区域业务。

4. 探索文化金融创新举措，支持文化产业区域化发展。完善文化产业行业金融支持体系，包括银行信贷、财产保险、直接融资、担保与再担保等方面的创新举措。建立跨区域文化金融市场信息系统，建设文化金融数据的搜集和使用平台，完善文化企业征信体系和无形资产评估体系，建立跨区域文化金融服务中心。

资料链接

建设区域文化产业带的几点思考

中央"十四五"经济社会发展规划建议中提出了"建设区域文化产业带"。党的十九届五中全会召开前夕，习近平总书记主持召开教、文、卫、体领域专家座谈会，习近平在谈到文化产业发展时提出："围绕国家重大区域发展战略，把握文化产业发展特点规律和资源要素条件，促进形成文化产业发展新格局。"建设区域文化产业带、形成区域文化产业发展新格局是"十四五"时期文化产业发展的重点任务。

一、建设区域文化产业带的三个"有利于"

为什么要提出建设区域文化产业带，提出促进形成文化产业发展新格局？这主要着眼于三个"有利于"。第一，有利于促进文化资源的最佳配置。与经济发展一样，我国文化产业发展的一个重要特点是以行政区划作为空间载体，通过行政力量来推动。这种发展模式有优点，也有不足。优点是力度大，动作快。不足是各自为政，画地为牢，无法顾及文化资源的跨区域特点。以苗族文化为例。以苗族文化为内核，发展特色文化产业，就涉及多个省和自治区，需要统筹协调，这样才能促进文化资源的最佳配置，避免重复建设。第二，有利于统筹传统文化资源保护和利用。尽管我们一直强调要统筹传统文化资源的保护和利用，但很长时间里落实起来困难重重，很重要的一个原因是传统文化资源的保护和利用一直分属不同行政部门管理。2018 年成立文化和旅游部，将文化部门和旅游部门合并，解决了传统文化资源保护和利用协调难的问题，为建设区域文化产业带提供了体制保障。第三，有利于国际区域文化发展理念和我国文化实践的结合。发达国家在探索区域文化发展方面起步早，理念和实践都走在了前面，值得学习和借鉴。

二、区域文化产业带应重视文化线路、场景和国家公园建设

（一）文化线路

文化线路就是发达国家区域文化发展的重要理念。文化线路是指拥有特殊文化资源结合的线性或带状区域内的物质和非物质文化遗产族群。文化线路作为遗产类型的理念形成于 20 世纪八九十年代。2008 年，国际古迹遗址理事会通过了《文化线路宪章》，文化线路作为一种新的大型遗产类型被正式纳入了《世界文化遗产名录》。文化线路理念注重区域合作，汇集文化遗产保护、旅游开发、休闲游憩、教育审美、生态维护等多重功能。与文化线路理念相近的有文化廊道、遗产廊道、历史路径、线状遗迹等理念。比如，1998 年，联合国教科文组织把塞默林铁路列入《世界文化遗产名录》，是第一批被列入《世界文化遗产名录》的铁路。塞默林铁路位于奥地利东部维也纳至特里雅斯特的丛山峻岭间，全长 41.7 公里，建于 1848—1854 年，是世界上第一条完全使用镐头等工具在高山上开凿的铁路。文化线路理念有三个突出特点，一是强调拥有独特文化资源集合的线性族群；二是线路的长度可长可短，没有一定之规；三是强调自然、文化、经济三者并举。

（二）国家公园

发达国家区域文化发展的另一个重要理念是建设国家公园。文化线路具有线性和带状的特点，国家公园的特点则是块状概念。国家公园是指国家为了保护一个或多个典型生态系统的完整性，划定的需要特殊保护、管理和利用的自然区域。不同于自然保护区和旅游景区，国家公园以生态环境、自然资源保护和适度旅游开发为基本思路。从实践看，国家公园不仅有效促进了生态环境保护，也带动了旅游业和地方经济社会发展，做到了资源的可持续利用。从 1872 年世界上第一个国家公园——美国黄石国家公园建立以来，100 多个国家和地区已建立了 1200 多个各类国家公园。国家公园有三个突出特点：一是强调景观资源的保存与保护；二是注重资源环境的考察与研究；三是强调旅游观光业的可持续发展。

（三）文化场景

建设区域文化产业带还应该重视文化场景营造。文化线路是线性或带状概念，国家公园是块状概念，文化场景更多的是微观建设。文化场景强调微观文化氛围的营造和养成，旨在增加区域魅力，强化认同感和归属感。文化场景营造强调社区、便利性生活文化设施、文化活动、多样性人群、意义和价值等五要素的结合，这有利于增加特定空间和区域的吸引力。

三、区域文化产业带建设需做到线面点结合

"十四五"时期，建设区域文化产业带很重要的一点就是善于将国际区域文化发展理念和中国文化实践相结合，做到线、面、点的结合，把文化线路、国家文化公园、文化场景等区域文化发展理念融于区域文化产业带建设中。

（一）以文化线路为例

跟其他国家相比，我国文化线路有四个特点，一是涵盖范围更大，二是尺度也更大，三

是承载的物质与非物质文化遗产具有多样性的特点，四是涉及巨大的经济价值和复杂的自然生态系统。实际上，文化线路理念已经广泛应用于相关文化与旅游发展规划中。比如，黄河流域生态文明和高质量发展区域发展战略提出后，文化和旅游部与黄河流域九省区都在紧锣密鼓制定黄河流域文化保护传统弘扬规划。其中一个重要思路就是提出建设黄河文化遗产廊道。该廊道连接了以马家窑遗址（位于甘肃省定西市临洮县）为代表的甘肃地区彩陶文化遗址，以石峁遗址（位于陕西省榆林市神木市）为代表的北方石城遗址，以陶寺遗址（位于山西省襄汾县）为代表的史前中心聚落遗址等。再有，借鉴文化线路理念，在相关规划中提出建设被称为"黄河一号"的国家文化旅游风景道，这条文化旅游风景道从兰州市到东营市，长达 3800 公里。规划还提出建设湟水、洮河、汾河、渭河、泾河、洛河、沁河、大汶河等 8 条支流岸线国家文化旅游风景道。另外，还设计了 6 条研学线路，包括黄河华夏古文明探源游、黄河古都新城游、黄河寻根问祖游、黄河生态文化游、黄河红色基因传承、黄河治水文化游等。这构成了立体的文化旅游线路。

（二）再以国家文化公园为例

2010 年 6 月，国家文物局颁布了《国家考古遗址公园管理办法（试行）》和《国家考古遗址公园评定细则（试行）》，为规范考古遗址公园的发展开了先河。国家文物局组织开展了国家考古遗址公园评定工作，评出了第一批国家考古遗址公园名单和立项名单，包括圆明园在内的 12 个项目被批准为第一批国家考古遗址公园，这标志着国家文化公园的正式启动。在谋划国家重大区域发展战略时，国家文化公园建设是其中的重要内容。比如，建设黄河国家文化公园被列入《黄河流域文化保护传承弘扬规划（草案）》中，并确立了构建中央统筹、省负总责、分级管理、分段负责的建设工作要求。"十三五"期间，陕西省把建设黄河国家公园列入《陕西省"十三五"文化和旅游融合发展规划》。2019 年 12 月，经河南省编办批准，郑州市黄河生态旅游风景区管理委员会正式更名为郑州黄河文化公园管理委员会，负责筹建河南黄河国家文化公园。文化公园理念是一种块状思维的建设理念。《黄河流域文化保护传承弘扬规划（草案）》将块状思维理念运用到旅游城市群建设中。规划提出，以黄河流域河湟文化片区、河套文化片区、关中文化片区、三晋文化片区、河洛文化片区、齐鲁文化片区等六大文化片区，建设七大旅游城市群，包括兰西城市群、呼包鄂榆城市群、关中平原城市群、中原城市群、宁夏沿黄城市群、晋中城市群、山东半岛城市群等。块状思维还延伸到建好一批国家考古遗址公园，包括发掘展示仰韶文化遗址、偃师二里头夏都遗址等，推进隋唐洛阳城、北宋东京城、西夏陵、铺津渡与蒲州故城等大遗址整体保护和利用。值得一提的是，2014 年，文化部和财政部出台了《藏羌彝文化产业走廊规划》，这实际上是第一部跨区域文化产业发展的规划。"藏羌彝走廊"是指我国西部历史上以藏羌彝族群（以藏缅语族居多）先民为主体、纵贯大西北和大西南的民族迁徙和休养生息的地区。这个规划是第一个从跨区域的角度，以块状的思维理念谋划的区域文化产业发展规划。

（三）建设文化场景，是区域文化产业发展的一个重要的抓手

文化和旅游部制定的"十四五"旅游业发展规划（草案）提出文化场景化、场景主题化、主题线路化的发展思路。文化场景也广泛运用于城市规划中。比如，成都市以建设公园城市为目标，提出场景营城理念，构建公园城市场景体系。

以旅游演艺场景建设为例。曲江新区致力于构筑旅游演艺场景，助推文旅融合发展。曲江新区是西安市确立的以文化产业和旅游业为主导的发展新区，核心区域面积 51.5 平方公里。近年来，曲江新区致力于以旅游演艺助推文旅融合高质量发展。一是依托西安城墙、大雁塔北广场、大唐不夜城步行街、大唐芙蓉园等旅游景区，挖掘各个景区特色文化要素，运

用歌舞、曲艺、杂技、非遗等艺术表现形式，表现当地文化特色和民俗风情；二是以西安演艺集团、西安交响乐团、合唱团和西安秦腔剧院等艺术团体为核心，统筹陕西大剧院、西安音乐厅、大华1935剧场群、新城剧院等剧场资源和演出资源，努力让场馆火起来。

再以博物馆为例。在区域文化产业发展中，博物馆建设是重要的文化场景建设。河南《黄河文化保护传承弘扬规划（草案）》提出，筹建中国黄河博物馆、中国古都博物馆、黄河非物质文化遗产馆和黄河国际箜篌博物馆。建设殷墟遗址博物馆，推进中国文字博物馆二期工程建设，提升渑池仰韶文化博物馆，加快建设庙底沟仰韶文化博物馆。可以想见，在不远的将来，在黄河两岸这些以展示黄河文化为主题的博物馆将以鲜活的场景呈现在人们面前。

资料来源：祁述裕《建设区域文化产业带的几点思考》，《中国文化报》2021年2月1日第3版。

第四章　文化产业园区

2021 年 12 月，文化和旅游部印发《关于推动国家级文化产业园区高质量发展的意见》，立足国家级文化产业园区建设发展实际和我国文化产业园区发展新趋势、新变化，按照高质量发展要求，重点围绕加强统筹规划、提升创新发展水平、增强发展动能、优化服务环境等方面提出一系列政策措施，着力推动国家级文化产业园区优化建设布局，加快创新要素集聚，促进产业优化升级，完善服务体系和政策环境，为提升我国文化软实力、建设社会主义文化强国提供了有力支撑。

第一节　产业集群概述

一、产业集群及其相关概念

（一）产业集群

集群或簇群本意为相同或相似的事物在某地集中出现。早在 20 世纪 70 年代就有国外学者将集群引入经济学，提出了产业集群的概念，1990 年，美国哈佛商学院教授迈克尔·波特在《国家竞争优势》一书中重新提出产业集群的概念，并用产业集群的方法分析一个国家或地区的竞争优势。

按照波特的理解，产业集群是由与某一产业领域相关的相互之间具有密切联系的企业及其他相应机构组成的有机整体。产业集群至少应包括如下几个因素：首先，与某一产业领域相关。一般来说，产业集群内的企业和其他机构往往都与某一产业领域相关，这是产业集群形成的基础。其次，产业集群内的企业及其他机构之间具有密切联系。产业集群内的企业及相关机构不是孤立存在的，而是整个联系网络中的一个个节点，这是产业集群形成的关键。最后，产业集群是一个复杂的有机整体。产业集群内部不仅包括企业，而且包括相关的商会、协会、银行、中介机构等，这是产业集群的实体构成。产业集群的不同发展阶段有以下几种。

1. 孕育期。集群的发展可源于某些特定历史和环境因素，如，禀赋的原材料资源、丰富的传统技术和知识以及大量知识研发机构的聚集；企业或有创见的企业家在区内开发新技术、产品或服务，或面临经济危机必须进行大幅度的转型。在孕育期内催生了大批从传统企业演化或派生的新企业，支撑集群的发展。

2. 形成期。区内集聚现象初成，并带来外部经济效益，包括出现了大批分工精密的供货商和服务商，形成了相对完整的产业链；专业劳动力大量聚集，集群区因而形成了吸纳外地专才的劳动力市场中心；边际生产成本降低，使区内企业的竞争力提升。

3. 制度化期。新的组织在发展区出现，包括从事科研、知识开发的机构（如大学或科研机构）、行会或商会、财务融资机构以及从事技术贸易的机构。典型的模式是由公共部门和业界共同成立专门组织，专职推动知识和技术的传授、推动区内区外企业相互合作，以至为业界提供支持服务。

4. 巩固期。集群区的外部经济效益愈益明显，在地区及国际市场上占据更显著的地位；资金和专业人才持续流入该区；区内人才、企业与行业组织的交流和合作十分频繁，形成一种有利于传播和分享信息、技术和知识的氛围；社会和文化资本因而成为推动集群持续发展的重要资产。

5. 衰落期。集群不一定可保持永续的发展；集群有可能在发展过程中陷入"因循积习"的困局，损伤集群的灵活性和创新能力。[1]

（二）产业集中与产业集群

产业集中是指某一产业内规模最大的几个企业在整个产业内的份额，是产业组织研究的一个重点。产业集中可以通过绝对集中指标和相对集中指标来反映，绝对集中指标通常用位于某一产业内规模最大的几个企业的某项指标（如市场占有率等）在整个行业中的占比来反映，从中可以看出规模最大的几个企业对整个行业的垄断程度，而相对集中指标主要以洛伦茨曲线及以洛伦茨曲线为基础的基尼系数来衡量，可以反映整个产业内所有企业的集中程度。一般来讲，如没有特别说明，产业集中主要反映产业内企业垄断程度的高低，而与产业的空间分布没有直接关系，同时也没有对产业内企业间联系进行特别关注。因此，产业集中与产业集群的概念相差比较远，两者没有直接联系。

（三）产业集聚与产业集群

集聚是指事物的空间集中过程。早在 1909 年，德国经济学家阿尔弗雷德·韦伯在《工业区位论》中就开始使用聚集的概念，主要是指产业的空间集聚。产业集聚是指产业在空间上的集中分布现象，是经济地理学的研究重点。产业集聚主要是研究产业的空间分布形态，特别注重产业从分散到集中的空间转变过程。产业集聚在某一共同空间发展，可以共享基础设施，带来规模经济效益。产

---

① European Commission. *Regional Clusters in Europe*, pp. 13 – 15；rjan Sölvell, Göran Lindqvist and Christian Ketels. *The Cluster Initiative Greenbook*, August 2003, pp. 15 – 24。

业集聚与产业集群关系密切，但是两者又有区别，产业的空间集聚可以形成产业集群，但是并不是所有的产业集聚都可以形成产业集群。虽然有的产业集聚在一起，但是相互之间没有联系，也就不能形成产业集群。因此，产业集聚只是产业集群形成的一个必要条件，而非唯一条件。

（四）产业链与产业集群

产业链是一个十分传统的概念，是指某种产品从原料、加工、生产到销售等各个环节的关联，早在 1958 年，美国发展经济学家 A. O. 赫希曼在《经济发展战略》一书中就从产业的前向联系和后向联系的角度论述了产业链的概念。目前，与产业链相关的还有价值链、生产链、供应链、商品链等不同概念。尽管说法发生了变化，但其内容的实质没变，只不过从不同的研究角度对产业的联系进行阐述。与产业集群相比，产业链也强调产业之间的联系，但产业链主要侧重于产业间的联系，对于产业以外的机构如商会、协会、中介机构等关注较少，此外，产业链中没有"空间集聚"这一概念。产业集群的概念则比产业链的概念丰富得多，它既包括产业间的联系，也包括产业及其他相关机构间的联系，而且还强调空间的集聚。

（五）工业园区与产业集群

我国的工业园区建设是与经济技术开发区建设密切相关的。1984 年，中央开始在沿海地区设立经济技术开发区，当时国家对开发区的基本要求是"三为主、一致力"，即以工业为主、以出口为主、以利用外资为主，致力于高新技术产业发展。随着不同类型不同级别的开发区在我国全面展开，各种类型的工业园区也相应建设起来。工业园区建设的初衷是以利用外资为主，园区内的工业以区外企业为主，因此，很多工业园区在发展的过程中没有很好地考虑自己的区域背景，致使园区的产业定位与周边地区相脱节，缺少与当地企业的联系，不能实现园区与所在区域产业的联动发展。与工业园区不同，产业集群强调产业之间的紧密联系，依靠的是内力发展的理论。但是，在有的工业园区内，企业之间的联系非常密切，形成了产业集群。因此，工业园区为产业集群形成提供了空间，能否形成产业集聚，则要看企业之间的联系状况。

二、产业集群对区域发展的作用

产业集群依靠内部联系网络，有力地推动了当地区域经济的迅速发展。很多国家通过培育地方产业集群，使本地生产系统的内力和国际资源的外力有效结合，提高了区域竞争力。近几年，我国沿海部分地区开始形成了一批有较大影响力的产业集群，成为拉动区域经济发展、提高产业竞争力、实现跨越式发展的重要方式。产业集群对区域发展的影响主要表现在如下几个方面。

（一）产业集群是推动区域经济增长的重要方式

产业集群实际上是把产业发展与区域经济，通过分工专业化与交易的便利性有效地结合起来，从而形成一种有效的生产组织方式，是推动地方区域经济增长的重要方式。

1. 发展产业集群，可以提高区域生产效率。大量的中小企业集聚于一定区域，可以进一步加深区内生产的分工和协作。在这种集群内发展，除了可以分享因分工细化而带来的高效率外，而且由于空间的临近性，可以大大降低因企业间频繁交易而产生的交通运输成本。此外，在现代产业集聚体内，经济活动主体的合作交易往往能够在社会文化背景和价值观念上达成共识，这种基于社区网络信任基础的合作分工对维持集群稳定和提高生产效率起着非常重要的作用。

2. 发展产业集群，可以产生滚雪球式的集聚效应。集聚本身产生的外部经济就是外部企业进入的动力，产业集群的雏形一旦形成，便进入了内部自我强化的良性循环过程，即吸引更多的相关企业与单位向该集群聚集，而新增的企业与单位又扩大了集群效应，如此产生滚雪球效应，推动区域经济快速发展。

3. 发展产业集群，可以促进集群内新企业的快速衍生与成长。在集群内部，不仅有很多的相关企业而且还有很多相应的研发服务机构及专业人才在此集聚，新企业在此发展，可以获得更多的市场机遇，更丰富的市场信息及人才支持，从而降低市场风险。集群内部分工的不断细化，可以衍生出更多的新生企业，从而进一步增强集聚体自身的竞争能力。

（二）产业集群是区域创新系统的一种重要实现方式

创新是区域发展最根本的内在动力，但是，由于创新活动的复杂性，企业很难单独开展，往往需要多个相关企业及科研部门的共同参与，创新才可能获得成功，这一要求恰好为产业集群的网络特性所体现。

1. 在产业集群内部，容易产生专业知识、生产技能、市场信息等方面的累积效应。在产业集群内部，集聚着数量众多的相关生产企业、科研机构、商会、协会、中介机构等，在产生较强的知识与信息累积效应的同时，大量生产企业也时刻面临同行竞争的压力，这一方面为企业提供了实现创新的重要来源以及所需的物质基础，另一方面也使集群内的企业时刻保持创新的动力。

2. 企业之间紧密的网络关系，使得生产企业和相关机构之间更容易形成一个相互学习的整体，推动了集体学习的进程，降低了学习成本，促进更多有创新价值的活动发生。

（三）产业集群是提升区域竞争力的重要方式

产业柔性集聚体与区域竞争力理论认为，一个国家或地区竞争优势的获得来源于产业在其内部集聚过程中所获得的优势。以柔性专业化为特征的大量中小企业集聚群体，彼此之间通过分工与合作而结成稠密的区域网络组织，共同面对快速变化的外部市场环境和技术条件，这些专业化的产业集聚体内部的生产率不断提高，创新活动不断涌现，从而呈现出很强的区域竞争力，如意大利东北部与中部地区、美国的硅谷地区、德国的南部地区等。从区域和企业发展演变的历史看，在工业时代，区域经济相对独立，除了资源争夺外，相互之间的联系较少，企业追求的是个体利益的最大化。在信息时代，现代交通通信技术极大地削弱了地理空间对区域经济联系的影响，资源、技术、信息的全球性流动增强，区域成为全球生产网络下的一个个节点，相互联系密切。在区域经济联系网络化的推动下，企业不仅追求个体利益最大化，更重要的是在合作中追求整体利益最大化，然后从整体利益中分成，企业之间的合作也不断加强，形成了联系密切的产业集群，并成为增强区域竞争力的主要方式。所以，通过产业的柔性集聚而快速发展起来的区域，往往具有更强的创新功能和竞争力。①

三、产业集群："小狗经济""蒲公英经济""地瓜经济"

产业集群是近年来吸引理论界的热门话题之一。在进行诸多高深理论研究和区域发展规划的同时，经济学家提出了不少生动又富于洞察力的比喻，其中著名的有"小狗经济""蒲公英经济"和"地瓜经济"。

（一）"小狗经济"

"小狗经济"是最早引起人们关注的一个比喻，由著名经济学家钟朋荣于2001年提出。它形象化地借用了动物世界中小狼狗猎杀斑马的故事，生动地说明了分工明确、合作紧密的小企业集群不仅能有效地克服小的劣势，而且能借助系统的力量取得不俗的竞争优势。"小狗经济"的比喻，较好地揭示了企业集群的内在运行机理以及竞争优势的来源，然而，它的不足也是极其明显的。一是"小狗经济"只侧重于"小狗"，而没有涵盖"大狗"或者"虎狼"，因而既不能包含集群基本组成单位及其结构变化的演进，也不能说明集群功能或竞争力以及生命周期的变化。二是在生物世界中，斑马是食草动物，处于小狼狗的食物链之中，并不构成真正的竞争者，转换到价值体系分析，它实际上是价值链上的一环，可以通过垂直一体化而内部化。然而，现实的困难在于，真正有威胁性的竞争者并不是"斑马"，而是"狼豹虎狮"，是强大的跨国公司，或者是另一群"小狗"。因而，与"斑马"的对比，"小狗"并不能真正说明集群竞争优势的维系和进一步建构。

（二）"蒲公英经济"

集群经济的第二个形象化比喻是"蒲公英经济"。这一提法首见于对"浙北

---

① 贾若祥：《产业集群概念辨析及对区域发展的作用》，《中国经济时报》2005 年 11 月 1 日。

现象"的探讨。借蒲公英随风而飘、落地生根然后成片发展的生命繁衍，喻指在市场经济条件下，生产要素特别是人才、技术要素从某个母体中裂变而出、繁衍成许多新的充满活力的企业，并形成具有一定规模的区域特色产业群。该类比的新近发展是指产业集群不仅可以通过某个企业在某个地理上临近空间的衍生而形成，而且还可以跳跃性地向外扩散，形成某个生产体系或群居链的异地复制。

"蒲公英经济"非常生动地说明了集群的生成和扩散，暗示了集群发展模式超强的经济技术适应能力。它不仅能与成熟市场经济和高新技术相协调，而且还能与市场经济和产业活动仍处于较低水平的欠发达状态相容，这在客观上为地方政府尤其是欠发达区域的地方政府通过培育和发展产业集群促进地方经济社会发展提供了较强的理论支持。但是，这个说法同样存在以下不足：

1. 蒲公英的落地生根成片发展显然需要适宜的土壤、水分和气候等环境条件，而处于不同产业、技术水平、价值链环节中的产业集群，其赖以生存发展的技术生态和经济社会生态明显是不一样的。换言之，这个类比仅仅提出了集群的广泛适应性和发展可能性，但未进一步揭示出区域应该营造什么样的生态来让可能转变成现实。一个不争的事实是，虽然有许多国家和地区都致力于培育和发展本国的硅谷，硅谷的创始人特曼教授也在世界各地竭力推广，但真正成功的并没有几个，大多数地方都是画虎不成反类犬。

2. 蒲公英在不同区域的扩散，其性状基本上是等同的，或者说，从植株基因到外部表现，在根本上就是一次彻头彻尾的复制再生。而集群群居链的异地复制，虽然在形式甚至在结构上也保有原有的合作竞争关系，但大多在原区域和新区域形成上下游的价值链关系。作为总部的原区域负责技术创新、营销和战略规划，而新区大多只是一个加工基地，因此，新区的集群还存在如何顺价值链升级的问题。

3. 蒲公英是不仅落地，而且生根，并以此为基础，做进一步的扩散。但大多数空降的集群仅仅做到了落地，至于能否做到生根以及进一步的扩展，是很值得怀疑的。所以，由外部飘落而形成的集群，只有在解决了植根性问题之后，才会有进一步解决产业升级和价值链提升问题的可能。

（三）"地瓜经济"

这一提法首见于对"温州现象"的探讨，认为产业群就像地瓜一样，具有三个非常明显的特征。一是具有很强的生命力。尽管产业群像地瓜那样不是很起眼，但都是"野生的"，生命力旺盛。二是具有很强的扩张力。地瓜藤叶四处延伸，占领外面的空间，充分吸收阳光雨露和养分。集群经济善于"走出去"，能够充分利用内外两个市场、两种资源。三是具有很强的反哺能力。地瓜藤叶四处生长，但养分最终要传送到根部，最终受益的还是地下的茎果。这　说法很好地说明了野生的内源性产业集群的生产、发育、扩散与升级过程。只有内部联系的集群，其升级发展往往比较缓慢，甚至容易进入技术和关系锁定的发展路径之中。在开放经济和全球化时代，外部联系对集群的进一步发展不仅具有资源获取、市场拓展的作用，还有技术进化和沿价值链提升的功能。因此，对那些已经发展到相当程度的集群而言，一个非常重要的使命就是如何伸展出"地瓜藤"，吸收更多的内外部养分，在扩散与反哺中，通过形成一个稳定的中心外围关系，不断壮大经济势能，提升竞争能力。

"地瓜经济"把集群看成一个生命体的成长过程，描述了产业集群的发展阶段性特征及聚集与扩散、中心与外围的关系。现实的运行必然会涉及地瓜藤的延伸和地下茎果的中心性这两个密切联系的问题。瓜藤的延伸问题首先是能不能延伸，向何处延伸。在平坦的土地上，它可以四处伸展，没有任何障碍；如果周围是篱笆，可以穿过也可以爬过，但如果周围不是由篱笆组成的，而是水泥墙，或者大片水面，瓜藤的蔓延显然就存在不小的困难。即使这个问题不存在或者比较容易解决，瓜藤的延伸仍包括以何种方式进行的问题。对这个问题的解答将直接决定延伸的效率和绩效，也最终会影响到能否真正延伸。如果是单纯以强者或替代者的身份从中心不断地向外延伸，只攫取外部空间的养分而不回馈，就必然会引起外部力量的强力抗争，从而最终丧失外部空间。

茎果或区域集群的中心性，是另一个"地瓜经济"模式需要进一步解决的重要问题。在生物界，地瓜藤叶的伸展和蔓延当然能为茎果提供源源不断的养分，并反过来进一步支持藤叶的伸展和蔓延，形成良性的互动循环。但在集群经济运行中，如果集群本身是低端的，其竞争优势是由低级生产要素产生的，那么，其延伸只能是市场空间的扩展，而如果是生产整体的异地复制，或者有了更低成本的竞争者，那必然是形成替代关系而不是互补关系。因此，区域集群在向外扩散中必然会面临如何保持中心性，如何在"走出去"的过程中借助外围的反哺力量推动中心的技术、管理、价值链乃至产业升级，中心的提升又推动集群的空间扩散、职能扩散与持续发展等问题。

"小狗经济""蒲公英经济""地瓜经济"用了生物学的原理分析集群问题，很符合当前对复杂系统演化的认知潮流。当然，这三者的区别也是明显的："小狗经济"用了动物之间竞争和群体内分工的分析方法，来类比集群的竞争力及集群发展模式对区域经济的意义，总体上是一种静态的结构功能分析。而"蒲公英经济"和"地瓜经济"在很大程度上是用了植物繁衍生长的模式，来说明集群的成长与扩散，属于动态演化分析。"蒲公英经济"和"小狗经济"的重点在于说明集群的内部关系，前者重视集群的发育形成及扩散，后者着重集群的组织结构与功能等内在机理。而"地瓜经济"则强调了集群发展到一定阶段后的扩散与外部联系的重要性，突出集群该如何发展外部联系、拓展外部空间，以获得更为坚强的发展支持和更为强劲的发展潜能。"小狗经济""蒲公英经济"和"地瓜经济"在某（几）个侧面较好地分析了集群本质与特征，可以说蒲公英式生长、小狗式合作竞争、地瓜式升级是我国集群发展模式的主流。[①]

第二节 文化产业集群

一、文化产业集群形成的基本条件

所谓文化产业集群，就是在文化产业的领域中，由众多独立又相互关联的文化创意企业以及相关支撑机构，依据专业化分工和协作关系建立起来的，并在一定区域集聚而成的产业组织，它包括文化产业链上的所有上下游企业。

文化产业依托的文化资源具有较强的地域性、民族性和历史性，其发展不仅要求地理区位上的相对集中，而且要求在生产和创作上相互匹配和协调。因此，与其他物质生产领域的产业相比，文化产业具有更强的集群化特征。文化产业集群形成的基本条件主要包括以下方面。

（一）生产资源

从文化资源来看，文化产业集群并不是在任何地方都可能出现和形成的。文化本身就带有很强的地域性、历史性和民族性，在长期的历史过程中积累了丰富的传统文化资源，文化资源的丰富为文化产品开发并促进某些特定文化产业的自发形成提供了潜在的可能。

文化产业具有创新性的特性，要求文化产品和服务的生产者与提供者首先要有较高的文化水平和艺术修养，同时，文化创意产品的价值实现又要求能适应多种产业融合需求的文化资本营运人才。

资本是所有生产要素中最具有活力和穿透力的因素，它总是为利润所驱使，流向最能营利的行业。在发达国家，文化产业是现代经济各部门中最具有吸引力的产业，不断吸引着资本的流入。因此，拥有完善融资渠道和资金充裕的地方更能吸引文化创意企业在空间上的集聚。

文化产业的发展要依赖人的创意，而创意的形成往往需要一种轻松的氛围、经常性的沟通、相互激发的灵感，因此，良好的工作和沟通环境尤为重要。良好的基础设施建设，既包括提供便利的交通、舒适的工作环境、轻松自由的交流场所，也包括公共文化基础设施如公共图书馆、博物馆、影剧院、剧场等的建设，因为这些为发展大众文化提供了良好的硬件设施，是激发当地文化需求的有效手段。因此，基础设施越齐备的地方，越能集聚文化创意生产的企业群和文化创意产品的消费群。

---

① 郭金喜：《三个比喻话集群》，《经济学消息报》2005 年 8 月 12 日。

（二）消费需求

公众对文化创意产品和服务的需求，是文化产业集群形成和发展的原动力。有效需求能够不断刺激文化创意产品和文化创意服务的有效供给，进而促进文化产业集群的形成和文化产业结构的不断优化。

目前，我国文化产业成长和发展的空间巨大。同时，经济的快速发展，居民收入的增加、受教育水平不断提高、闲暇时间大大增加，这些都成为扩大文化创意市场需求的重要影响因素。

（三）支撑产业

文化产业是一个巨大的产业群，它的发展与制造业、服务业等发展密切相关。因此，文化产业集群的形成必然离不开相关辅助产业群的强大支撑，加快创新进程，促进集群取得竞争优势。当前，相关产业的发展，特别是信息技术的飞速发展，成为推动文化创意产品生产和文化创意产品贸易发展的手段与载体，促进了文化创意新理念、新技术、新运作方式、新经营方式和服务方式的出现，很大程度上成为文化产业集群形成的催化剂。

（四）环境条件

在文化产业集群化发展过程中，政府起着不可缺少的作用，主要体现在制定吸引投资的一系列优惠措施，提供良好的基础设施、优质高效的公共服务，建立公平公正的法律环境等方面。建立完善的知识产权保护体系对文化产业的发展尤为重要，一个良好的、促进文化产业发展的制度环境的形成，将对吸引资金、集聚文化人才和促进相关产业发展等方面产生深远影响。

集群所在地应有与主导产业和产品相关的要素供给、产品销售的环境，使当地成为国内较主要的专业产品流通中心，使流通与生产相互促进，保障当地产业能够得到最前沿的专业信息，受到最新潮流的推动，保持产业的领先地位，这些对以文化创意为核心、要求时刻掌握时尚动态的文化创意企业而言非常重要。

二、文化产业集群的主要特点

（一）发展动力主要依赖于创造力

就文化产业而言，更需要依靠创造力，即通过创新聚集资源，推动产业集群的形成和发展。文化产业是以信息和精神为内容的智能类产业。信息和网络时代的到来，不但大幅度提升了智能产业的比重，而且通过信息流控制物流，逐步消解地域障碍，瓦解传统经济的结构基础，这样，不但有利于落后地区的发展，更有利于文化产业的发展和文化产业集群的形成。电影何以在好莱坞、IT何以在硅谷、游戏动漫何以在日本，不完全取决于地域特征，更取决于创造性，即建立完整的产业发展平台和运作体系，形成整合内外资源的能力，特别是整合信息和知识的能力，如此而形成的文化产业集群才有可能消解曾经制约许多区域发展的地理障碍。从这一点上说，重要的不是谁拥有资源，而是谁在整合和利用资源。

（二）龙头企业带动群体发展

文化企业群体表现在三个方面。其一，文化企业群体能够共享产业集群的所有资源，形成相互依赖的完整的产业链。一件最终产品由过去诸多车间的生产组合转为企业间的分工合作而成。如日本的大型动画、印度的软件，都是外包给大大小小的企业甚至作坊。其二，在此基础上，形成对关联产品的纵深开发，电影、光盘、图书、画册、画片、游戏、软件甚至服饰、日用消费品等齐头并进。其三，形成创作、制造、销售、服务的一体化体系。

（三）服务体系完善

首先是金融和投资，只要建立了能够展示市场潜力和巨大效益的产业集群，自然就具有吸纳投资或其他资源的能力。很难说是风险投资催发了硅谷的企业，还是创业的前景与效益吸引了风险投资。我国文化产业融资难，除体制原因外，从市场角度来看，还是没有创造出产生巨大市场收益的项目或产品，无法为融资创建制度基础。其次，要发展策划人、经纪人、制作人等中介队伍和服务机构，提升商业化运作能力。文化产业是创意产业，策划与商业运作是保证其成功的基本方法。我国文化产业的商业化运作能力还比较弱，从策划、制作、包装、推广、销售、服务、关联产品的开发，到文化企业的经营运作和管理，还缺乏经验和能力，文化产业的企业家和职业经理人队伍尚未形成。

（四）文化产业集群是带动区域发展的重要力量

产业集群强大的市场力的形成，不但在于强大的运作能力和市场推动力，还在于统一的资源共享的营销体系和市场网络。除早已发展起来的好莱坞电影，如我国香港的音像，日韩的游戏、动漫和电视剧，印度的软件，其实都是世界性的文化产业集群。日韩两国能确定将文化作为支柱产业，依赖的正是产业集群。①

---

① 吕晓宁：《论文化产业集群》，《陕西日报》2003 年 8 月 29 日。

第三节　文化产业园区

一、文化产业园区概述

（一）文化产业园区的概念

1. 产业园区。它最初是从支持和孵化高新技术企业兴起的，根据功能的侧重点，称为科技园、开发区、孵化器等，也称创业中心、创新中心、工作坊等，是一种介于政府、市场与企业之间的新型社会经济组织和企业发展平台，通过提供一系列新创企业发展所需的办公场所、配套设施、管理咨询、技术开发、市场营销、法律顾问、财务会计、风险投资、人才加盟等资源网络，帮助刚成立的新创企业独立运作并健康成长。产业园区最早出现在美国。1956 年，美国人乔·曼库首次提出了"孵化器"概念，并在纽约成立了第一家企业。1987 年，我国第一家孵化器"武汉东湖创业者服务中心"在武汉东湖开发区成立。90 年代以来，随着文化产业在全球的兴起，文化产业园区迅速发展壮大起来。

2. 文化产业园区。指在政府的整体规划和引导下，按照兴办经济开发区的模式，以区域文化资源为载体，以优惠的产业政策吸引多种文化生产要素聚集的园区。通过在全国范围内招商引资、招才引智，吸引市内外的艺术家、文化产品经营者和文化中介组织向园区集聚，逐步营造文化氛围，形成文化特色，打造文化品牌，使之成为文化产业的聚集地、文化产业的孵化器和推进器。文化部 2016 年发布的《关于加强文化产业园区基地管理、促进文化产业健康发展的通知》指出，文化产业园区、基地是指主要从事演艺、动漫、文化娱乐、游戏、文化会展、文化旅游、艺术品和工艺美术、艺术创意和设计、网络文化、文化产品数字制作与相关服务等文化产业门类活动的园区、基地。2021 年 12 月，文化和旅游部印发《关于推动国家级文化产业园区高质量发展的意见》，强调培育壮大数字文化企业集群，推动传统文化业态与数字技术结合，提升演艺、娱乐等行业的科技创新应用水平。

（二）文化产业园区的特点

1. 产业复合性。文化产业园自诞生以来，就表现出高度复合性的特点，因此，文化产业园往往是多种产业的集合。文化产业园中主要包含两种类别：一种是营利性文化产出机构，另一种是非营利性文化传播机构。这两种类别表现出了两种行为，其中营利性文化产出机构的行为主要是文化生产行为，非营利性文化传播机构的行为主要是文化消费行为。因此，可以说文化产业园是文化无形服务和有形产品集合之后形成的复合体。

2. 物质低耗性。在文化产业园中，主要活动为文化创意活动。而文化创意活动本身具有能源消耗少、环境污染低等特点，这就促使文化创意产业园的建设并不十分依赖于固态物质。对文化产业园进行合理规划，能够带动周边物质资源的利用，促使文化产业园产生生态效应，实现人和自然环境的和谐共生。

3. 资源集约性。文化产业园中的活动主要是文化创意活动，而文化创意活动具有资源集约性。这一特性主要体现在两个方面，一是对文化创意产业园内资源的集约化利用；二是对创意人才的集约化利用。只有在对土地资源进行集约化利用的基础上开发对创意人才的运用，才能够促使创意人才发挥出其本身的智力创造，这是推动文化产业园发展的主要因素。

4. 空间可塑性。随着文化创意产业的发展，文化产业园处于不断变化的状态中。因此，在文化产业园中，空间可塑性是其又一大特性。在文化产业园中，不管是内部的建筑形式、景观设计、功能设置还是创意氛围，都随着设计师本身灵感的变化而产生变化，并且能够传递出更高的美学境界。

（三）文化产业园区的功能

1. 文化功能。文化产业园区是文化创新创业的重要载体，通过各种公共服务平台促进文化创意的成果转化，培育文化创新人才和团队。文化产业园的文化功能主要体现在创作研发和教育培训两个方面。通过文创产品的开发，汇集各种艺术表演、娱乐休闲、文化交流活动，赋予传统文化新时代特征，促进传统文化创新性发展、创造性转化。

2. 经济功能。文化产业园区是文化产业规模化、专业化、集群化发展的主要载体，是经济转型升级的增长极，能有效促进区域经济高质量发展。文化产业的关联性极强，既关联产业内部众多产业，又促进跨行业跨区域产业融合。文化创意产业园能够为建筑、广告等设计机构提供一定的服务，能够进行拍卖、展览、交易等相关活动，带动餐饮购物、主题旅店等消费。

3. 社会功能。加强文化产业园区建设，有利于深入挖掘当地特色文化资源，延续城市文脉；有利于改造利用旧城区，促进城市更新。依托城市的古建筑和工业遗产的文化园区，显示出深厚的历史文化价值和精神审美意义，体现了一个城市的特色和品质，往往是一个城市的魅力所在，并成为一个城市的文化地标。

二、文化产业园区开发模式

文化产业园同时也是文化创意地产的概念，文化地产是"产业运营＋地产开发"的模式，是一种新型的商业地产运作，其核心是依托引入文化产业活动或消费型创意活动开发地产载体。综观国内外文化产业园的发展，大致有四种开发模式。

（一） 自发集聚型

我国最初的文化产业园区出现在北京、上海等城市的旧厂房、仓库内，大都是文化艺术设计类创意产业，以个人创作设计为主。这类产业由于创业之初付租能力普遍不强，是在租金和文化空间环境两要素下自发形成聚集的。

北京"798 艺术区"是自发集聚型的典型，它是由文化艺术人士自发聚集而成的文化产业园。位于北京东北方向朝阳区大山子地区，是 20 世纪 50 年代由苏联援建、民主德国负责设计建造的重点工业项目国营 798 厂等电子工业厂区所在地。798 厂区的部分建筑采用现浇混凝土拱形结构，是典型的包豪斯风格的建筑。自 2002 年开始，大量艺术家工作室和当代艺术机构开始进驻这里，成规模地租用和改造闲置厂房，逐渐发展成为画廊、艺术中心、艺术家工作室、设计公司、时尚店铺、餐饮酒吧等各种空间的聚集区，在对原有的历史文化遗产进行保护的前提下，原有的工业厂房被重新定义、设计和改造，对建筑和生活方式进行了全新诠释。这些闲置厂房经改造后，本身成为新的建筑艺术品，在历史文脉与发展范式之间、实用与审美之间与厂区的旧有建筑保持了完美的对话。当代艺术、建筑空间、文化产业与历史文脉及城市生活环境的有机结合，使"798 艺术区"演化为一个极具活力的中国当代文化与生活的崭新模式，并在城市文化和生存空间的观念方面产生了前瞻性影响。"798 艺术区"所形成的具有国际化色彩的"Soho 式艺术区"和"Loft 生活方式"独具特色，成为国内最大、最具国际影响力的艺术区和北京都市文化的地标。

（二） 政府主导型

政府主导型的文化产业园分为两类。一类是"旧城改造"。在城市发展过程中，市中心土地日渐稀缺，旧城改造已经是大势所趋，大规模的城市更新需要大量的人力、物力和财力，文化产业对市中心旧厂房的重新利用既可以保存城市历史的痕迹，又能够节约旧城改造的费用，所以，北京、上海等城市的各级政府部门越来越重视对旧厂房的开发利用。上海拥有大量老厂房、老仓库等优秀历史建筑，体现了城市发展在不同时期的独特风格、艺术特色和科学价值，政府部门相继将一些老旧厂房进行更新和改造，注入新的文化产业元素和机制，成为文化产业园区。另一类为"产业园升级模式"。随着经济的不断发展，各大城市在 90 年代开始进行开发，大型工业园区开始步入转型发展，寻求一种新的经济增长模式，以促进产业升级，而文化产业作为一种智力密集型的产业，具有极强的产业链渗透性和关联性，因此，政府推出种种优惠政策推动文化产业园区的发展。

（三） 地产商自主开发型

房地产开发的竞争越来越激烈，产品同质化现象严重，千篇一律的高楼大厦无法体现差异化和提升项目在市场中的竞争力。另外，随着国家对房地产政策的相继出台，市场规范化的速度加快，部分企业希望能够打造拳头产品建立市场口碑，拥有良好的经营资产。开发商介入产业园开发为文化产业园的开发和经营模式带来全新的思维和模式。但是，由于开发商关注的是商业经营的"利润短期目标"，与一个产业"形成—发展—成熟"的长期目标相矛盾，因此，单纯由开发商来主导文化产业的发展具有片面性和短视性，某种程度上不利于文化产业的培育和壮大。

（四）政府、开发商合作开发型

市场和政府双轮驱动有利于文化产业的良性循环发展。该模式充分发挥政府的行政管理角色的社会责任和开发商市场化运营主体责任。文化产业园的开发建设需要投入大量的人力、物力和财力，且盈利周期较一般产业园长，许多地方政府承担不了如此繁重的资金压力，于是制定一定的土地优惠政策，通常是产业园用地和住宅用地等捆绑出让，由开发商开发建设，减少政府的负担。政府和开发商合作开发的文化产业园兼具旧厂房和开发商自主开发文化产业园的特点，一方面，为了满足政府对文化产业发展的要求，设计上主要从文化产业工作者的需求入手，建造一些极具创意的办公产品，诸如阳光办公、生态办公等；另一方面，开发商还要达到自己的盈利目标，因此，还要建设一些经营性物业，诸如酒店、住宅、商业等。

三、提升文化产业园区运营能力的对策

（一）完善文化产业园区基础和专业设施

硬件基础设施是文化产业园区发展的基础支撑，主要包括水、电、气、热、通信、道路、景观等，扎实的基础设施建设能够为文化产业园区的建设发展积蓄能量，增添后劲。文化产业园区内部或周边往往具有展览馆、图书馆、电影院、文化艺术中心等公共文化空间和可供创意阶层休闲、娱乐、交流的场所。专业基础设施是文化产业园区的直接支撑，如坚实的互联网公共服务平台、云渲染、影视后期制作装备等，可以大大减轻单个企业的负担，促进企业专业基础设施共享，发挥专业基础设施的规模效应和边际效应。

（二）构建文化产业园区公共服务体系

文化产业配套服务是文化产业园区可持续发展的重要支撑，构建文化产业园区的管理体制和公共服务平台，突出管理服务功能，引导和鼓励文化企业建立自治组织，把更多专业化、社会化服务功能扩散给行业协会、中介组织。设立产业发展引导基金，优化文化企业营商环境和创业创新环境，提供担保支持、上市引导等企业支持。建设孵化器和加速器，孵化和培育优秀文化企业。促进文化交流，搭建文化产品展览展示交易平台，为园区企业提供服务。

（三）发挥文化产业园区聚集效应

文化产业园区结合自身的文化优势、地缘优势、人才优势、产业链条，打造产业园区集聚的模式，产生集聚效应。文化园区的核心竞争力在于入驻企业的业态，包括园区与企业之间、企业与企业之间的资源合作关系，要高效整合人才、资金、技术、信息等资源要素，构建文化产业生态圈，以项目建设带动文化产业集聚。创意位于文化产业链的顶端，文化产业园区的兴起源于创意人才的集聚，人才将文化资源转化为创意，将创意转化为生产力。文化产业园区应营造良好的人才环境，形成创意人才网络和产业发展群落。

（四）提升文化产业园区文化品位

文化产业园区在文化资源活化、产业转型升级、新型产业培育、城市品质提升和文化消费促进等方面发挥着重要作用。文化产业园区的规划设计要具有艺术性，要综合考虑过去的历史文脉与人文精神和当代的城市气质与时代风貌，从疏密相间的空间布局、错落有致的建筑设计、移步换景的景观布置、自由灵动的氛围营造上体现出兼具艺术性、观赏性、独特性的整体风格，营造出浓厚的创意环境和文化氛围。

资料链接

关于推动国家级文化产业园区高质量发展的意见

一、指导思想

以习近平新时代中国特色社会主义思想为指导，全面贯彻党的十九大和十九届二中、三中、四中、五中、六中全会精神，立足新发展阶段，贯彻新发展理念，构建新发展格局，以深化供给侧结构性改革为主线，按照高质量发展要求，加强对国家级文化产业园区创建和发展的统筹规划，加快提升创新发展水平，进一步增强发展动能，不断完善服务体系，在丰富文化产品供给、激发文化创新活力、满足人民精神文化生活新期待、增强人民精神力量等方面发挥积极作用，为提升我国文化软实力、建设社会主义文化强国提供有力支撑。

二、基本原则

1. 坚持正确导向。坚持把社会效益放在首位、社会效益和经济效益相统一，将国家级文化产业园区建设成为弘扬社会主义核心价值观、推动产业持续健康发展的重要阵地。

2. 坚持创新驱动。以创新为第一动力，促进创新要素加速聚合，优化创新发展的产业生态，推动国家级文化产业园区由吸引企业集聚的空间载体向促进产业裂变的创新载体转变。

3. 坚持特色发展。立足区域资源禀赋和产业基础，探索形成区域特征明显、行业特色鲜明的发展模式，防止盲目投入和低水平、同质化建设。

4. 坚持示范带动。发挥国家级文化产业园区示范引领作用，为各级文化产业园区发展提供示范借鉴，以点带面，辐射带动当地文化产业实现更高水平发展。

三、发展目标

到 2025 年，国家级文化产业示范园区达到 50 家左右，规模优势和集聚效应更加显现，培育一批具有发展潜力的国家级文化产业示范园区创建单位（以下简称创建园区），不断提高创建水平，形成高质量的创建梯队；北京朝阳国家文化产业创新实验区、中新天津生态城国家动漫产业综合示范园对区域文化产业创新发展的辐射带动能力进一步增强。国家级文化产业园区整体布局更加优化，创新发展能力明显提高，服务体系不断完善，产业生态持续优化；培育壮大一批具有市场竞争力和行业影响力的骨干文化企业和文化产业集群，促进区域资源要素配置更加合理、产业结构进一步优化升级，成为推动各地文化产业高质量发展的重要载体。

四、重点任务

（一）加强统筹规划

1. 优化区域布局。围绕国家区域重大战略、区域协调发展战略、新型城镇化战略和乡村振兴战略部署，结合区域文化产业带建设，在文化产业发展基础好、配套设施完善的区域，规划布局建设一批主业突出、质量效益显著、可持续发展能力强的国家级文化产业园区。坚持差异化、特色化发展，支持大型城市和城市群的文化产业园区依托技术、人才、资金密集优势，加快发展新型文化业态；引导中小城市和农村地区文化产业园区挖掘优势文化资源，改造提升传统文化业态，打造特色文化产业集群。各地要立足当地资源禀赋和区域功能定位，依托基础条件较好、具有可持续发展潜力的园区开展国家级文化产业示范园区创建工作。

2. 分类推进建设。以国家级文化产业园区为引领，促进各级文化产业园区提升建设发展水平，形成"储备一批、培育一批、提升一批"的梯次发展格局。引导和支持国家级文化产业示范园区不断增强创新活力，持续提高发展质量效益，切实发挥示范带动作用。支持北京朝阳国家文化产业创新实验区、中新天津生态城国家动漫产业综合示范园在部市合作共建机制下，充分发挥政策"试验田"作用，探索文化产业政策集成创新，鼓励先行先试。完善创建辅导机制，指导创建园区对标国家级文化产业园区标准不断提升建设发展水平。各地要进一步规范发展省级文化产业（示范）园区，加强重点园区的储备培育，择优推荐创建国家级文化产业示范园区。

3. 促进协调发展。指导国家级文化产业园区和创建园区建立协作体，加强园区之间信息、企业、项目、技术、市场、运营管理等方面的常态化交流与合作。组织实施文化产业园区携行计划，引导和支持国家级文化产业园区、创建园区与其他园区开展结对合作，以园区为联结，协同推进区域间文化产业协调发展。支持东部地区国家级文化产业园区和创建园以市场为导向，引导相关业态向中西部地区和东北地区的园区转移，支持探索"飞地经济""伙伴园区"等合作模式，形成优势互补、联动发展格局。鼓励国家级文化产业园区和创建园区为文化企业开展国际交流与合作搭建平台。

（二）提升创新发展水平

1. 优化创新发展生态。支持国家级文化产业园区、创建园区建设和引进一批企业孵化器、众创空间、公共技术服务和成果转化运用平台等，构建适应入驻文化企业发展需要的多层次创新创业服务体系。引导园区内骨干文化企业发挥创新引领主体作用，推动形成大中小微文化企业融通发展的创新生态群，促进产业链和创新链深度融合。支持园区通过制定实施创新激励举措、举办创新创业大赛等方式，营造激发创新创业创造活力的良好氛围。实施文化产业园区人才培育工程，加强园区经营管理、创新创意等方面人才培养，鼓励园区完善人才培养、引进和激励机制，支持园区与高校、人才培训机构等开展合作，共建人才培养基地、创业孵化基地。

2. 创新运营管理方式。引导国家级文化产业园区和创建园区招商引资方式由重数量向重质量转变，围绕产业链、创新链选商育企，聚合上下游企业及关联业态，形成优势产业集群。推动园区运营管理方式由"房东型"向服务型转变，建立入驻文化企业需求定期调研机制，不断优化服务内容，提升服务品质，形成园区与入驻文化企业互促、互利、共赢的良好发展局面。支持品牌化、连锁化、专业化园区运营管理机构以服务输出、搭建平台、合作运营等方式，参与国家级文化产业园区和创建园区建设发展。

3. 推进智慧园区建设。支持国家级文化产业园区和创建园区抓住新型基础设施建设机遇，加快5G、工业互联网、物联网等信息基础设施建设与应用，增强信息网络综合承载能力，满足入驻企业对网络性能、容量、应用场景和信息服务质量的需求。指导园区依托大数据、云计算等现代信息技术建设数字化服务管理系统，集成园区资源信息、应用服务和运营管理数据，提高资源利用和服务管理效能。引导园区顺应数字化发展趋势，推进理念创新和技术创新，优化服务方式和业务流程，提升运营管理的智能化、精细化水平。

（三）增强发展动能

1. 培育壮大文化市场主体。鼓励国家级文化产业园区和创建园区整合优势资源，加速培养和引进一批具有核心竞争力和行业带动作用的龙头文化企业，支持中小微文化企业向专业化、特色化、创新型方向发展，培育壮大一批特色鲜明的细分领域领军企业。引导园区优化投资兴业环境，促进各类资本健康有序投资，支持园区内文化企业创新创业和发展壮大。支持园区内符合条件的文化企业申报国家文化产业示范基地，遴选组织园区内优质文化企业参加国内外文化产业重点展会活动，并在宣传推广、场地展位、金融服务等方面给予一定支持。

2. 推动产业结构优化升级。落实文化产业数字化战略，综合运用各类资源与服务，引导国家级文化产业园区和创建园区立足自身优势，加快发展新型文化业态、改造提升传统文化业态，增强优质文化产品供给能力。培育壮大数字文化企业集群，加快发展线上演播、数字创意、数字艺术、数字娱乐、沉浸式体验等新业态。大力发展先进文化制造业，加强文化产业共性、关键技术研发应用，促进文化装备升级改造和创新发展。推动传统文化业态与数字技术结合，提升演艺、娱乐、工艺美术、文化会展等行业的科技创新应用水平，加快向产业链、创新链、价值链中高端迈进。

3. 培育融合共生文化生态。支持国家级文化产业园区和创建园区利用区域内老旧厂房、街区、仓库等更新改造为富有文化内涵和人文气息的产业发展空间、艺术生活空间，打造文化新地标。引导园区营造社区化工作生活环境，面向社会开放文化设施、提供公共服务，开展形式多样、内容丰富的公益文化活动，增强对入驻企业和社会公众的文化吸引力。鼓励园区结合自身发展定位，依托园区内商业空间打造具有特色的文化消费新场景，培育文化消费新业态。支持园区内符合条件的商业空间申报建设国家级夜间文化和旅游消费集聚区。

（四）优化服务环境

1. 完善公共服务。引导国家级文化产业园区和创建园区围绕文化企业各阶段发展需求，整合政策信息、商事服务、认证服务、知识产权保护等公共服务，引进财税会计、法务代理、投资咨询、营销策划、人才招聘等专业服务机构，为文化企业和创业者提供高质量、高效率、低成本、便利化的服务。支持有条件的园区试点设立文化企业综合服务中心，通过引进相关部门和服务机构集中服务、推行"互联网＋政务服务"、搭建文化产业公共服务平台等方式，为入驻文化企业提供综合性、"一站式"服务。

2. 强化金融支撑。依托文化和旅游部与金融机构合作机制，加大对国家级文化产业园区和创建园区重点企业和项目的支持力度，精准对接金融产品和服务。发挥银行业金融机构实体网点优势，结合园区特点开展文化特色支行建设，加强金融产品和服务创新，推出符合文化企业特点的信用、担保、知识产权及产业链融资产品，建立园区内文化企业融资"绿色通道"，简化业务流程手续，优先安排信贷资源。支持园区建立投资基金、担保基金、风险补偿基金，加强与创业投资、私募股权、并购基金等社会资本合作，拓宽多层次、多元化融资渠道，为园区内优质文化企业和创业团队提供覆盖发展各阶段的融资服务。

3. 营造宜业空间。推动国家级文化产业园区和创建园区开展绿色园区、平安园区建设，进一步绿化、美化、优化园区生产生活环境，建立健全安全生产长效机制和突发情况应急处置预案，配备必要的防火、防汛、防疫等应急援助物资和设施设备。引导园区为入驻文化企业举办活动、展示推广、洽谈合作等提供公共服务空间，因地制宜设置休闲空间，增加休闲功能，根据园区规模、业态特点、企业需求等，有针对性地配置相应文体娱乐和生活服务设施。

五、保障措施

（一）强化组织领导

各地文化和旅游行政部门要高度重视国家级文化产业园区创建和发展工作，推动纳入本地区发展规划、重点专项规划和年度工作计划，加强与发展改革、财政、自然资源、规划、金融、税务、统计等部门的协作和政策衔接，统筹部署和落实园区创建和发展各项任务措施。园区所在地市要健全国家级文化产业园区创建和发展工作统筹推进机制，加强组织领导、政策支持和督促考核，及时协调解决园区创建和发展中的重大问题。国家文化和旅游消费示范（试点）城市要将国家级文化产业园区创建和发展作为促进文化和旅游消费的重要任务，支持园区提升产品供给能力。园区运营管理机构要压实主体责任，按照高质量发展要求，进一步完善发展规划，明确重点任务，加强运营管理，切实推进园区建设发展各项工作。

（二）加强政策支持

落实文化产业发展规划和相关产业政策，在企业培育、人才培养、金融服务、交流合作、宣传推广等方面对国家级文化产业园区及创建园区给予支持，加大对西部地区、东北地区园区的扶持力度，对服务乡村振兴、促进区域协调发展方面贡献突出的园区给予重点支持。各地文化和旅游行政部门、园区所在地市要结合实际，研究制定推动本地区国家级文化产业园区高质量发展的政策措施，加强资金、用地、项目、基础设施和政务服务等方面支持，综合运用文化产业专项资金、政府引导资金、地方政府专项债券等推动园区提升建设发展水平。支持园区运用基础设施领域不动产投资信托基金（REITs）、政府和社会资本合作（PPP）模式等，改造完善基础设施和服务设施。

（三）健全保障机制

进一步完善国家级文化产业示范园区创建命名的条件、方式和程序，健全北京朝阳国家文化产业创新实验区、中新天津生态城国家动漫产业综合示范园部市合作共建工作协调机制，加大创建园区培育指导力度。以推动高质量发展为导向，调整优化国家级文化产业园区和创建园区发展评价指标体系，加强对园区发展情况的监测与评估。实施动态考核和绩效激励机制，对建设发展成效显著、示范带动作用明显的园区给予重点支持；督促考核结果较差的园区整改提升，整改不力的予以撤销命名。

资料来源：htts：//www.gov.cn/zhengce/zhengceku/2021-12/28/content_5664943.htm。

第五章　国际文化贸易

21 世纪以来，文化贸易发展迅猛，但也很不均衡，几乎全部集中于文化产业发展水平较高的高收入国家。美国是文化产业发展的"超级大国"，欧洲、加拿大、澳大利亚、日本与韩国等地区和国家构成了第二集团。

第一节　文化贸易概述

一、文化贸易的概念与分类

（一）文化贸易的概念

文化贸易指的是国际间文化产品与服务的输入和输出的贸易方式。文化贸易中，一国向另一国出口文化产品或服务并取得收入的过程即为文化产品或服务的输出，反之即为输入。根据联合国教科文组织《文化产品和文化服务的国际流动（1994—2003）》的定义，文化贸易是指传递文化内容（这些文化内容可通过产品或服务的形式呈现出来）的有形和无形商品的出口和进口。

（二）文化贸易的分类

文化贸易包括文化产品和文化服务的贸易，既有货物贸易的特征，又具有服务贸易的特征。文化产品贸易属于货物贸易范畴，文化服务贸易属于服务贸易范畴。联合国教科文组织将文化产品划分为核心文化产品和相关文化产品，认为与文化内容直接相关的是核心文化产品，而伴随核心文化产品的开发、生产和销售过程所需要的设备以及材料则是相关文化产品。核心文化产品主要包括五大领域，即文化遗产（A 领域）、印刷品（B 领域）、声像制品（C 领域）、视觉艺术品（D 领域）、视听媒介（E 领域）。文化服务一般是指满足人们文化兴趣和需要的行为，这种行为通常不具有货物的实体形态，包括表演服务、出版发行服务、通信服务和视听服务，如举行各种演出、组织文化活动、推广文化信息以及文化产品的收藏（如图书馆、文献资料中心和博物馆）等。联合国教科文组织对国际文化贸易的分类如表 5-1 所示。

表5-1　国际文化贸易的分类

文化商品贸易	核心文化商品	1. 文化遗产	古董
		2. 印刷品	图书、报纸和期刊、其他印刷品
		3. 记录媒介	录音媒介
		4. 视觉艺术	绘画、其他视觉艺术
		5. 视听媒介	摄影、电影、新型媒介
	相关文化商品	1. 音乐	乐器、声音播放或录音设备、录音媒介
		2. 影院和摄影	照相机、电影摄影机、照相馆和电影院使用的产品
		3. 电视收音机	电视机、收音机
		4. 建筑和设计	
		5. 广告	
		6. 新型媒介	软件
文化服务贸易	核心文化服务	1. 视听及相关服务	
		2. 特许使用税和许可费	
		3. 娱乐、文音化和运动服务	
		4. 个人服务	
	相关文化服务	1. 广告、市场研究和民意调查	
		2. 建筑、工程和其他技术服务	
		3. 新闻机构服务	

资料来源：联合国教科文组织统计研究所《2009年联合国教科文组织文化统计框架》，2011年，第61~65页。

（三）文化贸易相关概念

1. 文化折扣。加拿大学者霍斯金斯和米卢斯于1988年发表论文《美国主导电视节目国际市场的原因》，首次提出"文化折扣"的概念。文化折扣是指在国际文化贸易中，根植于某一文化以及在该文化地区受欢迎的特定节目，当它移植至其他地区时，因为观众可能无法认同节目中所呈现的风格、价值、信仰、机构以及行为模式，它的吸引力会因而减低。文化折扣直接影响消费者的接受、产品效益的实现。文化折扣低的产品，易于为人们所接受。各种文化之间越接近，文化理解上的差距就越小，文化贸易也就越大。这种接近性既与语言、地理等因素有关，也与心理因素有关，是地理距离、共同语言及以往文化贸易历史等因素的个综合函数。视听产品可能比书面作品的文化折扣要低，而在视听产品当中，几乎不含语言成分的作品的文化折扣比语言占重要成分的作品要少。语言障碍、文化传统差异等都是导致文化折扣的因素，语言成分多的节目在外国异文化观众中很可能不受欢迎，因为它们常常遭到很多误解。

2. 文化例外。在 1993 年关贸总协定乌拉圭回合谈判中，以法国为代表的一些国家提出"文化例外"的主张，不同意在某些文化领域进行自由贸易，要求服务贸易总协定在这些领域内允许一系列的"最惠国待遇例外"。文化例外的主张基于这样一种原则：文化不像其他产品那样，因为它的价值超过了商业价值。文化商品和服务传达着观念、价值和生活方式，这反映了一个国家的多重身份及其公民的创新的多样性。

3. 文化多样性。1998 年，联合国教科文组织在斯德哥尔摩召开的"文化政策促进发展"会议上提出《文化政策促进发展行动计划》，指出，"发展可以终以文化概念来定义，文化的繁荣是发展的高目标"。"文化的创造性是人类进步的源泉。文化多样性是人类宝贵的财富，对发展是至关重要的。"2005 年 10 月，联合国教科文组织第 33 届大会在巴黎通过了《保护和促进文化表现形式的多样性公约》，核心目标是保护和促进成员国境内的文化表现形式多样性，使"文化例外"有了国际法依据。

4. 文化主权。这是国家主权的新内容，是经济全球化的产物，是发展中国家针对西方凭借其在经济全球化进程中的强势地位对外推行文化渗透和文化霸权而提出来的主权要求。从实质上讲，文化主权并不是关于艺术产品本身的消费问题，而是关于消费者对文化产品的选择问题。文化主权是支持文化贸易壁垒的核心观点，主要是通过制定有关知识产权方面的公约来体现本国的文化主权，如《贝鲁特协议》（1948 年）规定取消教育用视听材料国际贸易中的进口关税、许可证和数量限制，《佛罗伦萨协议》（1950 年）注重对知识产品如图书、期刊和报纸等的自由流通，以及《保护表演者、录音制品制作者与广播组织公约》（1967 年）、《保护文学艺术作品伯尼尔公约》（1971 年）、《世界版权公约》（1971 年）、《保护工业产权巴黎公约》（1983 年）和《关于集成电路知识产权公约》（1989 年）等国际公约。

二、文化贸易政策措施

（一）关税壁垒

关税是在国际贸易中普遍存在的贸易壁垒，是国家海关依据相关法律法则对进出口本国的商品征税的税种。在文化贸易过程中，关税壁垒主要存在于以物质形态存在的文化产品的进出口贸易中。随着国际间的经济联系愈加紧密，一方面，许多国家纷纷制定双边或多边贸易协议以促进本国贸易的发展，关税力度大大减弱。另一方面，内容性文化产品的进出口在大大增长，物质载体的货币价值相对而言愈加压缩。因此，用关税对文化贸易进行保护的力度一直在减弱。

（二）数量限制

数量限制是国际贸易政策中最常见的非关税壁垒，即国家对进口商品的数量制定的严格的数量限制。在国际文化贸易中，各国政府主要使用的数量限制政策为进口配额，严格控制国外文化产品对本国的输入。除美国外的大部分国家都从"文化例外"的立场对进口的文化产品进行严格的数量控制，但是，随着现代信息技术的飞速发展，文化传播的方式早已越过地域界限，数量限制的政策措施效果愈加弱化。

（三）内容配额

内容配额是通过对进口的文化商品在本国所占比例的限制而起到保护本国文化的作用。限制的范围包括内容比例、时间比例以及频率等，具体包括电影放映配额、电视节目播出配额、音频广播准入限制等。内容配额是使用最为广泛的文化贸易政策措施，用以抵御外来文化的强势入侵。然而，进口文化商品播出放映的时长、频率与国内消费者的消费趋向并没有显著关联，互联网传播技术也正在向内容配额政策发起挑战。

（四）财政支持

财政支持一般包括财政补贴和税收减免两个部分。财政补贴即政府财政机构或社会公共机构向文化企业提供直接的财政补助，直接或间接增加该文化企业产品出口的政府行为或措施。财政补贴是各国政府普遍采取的一种文化贸易政策，能高效地引导文化产业的发展方向。税收减免是政府财政支持的另一种形式。通过税收政策的调控，减免本国文化企业的税收或增加外国文化产品的关税，为本国的文化产业创造更好的环境，激发本国文化产业的积极性与创造性。

（五）知识产权保护

知识产权保护是通过相关法律和法规对版权、专利、商标、工业设计和地理标识等知识产权内容进行保护，以维护相关产权所属人的合法权益。通过法律手段更好地维护知识产权，有利于营造公平和谐的创作环境，鼓励本国文化企业及文化产业从业人员的积极性和创造性。当然，过度的知识产权保护也可能成为文化贸易中的另一种壁垒，会阻碍新兴知识、新兴技术的传播与发展。

三、文化贸易的意义

世界银行依据阿特拉斯方法将世界 204 个国家和地区划分为四大类，即高收入、中等偏上收入、中等偏下收入和低收入国家。依据联合国贸易数据库（UN Comtrade）1990—2018 年的统计数据，90% 的世界文化贸易由高收入国家推动，中等偏上收入国家占到世界文化服务贸易的 5% 左右，中等偏下和低收入国家的份额加起来不到 4%①。文化产业基础雄厚的美国,文化贸易占到世界总额的 42.23%。一般认为,当一个产业的产值占到 GDP 的 5%,就说明该产业是国家的支柱产业。发达国家文化服务贸易大约占本国 GDP 的 10% 左右,特别是美国,已占到 GDP 的 25%。②

（一）推动文化产业"走出去"是提高我国文化的国际传播力和竞争力的必然要求

我国文化"走出去"要突破传统的、单向的传播方式,走向更高层次、更高水平的对外文化贸易和对外文化投资,实现文化产业"走出去"的多重效应。一是有利于激发市场各类主体的活力,扩大我国文化产品走向国际市场的规模,提高国际影响力;二是弥补单向传播的不足,将国际市场需求与我国文化产品供给结合起来;三是实现对外文化产品的持续性供给,克服对外文化交流活动的频次局限,形成对外文化产品的订单式管理;四是促进社会效益与经济效益的统一,坚持把社会效益放在首位的原则;五是文化以产业的形式"走出去",按照市场经济的规则,有利于我国文化平等地在国际舞台上展现出来。

（二）中华文化海外传播是提升我国国家软实力和国际话语权的关键举措

文化是一国软实力的重要体现,如果说以对外文化交流为主要形式的文化"走出去"更多的是一种潜移默化的软实力,那么以对外文化贸易与投资为主要形式的文化产业"走出去"体现的则是对国际标准制定和国际规范设计的话语权。我国文化产业只有更大规模地"走出去",才能提升制定国际文化贸易与投资规则的国际话语权,维护广大发展中国家的文化利益,积极建设开放自由、文化多样、公平公正的国际文化市场环境。

（三）文化产业"走出去"是带动国际贸易与投资的加速器和催化剂

当前,国际贸易与投资的不确定因素在增加,增速放缓,文化产业"走出去"有助于我国在国际经济形势出现动荡和调整时巩固和扩大对外贸易和投资。文化产业"走出去"也为其他产业的贸易和投资起到了促进作用。通常认为,文化距离和文化差异是影响国际贸易与投资的重要因素。减少不同文化导致的摩擦、误解和误判有助于降低国际贸易的交易成本,提升对外投资的成功率。对于既有的国际市场,伴随着我国文化产业的进入,可以进一步增进贸易与投资双方的了解和互信,有利于扩大贸易与投资规模;以文化认知引领商业认知,有利于

---

① 根据联合国商品贸易统计数据库相关数据整理,https://comtradeplus.un.org.

② 谢飞亚:《美国文化产业的资金扶持》,《商品与质量》2012 年第 4 期。

降低我国开拓市场的成本，并为其他产业贸易与投资创造良好的文化氛围。

（四）中华文化海外传播是促进"一带一路"民心相通的重要路径

"一带一路"倡议提出以来，我国致力于建立多层次、全方位的人文交流合作机制，促进不同文明兼容并蓄、交流互鉴。在文化对外交流的基础上，以文化产业"走出去"服务"一带一路"大格局，与沿线国家的民生、消费密切结合，同时也带动沿线国家文化产业的发展，多层次增强互信，加深彼此感情。

第二节　主要国家文化贸易概况

根据联合国商品贸易统计数据库关于 2018 年全球 195 个国家三类核心文化硬件产品和软件产品的统计数据，2018 年，全球核心文化产品贸易总额（文化产品进口量与文化产品出口量之和）为 1386.38 亿美元。其中，美国文化贸易总额为 261.45 亿美元，占全球文化贸易总额的比重为 18.86%，位居第一；英国文化贸易总额为 158.03 亿美元，占比为 11.40%，位居第二；德国文化贸易总额为 129.26 亿美元，占比为 9.32%，位居第三；中国文化贸易总额为 99.27 亿美元，占比为 7.16%，位居第四。日本、法国、瑞士、荷兰、比利时、加拿大依次位居贸易额排名前 10 的国家行列。排名前 10 的国家的文化贸易总额占全球文化贸易总额的比重为 70.96%，其中，美英间的文化贸易额约 67 亿美元，位居首位；中美间的文化贸易额约 37 亿美元，排在第二位；美国与加拿大间的贸易额约 28 亿美元，排名第三位。全球文化贸易以欧美国家为主导。[①]

一、美国

美国是世界第一文化产业强国。2000 年，美国的电影电视音像制品类出口额超过航空航天业成为第一大出口产品，高达 602 亿美元。美国代表性出口文化产品是影视，在全球文化市场占据绝对的优势地位。美国电影在世界 150 多个国家和地区放映，占欧洲票房收入的 70%，在加拿大、拉丁美洲、大洋洲和亚洲，美国影片也拥有很高的市场占有率。美国电视节目在世界 125 个国家播出，全球销售的各类影视录像制品大多数也是美国公司生产的。

（一）文化贸易政策相关机构

1. 咨询、协调和决策体系。美国贸易服务咨询、协调以及决策体系是由联邦贸易协调促进委员会、总统出口理事会，以及出口服务工作小组和行业相关的

---

① 韩增林、李欣、彭飞、袁莹莹：《全球文化贸易发展现状及影响因素分析》，《辽宁师范大学学报（自然科学版）》2021 年 6 月。

顾问委员会构成的，它们的职能包括数据分析、促进出口以及贸易谈判和研究政策等。美国贸易代表办公室（Office of the United States Trade Representative, USTR）是从事产业政策和贸易政策协调工作的专业机构。

2. 服务贸易促进体系。主要由美国商务部负责。针对服务业出口，商务部设置了五个部门给予相关服务，包括分析行业形势、参与贸易谈判、制定贸易政策、计划扩大贸易市场以及评估国内外经济政策对进出口的影响等，旨在营造有利于制造业和服务业发展的政策环境来提升美国在全球的竞争力。另外，针对服务业出口，美国贸易开发署在资金方面对美国公司开展国外重大基础设施建设及研究开发贸易体系给予援助，谈判代表办公室在对外谈判中积极协调各政府部门，为总统提供方案和意见。

3. 民间服务出口体系。民间的服务出口体系涵盖了全美服务业联合委员会、各地区出口理事会、各地服务业协会和出口理事会，以及援助出口的法律网络，旨在指导国际市场的开拓并援建，使得美国企业出口门槛降低，从而实现出口扩大的目标。在美国，主要是企业和协会等相关利益组织起较强的协调作用，它们从产业出发，依据政治、经济和法律等渠道对政策制定施加影响并加以协调。政治途径表现为产业游说、政治捐献和选举等方式；经济途径一般是撰写评估报告，针对文化产业的发展和潜在威胁，政府进行经济调查和数据分析等；法律途径是通过提出贸易救济，如针对反补贴、反倾销以及保障措施等向政府寻求相关的法律调查，并予以制裁来维护对应利益。

4. 文化服务。美国联邦政府中做贸易决策的机构是总统人文和艺术委员会，对人文和艺术政策问题进行研究，提出重要的人文和艺术计划并予以支持，确认优秀的人文和艺术作品。总统在民间任命的代表是委员会成员，包括美国最出色、最有声誉的演员、舞蹈家、艺术家、作家、建筑设计师、慈善家、企业人士和学者等。此外，美国人文和艺术基金会下设三个机构，分别是国家人文基金会、国家艺术基金会和博物馆与图书馆事业学会，主要负责具体的文化艺术工作。尽管这三个机构在行政方面没有管辖权，但负责落实美联邦政府制定的文化艺术活动计划和政策。

（二）美国文化贸易的政策措施

美国文化产业政策根据文化产业的性质不同而有所不同，运作大致可分为政府、准政府、非营利和营利四个形态。美国联邦政府未设置文化部，而是运用自由市场原则对文化产业的发展予以指导。

1. 完善法律法规和政策杠杆。美国先后出台的相关法律有《无线电法》（1927 年），《通信法》（1934 年），《专利法》（1952 年），《国家艺术及人文事业基金法》（1965 年），《历史遗迹保护法案》（1966 年），《国际广播法》（1994 年），《联邦电信法》（1996 年），《数字千年版权法》（1999 年），《家庭娱乐和版权法》（2005 年），等等。《国家艺术及人文事业基金法》保证了美国每年拿出相当比例的资金投入文化艺术业。美国创立了致力于艺术与人文事业发展的机构国家艺术基金会与国家人文基金会，联邦政府主要通过国家艺术基金会、国家人文基金会和博物馆学会对文化艺术业给予资助。

2. 自由贸易政策。美国推崇文化贸易自由，借助其在国际组织中强大的经济、政治力量，利用国际多边贸易规则来制定国家贸易政策，支持美国的文化商品占领国际市场。在世界文化自由贸易与文化保护贸易的争论中，美国认为文化贸易所具备的文化属性不足以成为将文化贸易"例外"对待的理由，任何有悖于自由贸易的政策和壁垒都应被取消。詹姆斯·彼得拉斯认为："美国文化帝国主义有两个主要目标，一个是经济的，一个是政治的。经济上是要为其文化商品攫取市场，政治上则是要通过改造大众意识来建立霸权。娱乐商品的出口是资本积累最重要的来源之一，也是其替代制造业出口在世界范围内获利的手段。"① 美国积极推动包括文化商品在内的贸易和投资领域自由化，拓展文化产业的跨国经营，为其文化商品输出提供保障。美国文化产业的特点是全球生产与销售一体化的商业策略，一方面是促进文化贸易输出，致力于开拓全球消费市场；另一方面则是全球文化生产。美国电影业已经开始把生产制作移至国外，以降低电影制作成本，同时通过随机价格来增加收入。

3. 版权保护法律政策。版权是美国文化产业的基础。美国的知识产权法律体系相当完善。美国的版权保护制度的系统性、严密性和与时俱进性堪称世界之最。1790 年，美国颁布并实施第一部《版权法》。20 世纪 50 年代之后，美国着力推动国际版权立法，20 世纪 80 年代以后，美国全面实施版权战略，2000 年美国出台《数字千年版权法案》。最为重要的是，在关贸总协定乌拉圭回合的谈判中通过了《与贸易有关的知识产权协议》（TRIPS），美国更是借助这一强制性的贸易规则，将版权保护与贸易结合起来，对海外版权进行了严密的保护。主要措施有：制定法律和政策措施扶持美国版权企业；对美国版权企业在对外贸易中的垄断行为给予鼓励与支持；选择那些将知识产权纳入本国框架的国家作为自由贸易伙伴，将其对版权的保护扩散到世界各地。

4. 资金支持政策。政府的资金支持是美国发展文化贸易必不可少的因素，直接投资和间接投资是政府投资的主要手段。直接投资是指政府直接划拨资金给文化企业，以扶持文化产业的发展，资金使用的灵活性较大。美国政府主要通过国家艺术基金会、国家人文基金会、美国博物馆与图书馆服务协会三个代理机构对文化产业提供资金支持，对文化艺术家和艺术组织直接资助。间接投资是政府通过减税、免税、退税、贴息贷款等一系列财政、税收政策，鼓励、扶持、促进文化产业发展。同时，引导社会资金和金融财团投资文化产业。美国有十大财团，都与文化产业有着密不可分的关系。美国大部分的传媒都由各大财团控股，

---

① ［美］詹姆斯·彼得拉斯：《二十世纪末的文化帝国主义》，邱林译，《中国与世界》2002 年 2 月刊。

通过和各大财团的合作获得巨额的资金。美国全国广播公司（National Broadcasting Company，NBC）是美国第一家广播电视网，是由美国通用电气公司所设立的子公司，而美国通用电气公司又是由美国摩根财团控股。

5. 文化扩张与国际营销。美国将文化贸易纳入国家对外战略及对外援助体系，制定政策、法律，支持美国文化产业在国际文化贸易中的对外扩张，推动美国文化输出。最初在马歇尔计划中，美国政府就制定了经济与文化两大战略，计划中提出希望通过经济援助来实现美国文化影响力的世界扩张。1946 年，美国政府与法国政府达成一项 10 亿美元的贷款协议，附加条款是法国向好莱坞开放电影市场，取消法国在 1928 年对美国电影实行的配额限制。1958 年，美国与波兰在签订农产品援助协议时，提出波兰在购买本国农产品的同时必须购买定额美国文化产品的附带条件。1994 年乌拉圭回合谈判中，美国提出把关贸总协定的范围扩大至文化服务领域，反对文化产品配额的政策。美国在贸易协定中，往往以最惠国待遇来附加"文化产品不例外"的硬性条件，正如早在 1932 年英国的斯蒂芬·泰伦兹所指出的，"把世界上每一家电影院都变成了一座美国领事馆"。① 随着信息技术的高速发展，美国在政策推行与技术领先的双重作用下，进一步推动互联网自由化政策，在世界范围内构建起完善的文化产品销售网络。美国文化产业以消费者为核心，抓住"顾客就是上帝"的市场定律，满足消费者的偏好和需求。例如，这种以消费者导向的营销观促使好莱坞在拍片前都会进行大量的市场调研，分析观众心理。在试映阶段也会仔细观察观众的反应，及时修订影片内容，使得电影的质量和销量得到保证。最后在营销阶段，好莱坞还会根据不同国家的消费偏好制订个性化的营销方案。

6. 人才培养机制。美国文化产业拥有雄厚的资金和广阔的市场前景，吸引大量的人才涌进美国的文化市场，加之美国每年以各种优惠条件招揽人才，使得美国的文化市场一直保持活力。美国除了重视人才的引进外，更重视人才的培养。美国高校注重培养学生的创新能力和独立思考能力，旨在鼓励创新。在人才的培养过程中，将理论知识与实际相结合，注重培养学生的实践能力，重视校企合作。例如好莱坞从国外引进最资深的电影制作人、资金最雄厚的电影投资人、世界最著名的演员共同完成影视作品。

（三）中美文化贸易摩擦

在全球文化贸易竞争中，美国凭借强大的政治影响及文化产业实力形成了垄断之势，国际文化贸易发展存在着极大的不平衡。中国作为仅次于美国的世界第二大经济体，其日益壮大的文化产业已经成为美国文化贸易的主要竞争对手，同时，日益扩大的中国文化消费市场也成为美国文化贸易的主要目标。美国不断针对市场准入和知识产权问题向中国挑起事端，利用国际规则和自身影响力对中国

---

① 吴雪莹：《中美文化战略》，《金田》2014 年第 3 期。

文化贸易政策施加压力，推行文化自由政策，试图占据更高份额的中国市场。中美两国间的文化贸易随着两国贸易程度的深化而不可避免地发生争端。两国间的文化贸易摩擦主要集中在两个方面，一是美国积极推行文化自由贸易政策，力图向中国倾销大量文化商品占领中国文化消费市场，而中国坚持文化多样性原则，在自由贸易中坚持"文化例外"，制定了严格的市场准入壁垒以应对美国的文化扩张，二是知识产权保护问题。美国向来重视对本国知识产权的保护，中美之间有关知识产权的贸易摩擦不断，尤其集中于创意研发及市场推广投入较高的音像制品、书籍以及计算机软件和数据光盘等产品。

二、英国

（一）英国文化贸易政策相关机构

1997 年，英国文化、媒体和体育部成立专门小组，首相亲任组长，把文化创意产业作为英国振兴经济的聚焦点。

1. 英国贸工部（Department for Trade and Industry，DTI）。专设了咨询部门来制定服务贸易政策。例如，酒店等餐饮行业服务标准、消费者政策均由 DTI 参与制定，但不干涉相关企业的经营管理。

2. 英国文化、媒体和体育部（Department for Culture，Media and Sport，DC-MS）。全权制定旅游和文化方面的政策，在威尔士、苏格兰以及北爱尔兰地区设置旅游办。

3. 英国服务贸易行业促进机构。一是 DTI 资助的国家消费者委员会，是代表每个消费者利益的非营利机构，负责联系英国及欧盟的管理者、政策制定者以及服务提供者。二是英国文化教育协会等行业协会，是促进文化交流并提供教育机会的国际机构，总部设在伦敦；同时，英国管理咨询协会也在相关领域提供专业服务。

（二）英国促进文化产品出口的措施

1998 年出台《英国创意产业路径文件》，要求政府"为支持文化创意产业而在从业人员的技能培训、企业财政扶持、知识产权保护、文化产品出口等方面"做出积极努力。英国政府在组织管理、人才培养、资金支持、生产经营等有关方面采取积极措施，系统扶持文化产品的研发、制作、经销、出口，完善创意产业的财务支持系统，包括奖励投资、成立风险基金、提供贷款及区域财务论坛等。

1. 建立设计伙伴关系，联合商界、贸易组织及贸易投资人一起推动出口。

2. 成立创意出口团队，联合贸易组织与政府，建立国外市场与英国创意业者之间的联系。

3. 成立国际表演艺术发展团队，负责开拓表演艺术的国外市场。

4. 贸易及投资部以及英国文化协会共同设立创意出口网站，提供创意产业出口的信息。

5. 设立政府层面上的创作产业出口振兴咨询团。

（三）英国艺术品授权的主要政策

英国的艺术品授权服务独树一帜，将艺术品的艺术形象使用权、版权通过拍卖行以公共竞标的方式竞拍。英国艺术品授权行业的发展离不开拍卖行业严格有序的行业自治。此外，英国国内法律对消费者的保护催生了拍卖行业的"有限责任条款"，以细致化的条款与细则为艺术品授权提供良好的法律环境。在艺术品授权服务贸易领域，英国政府通过 50% 的增值税出口退税和进口艺术品及版权零关税政策，鼓励国内文化企业及拍卖行引入及输出艺术品及对应版权，不施加过多进出口许可限制，鼓励双向贸易。

1. 拍卖行业自治。英国艺术品市场偏向于会员制，目前，市场上经营规模较大的艺术品机构包括英国艺术品市场联盟（British Art Market Federation，BAMF）、美术品拍卖商协会（Society of Fine Art Auctioneers，SOFAA）等，这些机构的存在主要是为了保证艺术品市场的合法地位，使其有序发展经营。在英国，就艺术品行业协会来说，尽管进入方式以及业务费用不同，但行业协会职责基本相似，其行业协会职责包括：①制定规则与行业规范，使市场有一个良好的发展环境，会员之间相互信任；②当行业中出现不规范和细则不清晰时，可作为行业代表向政府反映需要改进的细节，并敦促政府修改或出台相关针对性政策，从而促进行业健康发展；③为会员提供必要的咨询服务。正是行业协会职责清晰，保证所有艺术品与古董经销商尽可能提供合理实际的、清晰准确的信息，因此，当买家对物品存在疑问时，协会都有对应的争议处理方案。行业协会的高度自治保障了消费者权益，创造了公平、透明的拍卖环境。

2. 有限责任条款。在英国出台的相关政策一般都偏向保护消费者利益，1979 年出台的《货物买卖法》充分体现了这一特性。例如，卖方在对出售的货物进行描述时，必须与实际出售的货物相符。1977 年出台的《不公平合同法》、1999 年出台的《消费者合同不平等条款规章》都规定，在拍卖时，卖方必须通过合理、公平的方式免除自身责任与义务。这样，拍卖行在对相关行为进行规范时就更加注重细化自身的有限责任条款，有限责任条款类似负面清单，除特定责任外，拍卖行对艺术品的品质、规格承担法律责任。有限责任条款以更加清晰的方式保护消费者权益，以完善的法律环境为艺术形象使用权、版权交易提供保障。

3. 进出口鼓励政策。为了鼓励艺术品授权贸易，英国政府分别从进出口税收及进出口管制上加强艺术品及对应版权贸易。在进出口税收政策上，英国政府规定国内文化企业与历史文化悠久的发展中国家开展海外文化合作，本国企业可获得最高 50% 的增值税出口退税；设立文化艺术品拍卖公司，不必领取营业执照，且进口文化艺术品及对应的授权服务采取低关税甚至零关税，鼓励境外文化艺术品及艺术形象的引入与使用。在进出口管制上，英国的高级艺术品以及文化遗产的进出口并没有设立严格的进出口许可证，并没有严禁外流的艺术品及相关艺术形象的负面清单，宽松的管制环境有利于文化艺术品及相关艺术的形象输出。

（四）英国电影出口的主要政策

英国电影协会（British Film Institute，BFI）成立于1933年，现总部位于首都伦敦，是按皇家特许状设立的慈善性组织，费用由英国政府资助。协会是制定实施英国电影产业国际化发展战略的行业管理与服务机构，旗下拥有电影档案馆、电影院等基础文化设施，主要从事公共电影教育、筹办电影节、出版音像制品、活跃学术交流等常规活动。2011年，英国电影协会合并了英国电影委员会（United Kingdom Film Committee，UKFC），增加调配国家彩票基金等关键职能，成为英国最重要的电影产业机构。

英国电影协会针对英国电影产业未来发展制定了"电影永恒"规划，提出国际化发展战略七大目标：电影产业中的外来投资规模保持年度的复合增长；电影产业的国际市场价值保持持续增长，其中包括电影专业人才的输出；优化电影产业的合作生产服务，将英国打造成为国际一流的创意与商业合作目的地；构建一个可以为观众提供最佳影院设施和多样化丰富内容的双重文化空间；充分展示和发挥英国电影的文化价值和功能，帮助外交和联邦事务部、文化媒体与体育部等政府部门在国际外交中赢得更好的表现；拥有国际一流水准的专业人才储备，可以快速响应国内外各种电影产品的制作需求；拥有在欧洲和全球范围内制定和改善电影产业政策的能力。

国际化发展战略从制定系列政策、吸引外部投资、扩大产品出口、促进联合制作等多个方面提出具体举措，强调地域和政策两个优先，确定重点开发与优先合作的海外目标市场。英国电影协会将全球市场分为三个梯队，第一梯队主要包括美国、中国和巴西三个国家，是最具战略意义、最为重要的目标市场，蕴含着更多的发展机会，具有全方位合作的潜在空间。第二梯队主要包括德国、法国和澳大利亚三个国家，是目前以及将来都将保持较为稳定合作关系和合作规模的市场，但增长的速度不及第一梯队。第三梯队主要包括爱尔兰、俄罗斯、印度、南非、日本、韩国、土耳其、加拿大和北欧诸国，是指在某些领域业已建立起合作与交易关系的市场，合作的领域相对局限，但合作的针对性更强，且覆盖的目标市场范围广泛。

三、韩国

韩国将文化产业作为21世纪发展国家经济的战略性支柱产业，提出"文化立国"方略，制订了《文化产业与发展计划》《发展推进计划》。1999年颁布了《文化产业振兴基本法》，在管理体制、投入、产业布局、人才培养、法规建设、开拓国际市场等方面提出了明确要求。韩国政府高度重视开拓国际市场。2001年，韩国文化观光部发表《韩国文化产业白皮书》，提出要实施"先占战略"，抢滩中国市场，进而以中国和日本为台阶，打入国际市场。利用国内市场收回制作成本，通过海外市场营利，最终目标是把韩国建设成为21世纪文化大国、知识经济强国。2014年，韩国实施《文化基本法》、《博物馆及美术馆振兴法（修正案）》、《著作权法（修正案）》等法律，以及颁发"文化乐学卡"、"文化通行证"、"艺术人通行证"等文化惠民措施，推动文化产业振兴发展。

（一）韩国文化贸易发展机制

1. 设立管理机构。韩国的文化观光部、产业资源部和信息通信部是主要负责文化产业的政府行政管理机构，下设有文化产业局，游戏综合支援中心、游戏技术开发中心为文化产业的发展提供支持的机构。韩国的文化产业振兴院是负责制定文化产业政策，策划文化产业内容，开拓海外市场的机构。韩国文化产业支援机构协议会是负责强化文化产业系统的协调性、提高整体产业的效能性的机构。2004年，文化观光部又设立了文化媒体局。2014年，韩国成立文化创意实验室，支持小微文化企业进行创业。

2. 市场营销机制。韩国、中国、日本同属亚洲文化圈，有着相似的文化，因此，韩国重点将中国、日本等文化折扣较小的东亚地区作为第一目标市场，逐步开拓国际市场。其具体做法一是加强前期市场调研，建立对外宣传平台，开展市场宣传、搭建海外营销网络，以增加文化产品的出口额。二是根据地区特色开发个性化的文化产品。如通过游戏、动画产品打开欧美地区市场，而以影视和音乐打开亚洲地区市场。三是努力打造具有国际影响力的品牌，通过品牌效应来抢占市场。以韩国的电视剧和综艺节目形成"韩流"的影响力。四是参加和举办国际文化展销等具有国际影响力的活动，展示韩国文化风采。2021年，韩国文化产业出口额达到124.5亿美元。[1]

3. 产业价值链开发机制。韩国开发了一种 OSUM 模式，即一种资源、多种利用的模式。在发展一种文化产品的同时，带动其衍生品产业的发展，并带动其他领域的发展。韩国文化企业在开发一种文化产品时，注重在产品中融入具有民族特色的元素，带动文化产品和服务以外的商品的出口。目前，韩国的旅游热、化妆品热、服饰热、饮食热成为文化产业链的重要环节。

4. 人才培养机制。韩国的文化产业发展迅猛，背后少不了人才的支撑，在培养人才方面有其独到之处。韩国注重人才培养的专业性，以影视娱乐产业为例，韩国的演员和歌手在出道前都要进行大量的、严苛的专业训练，也正是因为这种专业性和严格性使得其在成名后面临着广阔的市场空间。韩国政府还建立了

---

① 韩国电影振兴委员会：《韩国文化产业出口额超143亿韩元，创历史最高纪录》，https：//weibo.com/1866497373/MmUFPEhqL。

文化产业专门人才库和文化产业人才培养委员会，专门负责文化产业人才的培养工作，制订培养方案，并从中协调。韩国还通过国际合作教学等多元化渠道培养创意人才，并且采取学校教育和行业培训相结合的终身教育方式。

（二）韩国文化贸易政策措施

1. 制定法律法规。1997 年的亚洲金融危机重创了韩国的经济，为抑制金融危机带来的经济衰退，恢复经济，韩国于 1998 年确立了"文化立国"的方针，颁布了《文化产业振兴基本法》，将文化产业作为战略性支柱产业发展。之后，陆续颁布了《文化产业发展五年规划》《文化韩国 21 世纪设想》等政策，阐明了文化产业的发展战略和计划。又陆续修订了《电影产业振兴综合计划》《著作权法》《广播法》等法律政策，为其文化产业的发展提供了明确的战略方向和法律法规保障。

2. 资金支持机制。韩国政府设立了出版基金、电影振兴基金等很多专项基金来发展文化产业。韩国的大企业如三星、LG 等也设立基金，为某一文化行业的发展或文化方面的专业人才提供资金援助。在集中资金支持重点出口项目方面，1999 年，韩国广播文化交流财团设立"影像制品出口支援中心"，为重点出口影像制品提供资金支持。韩国把游戏产业作为核心项目进行支持推广，使之成为在国际市场上具有竞争力的主要出口产业。2002 年韩国设立"出口奖"奖励资金，由文化观光部和文化产业振兴院从每年的出口产品中评选出 10 个奖项，涉及电视剧、电影、音乐、漫画、动画、卡通形象、移动网络等领域。

3. 整合各方资源。为推动数字内容相关产业发展，韩国从文化制作的前期研发到产品的国际营销，有一整套做法。2005 年，扩增文化创意产业综合辅导系统（CEIS）功能，成立在线出口协议会及建立调查海外市场数据库，为韩国文化企业及时掌握海外信息。韩国文化内容振兴院对具有出口潜力的新兴数字内容产品研究提出中长期支持方案，协助数字内容新产品的研制。2023 年，韩国传统文化产业研究所精选组织了 10 个展商、40 多类、数百种展品参加第十九届深圳文博会，推广韩国文化产品。

4. 开发适销对路产品。积极开展跨国生产合作，在重要国家设置文化创意产业海外办事处，举办文化创意产业国际展，利用国际会议建立海外营销管道，为文化产品出口服务。加强调研，针对地区特点，开发不同产品。对亚洲地区，以影视、音乐为主，逐步增加游戏、动画等出口；在欧美，努力提高游戏、动画产品的市场份额。积极利用数字内容、动画游戏及影视产品，通过偶像塑造和认同，培养潜在的文化消费者，提升出口潜力。

（三）韩国电影产业政策

20 世纪 90 年代开始，韩国电影产业迅速崛起，电影票房和观影人次逐年增加。2013 年，韩国电影观影总人次突破 2 亿，人均观影次数首次达到人均每年观影 4 次。2019 年，韩国电影票房总收入达到 1.91 万亿韩元，人均观影次数达到 4.37 次，超过美国。电影艺术水准和技术水平快速提升，在国际电影节上屡屡获得奖项，取得令人瞩目的成绩。[①] 2020 年，韩国的当代题材电影《寄生虫》获得第 92 届奥斯卡最佳影片、最佳导演、最佳国际影片和最佳原创剧本四项重磅奖项，是第一部非英语对话的奥斯卡最佳影片。

韩国电影产业的蓬勃发展离不开韩国国内的《电影振兴法》，以法律形式保障电影从审查到上映的过程中获得足够的自由度和资金支持。为保护国内的电影业，实施进口电影配额制，以影片进口配额和"银幕配额"保障本国电影的市场占有率。韩国电影振兴委员会采取了一系列支持电影的措施，如减免税收、设立电影发展基金、完善电影基础设施建设、培训电影从业人员、保护知识产权等。在本国电影产业具备一定基础后，逐步实现电影市场的开放，通过外国电影公司对本土电影的多方参与提升韩国电影的制作水平。

1. 电影振兴计划。1994 年，韩国政府制定了《电影振兴法》，从电声审查、等级制定以及独立制作等方面对韩国电影产业给予政策倾斜。1999 年对《电影振兴法》做了修改，实施电影分级制，确立以市场作为导向的发展基调，投入大量资金支持并鼓励风险投资进入电影产业，韩国大片时代由此开启。1999 年，制定《新传播法》，对进口电影的播放设上限。2002 年，韩国政府再次修改《电影振兴法》，将原有的四级制电影分级拓展为五级，增加了"限制上映级"，并且新设了"限制上映影院"。分级制度的完善确保了韩国电影类型的多元化以及多样性，使得韩国电影市场更具竞争力。2015 年，韩国发布了《2015 年内容产业振兴实施计划》，详细发布了韩国出版、广播、电影、游戏、信息服务等内容产业政策的主要方向。韩国电影市场的迅速崛起离不开政府主导的电影产业振兴政策，通过政策指导给以宏观调控，有助于协调电影艺术及产业发展两者的平衡。

2. 电影配额制。1962 年，韩国制定了专项《电影法》，阐明韩国电影必须以生产优质影片为促进民族发展做出贡献，直至 20 世纪 70 年代，韩国一直对外国电影实施放映配额制，对超出配额的部分征收高额进口税，期望通过进口限制达到振兴国产影片的目的。韩国电影市场在 1987 年同国际接轨后，美国在双边自由贸易谈判中就韩国电影放映配额限制问题展开多轮磋商，要求重新制定或取消配额限制。1997 年韩美第三轮实务谈判中，韩国就美方提出取消电影配额限制问题做出积极回应，但受到国内多数电影从业者的强力反对，电影行业从业者于 1998 年联合发动了浩浩荡荡的"光头运动"。电影行业的自发抵制迫使政府放弃让步计划。但在美国政府不断施加的压力下，2006 年开始，韩国缩减其本土电影放映配额数量，提高海外电影市场配比。

3. 产业开放政策。1986 年，韩国修改了《电影法》，电影产业开始开放，国内外企业都可以参与电影制作、剧场运营、录像制造、有线电视、广告公司等电影产业及其相关产业，韩国著名的大企业几乎都参与了影视业的运营，国外影视公司的制作方法、技术、管理模式有效地帮助韩国影视作品提升制作水平。1987年，韩国对《电影法》进一步修改，实施自由化和市场开放的影视贸易政策；允许外国电影公司进入国内，可以在韩国成立独资电影公司，并直接发行影片。

4. 出口推广政策。在电影对外推广上，韩国政府为本民族电影走向世界制定了许多有力的"走出去"措施。2000年，韩国政府针对本土电影出口成立了影音分轨公司，主要从事本土电影海外化、外语字幕制作，所有费用及开支由政府进行全额补助。2004年，韩国政府加大对海外电影市场输出的补助力度，将影视作品纳入"出口支持对象"范围内，明确规定海外电影市场出口70%的费用由政府财政部门承担，激发了韩国电影开拓海外市场的积极性。为了打响本国民族电影全球知名度，积极倡导本土电影参加各种国际电影展，同世界舞台接轨。同时，在国内定期举办国际性电影节——"釜山电影节"，对获奖影片给予5000万至1亿韩元的现金奖励，促进了韩国电影产业的海外输出和文化传播。

（四）韩国电视剧产业政策

1990年，韩国民主化浪潮前后，韩剧发生了第一次蜕变。当时韩国政府在电视行业"国进民退"，完成市场化改革，半国营性质的韩国广播公司（Korean Broadcasting System，KBS）缩减规模，民营的首尔广播公司电视台（Seoul Broadcasting System，SBS）创立，与韩国文化广播公司电视台（Munhwa Broadcasting Corporation，MBC）形成了"三巨头"的局面。《大长今》《鱿鱼游戏》等韩国电视剧出口到亚洲、非洲和中南美地区，获得很高的收视率。韩剧在世界形成热潮，与韩国政府支持电视剧产业的政策密不可分。具体包括：

1. 播放时段限制。1998年，韩国文化部要求上述三家电视台的播放节目中本土制作必须超过80%，从而确保国内创作受到保护，对国产剧和进口影视剧的播放分别设立了最短及最长播放时长限制，黄金时段必须播放本土影视节目，保证本土影视剧的良性发展。

2. 专项资金补贴。韩国政府为推广电影电视产业，设立了许多专项支持资金，如电影振兴基金。韩国文化产业振兴院对致力于海外推广的韩国文化企业提供多达百万的政府资金补贴，影视产业在亚洲市场的扩张成效卓著。1999年，韩国广播文化交流财团设立"影像制品出口支援中心"，对每年累积超过1000部以上出口影像提供资金补助。2017年，韩国文化体育观光部设立电视剧制作专项基金，为电视剧制作、推广、人才培养提供资金支持。

3. 出口振兴计划。韩国政府以直接的出口奖励和间接的出口分成制推动韩国电视剧走向世界。一方面，韩国设立海外出口奖励机制，努力开拓国际文化市场，以此激励具有比较竞争优势的影视产业参与国际市场竞争。2002年，韩国文化观光部和文化产业振兴院设立"大韩民国文化创意产品出口奖"，奖项有

"出口优秀奖"和"出口特别奖",国家还为获奖单位提供国内外经营出口的多种优惠。另一方面,从2002年起,在成本有保障的前提下,鼓励电视台和电视剧制作者自主订立分成合同,激发制作公司海外推广的主动性。虽然初期节目制作费用由电视台承担,但政府鼓励节目制作者将制作的电视节目、影视作品推向海外市场,海外市场版权所取得收益由电视台及海外渠道商按照一定比例分成,大大激发了作品制作公司开拓海外播放渠道的积极性。海外销售业绩突出的影视文化作品,可向文化产业振兴院申请免税。政府还设立了影音分轨公司,承担本土节目外语化工作,全额补贴制作费用。韩国影视产业因此形成一股"韩流"现象。

4.税收优惠。行销海外的影视文化作品不仅能够享受政府的财政资助,而且能够享受一系列税收优惠,如出口退税、税收抵免、进出口关税免征等税收优惠政策,刺激了本土文化服务提供者创作激情及海外输出热潮。

四、日本

(一) 日本文化贸易概况

日本是世界文化产业强国,在游戏、动画、漫画领域中拥有很强的国际竞争力。据前瞻产业研究院《2016—2021年中国动漫产业发展前景预测与投资战略规划分析报告》的数据,全世界约60%的动漫节目由日本的动漫公司制作,有68个国家播放日本的动漫剧集,40个国家播放日本的动漫电影。日本游戏产品占世界市场的1/3。1995年,日本提出了21世纪"文化立国"的战略;2001年明确提出10年内要把日本建设成世界第一的知识产权国家;2003年,制定观光立国战略。日本政府把发展文化产业作为经济社会发展战略的重要组成部分,计划通过建立宽带新领域市场、普及数码电影、培养人才、改革文化产业流通途径、改革文化产业机构等多项措施,大力促进文化产业发展,拓展海外市场,提高日本的国际地位。

政府成立专门部门,加强文化产业管理与支持。成立了隶属于文化厅的文化审议会,有关动漫产业的发展政策和国家动漫文化交流与输出都是由其全权负责。政府在经济欠发达的省份成立与动漫相关的传媒与内容产业局和相关研究会,以促进该省动漫产业的发展,拉动经济。产业局和研究会直接对动漫产业进行管理,全面掌握动漫发展状况,并出台相关政策解决发展中的问题,以提高政策制定和实施的效率。

为推动文化产业发展,日本通产省与文部省联手促成建立了民间的"内容产品海外流通促进机构",拨专款支持该机构在海外市场开展文化贸易与维权活动。日本政府不仅将动漫作为一项重要的出口产业,而且将其作为一种独立的文化来培养,在政策、资金和组织上给予极大的帮助。2005年,日本外务省决定利用"政府开发援助"中的24亿日元"文化无偿援助"资金,从动漫制作商手中购买动漫片播放版权，无偿提供给发展中国家的电视台播放，向海外推广日本的动漫文化，扩大日本文化在外国青少年中的影响。

日本的文化商品供给以人力资本密集型的文化服务为主，这类文化商品的特征是附加值高、不可替代性强。附加值高是由这类文化商品的本质特性决定，不可替代性强则反映在文化商品贸易保持平稳且呈现逐渐增加的趋势上。日本文化商品需求同样以特许使用费和许可费这类高附加值的文化服务为主，而且这类需求呈现缓慢增长的趋势，进口和出口结构比较协调。

（二）日本文化贸易政策

日本动漫发展得益于从制度到出口全方位的促进政策，确立了动漫播放的分级制度，成立专业化部门实施针对性管理，采用顶尖人才培养战略，对不同市场类型实施不同的市场推进政策。

1. 受众分级。委派文部科技厅专职负责版权保护，保障著作权人在动漫产业链中各环节的利益。日本的动漫欣赏是全民性的娱乐活动，因此，对动画在出版和播出上都按照对应标准进行分级。目前分级主要有三种：少年、少女、成人，通过采取分级制度，更加精准地对接目标人群，在电视节目编排上更加合理。

2. 知识产权保护。日本对动漫作品的产权保护很完善，专利、商标、版权的保护由不同的部门进行专业化管理，文部科技厅专职负责版权保护，漫画作品在有利的产权保护环境下不断延伸产业链条。对动漫产业的产权保护，日本有专业化的一揽子版权保护合同，有专门针对知识产权保护的财团法人。

3. 顶尖人才战略。日本动漫最开始是由手冢治虫带领，宫崎骏则是漫画电影的推动者。在日本的国立大学，动漫专业招收人数有严格限制，是从数以万计的候选人中选拔出来的。任教的老师都是行业顶尖人才，在漫画界都有一定的知名度。每年委派各高校动漫专业学生去全球水平高超的学院学习漫画，学习最新的制作技术。从2002年开始，东京每年举办"东京国际动画节"，对在漫画上有杰出贡献的人才进行奖励，并授予国家级大师称号。

4. 出口市场差异化策略。为推动日本漫画快速进入全球市场，政府将目前的全球市场分为幼稚型和成熟型两类，采取差异化策略。幼稚型市场的特点是购买力不足，日本政府采取援助的方式，投入专项资金，从漫画商或漫画创作者购买一定的播放版权，然后无偿给电视台播放。通过免费赠送播放权的方式推动本土漫画走向幼稚型国际市场，当国外市场对这些免费赠送的动画产生依赖后，逐渐恢复正常播放权出口收费。对于成熟型的市场来讲，日本政府主要是为本土竞争力大的动漫企业提供参与全球竞争的平台，以高质量漫画作为核心竞争力，占据市场份额。

五、法国

（一）法国文化贸易相关机构

1. 政府主管部门。法国主管文化贸易的政府部门主要有文化与通信部、经济与财政工业部、中小企业手工贸易及自由职业部等，职责是制定市场经济活动的游戏规则，涵盖了各行各业适用的法律法规和一些政策措施，并负责监督上述规则是否执行到位。经济与财政工业部作为政府中的"超级部"，不仅有部长，还有三位内阁成员作为部长级代表来分管外贸、预算及工业事务。经济与财政工业部的职能主要是管理公共国家资金、制定国家能源和宏观经济政策、管理商品及服务贸易、开展对外经济交往等。相比之下，中小企业手工贸易及自由职业部规模建制较小，只有一个司局单位和两个行业管理协会，负责制定相关行业的国家政策并予以执行，还有监管相关的行业基金会和协会。

2. 经济社会委员会。在法国，经济社会委员会负责跨行业政策的协调工作，从而间接影响各行业制定的游戏规则。委员会有200多名来自经济和社会领域的成员，影响并参与全社会各利益集团的对话、沟通，以及政府对经济社会政策的制定工作。

3. 行业促进机构。除了上述国家和政府的职能管理和协调机构，文化服务贸易领域还有众多的行业促进机构，如法国国际文化中心协会、法国旅游局、法语联盟机构等。上述国家机构的单位性质大多为事业单位，由政府旅游事务部长级代表统一领导，促进和协调各领域的旅游事务。例如，法国国际文化中心协会负责与地方政府合作，促进地区旅游、文化等产业的跨区域合作，围绕特定文化主题开展文化创新服务项目等。法国旅游局的职能主要有：将私营旅游企业同国家机构协调起来开展促销活动；对法国形象进行宣传；吸引外国游客并加以鼓励。随着法国语言政策的推广和实施，法国政府直接在全球100多个国家创立了1000多个法语联盟机构，该机构与法国大使馆合作，共同推广法语，介绍和传播法国文化。

（二）法国电影政策

1. 资金资助。法国政府通过国家电影中心对本土电影业进行政策指导、监督并且提供资金资助。1984年，法国政府颁布政府令，对电影产业生产、发行、放映每个环节给予政策支持及资金资助。国家用于资助电影各个环节生产的资金主要来源于门票税、电视播放税、录像带税、特别税及其他收入。在制定电影票价时，一部分票房收入通过税收形式返还给国家电影中心，国家电影中心将这部分所得税通过项目资助的形式帮助法国本土电影生产、提高制作水准。法国通过优惠政策吸引国际制作，给在法国境内拍摄与制作的外国影片以政策和税收上的支持，提供便利条件促进电影产业人才的流动和电影技术的引进。

2. 市场准入限制。一方面，对于自己的民族电影产业，法国政府从市场准入限制方面制定了发展本土电影为主的扶持政策。第一次世界大战之后，美国好莱坞影片进入欧洲，法国本土电影的市场份额下跌到不足 40%。1928 年，法国开始实行电影进口配额制，限定外国电影的进口数量：发行公司每发行七部外国影片，必须同时发行一部国产片，后来七部变为三部。另一方面，在关贸总协定谈判中提出"文化例外"的主张，限制影视作品的贸易自由度以保护本国电影。法国认为，文化产品事关一国形象和身份，市场一旦完全放开，势必会加剧欧洲各国"美国化"倾向，威胁其文化安全，破坏文化多样性。

3. 电影全球化。法国积极同国际接轨，主动推广法国电影全球化市场工作。法国外交部针对海外电影输出成立了专项部门——电影事务办公室，负责同其他国家影视作品交流、合作工作。国家电影中心专门成立了专项资金以帮助法国电影输出。此外，法国电影对外协会也积极开展法国电影展会推广法国文化，对其海外输出起到了关键性作用。

（三）法国艺术品授权政策

法国是最早诞生艺术品授权交易的国家，早在 1920 年，法国政府赋予艺术家一项特别权利——艺术作品转卖提成费，也称作追续权，艺术品授权交易便自此展开。

1. "文化多样性"的制度保障。在 20 世纪 90 年代初，法国提出"文化例外"原则，认为国家意志和民族文化应当具有独立性，不应将其列入一般性服务贸易，对文化遗产的保护应当是政府文化政策的重中之重。2001 年，法国提出"文化多样性"概念，认为"每个民族都应该有自己独特的文化"。2003 年，在联合国教科文组织第 32 次大会上，法国与加拿大提出《保护文化多样性国际公约》，作为区别于一般产品的特殊化产品，国际社会应当推动文化产品的多样化发展，不应将文化产品及服务贸易政策列为贸易保护措施。此外，为了保护法兰西古典文化商业化运作有章可循，法国出台了《保护及修复历史遗迹法》《古迹保护法》《遗产捐赠与继承抵偿法》《建筑法》《图书单一价格法》《著作权法》等具体到各文化行业分支的法典，保障各类小众文化行业的创作者的经济权益。

2. 艺术品基础设施完善。文化艺术品的展示需要特定的平台和场所，法国文化部每年都会投入大量资金在文化基础设施建设上。从 20 世纪 90 年代到现在，法国建设了多项闻名世界的文化工程，如巴士底歌剧院、卢浮宫扩建等。此外，在地方省份同样布局了密度较高的文化设施，并对文化设施采取企业管理方式。艺术设施建设周期长、管理成本高，但对应的经济收入并不算丰厚，法国政府立足于国家文化艺术商业发展的可持续性，艺术设施从中心城市到地方省市进行了全面布局，因而法国 80% 的文化授权交易发生在艺术展览平台。

3. 艺术欣赏普及化。法国艺术品授权的发展源自文化艺术欣赏的普及化，正是艺术欣赏的普及化带动艺术品消费的普及。文化部为了让本国居民的艺术素养有所提升，加强美术发展及美术教育，对一些艺术家及其作品进行推广。在法国，从娃娃开始就进行文化欣赏教育。各省工艺博物馆针对不同的年龄段，策划符合各年龄段的文化展览。法国的博物馆各项设施都非常先进，馆内配备有多国语言讲解器，有条件使用视频来体验不同时代背景的文化，通过将技术与古迹相互结合的方式，让文物"讲故事"。法国的文化机构公务员、志愿者经常性地在特定文化场所进行文化教育宣传，组织文化活动，普及艺术知识。教育部在艺术教育上，针对不同家庭条件，为其设定不同的课程费用。一些知名的艺术中心及各种非盈利机构为大众提供免费的场所，让文艺从业者和艺术家有平台进行表演或个人艺术的展览，促进艺术的全民化。

4. 废除艺术品财产税。法国政府 2012 年宣布，即便国家财政预算困难，也不会将艺术品纳入财产税征收范围。艺术品财产税的废除降低了艺术品授权的交易成本，鼓励个人向相关机构租借价值高的艺术品展览的行为，有利于价值高的艺术品通过捐赠等形式成为国家文化遗产，活跃画廊等各项艺术活动市场，激发本国文化的创造力。因而，法国凭借其丰富多样的艺术品和较低的授权交易成本成为世界艺术品授权交易中心。

5. 不对称豁免。法国在多边自由贸易谈判中一直坚持文化例外原则，强调 WTO 的每个成员国都应当对自己的文化采取一定的保护措施。欧盟和加拿大签署的《欧盟—加拿大综合经济贸易协定》（*Comprehensive Economic and Trade Agreement*，CETA）中的文化条款明确体现了文化例外原则，要求使用"不对称"豁免践行文化例外，要求影视、艺术品授权等特定领域必须在其"不对称"豁免范围，这类似于负面清单制度，维护了艺术品交易的多样性。

第三节　中国对外文化贸易发展现状

党的十八大以来，我国文化产品出口稳居全球第一，文化服务出口占文化贸易出口比重持续提升，文化贸易新业态、新模式不断涌现，培育了一批具有国际竞争力的文化企业、产品和品牌，对外文化贸易发展取得明显成效。同时，我国影视、版权、创意设计等高附加值文化服务出口仍然较少，文化产业和贸易的国际影响力与我国综合国力和国际地位还不相匹配，亟须加快推进对外文化贸易高质量发展。

一、中国对外文化贸易概况

（一）对外文化贸易政策多样

1. 扶持政策。政府不断加大对文化产业的扶持力度，通过奖励补贴、税收优惠、金融支持等政策大力鼓励文化产业"走出去"。奖励与补贴政策指中央及各级地方财政通过设立专项资金和基金对文化贸易进出口给予绩效奖励、贷款贴息和项目补贴等，作为最主要的鼓励出口方式。2005年，财政部与文化部设立了国产音像制品出口专项资金，2007年印发《国产音像制品出口奖励暂行办法》，对绩效突出的企业给予财政奖励。2007年文化部、商务部、外交部等部门出台了《文化产品和服务出口指导目录》，2012年又对目录做了修订。2014年，国务院发布《关于加快发展对外文化贸易的意见》，进一步提出对文化贸易出口加强财税支持，为影视、音像和动漫等国家重点扶持行业设立专门财政资金。2015年出台的《国务院关于加快实施自由贸易区战略的若干意见》，要求加快发展对外文化贸易，创新对外文化贸易方式，推出更多体现中华优秀文化、展示当代中国形象、面向国际市场的文化产品和服务。2016年12月文化部制定了《"一带一路"文化发展行动计划（2016—2020）》，在签署政府间文件、深化合作机制（人文合作委员会、文化联委会等）、加强高级别文化磋商（上海合作组织成员国文化部长会晤、中国—中东欧国家文化部长会议、中阿文化部长论坛、中国与东盟"10+1"文化部长会议）等方面为"一带一路"文化贸易战略的实施提供有效保障。

税收优惠政策主要包括降低税率和税费减免两项措施。2005年，国家税务局联合财政部及海关总署下发《关于文化体制改革试点中支持文化产业发展若干税收政策问题的通知》，明确规定了文化产业发展的相关税收优惠政策，包括免征新办企业三年企业所得税、文化产品出口可免税或退税、免征重点文化产品所需设备进口关税等优惠政策。2014年，国家将文化服务行业纳入"营业税改征增值税改革"的试点范围，对国家重点鼓励的文化产品出口和文化服务出口分别实行增值税零税率和营业税免税。

金融支持政策主要解决文化贸易出口面临的融资及其风险问题。2009年，文化部与中国进出口银行签订"五年协议"，协议中明确提到，在五年合作期内，中国进出口银行将向国内相关大中小型文化企业提供不低于200亿元人民币或等值的外汇信贷资金。2010年，中宣部等九部门联合发布《关于金融支持文化产业振兴和发展繁荣的指导意见》，从信贷投放、授信模式、融资规模、保险服务、配套机制和效果检测等六个方面对文化产业提供金融支持。同年5月，文化部"文化产业投融资公共服务平台"正式上线，同时开通文化企业信贷申报评审系统。2014年，国家进一步提供对文化贸易信贷、信用承担、风险承保、文化保险等方面的金融支持，保障了我国文化企业在文化贸易过程中的融资能力与承担风险的能力。

2. 保护政策。指对外来文化商品进口的限制，主要包括关税壁垒和非关税壁垒两种。在文化贸易过程中，关税壁垒主要存在于以物质形态存在的文化产品的进出口中。对进口乐器、珠宝、金银器等奢侈文化产品征收20%左右的关税，对进口手工艺品、绘画、雕塑及其他装饰品征收10%左右的关税，对进口出版物、音像制品或文化产业重点设施配件均实施零关税政策。

非关税壁垒主要包括：一是进口配额与进口许可制度。2005 年起，国家逐步发布对出版物、电影电视、音像制品、动画片、海外引进影视剧、海外引进电影等文化商品的配额限制。二是内容配额限制。从进口动画片起步，国家逐渐加强对进口电视剧、进口电影、进口音乐等在国内播出内容、播出时间、播出频率的限制，将黄金资源及时间留给本土文化商品。三是市场准入制度。文化贸易特殊的双重属性决定了文化贸易在流通过程中必然会受到市场准入制度的限制。因社会制度和政治方面的因素，我国在广播电视领域、电影领域、图书音像领域、网络游戏领域等皆设立了严格的审查制度。

（二）对外文化贸易保持平稳发展

近年来，我国文化贸易额不断上涨，增速明显，占世界文化贸易比重也在逐年上升。联合国教科文组织统计研究所发布的报告指出，2013 年中国已经超越美国成为世界第一大文化产品出口国。据商务部有关统计，2019 年，我国文化贸易进出口总额为 1114.5 亿美元，其中出口额为 998.9 亿美元，进口额为 115.7 亿美元，贸易顺差达 883.2 亿美元。从贸易方式上看，一般贸易进出口总额为 566 亿美元，其中出口额为 503.3 亿美元；加工贸易出口额为 335 亿美元。从商品类别上看，文化用品、工艺美术品及收藏品、出版物出口增长较快。从国别和地区看，美国是我国第一大出口市场，对美国出口额为 264.87 亿美元。德国是我国第一大进口市场，进口额达 12.1 亿美元，占我国文化贸易进口总额的 10.45%。对"一带一路"沿线国家出口额为 203.4 亿美元，进口额为 25.9 亿美元。从企业性质来看，集体、私营及其他企业共出口 640.3 亿美元，外资企业出口 311.9 亿美元，国有企业出口 46.7 亿美元。从国内区域分布来看，对外文化贸易集中在东部沿海地区，2019 年我国对外文化贸易总额排名前六位的省（市）分别为广东、浙江、江苏、上海、山东和福建，其中广东进出口总额为 587.69 亿美元，占全国总额的 52.73%。[①]

二、中国对外文化贸易存在的问题

（一）文化进口和出口结构有待优化

从文化商品的供给上看，我国的文化商品供给以劳动与资源密集型的文化产品为主，这类文化产品的特征是附加值低、不可替代性弱。我国文化贸易竞争优势集中在视觉艺术和手工艺、书籍和报刊、音像和交互媒体三类以劳动密集和资源密集为比较优势的文化产品上。从文化商品的需求上看，我国的文化商品需求以特许使用费和许可费这类高附加值的文化服务为主，而且呈现快速增长的

---

① 商务部新闻办公室：《商务部服贸司负责人谈 2019 年我国文化贸易情况》，http://www.mofcom. gov.cn/article/ae/sjjd/202003/20200302945819.shtml。

趋势。

中华文化海外传播离不开优质的文化产品，而与其他产业不同的是，文化产品尤其是艺术产品的创作需要较长时间的积淀，这就决定了文化产业"走出去"是一个较为艰难的过程，尤其离不开优秀精品的支撑。根据商务部有关数据，我国文化产品出口以杂技、武术等吸引观众眼球的"技艺文化"为主，缺少对文化内涵、价值观的深入挖掘，很少阐释文化意象背后的象征含义。

我国文化在现行国际交流与传播过程中观众情感的"内容文化"较少，文化价值观类的文化产品也不易被接受。一些文化产品片面迎合西方观众的口味，或者突出高科技手段的应用；另一些文化产品则忽视对国际文化市场的研究，片面地强调原生态。此外，随着国际文化消费日趋多元化，同质化的文化产品与服务已难以应对激烈的国际文化市场竞争。总体来看，我国文化产业还缺乏针对不同国家或地区需求的特色产品和精品。

知名文化品牌尚未完全形成，也是我国文化产品和服务在国际市场上缺乏影响力的一个重要原因。美国的好莱坞、韩国的综艺、日本的动漫等已经形成了具有世界影响力的文化品牌，在国际上具有很高的知名度和认可度。文化品牌所产生的影响力不仅能够促进文化产品和服务的出口，而且有利于文化的对外传播，进而带动其他产品和服务的贸易。目前，我国文化品牌的建设力度不够，文化产品和服务的创新能力不足，产品同质化现象严重，营销观念和方式的前沿性不够，文化贸易的商业化运作不足。

（二）对外文化贸易区域分布不平衡

我国文化贸易规模相对偏小。国家统计局的数据显示，2012 年，我国文化贸易出口额为 480 亿美元，占总出口额的 2.36%；2018 年，我国文化贸易出口总额为 727 亿美元，占出口总额的 2.92%。可以看出，近些年我国文化贸易规模总体呈现增长趋势，文化贸易总额增长了 50% 以上，但文化贸易在我国总体贸易额中占比仍然偏小，徘徊在 3% 左右，和我国开放型经济大国的地位不相匹配。[①] 从全球文化产业链来看，我国文化产业处于全球产业链和供应链的低端，产品加工能力突出，但在创意设计、研发、营销、版权等高附加值领域还缺乏国际竞争力，仍然是被动地参与全球文化产业分工。对国际文化市场的运行规律不熟悉，特别是在发达国家，我国文化产品"走出去"的渠道和营销网络短板明显，往往受制于国外代理商。例如，我国的演艺剧团在海外一般只负责剧目演出，而没有参与到演艺项目的整个产业链运作中，虽然承担的风险较小，但演出收入也有限，约 70% 的利润由外方获取。对外文化贸易开展的区域集中在我国沿海地区省（市），中西部地区发展对外文化贸易进展较慢。我国文化产品出口市场集中在发达国家，与"一带一路"沿线国家和地区的文化贸易还有待加强。

---

① 范玉刚：《提升文化贸易质量　助力新时代文化"走出去"》，《湖南社会科学》2020 年第 2 期。

（三）文化产业数字化水平有待提升

数字文化产品可以在突破物理时间与空间限制的同时让更多文化内容得以传播，以实现产品贸易类型的多样化。在全球新冠病毒并未消失，仍然在一定程度上影响人们的正常生活，国际文化消费方式转型，数字经济快速发展的背景下，中华文化海外传播需要与数字技术进一步融合发展。目前，我国文化产业与新一代信息技术的创新融合程度还不够高，要么重技术轻内容，要么重内容轻技术，协调发展的格局尚未形成。一方面，文化企业缺乏相应的技术支撑，向数字科技领域跨界发展面临很高的技术壁垒；另一方面，文化产业与数字科技产业的效益存在一定差距，文化产业难以吸引高端数字科技创新领域的技术、资本、人才等要素资源进入，在一定程度上影响了文化与数字科技的融合。

（四）文化贸易专业和管理人才缺乏

缺乏既精通专业又熟悉企业管理的复合型文化人才。内容策划和翻译编辑人才不足，导致外向型文化产品缺少吸引力和感召力。现代营销推广人才不足，影响了国际市场营销的精准性和有效性。熟悉国际市场运作的人才不足，束缚了对外投资、参股收购和本土化运作的步伐。此外，数字文化产业相关人才严重缺乏，制约了数字文化产业的发展以及运用数字技术开展中华文化海外传播的能力。

三、中国文化贸易面临的挑战

（一）世界形势复杂多变，文化领域竞争日益激烈

当前，世界处于百年未有之大变局，在逆全球化趋势抬头的时代背景下，很多国家都将文化产业作为大力发展的重点产业，特别是发达国家仍然主导文化创意产品、文化服务、国际文化贸易与投资规则的制高点，并不断增强文化影响力，对"一带一路"沿线国家和地区开展文化输出，争夺文化市场，不少沿线国家也深陷大国竞争之中，这是中华文化海外传播面临的重大挑战。发达国家的大型跨国文化企业是国际文化贸易与投资的主体，它们通过全球价值链和国际分工体系，掌控全球文化市场，不仅占据垄断地位，获取垄断利润，而且不断设置标准，在新闻舆论方面主导话题。我国文化产业体量虽然日益增加，且国内文化市场庞大，但这一规模优势还没有与国际文化市场和要素对接，还没有形成国际文化贸易与投资中的竞争优势，我国文化企业集聚和配置国际文化资源的能力还不强。

（二）意识形态方面差异明显

文化产品与一般出口产品有着明显的区别，具有意识形态的特征。中华文

化要"走出去"，必须克服意识形态隔阂的难题。当前我国文化"走出去"遭遇的困境是缺乏话语权和影响力，这一方面是价值观差异和语言障碍所致，另一方面，也是更重要的一方面，是面临国家文化安全和意识形态安全的挑战，这也是西方国家对我国文化"走出去"不断设置障碍的根本原因，并导致中华文化海外传播长期处于意识形态、媒体偏见、观众认知等多种复杂因素的制约之下。

（三）国际文化贸易与投资存在壁垒

阻碍中华文化"走出去"的市场准入壁垒主要包括歧视性税收、非关税壁垒、直接数量限制、服务壁垒以及严格的审批制度。此外，还存在一种非市场壁垒，即"文化折扣"。从英美等国的对外演出来看，其演艺产品以音乐剧和大型歌舞剧为主，这两种剧目类型较少受到"文化折扣"的影响，但其他文化产品几乎都难以避免一定程度的"文化折扣"。我国的文化产品由于社会制度、历史传统、风俗习惯、思想观念、审美差异等方面与国外存在较大的差异，导致"文化折扣"率很高，大多数外国消费者由于对中国文化并不了解，或者因语言等方面的障碍，难以认同我国文化产品的核心内容。

（四）对外文化投资具有不确定性风险

"一带一路"倡议拓展了我国对外文化投资的空间，但也对我国文化企业的抗风险能力提出了更高的要求。"一带一路"涉及的国家众多，人口庞大，市场潜力巨大，但地缘政治复杂，其中也有不少交流频次极少的国家。由于我国与它们在政治社会环境、法律制度、风俗习惯等方面差异较大，有关的交流渠道和平台载体还较为欠缺，企业获得的信息也有限，面临的问题和承担的风险更多一些，在这些国家的海外投资服务保障能力和境外争端应对能力都还有待进一步加强。此外，"一带一路"沿线不少国家的文化基础设施还相当薄弱，缺乏文化产业合作开发的硬件条件。不同文化圈的市场需求差别很大，能否针对不同文化圈制定不同的投资战略，既保持中国文化产品的特色，又能实现"本土化"，是决定投资成败的重要因素。

（五）中美贸易摩擦带来局部影响

自中美贸易摩擦以来，不仅中美经贸关系遭到破坏，而且人文交流也出现了裂痕。中美文化贸易的主要领域集中在文化产品、影视版权、旅游贸易等方面，中美贸易摩擦对各领域的影响不同，但从中美贸易摩擦演进的趋势看，"贸易摩擦"向"文化冲突"的延伸将会对中华文化海外传播造成更为深远的影响。

四、中国发展对外文化贸易的路径

（一）丰富对外文化贸易方式

对外文化贸易主要有四种贸易方式：一般贸易、加工贸易、保税物流以及其他贸易。随着我国科技水平、创新能力、文化竞争力的不断提高，对外文化贸易的结构也在升级，最初的加工贸易方式逐步被一般贸易及其他贸易方式所替代，特别是保税物流和其他贸易这两种方式呈现快速增长的趋势。当前，其他贸易已经成为对外文化进出口贸易中增长最为迅速的贸易方式。建立海外文化产业出口基地，是针对我国文化产业"走出去"过于分散的现状而采取的提高我国海外文化产业集聚程度、发挥集聚效应的一种高层次的"走出去"方式。海外出口基地的建立不是单独一个企业能够完成的，而是多个企业的集合，需要国家给予扶持和鼓励。因此，要将国内的文化产业集群建设和海外出口基地的建设紧密联系起来，将国内文化产业集群作为国外出口基地的国内基地，国外出口基地作为国内文化产业集群开拓海外市场的桥头堡。

（二）稳步推动对外文化投资

对外直接投资是"走出去"的最重要形式。当文化企业向外拓展时，面对国外业务拓展成本、知识产权壁垒等困境，可以根据自身发展需要，通过跨国并购的方式将国外文化企业纳入公司内部，从而获得国外成熟的生产技术、版权内容、运作模式、资源禀赋、政策许可等有形和无形资源。并购的主要模式分为横向并购、纵向并购和混合并购。横向并购是指相同或相近产业、企业、生产工艺或产品间的并购，目的是消除竞争对手或形成规模经济。纵向并购是指产业链不同环节、上下游企业间的并购。根据上下游的方向，又可分为前向并购和后向并购。混合并购是指不相关的行业、企业之间的并购，通常是为了多元化经营。我国文化企业海外并购主要投资领域为演出剧场、电视台、电视频道、电影公司等，既为中华文化海外传播提供基础设施、输出渠道和平台载体，也可以增强我国文化企业国际化运营能力和国际竞争力。除了跨国并购外，另一种方式是文化企业直接投资，即直接在海外投资设立分公司或分支机构，或者在海外建立集生产和营销于一体的直营企业，开展本土化生产和营销，从而提升对海外文化市场的占有率和影响力，并积极创建自主文化品牌。

（三）鼓励中外战略合作

文化产业借助国际合作方式"走出去"是较为普遍和有效的形式。在演艺业方面，文艺演出团体通过与国外知名商业演出机构或演出场所建立合作关系，结成战略联盟，相互提供市场，一方面积极参与国际大型演出，另一方面争取增加单独演出场次和场所。一些中小型演出团体则可以寻求与国外专业演出代理公司合作，充分利用其熟悉国际演出运作机制的经验和市场资源来提高运作效率，增加演出机会，提高演出质量。对某些特定类别的文化产业以及市场监管较为严格的国家，渠道代理模式是进入其市场的必要手段。面对所在地区对发行渠道的垄断，多数企业会寻求与当地的渠道商签订长期供应协议，形成稳定的产品需求。此外还有加盟共享模式，它是指我国具有一定国际影响力的知名文化品牌与当地知名品牌合作、结合双方优势资源共同推动文化产品的生产开发和提供文化服务的一种方式。与渠道代理模式不同的是，选择加盟共享模式与当地合作，往往是主动在商业上寻求更大主动权，以有效降低商业风险，实现企业盈利。

第四节　中国对外文化贸易策略

随着经济的全球化和信息技术的迅猛发展，国际文化市场越来越受到社会环境、政治经济、科技进步、人文因素等诸多因素的影响，每一种因素都深深地影响和制约着国际文化市场的发展走向。

一、国际文化市场环境

（一）政治环境

2018 年以来，带有深厚政治背景的中美贸易战对文化贸易影响深刻。美国对中国的进口商品征收关税，并采取限制中国企业对美投资并购等一系列贸易制裁措施。在中美贸易战的背景之下，中国应坚持合作共赢、"命运共同体"等开放理念，利用"一带一路"倡议国、WTO 成员国等身份，积极参与区域间的交流与合作，搭建各种区域间、国家间的交流合作平台，以合作共赢来应对美国的单边主义，为中国发展对外文化贸易创造良好的政治环境。

（二）经济环境

国际文化市场布局与经济运行情况密切相关。文化产业的发展、文化消费市场的形成，都需要一定的经济发展水平作为基础。发达国家因其经济的影响力，在国际文化市场中占据主导位置，无论是文化产品的生产能力还是文化市场需求，都要远远高于经济欠发达国家和地区。国际文化市场主要还是发达国家的市场，发展中国家在该市场所占份额较小。发达国家在国际文化市场的影响力是建立在雄厚的国内文化市场基础上的，一个庞大的国内市场对一个国家的文化产业来说有着重要意义。以美国好莱坞电影为例，国内市场是好莱坞电影的成本空间，海外市场则是其盈利空间，这为好莱坞电影形成良性循环奠定了基础。

（三）文化环境

文化产品及服务的进出口贸易与交易国的语言、审美趣味、文明程度、宗教信仰、文化需求等密切相关。国家之间的文化传统越相似、文化需求结构越接近，它们之间的文化贸易量也就越大。由于在生活习惯、思维方式和价值观念上，中西方的差距目前仍然很大，欧美国家的消费者对中国文化仍十分陌生，还没有形成对中国文化的消费习惯，这也是中国文化产品在西方受阻的重要原因。

（四）法律环境

法律环境包括国际相关法律规则及贸易国的文化政策、法律法规等。当今世界文化贸易的国际法律环境主要体现为两大国际组织主张的原则——世界贸易组织"自由贸易"原则和联合国教科文组织"文化多样性"公约。前者以美国为代表，从自由贸易的观点出发，要求贸易完全自由化，拆除贸易与投资的壁垒，文化贸易同样如此。后者以法国、加拿大为代表，从文化的观点出发，认为贸易的发展不能损害文化的发展，文化产品具有思想、价值观和生活方式等内涵，在国际贸易规则中，文化贸易应例外，它应促进文化交流和文化的多样性。

（五）技术环境

以信息技术为核心的技术革命，将各种文化资源与最新技术相结合，打破了传统文化产业的电影、电视、报业的固有边界，横跨通信、网络、娱乐、媒体及传统文化艺术的各个行业，表现出新兴文化产业数字化、网络化特征。新兴文化产业逐渐成为21世纪经济舞台上的重要角色，并引领当代文化产业发展的新趋势。新兴技术整合文化产业、信息产业和计算机产业三个基本板块，涉及移动电视、网络游戏、动漫、数字出版和数字化教育培训等多个领域。文化产业的边界还会随着未来技术的不断发展而不断扩大。哪个国家在促进高新技术与文化融合方面占得先机，它就必将在国际文化市场上占据有利位置。

二、中国文化产品国际目标市场

（一）区域定位

我国文化产品要想更好地"走出去"，就要将本土化与国际化相结合，瞄准文化接近性市场，研究我国文化产品在国际文化市场的区域定位。首先要考虑文化因素和地缘关系。美国、西欧和日本的跨国文化公司，它们最先进入的大都是地缘相近或语言文化传统相近的国家的文化市场。例如，德国媒体巨头贝塔斯曼，其国际文化贸易和投资的首选对象是法国。美国电影公司首先进入加拿大等英语国家。因此，从文化亲缘性来看，我国文化"走出去"在区域定位上应按照先易后难、循序渐进的原则分三步走：一是海外华人市场。如东南亚地区，借助中国—东盟自由贸易区的建立，逐步进入东盟文化市场。二是历史上受中华文化影响较大的地区。如借助中日韩三国的区域合作，进入韩国与日本市场。三是"一带一路"沿线国家和地区。结合区域经济合作的契机，加快文化产业"走出去"的步伐。四是欧美国家。加强与它们的文化交流，进军文化产品国际贸易的主流市场。

（二）目标市场确定

确定目标市场确定需要对以下五项条件进行评估：

1. 文化消费的能力。要开拓国际市场，首先要寻求消费能力强或购买能力强的地区，因此，全球较富裕发达国家与地区应该成为我国文化产品出口的主要目标地。

2. 对文化产品进口的贸易壁垒。要开拓国际市场，就要寻找产品进入容易、贸易壁垒最低的国家与地区。文化产品往往涉及意识形态、宗教信仰、民族观念，其禁忌与壁垒往往比一般商品更多，因此，贸易比较自由的地区应该作为主要目标地。

3. 与中国的经贸关系。经济交往与文化交往、经济贸易与文化贸易具有相辅相成的关系，因此，中国商品十大出口国与地区、对华投资最大的10个国家与地区应该成为中国文化产品最主要的目标市场。

4. 对异国文化的开放程度。要开拓国际市场，还要考虑该国市场对产品的接受能力。文化产品具有地域性特点，一般来说，移民国家或多元文化的国家，他国文化产品进入相对要容易；相反，宗教盛行、文化封闭的国家和地区，他国文化产品进入要难得多。

5. 华人在所在国的地位。海外5000万华人华侨是我国文化产品天然的市场，华人新移民对我国文化产品接受度更高。近年来，有些国家与地区华人新移民增长快速，这些新移民家庭与国内关系紧密，受教育程度高，经济状况较好，是我国文化产品重要的消费群体。

从以上几点出发，按当前政治稳定、经济发展、社会开放程度，考虑市场开发难易程度与开发成本大小，美国、英国、法国、加拿大、新加坡、泰国、韩国、日本、俄罗斯、澳大利亚等地是中国文化产品最重要的国际市场。

（三）项目选择

我国的文化产业要"走出去"，应该发挥自身的比较优势，优先选择不容易出现文化折扣的产品及服务。从近十几年来我国的国际图书贸易和版权贸易的类型结构来看，属于我国传统文化内容的占据了主导地位。可见，传统文化资源是我国文化产业的比较优势所在。在文化产品的主要行业中，最适合出口的大致有中文教育、文化旅游、文艺演出、工艺品四个方面。在影视业、音像业方面，应主打动作片和武侠片，进而带动其他类型影视产品走入国际市场。在演出方面，重点推广动作类文化服务和产品，如杂技、武术表演、舞蹈等。

当前，全球中国热已带动了中文热。海外中文教育是一个十分庞大的市场，从教材提供、师资培训到学校创建，都应成为我国文化产业出口的主要产品。语言推广是文化贸易的基础部分，当今世界文化贸易以英语为主体，就是因为英语普及率高。中文国际普及率的大幅提升，必将有力地推动中国文化产品的出口。

我国幅员辽阔，自然风光、名胜古迹数不胜数，旅游文化资源非常丰富。我国一些展现民族特色的优秀演艺产品，其国际影响力日趋增加，演艺产品的开发也很有前景。工艺品是中国传统出口产品。中国丰富多彩的文化资源，是中国工艺品取之不尽的源泉。一些复合文化产品如服饰文化、饮食文化、酒文化、茶文化，具有深厚的中华民族文化底蕴，市场前景也十分广阔。

（四）路径选择

在国际文化贸易中，路径的多样性和贸易的流量是成正比的。对外文化贸易渠道越是多样化，出口能力就越强。目前，从总体上看，我国文化产品"走出去"的形式还过于单一，路径也过于狭窄，应该参照国际文化贸易的游戏规则和文化产业发展规律，拓宽我国文化产品"走出去"的路径。即：不仅要走进国际文化商品市场，而且要走进国际文化要素市场；不仅要选择传统文化表现形式，而且要创新文化表现形式，以拓展多元的对外文化贸易渠道。概括地说，中国文化产品"走出去"主要包括以下八种路径：

1. 直接商品出口，即直接向国外出口物化形态的文化商品。通过在海外设立办事处，建立展销、批发、接单中心与发货仓库，减少不必要的中间环节，尽可能直接进入市场终端。

2. 发展服务贸易。积极开展如设计、会议服务、展览、表演、咨询、培训等项目的国际贸易。

3. 国际合作研发。加强我国文化企业与外国文化公司的合作，特别是与跨国媒体集团的合作，利用它们的先进技术和管理经验、雄厚的资金实力和全球性的市场系统，开拓国际文化市场。

4. 委托国际代理。委托国际知名代理公司和中介机构，提高我国文化产品的国际销售能力。

5. 境外兼并控购。通过直接收购外国文化公司，利用其人员、品牌和销售渠道进入外国文化市场。

6. 境外直接投资。通过在境外设立投资分公司或分支机构，参与他国文化产品的生产和销售。

7. 建立出口基地。在境外建立专营我国文化产品和文化服务的出口基地，形成集聚效应，逐步树立我国的文化品牌，扩大市场的影响。

8. 结成战略联盟。选择外国文化企业为战略伙伴。通过价格联盟，即与国外公司结成以控制销售价格及采购成本为目标的联盟形式，谋求共同发展。

资料链接

关于推进对外文化贸易高质量发展的意见

2022年7月20日，商务部等27个部门发布了《关于推进对外文化贸易高质量发展的意见》（以下简称"《意见》"）。近年来，我国对外文化贸易规模稳步增长，结构不断优化，技术标准走出去步伐加快，有力带动文化产业提质升级，中华文化国际影响力不断提升。2021年，我国对外文化贸易总额2000.3亿美元，同比增长38.7%；其中，文化产品进出口额1558.1亿美元，增长43.4%；文化服务进出口额442.2亿美元，增长24.3%。

《意见》以习近平新时代中国特色社会主义思想为指导，把握数字经济发展趋势和规律，着眼激活创新发展新动能，推进对外文化贸易高质量发展，推动中华文化走出去工作，更好地服务构建新发展格局和文化强国建设。

一、指导思想

以习近平新时代中国特色社会主义思想为指导，全面贯彻党的十九大和十九届历次全会精神，立足新发展阶段，完整、准确、全面贯彻新发展理念，加快构建新发展格局，以推进对外文化贸易高质量发展为主题，着力加强顶层设计和统筹协调，着力推动体制机制改革和内容形式创新，着力促进文化贸易规模增长和结构优化，增强我国文化产品和服务的国际竞争力，向世界阐释推介更多中华优秀文化，提升国家文化软实力和中华文化影响力。

二、工作原则

1. 坚持服务大局。服务文化强国建设目标，通过文化贸易发展提升文化产业国际竞争力，带动中华文化走出去，提升中华文化亲和力、吸引力、辐射力，为共建"一带一路"和推动构建人类命运共同体做出积极贡献。

2. 坚持守正创新。坚守中华文化立场，遵循国际规则和文化传播规律，把握数字化发展趋势，拓展平台渠道，创新内容形式、发展模式，创作和生产更多适应国际市场需求的文化产品和服务。

3. 坚持政策引导。坚持政府引导、企业主体、市场运作，深化改革开放，加强政策支持，营造发展环境，释放发展活力，实现社会效益和经济效益相统一。

4. 坚持统筹推进。加强统筹指导，鼓励多方参与，注重资源整合，加强规范引导，统筹推进文化产业和贸易高质量发展，推动对外文化交流、传播与贸易相互促进、协调发展。

三、主要目标

对外文化贸易规模稳步增长，结构持续优化，高附加值文化服务出口在对外文化贸易中的比重稳步提升。到2025年，建成若干覆盖全国的文化贸易专业服务平台，形成一批具有国际影响力的数字文化平台和行业领军企业，我国文化产品和服务的竞争力进一步增强，文化品牌的国际影响力进一步提高，文化贸易对中华文化走出去的带动作用进一步提升、对文化强国建设的贡献显著增强。

四、重点任务

（一）深化文化领域改革开放

1. 积极探索高水平开放路径。探索有序放宽文化领域限制性措施，发挥自由贸易试验区、自由贸易港、服务贸易创新发展试点和服务业扩大开放综合示范区等先行先试作用，主动对接国际高水平经贸规则，围绕文化领域开放开展压力测试，建立健全适应新形势新需要的风险防范机制。

2. 深化文化领域审批改革。聚焦推动文化传媒、网络游戏、动漫、创意设计等领域发展，开展优化审批流程改革试点，扩大网络游戏审核试点，创新事中事后监管方式。探索设立市场化运作的文物鉴定机构，鼓励社会力量参与博物馆展览、教育和文创开发。

3. 扩大优质文化产品和服务进口。围绕满足人民日益增长的文化需求，有序扩大出版物、电影、电视剧、网络视听、体育、演艺和文化艺术等领域优质文化产品和服务进口，促进高水平市场竞争。

（二）培育文化贸易竞争新优势

1. 大力发展数字文化贸易。推进实施国家文化数字化战略，建设国家文化大数据体系。发挥国内大市场和丰富文化资源优势，加强数字文化内容建设，促进优秀文化资源、文娱模式数字化开发。支持数字艺术、云展览和沉浸体验等新型业态发展，积极培育网络文学、网络视听、网络音乐、网络表演、网络游戏、数字电影、数字动漫、数字出版、线上演播、电子竞技等领域出口竞争优势，提升文化价值，打造具有国际影响力的中华文化符号。

2. 扩大出版物出口和版权贸易。推动主题出版物出口，扩大文学艺术、传统文化、哲学社会科学、自然科学出版物和学术期刊、教材、少儿读物、学术数据库产品出口。积极发展版权贸易，扩大版权出口规模，提升版权出口质量，优化内容品质和区域布局，拓展版权出口渠道和平台。提升外向型图书整体策划、编辑出版和设计印刷水平，积极参与国际合作出版，提高国际市场影响力。

3. 鼓励优秀广播影视节目出口。支持电影、电视剧、纪录片、动画片、综艺节目创作和出口，加大海外推广力度，做强"中国联合展台"，创新叙事方式，推进中国故事和中国声音的全球化表达、区域化表达、分众化表达。加强与海外媒体平台合作，拓展广播影视节目出口渠道。鼓励影视制作机构开展国际合拍。

4. 支持扩大文艺精品出口。鼓励各类演艺机构创作开发体现中华优秀文化、面向国际市场的演艺精品，开展海外巡演和海外社交媒体平台演出，推动民族特色戏剧、音乐、舞蹈、曲艺、杂技走出去，带动舞美设计、舞台布景创意和舞台技术装备创新和出口。培育演艺服务出口特色品牌，提升对外演艺服务能力。

5. 推动中华特色文化走出去。加强传统文化典籍、文物资源、非物质文化遗产的数字化、网络化转化开发，面向海外用户开发一批数字文化精品。支持艺术家、传承人等与专业机构开展合作，实现资源整合，共同开拓国际市场。大力促进中国餐饮、中医药、中国园林、传统服饰和以中国武术、围棋为代表的传统体育等特色文化出口。

6. 促进文化创意和设计服务出口。加强与世界各国、各地区创意设计机构和人才的交流合作，推动中华文化符号的时尚表达、国际表达。发挥文化文物单位资源优势，加大文化创意产品开发力度，扩大文化创意产品出口。发挥建筑设计、工业设计、专业设计优势，支持原创设计开拓国际市场。推动将文化元素嵌入创意设计环节，提高出口产品和服务的文化内涵。

（三）激活创新发展新动能

1. 提升文化贸易数字化水平。推动文化和科技深度融合，促进大数据、云计算、人工智能、区块链等新技术应用，赋能文化产业和贸易全链条，带动传统行业数字化转型，提升企业数字化运营能力。适应疫情防控常态化形势，鼓励线上线下相融合的新业态新模式发展。鼓励文化企业积极利用全球创新资源，深化国际产业和技术合作。

2. 加强国家文化出口基地建设。优化国家文化出口基地营商环境，为文化贸易企业、人才、资本、技术、数据、信息集聚创造有利条件，完善多元化支持举措，建设文化出口高地，发挥基地集聚示范引领效应。鼓励各地区挖掘特色优势文化产业出口潜力，延伸产业链，完善服务链条，建设各具特色的文化出口基地。

3. 鼓励数字文化平台国际化发展。引导文化领域平台类企业规范健康发展，支持平台企业做大做强，支撑中小企业开展技术、内容、模式创新。鼓励平台企业积极开拓国际市场，提升平台海外影响力，带动文化产品和服务出口。

4. 创新发展数字内容加工等业务。发挥综合保税区政策功能优势，支持开展"两头在外"的数字内容加工业务，研究完善监管模式，鼓励企业为境外生产的影视、动漫、游戏等提供洗印、译制、配音、编辑、后期制作等服务。支持在具备条件的海关特殊监管区域开展文物、艺术品仓储、展示、交易和文物鉴定等业务。

（四）激发市场主体发展活力

1. 培育壮大市场主体。发挥国家文化出口重点企业、重点项目示范作用，实施文化贸易"千帆出海"行动计划，培育一批具有核心竞争力的文化贸易骨干企业。支持骨干企业与中小微企业建立良性协作关系，通过开放平台、共享资源、产业链协作等方式，引导中小微企业走"专精特新"国际化发展道路。培育文化贸易专业服务机构。

2. 加强国际化品牌建设。在动漫、影视、出版、演艺、游戏等领域培育一批国际知名品牌。挖掘中华老字号、传统品牌、经典标识形象的文化内涵，实现创造性转化和创新性发展，引导和推动企业加大创意开发和品牌培育力度，提升品牌产品和服务出口附加值。

3. 发挥平台载体赋能作用。鼓励建设一批"一站式"文化贸易服务平台，为文化贸易企业提供国别政策、市场信息、法律服务、技术支撑、人才招聘等服务。支持建设影视、版权等领域海外推广和数字化交易平台。建设语言服务出口基地，提升国家语言服务能力，用好小语种人才资源，为文化产品、服务、标准走出去提供专业支撑。

4. 扩大文化领域对外投资。鼓励有条件的文化企业创新对外合作方式，优化资源、品牌和营销渠道，面向国际市场开发产品、提供服务，提高境外投资质量效益。鼓励优势企业设立海外文化贸易促进平台。推动深化与共建"一带一路"国家文化领域投资合作。

（五）拓展合作渠道网络

1. 健全文化贸易合作机制。推进中国标准国际化进程，积极参与国际规则、标准制定，拓展文化贸易发展空间。加强与各国及政府间国际组织交流合作，积极商签政府间合作备忘录，健全文化产业和贸易政策沟通对话机制，为企业合作搭建平台、创造条件。

2. 拓展文化贸易合作渠道。提升中国国际服务贸易交易会、中国（深圳）国际文化产业博览交易会等重点展会的国际化、专业化、市场化水平，更好搭建文化贸易展览展示和洽谈交易平台。支持企业参加重要国际性文化节展。鼓励企业运用跨境电商等新模式新渠道拓展海外市场。发挥海外中国文化中心、商协会作用，拓展对外文化贸易渠道。

3. 聚焦重点市场深化合作。扩大与港澳台地区文化贸易合作，发挥港澳企业渠道优势，鼓励企业联合开拓海外市场。结合区域全面经济伙伴关系协定（RCEP）生效实施，巩固日韩和东南亚等传统市场优势，积极拓展其他周边国家市场。深耕欧美等发达国家市场，主动对接市场标准和文化需求，针对性创新文化产品和服务。深入拓展共建"一带一路"国家市场。

（六）完善政策措施

1. 完善投入机制。统筹利用相关财政资金政策，支持国家文化出口基地建设和企业开拓海外市场，扩大文化服务出口，培育重点企业和文化品牌。更好发挥服务贸易创新发展引导基金作用，利用市场化方式为符合条件的文化贸易企业提供融资支持，引导更多社会资本支持文化贸易发展。

2. 创新金融服务。鼓励金融机构创新金融产品和服务，开发更多与文化贸易特点相适应的信贷产品、贷款模式，推广知识产权质押融资、供应链融资、订单融资等业务，支持境内银行按照风险可控、商业可持续原则开展境外人民币贷款业务。积极支持符合条件的文化贸易企业上市融资，以及通过发行公司债券、企业债券、非金融企业债务融资工具等方式融资。积极探索创新文化贸易出口信用保险承保模式，提升承保理赔服务水平质量，根据市场化原则合理确定费率。积极推广"信保＋担保"模式，以多种方式为文化贸易企业提供增信支持。鼓励保险机构开发文化类专属险种，增强机构服务能力。支持保险资金、符合条件的资产管理产品投资面向文创企业的创业投资基金、股权投资基金等，拓宽企业融资渠道。

3. 落实税收政策。落实文化服务出口免税或零税率政策。积极支持文化企业参加技术先进型服务企业认定，经认定的技术先进型服务企业可按规定享受相关企业所得税优惠政策。对国家鼓励发展的文化产业项目，在投资总额内进口的自用设备按照现行政策规定免征关税。

4. 提升便利化水平。海关、商务部门加大宣传和培育力度，帮助符合条件的文化贸易企业成为海关高级认证企业，享受相关便利措施。简化演艺机构人员出境审批手续。支持文化贸易企业开展跨境人民币结算业务。提升对外投资便利化水平，支持银行为文化贸易企业提供更加优质的跨境结算服务。

五、组织保障

1. 加强组织领导。提高站位，统筹推进文化贸易高质量发展工作。发挥对外文化贸易工作联系机制作用，持续完善对外文化贸易发展的体制机制，加强政策协调和工作协同，形成发展对外文化贸易的强大合力。

2. 强化人才支撑。支持高校加强文化贸易交叉学科专业建设和人才培养，鼓励高校和企业创新合作模式，共建实训基地。加强对外文化贸易骨干人才培训和创新型、应用型、国际化人才培养，加快培育一批数字文化产业贸易创新人才。加强智库建设，发挥智库支撑作用，建设对外文化贸易研究基地。支持多渠道引进文化贸易、版权贸易人才。

3. 加强知识产权保护。完善知识产权保护体系和纠纷多元化解决机制，深化知识产权保护国际合作，积极参与传统知识保护国际规则制定，支持企业开展海外知识产权维权工作。加大数字版权保护力度，强化版权全链条保护和开发利用，激发企业创新创造活力。

4. 完善统计评价体系。加强对外文化贸易统计工作，强化部门间数据交换和信息共享，提高统计信息的准确性和时效性。创新评价机制，以价值导向、贸易实绩、贸易结构、社会效益等为重要指标，建立对外文化贸易高质量发展水平评价体系，为推进对外文化贸易高质量发展提供决策参考。

资料来源：https：//www.gov.cn/zhengce/zhengceku/2022-07/30/content_5703621.htm，有改编。

第六章　广播电视电影产业

广播电视电影是 20 世纪前期发展起来的大众传播媒介，是顺应社会政治经济的需要而产生的，又极其深刻地改变着人类社会生活的面貌。广播电视电影的出现，使人类的文化传播产生了新的飞跃，由以印刷传播为主的时代，进入印刷传播和电子传播相互促进、并驾齐驱的时代，形成全球庞大的广播电视电影产业。

第一节　世界广播电视产业

一、广播的诞生和发展

（一）广播的出现

1. 无线电波的发现。早在 1864 年，英国理论物理学家马克斯威尔发现了电磁学基本原理，提出了放射性电波可以无线传送的论断。1884 年，德国科学家海尼·赫兹发现了产生、发射与接收无线电波的方法，之后发明了测量电磁波波长的科学方法。

2. 无线电传送信号成功。1895 年，意大利人马可尼和俄国科学家波波夫在不同的地方分别进行无线电传送信号的试验，均获得了成功。1896 年，马可尼在英国取得了专利，并且组建公司从事无线电报器材的生产，1899 年，成功拍发了英国至法国的无线电报，1901 年完成了越洋电报的收发，无线电通信从此进入实用阶段。

3. 无线电传送声音的实现。在无线电通信的基础上，人们研究并逐步解决了运用电波负载声波的种种技术问题。1906 年，美国科学家李·德福雷斯特制成了电子三极管，在传送声音方面取得进展。同年圣诞前夕，匹兹堡大学教授雷金纳德·费森登在马萨诸塞州的实验室里做了简短的节目广播。

4. 电台广播的诞生。正式的电台广播开始于 1920 年的美国，西屋电气公司在匹兹堡开办 KDKA 电台，这是第一个向政府领取营业执照的电台，标志着世界广播事业的诞生。

（二）广播发展的阶段

1. 初创阶段（20 世纪 20 年代）。许多国家相继建立了无线广播电台。1922年，苏联莫斯科中央广播电台、法国国营电台、英国广播公司先后开始播音。之后，德国、意大利、日本也建立了电台。至 20 年代末，北美和欧洲各国大多有了自己的广播，亚洲和拉丁美洲也有一些电台出现。

2. 发展阶段（20 世纪 30 — 40 年代）。随着第二次世界大战的迫近和爆发，广播电台传播新闻、进行宣传的功能凸显，成为公众获得国内外信息的重要途径。欧美、大洋洲及拉丁美洲的广播事业蓬勃发展，亚洲、非洲不发达国家的电台也在增加。

3. 普及阶段（20 世纪 40 — 80 年代）。大批新独立的国家纷纷兴办广播，为巩固民族独立、发展经济文化服务。发达国家和拉美地区的广播事业继续发展，向城乡各个角落普及，日趋专门化。从技术上看，70 年代以后，调频广播广泛兴起，80 年代以后，卫星传送技术逐步推广，接收设备不断优化、简化、多样化，广播传送的质量、效率、距离都有了空前的进步。

4. 繁荣阶段（20 世纪 90 年代至今）。随着信息技术的突飞猛进，传统的模拟广播向数字音频广播过渡。1995 年，英国广播公司率先进行全国性的数字音频广播，随后，瑞典、丹麦、法国、德国、荷兰、瑞士、美国等发达国家先后开办数字广播。与此同时，传统的无线广播同互联网络结合，向网络广播发展。1998 年，全世界已有 100 多个国家的 1550 多个电台在网上建立了网站，凭借互联网传送各种节目，使传统的地面和卫星传送方式同网络传播结合起来。

二、电视的诞生和发展

（一）电视的诞生

1. 电视技术的准备。19 世纪，科学家发现光线照射在含元素硒的物体上会产生电子放射现象，硒的光电效应为电视传播提供了基本原理。1884 年，德国工程师保罗·尼普科发明了机械扫描圆盘，通过光电转换，可以在接收器上看到导线传送过来的图像。20 世纪初，英国和俄国的科学家提出了电子扫描原理。1923 年，美籍俄裔工程师左瑞金发明了光电管，用电子束的自动扫描组合画面，为电视摄像机的设计做出了贡献。

2. 实验性的电视播映。1926 年，英国科学家贝尔德采用电视扫描盘，完成了电视画面的完整组合及播送，在伦敦公开表演，引起轰动。1928 年，美国通用电气公司的纽约实验台播映了第一部电视剧。之后，英国广播公司、德国柏林的实验电视台多次进行实验性电视广播，包括有声舞台剧的播映。1936 年柏林奥运会举办，柏林的实验电视台向公众播送了几小时实况节目。

3. 正式的电视播送。1936 年 11 月 2 日起，英国广播公司电视发射台开始定时播出电视节目，一般认为这是世界电视事业的正式开端。1938 年，苏联在莫斯科和列宁格勒相继建立电视台，第二年正式播送节目。1939 年，美国全国广播公司的电视台转播了纽约世界博览会盛况，1941 年，第一批商业电视台获准开业。由于第二次世界大战的爆发，除了美国有 6 家电视台继续播映外，其他各国的电视研究、生产和播映全部中断。大战结束后，英国、法国、苏联、德国等的电视事业逐步恢复，日本、澳大利亚、加拿大等国也相继兴办。50 年代以后，发达国家和拉美地区的电视业发展十分迅速，电视日益成为重要的大众传播媒介。60 年代以后，许多亚非国家也开办了电视台，到 20 世纪末，电视业已普及到整个世界。

（二）电视的发展

随着技术的进步和更新，电视媒介不断从低级向高级、从单一向多样化发展。

1. 黑白电视发展为彩色电视。电视媒介问世时只是播送黑白二色的画面。1946 年，美国无线电公司推出了 NTSC 彩电制式（恩式），1953 年获得政府批准正式生产。1954 年美国全国广播公司率先采用这一制式播送彩电节目，之后，日本、苏联、英国、法国、联邦德国也陆续开办了彩色电视，并且又出现了 SE-CAM（赛康）、PAL（帕尔）两种不同制式。

2. 微波发送发展为卫星传播。电视问世初期，信号只在地面依靠微波传送。1962 年 7 月美国发射了"电星 1 号"通信卫星，第一次把电视信号送上卫星，借助卫星上的转发器进行了与西欧之间的越洋电视传播。1963 年 2 月，美国发射了第一颗同步通信卫星"辛康姆 1 号"，1964 年又发射了"辛康姆 3 号"，并通过"辛康姆 3 号"卫星转播了东京奥运会的实况。1965 年 4 月，国际通信卫星组织发射了第一颗商用同步通信卫星"国际通信卫星 1 号"，以后又发射了几十颗通信卫星，分别置放在大西洋、印度洋、太平洋上空，担负着全球通信任务，并使国际间电视新闻交换常规化。从地面微波传送到卫星传送是一个重大的飞跃。地面微波传送是一种接力方式的传播，每隔 50 公里左右设立一个中继站，因而传送环节多，建设费用昂贵。而卫星传送比地面微波传送的环节少、覆盖面广、信号质量高、投资少，而且不受地形的限制，因此极大地促进了电视的普及和国际化。

3. 卫星直播电视。通信卫星是多用途的，可供电视传输的信道有限，而且发射功率很小，只有技术设备很高的地面站才能接收到，然后依靠地面传输将电视图像传送到各地。为此，20 世纪 70 年代起出现了专门的广播卫星。广播卫星的转发器功率大，普通的电视机用户安装简单的接收装置（包括小型碟式天线等）就能直接收看卫星传送的节目，这便是卫星直播电视，也叫直接入户电视。1974 年，美国开始运用广播卫星向阿拉斯加等边远地区播放教育电视。1984 年，日本发射实用广播卫星 BS－2a，日本广播协会专门创办卫星直播频道供全国人民收看。20世纪80年代以后，卫星直播电视广泛应用于跨越国界的电视传播，成为国际电视的重要传播和接收方式。

4. 无线传输发展为有线电视。有线电视最早出现在20世纪40年代末的美国，当时为了提高偏远地区的收看效果，在山头竖起接收装置，将收到的电视信号用电缆传送到用户家中。70年代被推广到城乡各地。由于图像清晰、抗干扰性强、频道多，因而很受观众欢迎。90年代，世界上多数国家和地区开办了有线电视台，通常同卫星传播结合起来，将卫星传送来的各种电视信号转送给用户。

5. 模拟信号发展为数字电视。传统的电视是采用模拟的方式，处理、传输、接收和记录电视信号。新兴的数字技术则把模拟电视信号转变为数字电视信号并进行处理、传输、接收和记录，能够极大地压缩电视节目，使得原来传输一套节目的频道可以传输多套节目，从而增加受众可收看的节目数量。数字技术能够大大提高信号处理和传输的质量，改进接收效果，电视画面比模拟电视清晰一倍以上（成为高清晰度电视），音响效果可以同电影院和剧场媲美。90年代以来，欧美发达国家都积极发展数字电视。

数字化涉及地面电视、有线电视和卫星电视三大领域，其中尤以地面电视的数字化难度最大。1995年，英国发表了《关于数字地面电视的政府建议》，决定1997年正式开始数字电视广播。1997年，美国联邦通信委员会发布了数字电视实施进程表。1997年，日本邮政省宣布开始地面电视的数字化。在卫星电视和有线电视领域，数字化进展更为显著。1996年起欧洲卫星组织等机构发射了专供传输数字电视的卫星，通过卫星传送数字电视。一些著名的有线电视节目公司纷纷办起了数字频道。数字电视是彩电问世以后电视领域的又一次重要变革。

6. 网络电视（又称多媒体电视）。90年代以来，美国、西欧、日本等发达国家和地区积极推进信息基础设施建设，大力发展计算机信息网络，并且实现国际连接。这种以卫星和光缆、电缆为基本通道，以电子计算机和个人电脑为基本载体的网络传播具有多媒体的性能，集文字、语言、音响、图像、数据传播于一体，为电视信号的传送开辟了新天地。各国广播电视台逐步在因特网上建立网站，传送电视节目。随着数字技术、多媒体技术和网络技术的发展和推广应用，随着多媒体电脑和新型电视机的发展和相互兼容，人们越来越广泛地通过互联网络传输和接收电视节目。

7. 手机电视。手机电视是指以手机为终端设备传输电视内容的技术应用，出现在21世纪初。目前，手机电视业务的实现方式主要有三种：第一是利用蜂窝移动网络实现。如我国的中国移动和中国联通公司推出的手机电视业务。第二是利用卫星广播的方式。第三种是在手机中安装数字电视的接收模块，直接接收数字电视信号。作为一种全新的传播方式，手机电视具备电视媒体的直观性、广播媒体的便携性、报纸媒体的滞留性及网络媒体的交互性。随着移动数据业务的普及、手机性能的提高及数字电视技术和网络的迅速发展，手机电视已成为无线应用的新热点。

三、世界广播电视业的体制类型

（一）国有国营

国有国营是指由国家拥有并直接经营的电台、电视台。主要特点是：资产为国家所有；政府直接领导和管理；领导成员由政府任命，业务方针由政府规定，业务活动受政府的监督；经费大部分靠国家拨款，有的辅之以受众缴纳的视听费及广告费。实行这一体制的有社会主义国家、多数发展中国家、少数发达资本主义国家中的国营台。

（二）国有公营

国有公营是指国家所有但由公司在社会参与下经营管理的电台、电视台。主要特点是：资产为国家所有，但电台、电视台保持相对独立性，作为"特殊法人"存在和运作；根据法律规定，组成董事会或管理委员会进行领导管理，其成员来自社会各界并具有较为广泛的代表性；政府依法加以规范和监督，但具体业务由电台电视台自主进行；经费来自视听费、国家拨款，有的辅以广告收入。发达资本主义国家及发展中国家许多公共台实行这一体制。

（三）社会公营

社会公营是指社会力量经办的电台、电视台，具体来说有两种：一种是社会各界联合筹办并经营管理的；一种是某个社会团体经办并经营管理的。一般都是独立的法人单位，以服务社会为宗旨，在法制范围内独立进行业务活动和经营管理，经费靠视听费或各界资助、政府补助，个别的辅以广告收入，国家依法在宏观上进行调控管理。发达资本主义国家和发展中国家的某些公共台实行这一体制。

（四）私有私营

私有私营是指私人独资、合资或组成股份公司经营的广播电视企业。其资产为私人所有；在法制范围内自主经营，自行决定业务方针，国家只在宏观上加以调控管理；通常以营利为目的，实行商业化经营，广告为其主要经济来源。发达资本主义国家和发展中国家都有许多这样的私营电台、电视台。

（五）公私合营

公私合营是指国家和私人合资或合办的广播电视机构。所谓合资，是指共同出资组成股份公司经营管理；所谓合办，通常由国家兴建并经营广播电视设备，私方制作节目而后租赁这些设备播送。经费一般来自广告收入。不论合资或合办，国家通常处于主导的地位。某些发达国家和发展中国家存在这种体制。

上述国有国营、国有公营、社会公营的机构，通常被称为公共广播电视；私有私营、公私合营机构，通常被称为商业广播电视。一般来说，公共广播电视比较重视社会效益，注重节目的教化功能和文化品位，但是经营管理缺乏活力。商业广播电视旨在谋求商业利润，在商业竞争过程中必然重视改进经营管理、提高经济效益，业务上重视贴近受众、提高视听率，但普遍存在媚俗倾向，节目品位不高，色情、暴力以及其他庸俗内容较多。

第二节　中国广播电视产业

新中国的人民广播事业从战火纷飞的 20 世纪 40 年代走来，电视事业产生于计划经济时代的 1958 年。与西方国家的广播电视业普遍走产业化发展道路不同的是，我国的广播电视业从诞生到 1980 年前后一直走的是纯事业的发展道路。改革开放以后，我国的广播电视也开始由纯事业型逐步向产业型过渡。我国广播电视历经从广播到电视再到融媒体，从无线到有线再到卫星传输，从模拟到数字再到网络化的发展历程，逐步建成星网结合、天地交融、公共服务与增值服务并存的立体化多层次广播电视传播覆盖格局。

一、起步建设阶段（1949—1978 年）

我国广播事业诞生于 1945 年抗日战争时期的延安，史称延安新华广播电台。解放战争时期，更名为陕北新华广播电台。1949 年 3 月 25 日迁至北平，更名为北平新华广播电台；9 月 27 日，更名为北京新华广播电台；10 月 1 日下午圆满完成开国大典 6 个半小时实况直播任务，是新中国成立后第一次全国性实况直播；12 月 5 日，定名为中央人民广播电台。截至 1949 年底，全国共有各级人民广播电台 49 座。

1952 年 4 月，全国第一座县级广播站——吉林省九台县广播站正式播音。1958 年 5 月 1 日，我国第一座电视台北京电视台（中央电视台前身）开始实验播出。1960 年 5 月 1 日，北京电视台彩色电视试验播出成功。1961 年 4 月，中央人民广播电台、北京电视台在北京转播我国历史上第一次举办的世界性体育赛事——第 26 届世界乒乓球锦标赛。北京电视台首次向联邦德国、巴西、澳大利亚等国出售电视片。

据商业部和中央广播事业局统计，截至 1975 年底，全国共有电视机 46.3 万台，其中彩色电视机 5900 台。[①] 1976 年 7 月 1 日，北京电视台试播《全国电视新闻联播》。1978 年 1 月 1 日，北京电视台恢复由播音员出图像报告节目，《新

---

① 张君昌、张文静：《新中国 70 年广播电视发展成就与经验启示》，《传媒》2019 年第 20 期。

闻联播》定名播出，5 月 1 日，北京广播电台更名为中国国际广播电台，北京电视台更名为中央电视台。中央电视台、中央人民广播电台、中国国际广播电台简称"中央三台"。1978 年，全国共有广播电台 105 座，县广播站 2300 多座，电视台 37 座，初步建立了全国传输覆盖网络，建立了全国联播机制。

二、改革创新阶段（1979—1999 年）

党的十一届三中全会以后，我国的广播电视业开始逐步向产业方向过渡。1979 年 1 月 28 日，上海电视台播放我国广播电视史上第一条商业广告——参桂补酒，揭开改革开放后广播电视改革创新发展的帷幕。1982 年，中央决定撤销中央广播事业局，成立广播电视部。1983 年第十一次全国广播电视工作会议提出两个方针：一是"四级办广播、四级办电视、四级混合覆盖"的事业建设方针；二是"以新闻改革为突破口，开展多种经营"的产业发展方针。各地普遍建立了地（市）、县两级广播电视管理机构。1986 年，广播电视部划入电影管理职能，改为广播电影电视部。1997 年，国务院颁布实施《广播电视管理条例》，是我国首部全面规范广播电视活动的行政法规。1998 年，广播电影电视部改为国家广播电影电视总局，实施"管办分离"。

改革释放了活力，广播电视发展迅猛，广播电台、电视台数量迅速增加。1986 年 12 月 15 日，我国内地第一家直播电台——珠江经济广播电台开播，以"大板块、主持人直播、听众热线参与"为特征的"珠江模式"掀起广播改革热潮。1993 年 5 月 1 日，央视开办大型早间杂志节目《东方时空》，开创中国电视改革先河。1994 年 4 月 1 日，《焦点访谈》开播，掀起舆论监督旋风。1996 年 3 月 16 日，《实话实说》开播，成为中国第一个电视谈话节目。电视栏目化、频道专业化、新闻直播化成为节目改革的主调。1996 年广播电台增至 1238 座，电视台增至 880 座。广播、电视人口覆盖率分别达到 83.7% 和 86.1%。1998 年，广播电影电视总局在全国开始实施"广播电视村村通"工程，大力提高农村广播电视无线覆盖水平，构建农村广播电视公共服务体系。1999 年底，基本实现"村村通"广播电视的任务，广播、电视综合人口覆盖率分别达到 90.4% 和 91.6%。①

三、巩固提高阶段（2000—2012 年）

进入新世纪，广播电视面临深化改革任务，无线有线合并、县级广电职能转换基本完成。据《中国广播电视年鉴（2002）》数据显示，2000 年全国有广播电台 304 座、电视台 354 座、广播电视台 1446 座，从业人员 49.46 万人。2003 年开始试点，广播电视实施了一系列深化改革措施，如深化行政管理体制改革、开展集团化改革、推动电台电视台合并和制播分离改革、推动广播电视经营性单位

---

①　张君昌、张文静：《新中国 70 年广播电视发展成就与经验启示》，《传媒》2019 年第 20 期。

转企改制、构建广播电视公共服务体系等，推动广播电视在观念、政策、法规、管理、技术等各个方面发生重大变革。广播电视法规建设速度加快，涉及新闻宣传、安全播出、市场准入、节目制作、内容审查、广告管理、公共服务、设备入网、网络视听节目监管等。

2005 年，中办、国办发文，把"村村通"工程列为农村文化建设的首要工程，启动新一轮"村村通"工程建设。据《改革开放四十年，中国广播电视发展情况统计（1978—2018）》数据，2012 年，全国共有各类广播电视播出机构 2579 座，有线电视用户 2.14 亿户，有线数字电视用户 1.43 亿户。广播、电视节目综合人口覆盖率分别达到 97.5% 和 98.2%，从业人员超过 70 万人。

四、融合发展阶段（2013 年至今）

随着互联网等新兴媒体的崛起，广电媒体相继开办网站网台，向网络延伸。之后又借助微博、微信等探索开展台网互动。党的十八届三中全会提出推动媒体融合发展的重大任务。2013 年，广播电视跨入融合发展阶段，广播电影电视总局印发《关于促进主流媒体发展网络广播电视台的意见》，将网络广播电视台提升到与电台电视台同等重要的地位，打造具有广电特色的网络视听新媒体。同年，新闻出版总署与广播电影电视总局合并，组建国家新闻出版广电总局。

2014 年，中央印发《关于推动传统媒体和新兴媒体融合发展的指导意见》，强调融合发展重在"融为一体、合而为一"，着力打造一批新型主流媒体。2016 年，新闻出版广电总局发布《关于进一步加快广播电视媒体与新兴媒体融合发展的意见》。2017 年，央视主打视频业务，基本建成多屏幕、多平台、多终端"一云多屏"传播体系，包括桌面互联网、移动互联网（手机央视网、央视影音客户端、央视新闻客户端、公共场所视频传播平台、4G 视频集成播控平台）、宽带互联网（IPTV、互联网电视）及社交媒体（"两微"矩阵、海外社交媒体账号）四大平台，"央视新闻"形成"三微（微博、微信、微视）＋客户端"产品格局。

2018 年，新闻出版广电总局"新闻出版"和"电影"职责划归中宣部，组建国家广播电视总局，推进智慧广电建设。同时，中央三台合并，组建中央广播电视总台。国家广播电视总局加快实施台网联动、先网后台、移动优先、协同发展，加快全国有线网络整合和互联互通平台建设，加快县级融媒体中心建设，推动我国广播电视行业高质量发展。中央广播电视总台确立"5G＋4K/8K＋AI"融合发展方略，将央广网、国际在线、央视移动网"三微一端"视频直播流共享。《2018 年全国广播电视行业统计公报》的数据显示，2018 年底，全国有广播电台、电视台、广播电视台等播出机构 2647 家，是 1978 年的 18.64 倍；节目制作经营机构近 2.7 万家，是 1978 年的 189.45 倍；从业人员 97.90 万人，是 1978 年的 5.44 倍。全国广播、电视综合人口覆盖率分别达到 98.94% 和 99.25%，比 1978 年分别提高 36.94% 和 63.25%。全年广播节目制作时间为 801.76 万小时，电视节目制作时间 357. 74 万小时，公共广播播出 1526. 7 万小时、公共电视播出 1925. 0 万小时。全国高清有线电视用户 9257 万户，有线电视智能终端用户 1884 万户，网络视听节目服务收入 223. 94 亿元，新媒体业务收入 467. 76 亿元。初步呈现广播电视与网络视听一体化发展的良好局面。①

2019 年 8 月，广电总局发布《关于推动广播电视和网络视听产业高质量发展的意见》，"智慧广电"战略深入实施，被列为广播电视六大重点工程之一，加快推进智慧广电媒体、网络、公共服务、产业生态建设，加快实现广播电视优化转型升级。"智慧广电"是新时代广播电视产业高质量创新发展的正确路径，着眼于综合运用最新技术手段，推动广播电视产业数字化发展，快速提高内容生产传播能力、综合服务和聚合能力。统筹推进全国有线电视网络整合和广电 5G 建设，2020 年 3 月，广电总局、中国证券监管管理委员会发布《全国有线电视网络整合发展实施方案》，形成"内容 + 网络"双轮驱动的综合优势、规模优势、集成优势，释放高度协同汇聚的强大发展合力，促进台网深度融合。广电总局搭建统一的视听节目传播信息大数据体系、传播效果客观评价体系、从业主体信用体系、视听内容版权交易体系等，推动广播电视业务流程重塑，逐步构建以用户大数据为核心支撑、以服务用户应用场景为核心目标的精准化生产运营闭环，全面激发产业内在活力。

第三节　世界电影产业

一、世界电影产业发展历程

（一）电影的发明

1829 年，比利时著名物理学家约瑟夫·普拉多发现，当一个物体在人的眼前消失后，该物体的影像还会在人的视网膜上滞留一段时间，这被称为"视像暂留原理"。普拉多根据此原理于 1832 年发明了"诡盘"，不仅能使被描画在锯齿形的硬纸盘上的画片因运动而活动起来，而且能使视觉上产生的活动画面被分解为各种不同的形象。"诡盘"的出现，标志着电影的发明进入了科学实验阶段。

摄影技术为电影的发明提供了技术条件，是电影得以诞生的重要前提。早在 1826 年，法国的尼埃普斯成功地拍摄了世界上第一张照片"窗外的景"，曝光时间 8 小时。在初期的银板照相出现以后，拍摄一张照片缩短至 30 分钟左右。由于感光材料的不断更新，摄影的时间也在不断缩短。1851 年，湿性珂珞酊底版制成后，摄影速度就缩短到了 1 秒，"运动照片"的拍摄已经在克劳黛特、杜波

---

① 转引自张君昌、张文静:《新中国 70 年广播电视发展成就与经验启示》,《传媒》2019 年第 20 期。

斯克等人的实验拍摄中获得成功。1872年，美国旧金山的摄影师爱德华·慕布里奇用24架照相机拍摄飞腾的奔马的分解动作组照，经过长达6年多的无数次拍摄实验终于成功了，当在幻灯银幕上放映时，看到了骏马的奔跑。1882年，法国生理学家马莱改进了连续摄影方法，试制成功了"摄影枪"，并在另一位发明家强森制造的"转动摄影器"的基础上，又创造了"活动底片连续摄影机"。

1888年，法国人雷诺试制了"光学影戏机"，拍摄了世界上第一部动画片《一杯可口的啤酒》。1889年，美国发明家爱迪生在电影留影机的基础上，发明了电影视镜，利用胶片的连续转动，造成活动的幻觉，可以说最初的电影发明者是爱迪生。电影视镜将摄制的胶片影像在纽约公映，轰动了美国。电影视镜每次仅能供一人观赏，一次放几十英尺的胶片，内容是跑马、舞蹈表演等，后传到我国，被称为"西洋镜""拉洋片"。

1895年，法国的奥古斯特·卢米埃尔和路易·卢米埃尔兄弟，在爱迪生的"电影视镜"和他们自己研制的"连续摄影机"的基础上，研制成功了"活动电影机"。"活动电影机"有摄影、放映和洗印等三种功能，以每秒16画格的速度拍摄和放映影片，图像清晰稳定。1895年3月22日，他们在巴黎法国科技大会上首放影片《卢米埃尔工厂的大门》并获得成功。同年12月28日，他们在巴黎的卡普辛路14号大咖啡馆里，正式向社会公映了他们自己摄制的一批纪实短片，有《火车到站》《水浇园丁》《婴儿的午餐》《工厂的大门》等12部影片。卢米埃尔兄弟是最早利用银幕进行投射式放映电影的人。由于卢米埃尔兄弟拍摄和放映的内容已脱离实验阶段，史学家把1895年12月28日世界电影首次公映之日定为电影诞生日，卢米埃尔兄弟成为"电影之父"。

（二）无声电影成为一种艺术

早期的电影以杂耍和魔术的姿态，使人们感到新奇。从《火车到站》《膝行的人》到《水龙出动》《水龙救火》《扑灭大火》《拯救遭难者》等影片，卢米埃尔兄弟创造了最早的新闻片、旅游片、纪录片、喜剧片等影片样式。卢米埃尔电影最突出的特点是纪实性强，直接拍摄真实的生活，给人以身临其境之感，成为写实自然主义电影风格的开路先锋，形成了电影的纪实性传统。

法国电影先驱乔治·梅里爱使电影从一种纪实性的"活动照相"向一门独立的影像视听艺术迈进了一大步，为电影的发展做出许多创造性的贡献。作为机械师，梅里爱制造了一整套机关、机器和舞台道具；作为画家，他制造了无数布景和服装；作为魔术师，梅里爱运用了丰富的想象力，创造了许多新的特技；作为作家，他不断创造出新的剧本；作为演员，他是他节目中的重要角色；作为导演，他懂得怎样设计和调动一个小剧团。梅里爱以照相的特技代替了舞台上的机械装置，开创性运用特技摄影。影片《灰姑娘》是梅里爱戏剧电影的代表作，取材于欧洲著名童话故事，巧妙地运用了诸种特技手法，把南瓜变成车子，把老鼠变成了马车夫。1902年，梅里爱根据儒勒·凡尔纳和威尔斯的两部科幻小说编导了著名的科幻片《月球旅行记》，在电影史上产生了深远影响。法国著名导演乔治·梅里爱在完成第 430 部影片后，于 1913 年退出影坛。梅里爱电影的衰落和好莱坞的兴起，标志着电影告别幼年期而进入成熟期。

在无声电影阶段，对电影发展做出巨大贡献的是美国的大卫·格里菲斯、查尔斯·卓别林和苏联的谢尔盖·爱森斯坦。1908 年，格里菲斯加入了爱迪生公司，至 1912 年，共导演了大约 400 部影片。在《孤独的别墅》中，他创造了"平行蒙太奇"，标志着电影已完全摆脱舞台剧的束缚，电影的时空得到了极大的扩展。格里菲斯 1915 年拍摄的《一个国家的诞生》和 1916 年拍摄的《党同伐异》，被誉为电影艺术的奠基之作，标志着电影开始成为艺术，是美国电影史上的里程碑，也是世界电影史上的两部经典之作。格里菲斯在拍片时，让摄影机移动起来，极大地丰富了电影语言，开创性地使用了"特写""圈入"和"切"的手法，创造了平行蒙太奇和交替蒙太奇。

美国喜剧电影大师卓别林也是无声电影时期杰出的电影艺术家。1914 年，他编导了第一部影片《二十分钟的爱情》。接着，《阵雨之间》问世，第一次出现了流浪汉夏尔洛的形象。在 1917 年的《安乐街》里，夏尔洛形象展现出了耀眼的光辉。《夏尔洛从军记》一片标志着卓别林表演艺术的成熟。1919 年，他自己集资建厂，成为好莱坞第一个真正独立制片的艺术家。20 年代，他拍摄了以《淘金记》为代表的一批著名影片。卓别林一生创作了 80 部喜剧电影作品，其中《王子寻仙记》《大独裁者》《凡尔杜先生》《摩登时代》和《淘金记》等代表作具有永久魅力。

著名电影大师爱森斯坦是无声电影时期为蒙太奇理论的建立与发展做出举世瞩目贡献的杰出代表。1924 年，他导演了第一部影片《罢工》，创造性地使用了杂耍蒙太奇，把沙俄军警屠杀工人的镜头和屠杀牲畜的镜头组接在一起，使之交替出现，造成了触目惊心的隐喻效果。1925 年，他导演了世界电影史上最杰出的史诗式的无声片《战舰波将金号》，成功地在影片里表现了俄国 1905 年革命，影片中敖德萨阶梯的场面、段落成为影响几代电影艺术家的经典性范例。1927 年，他导演了《十月》。爱森斯坦对蒙太奇理论的阐述和艺术实践，使之成为一个完整的美学体系。

这一时期，被称为世界上第一座电影城的法国万森市，又被誉为"世界电影首都"，拥有"百代""高蒙"两大电影制片公司，1903—1909 年也因此被称为世界电影史的"百代时期"。1908 年，世界上第二座影城好莱坞在拍摄《基度山伯爵》时初具雏形，这个由摄影师汤马斯·伯森斯和导演弗兰西斯·鲍格斯共同搭建的一个小小的摄影棚，到 1913 年形成规模。

（二）有声电影作为一种艺术走向成熟

1927 年，影片《爵士歌王》的诞生标志着有声电影时代的来临，电影走向成熟期。声音使电影由单纯的视觉艺术发展成视听结合的银幕艺术，实现了电影史上的一次革命，为电影艺术开拓了新的天地。1933 年，由于技术的进步，电影制作中同期录音得以改为后期录音，电影摄影变得灵活而富有生气。苏联电影大师普多夫金在拍摄《逃兵》时，用声画对位和对立的配音方法加强影片效果，使观众耳目一新。

1935 年，马摩里安摄制了世界上第一部彩色故事片《浮华世界》。彩色胶片的发明，使得电影艺术进入了一个新的发展阶段，声音和色彩促使电影更趋近于自然。彩色电影的问世，标志着电影从诞生发展到了完善成熟的时期。

在世界电影史上有着重要影响的是意大利的新现实主义电影。新现实主义电影的代表人物是意大利《电影》杂志反法西斯影评家巴巴罗桑蒂斯及其响应者柴蒂尼、德西卡、罗西里尼、维斯康蒂、利萨尼、莫切里尼等青年导演。代表作品主要有《罗马 11 时》《偷自行车的人》《游击队》《警察与小偷》《大地在波动》《橄榄树下无和平》《米兰的奇迹》等。

（四）世界电影从突破创新中走向多样化发展

1959 年，法国新浪潮兴起，世界电影史上出现了规模巨大的第三次革新运动。新浪潮出现了一条全新的、有效地打破商业电影垄断制片的道路，口号是打破明星制度，影片要接近生活，以反传统为旗帜，以非理性为基本特征。这次电影运动以夏布罗导演的《漂亮的塞尔杰》《表兄弟》公映及特吕弗《四百下》、阿仑·雷乃《广岛之恋》在戛纳电影节引起轰动为开端，其艺术特征是：影片呈现全新风格，意识流和闪回镜头为一些创作人员常用的表现手段，情节松散，众多生活事件无逻辑地以无技巧手法编辑在一起，表现人物的潜意识活动，缺乏结构上的完整性。新浪潮确立和强化了导演的中心地位，进一步发掘了电影的特性，丰富了电影的语汇，真正形成了电影题材的多样化、电影样式的丰富化、电影思潮的个性化和电影流派的多样化。

80 年代以来，建构在计算机图形（computer graphics，CG）技术之上的数码艺术为电影创作带来了无限可能性和极大的便利。例如，1994 年的《阿甘正传》中阿甘与肯尼迪总统的"历史性"握手，2000 年的《角斗士》中的"人虎激战"，以及对包括《泰坦尼克号》《阿凡达》这类影片在内的灾难、魔幻和宏大场面的营造。

二、世界电影产业发展现状

（一）各大区域市场情况

2020 年，新冠疫情在全球暴发，世界电影产业受到冲击。据美国电影协会和市场研究公司康姆斯克的统计数据，2020 年全球影院票房为 120 亿美元，相比 2019 年的 423 亿美元下降 71.6%。从各区域来看，2020 年亚太地区的票房为 60 亿美元，占全球影院票房的比例为 50.2%；北美地区（美国、加拿大）的票房为 22 亿美元，占比为 18.3%；欧洲、中东和非洲地区的票房为 33 亿美元，占比为 23.1%；拉丁美洲地区的票房为 5 亿美元，占比为 4.9%。2021 年，全球电影市场有所回暖，全球影院票房为 213 亿美元，其中亚太地区 113 亿美元，北美地区 45 亿美元，欧洲、中东和非洲地区 44 亿美元，拉丁美洲地区 11 亿美元。①

（二）主要国家市场情况

1. 美国。美国政府对广播业的管理和立法有一个逐步发展的过程，已经形成了一套成熟的监管机制。1912 年出台的《1912 年无线电法案》（*Radio Act of 1912*）是美国第一部对广播业进行全面整治的法律，要求所有的无线电营业者都要有许可证，商务部负责颁发许可证和制定其他有关无线电管理的规定，广播电台需要固定在特定频率上。1927 年，美国国会出台了《1927 年无线电法案》（*Radio Act of 1927*），确立了无线电广播"要以公共利益为重"的服务宗旨。该法创立了联邦广播委员会，为电台颁发许可证，分配广播频率，对广播业进行监管。1934 年，根据《1934 年通信法》（*Communications Act of 1934*）成立了联邦通信委员会，取代了原来的联邦广播监管部门，在随后制定的一系列法规直接指导和影响着美国广播和电视产业的发展进程。广播电视审查通常在制作前对传播媒体的内容加以限制，并不会对广播电视节目进行内容审查和直接控制。1996 年出台的《1996 年电信法》（*Telecommunications Act of 1996*）就广播电视领域出台了许多新的行业约定，政府放松了诸多约束条件，广播电视产业可以和其他产业结合、兼并，大大解放了美国广播电视产业的发展活力，90 年代初出现了激烈的兼并、重组热潮。

在电影产业方面，美国各州政府通过颁布电影制作鼓励措施，促进电影业的发展。一是税收抵免。电影制作公司通过在该州进行一定数量的消费、雇佣最低数量的当地员工或对当地的基础设施进行投资，可享受税收减免政策。二是可转让税收抵免。是以制片人在州内发生的生产费用的百分比为基础来计算抵免额，其获得的抵免额度可以转卖给其他的纳税人。电影拍摄属于短期性质，不同于企业发展，很多制片人完成电影拍摄后，获得的税收抵免额需要及时予以兑付。电影制作公司税收抵免的 25%～30% 被转让出售，经纪人将其转售给希望在退税方面获得优惠的其他公司。三是可退还的税收抵免。一些州允许电影制作公司将超额的税收抵免直接出售给政府。四是现金返还。部分州对电影制作公司执行直接现金返还，补偿电影制作公司符合要求的部分费用，以避免税收抵免的转让成本。与税收抵免一样，返还的价值通常也按照符合要求的规定比例开支计算。五是拨款。提供电影制作补贴的传统方式是拨款。德克萨斯州、田纳西州与哥伦比亚地区对电影制作人符合要求的开支提供一定比例的拨款。六是常规或特定销售

---

① 卢斌、牛兴侦、刘正山主编：《电影蓝皮书：全球电影产业发展报告（2021）》，社会科学文献出版社 2021 年版，第 4～6 页。

税的豁免。多数州提供销售税豁免，作为向电影制作人提供的激励措施。七是费用免除甚至是免费服务。如果私有组织或公司希望城市或州政府进行交通管制并提供警力，则其通常需缴纳相关的费用和税款。几乎每个州都设立响应电影制作人需求的电影事务办公室。八是其他优惠政策。除税收抵免、现金返还与拨款外，各州向电影制作人提供各种具有针对性的专属福利，如各种免税政策、免费使用场所、免费使用办公家具，以及免费提供的应急响应或交通控制，或仅象征性地收取部分费用。

2. 英国。英国与美国同为英语系，与好莱坞关系密切，新冠肺炎疫情下采取的一些特殊扶持政策不但帮助促进了本土电影制作的复苏，也帮助吸引了更多来自好莱坞的项目。2020 年，英国政府推出了总额达 6.76 亿美元的电影和电视重启计划，为制作项目提供保险，填补因疫情导致的中止或延期的成本，促使英国的影视拍摄项目数量迅速回升。据英国电影协会的数据，2021 年英国的票房为 7.55 亿美元，较 2020 年的 4.03 亿美元增长了 88.3%。全年共发行了 497 部电影，较 2020 年的 444 部有所回升。[①]

3. 法国。2020 年，法国政府向法国国家电影中心拨款总计约 2 亿美元，用于帮助受新冠肺炎疫情影响的电影产业的复苏。法国国家电影中心通过提高对发行商和制片方的补贴来鼓励新片在影院上映。2021 年，法国国家电影中心又提供 1 亿美元额外的资助用于支持全国 2045 家影院和发行商及制作商。2021 年，法国的票房约为 7.07 亿美元，较 2020 年的 5.42 亿美元增长 30.44%；观影人次为 9600 万，较 2020 年的 6520 万上涨 47.2%；本土电影的份额为 40.8%，低于 2020 年的 44.9%，但显著高于 2019 年的 34.8%；海外票房为 1.03 亿美元，海外观影人次为 1480 万，较 2020 年增长 8%。[②] 中国成了法国电影最大的海外市场。此外，作为"法国 2030"计划的一部分，2021 年宣布投入总计 6 亿欧元用于法国电影和视听产业的制作设施和技术服务能力提升。2022 年，法国文化部部长签署了一项电视频道、流媒体和电影业之间的新协议，奈飞获准在院线上映 15 个月后，将法国影片在其平台上线，而此前院线的窗口期长达 36 个月，奈飞则承诺每年至少投资 4500 万美元制作 10 部法国本土电影。

4. 日本。2021 年，日本共发行 959 部电影，其中 490 部本土电影，469 部海外电影；票房收入达到了 14.2 亿美元，较 2020 年的 12.56 亿美元增加了 13%；

① UK Cinema Association. UK Cinema Adimmsions and Box Office. (2022 – 02 – 06)[2022 – 02 – 12]. https:// www. cinemauk. org. uk/the-industry/facts-and-figures/uk-cirima-admissions-and-box-office/annual-box-office/.

② Melanie Goodfellow. Adimmsions Rise Year on Year at French Box Office in 2021 but Indies Struggle. (2022 – 01 – 13)[2022 – 02 – 12]. https:// www. screendaily. com/news/admissions-riseyear-on-year-at-french-box-office-in-2021-but-indies-struggle15166475. article.

观众人次增加了 8%，达到 1.15 亿美元。①

在日本，动画电影占据主要市场，2020 年日本本土票房排行榜前十位中，仅剧场版动画就占据了五个名额。从制作公司来看，电影市场被少数制作公司垄断，东宝、松竹、东映三大公司牢牢把控市场。日本制片业呈现出三个特征：第一个特征是大制片厂垄断、动画战略倾斜和 IP 重复利用。在日本电影史上，独立制片公司和大财团制片公司历来是互相争夺的两极，在不同的历史时期各有胜负，但是发展至今已经形成了大制片厂的垄断格局。19 世纪 30 年代，日本电影产业形成初步规模，一些工作室逐步成长为具有相当体量的制片公司。在"二战"时期和战后初期，因文化输出的需要，日本政府加快了大制片厂垄断制片业的进程，出台了《电影法》等法案，以进一步打击自由制片的空间，导致日本电影制片业的第一次垄断。1948 年，东宝爆发了驱逐电影业中美国势力的大罢工，被美国军队镇压。日本民族主义独立制片运动兴起，涌现出以黑泽明、沟口健二等为代表的电影人。60 年代前期，日本独立制片达到巅峰，被称为日本电影的新浪潮时期。之后，大制片公司逐步兼并小制作公司，逐步形成垄断态势。以东宝为例，从制片到发行的全产业链完全私有，拥有专业的导演、艺人及技术人员，在发行和放映环节拥有完善的宣发体系和经验，有六百块以上的大银幕。自 2006 年起，日本国产电影的数量和收入开始超越外来电影。电影的制作方向呈现急功近利、单调重复的趋势，电影的多样性和艺术性在很大程度上已经丧失。

第二个特征是日本文化出口的动画战略倾斜。1997 年，吉卜力工作室的《幽灵公主》取得了 113 亿日元的"票房奇迹"，成为日本电影史第一步超过 100 亿日元的作品。2001 年，吉卜力工作室的《千与千寻》取得了惊人的 304 亿日元票房，在国际上斩获了第 75 届奥斯卡金像奖最佳动画长片和第 52 届柏林国际电影节最佳影片两项顶级荣誉。由吉卜力领头的日本动画电影，成为日本电影的文化名片。2017 年，日本动画市场的销售收入突破 2 万亿日元。

第三个特征是"制作委员会"的兴起和影响。日本动画产业逐步形成由大制片厂出资把控、"制作委员会"固定分账比例、制作执行雇佣制的局面。20 世纪 90 年代，日本小工作室几乎失去了生存空间。动画制作公司 GAINAX 在筹备新作《新世纪福音战士》时，制片人大月俊伦决定联合各个领域的财团—电影发行公司、漫画出版社、影音出版社、玩具生产厂等，通过出卖分账权以分摊融资风险的方式，组成"制作委员会"。"制作委员会"在创作之初就确定了各个财团在独占领域的分账比，利于融资，出资方在各自的产业领域各司其职，形成高效的闭合产业链，但创作者只能获得固定的制作经费，无法享有或有限享有发

---

① Mark Schilling. Japan Box Office：Top Hollywood Firm of 2021 Ranks Eighth as Local Animation Dominates. (2022 - 12 - 23)［2022 - 02 - 12］. https：// variety. com/2021/film/news/local-animation-dominates-2021-japan-box-office-12351425951.

行之后的增量收入。"制作委员会"不是所谓的"公司",而是相当于日本民法上的"任意组合"的组织,所以,资本会根据市场喜好对创作进行逆向干预,逐渐呈现娱乐化和商业化。财团对作品本身的干预,使得创作者在经济收益和创作自由上都备受打击,产业的基础生产环节缺乏足够的动力。

日本动画电影的海外扩张与影响。2017 年,日本动画市场来自海外的收入占了总收入的 46.2%。2018 年,日本电影共向中国输出了 15 部电影,总票房7.7 亿元人民币,占当年日本电影出口总收入的 39.4%。其中 6 部是动画电影,占总出口票房的 69.9%,可见动画电影在出口中的地位。2018 年,日本电影出口中国的票房冠军《哆啦 A 梦:大雄的金银岛》是日本动画 IP 的系列剧场版,票房为 2.09 亿元人民币。[①]

5. 韩国。据韩国电影振兴委员会的数据,2021 年,韩国的票房收入为 4.88亿美元,较 2020 年的 4.26 亿美元上涨 14%;观影人次 6050 万,较 2020 年的5950 万上涨 2%;本土制作电影仅占据总票房的 30.1%。[②] 韩国电影产业形成了以教育合作、项目开发实验室、国际项目市场合作为主的电影产业国际合作模式,打造了以釜山为代表的国际电影中心。

(1)教育合作。韩国设立了亚洲电影学院、釜山亚洲电影学院、科幻片学校等国际电影教育项目,特别将釜山打造成为一个拥有亚洲大型电影节以及诸多电影培训机构的电影文化中心。教育合作计划除了提供各种培训平台,也为成员提供包括资金、研讨会、节目等多种帮助,进一步打开国际合作和共同制作市场,使韩国电影产业获得教育、文化、艺术、技术等多个领域的国际合作机会。

(2)项目开发实验室。具有国际视角的项目开发实验室更多的是支持独立电影的创作与拍摄,以获得更多的原创故事,为本国电影产业提供新的具有国际视域的 IP。目前韩国设立的项目开发实验室主要包括东南亚小说电影实验室、秋季会议等。合作项目主要集中在对于独立电影的企划开发,最大特点是合作均为非营利性组织,且进入门槛较低,为更多的独立电影人提供合作机会。通过企划项目构建海外市场营销网络,形成了辐射东亚、东南亚、欧洲的亚欧合作关系网。

(3)国际项目市场合作。韩国参与合作的香港亚洲电影投资会是亚洲重要的电影融资平台,不仅为韩国独立电影人带来了海外投资和海外市场,也推动了韩国电影进入中国香港电影市场和内地市场。在电影产业,韩国围绕跨国合作,着重打造了釜山国际电影中心,釜山电影节为釜山促进了国际上大量电影人员的交往和经验的交流,也吸引了国外大规模的市场与资金。釜山电影委员会成立了

① 王玉辉、龚金浪:《2017 年以来日本电影产业观察》,《电影艺术》2019 年第 6 期。

② Patrick Frater. Korean Movies Lose Box Office Crown in 2021,for the First Time in a Decade. (2022 – 01 –05)[2022 – 02 – 12]. https://variety.com/2022/film/asia/korea-box-office-local-movies-lose-crown-in-2021-12351469841.

各种机构和基金，通过"规划和发展支援计划"等项目，支持和培育本土电影的生产制作。

三、电影产业链

电影产业链从上游到下游分为制作环节、发行环节、放映环节三个阶段。制片环节是电影产业链的上游，包括电影的前期筹备、融资、拍摄和后期制作等工作。制片公司决定影片的内容质量，并拥有电影的版权，可以将电影某一期间的版权出售给某个渠道。发行负责电影的宣传和上映渠道，发行公司相当于影片的经销商和经纪人，发行环节主要承担制订市场推广计划、与院线进行交流协调等工作。院线连接电影的生产者和电影的消费者，负责电影产品最终实现经济效益和社会效益。放映环节主要为观众提供电影的放映场所。通常来说，电影产业链的利益分配以票房收入为主，还包括付费点播、付费电视频道、有线和无线电视网络、卫星直播电视、移动通信工具、音像出版、网络播放、主题公园、电影广告、演艺、游戏、书籍、玩具，以及其他授权商品等衍生品收入。

（一）制片环节的市场特征

1. 电影行业的特点决定了制片环节走向垄断。电影制作具备投资大、风险高的特点，我国金融环境对影视类公司有较为严格的融资审核制度，因此，只有大型制片公司能够担负巨额的影片制作成本和高市场风险。同时，受众群体对内容质量要求的提升以及头部明星的粉丝效应带来的制作成本逐年提升，因此，唯有具备资金实力的内容制作方才能承担制作成本。

2. 资本的逐利性导致了制片公司的横向兼并频繁。电影作为内容产业，主要的生产要素包括明星等人力投入和资金的投入。随着我国电影工业化和市场化程度的深入，优秀的创作团队、导演和演员纷纷独立门户，成立个人工作室等。制片公司可以通过收购明星工作室的方式，完成产业的横向一体化，快速获得互补性的资源和能力，有效地实现规模经济。从产业的演进过程来看，电影明星和制片公司的关系基本经历了"单片雇佣合约""成立单独工作室""引入明星股东""收购明星体外公司""明星成立项目子公司分享单项目收益"几个阶段。

3. 电影制片收入的单一性导致制片公司沿产业链纵向整合冲动强烈。制片公司的现金流面临不确定性，需要衍生品或者渠道收入平滑现金流。单独的制片公司会面临经营不稳定的问题，而渠道的收入或者IP衍生品的收入往往较为稳定，能够降低电影公司的经营风险。制片公司通常进行多元化的经营，不再局限于票房分账收入，围绕拥有的IP资源，延展IP产业链，从影视衍生品中获得收入。下游发行、院线对上游内容制作来说有着强有力的宣传和保障作用，而上游优质的内容提供也保证了下游发行、院线的良性发展。

（二）发行环节的市场特征

发行环节负责影片的营销推广策略制定、实施以及与院线洽谈拷贝投放，发行公司从制作公司购买或代理电影发行权，然后与院线公司合作，在合作院线的影院放映电影。国产分账影片制片方与发行方原则上分账比例不低于分账票房的43%。我国电影市场的发行分为国产电影的发行和进口电影的发行，进口电影目前由中国电影和华夏电影两家公司垄断发行。国产电影发行市场呈现两大特征：一是制片公司向下游延伸涉足发行业务，二是在线票务平台与传统发行公司形成分庭抗礼之势。由于互联网平台在客户端的优势，目前国内在线票务市场收入、用户规模均稳步增加。同时，互联网票务平台依托自身的客户流量优势，也在整合上游的内容制作产业。除票务合作外，淘票票、猫眼、微影等平台都通过联合出品、联合发行等方式进入电影发行领域。

（三）院线环节的市场特征

院线环节是电影产业链的下游，院线负责影院的管理工作，与发行方沟通制定影院排片放映，院线由若干影院采取资产联合或者供片联结方式组成，由院线公司对影院进行统一管理、统一排片、统一供片。院线是影片放映的实际场所和票房回收的首个环节。除票房分账之外，附加产品及电影衍生品生产和销售收入也是影院收入的重要组成部分。从院线市场格局上看，一方面，院线市场处于垄断竞争的市场格局下，另一方面，院线整合成为趋势。在电影票房市场增速放缓的情况下，院线整合的形式将主要是一线城市龙头院线并购三四线城市的小院线和独立影院。

我国的电影院线大致分为五类：一是以资本为纽带的紧密型院线，有股份模式（辽宁北方电影院线）、连锁店模式（环艺、鑫乐院线）等；二是松散型的签约院线，有自上而下的模式（中华院线）、行政隶属关系模式（广州市的数码院线）等；三是制发放合一的院线，有上海东方院线模式、北京紫禁城模式；四是跨区域协作院线，有跨省区制发放协作模式（河北中联影业院线）、发行放映协作模式（大井冈发行协作区）；五是以影片类型冠名的波动性的院线（有类型片上映时统一操作，平时归所属院线），有全国性模式（AG文化艺术院线，平时归属各省市院线）、区域性模式（广东的情侣院线，平时归属广东超大银幕院线）。

第四节　中国电影产业化之路[①]

电影产业发展的过程，是由一种类似小作坊式的电影生产，朝着运用现代企业制度的运营模式来大规模生产电影的产业化过程。2019 年，我国电影票房为 93 亿美元。2020 年受新炎疫情冲击，电影票房降至 32.14 亿美元。2021年有所回暖，电影票房为 74.38 亿美元。[②]

一、起步阶段：电影作为舶来品的曲折发展

1896 年，电影作为舶来品传入我国之初被称为"西洋影戏"。1905 年，《定军山》的放映标志着中国电影的诞生。20 世纪 20 年代初期，我国电影出现了以张石川、郑正秋等人为代表的创作人员，作为中国早期电影事业的拓荒者，为中国电影的发展奠定了基础。

1931 年，以夏衍、田汉等进步工作者为中心的一批电影人发起了左翼电影运动，拍摄了《狂流》《女性的呐喊》等一批进步影片，奠定了中国电影创作的现实主义优良传统，形成了一支进步电影的创作、制作和管理队伍。1937年，全面抗战爆发。1938 年，延安电影团成立，拍摄了一些珍贵的电影史料和新闻纪录片。1946 年，在接收、改造伪"满映"的基础上成立了东北电影制片厂（1955 年改名为长春电影制片厂）。1949 年 4 月成立北平电影制片厂（同年 10 月改名为北京电影制片厂）。1949 年 6 月成立中国农业电影制片厂。

新中国成立后，相继成立了一批电影厂。1949 年 11 月成立上海电影制片厂。1952 年成立解放军电影制片厂（后改名为中国人民解放军八一电影制片厂），1953 年成立上海科学教育电影制片厂和中央新闻纪录电影制片厂，1956年筹建珠江电影制片厂，1957 年成立上海美术电影制片厂和上海电影译制厂。1958 成立峨眉电影制片厂、西安电影制片厂、内蒙古电影制片厂和新疆电影制片厂（1962 年停产，1979 年改名为天山电影制片厂，并恢复生产），1960年成立北京科学教育电影制片厂。

电影产业规模迅速扩大，从 1949—1965 年的 17 年，共生产故事片 603部、科学教育片 1980 部、美术片 279 部、新闻纪录片 8344 部。在电影发行放映方面，全国放映单位从 1949 年的 646 个发展到 1965 年的 20363 个，其中农村放映队有 9835 个，改变了城乡分布不平衡的状况。电影观众的人次从 1949年的 4700 万人次到 1965 年的 46.3 亿人次。发行收入从 1949 年的 205.8 万元

---

① 本节内容重点介绍新中国成立后我国电影产业的发展状况。
② 影子：《中国电影产业指数（2021 版）发布》，《中国电影报》2021 年 9 月 29 日第 7 版。

增加到 1965 年的 1.3 亿元。[①]

逐步建立管理机构与管理体制。1949 年 4 月，中宣部直属的中央电影管理局在北平正式成立。新中国成立后，中央电影管理局改隶文化部，全面管理全国公私营业电影事业及有关电影的器材和影片的进出口等事宜。文化部成立了电影指导委员会。1950 年，电影局表演艺术研究所成立，后在此基础上成立北京电影学校，1956 年正式成立北京电影学院。同年，政务院批准颁布《电影新片颁发上演执照》《电影旧片清理》《国产影片输出》《国外影片输入》《电影业登记》等五项暂行办法，标志着电影管理体制的初步建立。

新中国成立之初，电影局提出建立与健全全国及国外发行网，组建全国电影发行机构——中国电影经理公司总公司，形成了从管理到生产、经营的电影事业体制和从中央到地方垂直管理政企合一的电影发行体制。1953 年，出台《中央人民政府政务院关于建立电影放映网与电影工业的决定》，提出在全国范围内建立电影放映网、改进影片的发行工作，建立放映机器制造工业、建立电影胶片制造工厂等。

二、改革阶段：电影事业逐步产业化

党的十一届三中全会之后，电影体制开始改革。1978 年，全国生产故事片46 部，电影发行收入 5 亿元，放映收入 8.97 亿元。[②] 1979 年，国务院批转文化部、财政部《关于改革电影发行放映管理体制的请示报告》，决定通过调整发行收入分成比例，增加用于发行放映事业的生产基金。各级电影发行放映公司的利润 20% 上缴财政，80% 留作修复、发展电影发行放映企业的基金。1984 年，中央颁布《中共中央关于经济体制改革的决定》，电影业被确定为企业性质（事业单位企业化管理），独立核算，自负盈亏。1986 年，为统筹影视发展，原归属于文化部管辖的电影局被划归到广播电视部，成立新的广播电影电视部。1987 年，央视建立无锡影视基地，之后陆续出现浙江横店、宁夏镇北堡等不同类型、不同功能、不同形态的影视基地。

20 世纪 90 年代，我国电影拉开了市场化的序幕。1993 年广电部出台《关于当前深化电影行业机制改革的若干意见》，指出电影制片、发行、放映等企业必须改变计划经济下电影的统购统销模式，调整制片、发行、放映三者之间经济分配上的不合理状况。1997 年，由北京电影制片厂（以下简称"北影厂"）拍摄出品的故事片《甲方乙方》首次在国内电影市场提出"贺岁片"的概念，使"贺岁档"成为电影市场上最热门、竞争最激烈的放映档期，引发了

① 参见周斌：《新中国 70 年电影产业的变革与拓展》，《武汉科技大学学报（社会科学版）》2020年 12 月。

② 刘文正：《中国电影产业 70 年创新发展经验回顾及转型升级研究》，《中国电影市场》2019 年第 10 期。

贺岁片的创作热潮。这部影片成为新中国成立以来第一部专门为特定档期创作拍摄的影片，第一部采取导演不领取片酬、在影片利润中提成的"风险共担"形式的影片。

（一）电影制片行业的改革发展

1. 国有制片企业的集团化改革。1998 年，推行电影集团化改革试点，1999 年先后组建"中影集团"和"长影集团"，我国电影制片行业正式迈向集团化发展之路，相继成立了上海电影集团（2001 年）、西部电影集团（2002 年）、潇湘电影集团（2002 年）、峨眉电影集团（2003 年）、珠江电影集团（2008 年）等兼营发行、放映、版权开发及相关产业经营项目的综合实体，优化了资源配置，逐步拓展成为电影产业的"国家队"和"主力军"。《建国大业》《建党伟业》《建军大业》三部曲在主流电影项目的开发上更多地融入了商业元素和类型策略，推动了新主流电影的创作。

2. 民营电影企业的全面崛起。2002 年 2 月《电影管理条例（修订版）》出台，鼓励企业、事业单位和其他社会组织及个人以资助、投资形式参与摄制电影片。2003 年 10 月，广电总局推出《电影制片、发行、放映经营资格准入暂行规定》等政策，放开电影制作、发行、放映领域主体准入资格。2004 年 10 月，出台《电影企业经营资格准入暂行规定》，进一步降低了市场准入门槛，扩大了投融资主体开放的范围。2004 年 1 月，广电总局出台《关于加快电影产业发展的若干意见》，进一步鼓励和支持非公有资本进入电影电视剧制作发行、影院和院线领域，民营电影公司得到快速发展。电影产业化改革快速推进并形成了电影投资主体的多元化格局，一大批民营影视企业迅速崛起，以万达影视、华谊兄弟、博纳影业、华策影视、光线传媒、横店影业、乐视影业（后更名为乐创文娱）等为代表的民营影视骨干企业相继出品了《英雄》《手机》《天下无贼》《天地英雄》等国产商业大片，成为我国电影制片行业的中坚力量。

3. 电影产业迅速发展。2000 年，我国电影的数量仅 100 部左右，2003 年中国电影产量达到 140 部，总票房突破 10 亿元，电影银幕数达到 1923 块。[①] 2010 年，国务院办公厅下发《关于促进电影产业繁荣发展的指导意见》，提出迈向"电影强国"的总体目标和"健全市场公平竞争、企业自主经营的电影产业运营体系"的具体举措，电影产业作为科技含量高、附加值高、资源消耗少、环境污染小的文化产业，被纳入到国家战略层面。我国电影不仅形成了多类型、多品种、多元化的创作格局，逐渐形成了全产业链发展的跨界融合姿态。我国电影无论在银幕数量、观影人次、票房成绩还是在影院建设方面，均快速发展。2010 年，中国故事片的年产量达到 526 部，电影银幕数达到 6256 块，票房突破 100

亿元，其中，国产电影票房累计 57.34 亿元，华谊、光线、博纳、星美和小马奔腾等五大民营电影公司主导出品的影片票房贡献超过 30 亿元。①

（二）电影发行行业的改革发展

1. 院线制改革。2001 年 12 月，广电总局、文化部下发《关于改革电影发行放映机制的实施细则（试行）》，推动全国院线制改革，构建以院线为主体的发行放映机制，由制片单位和发行公司直接向院线供片，鼓励各地区兴建院线，甚至跨省经营。2002 年全国共建成 35 条院线，总计加入 1019 家影院，1834 块银幕，跨省院线 14 条，"院线制"发行体系初步建成。②

2018 年，国家电影局下发《关于加快电影院建设促进电影市场繁荣发展的意见》，明确提出要进一步深化电影院线制改革，首次设定院线市场退出机制，对于长期管理不善、经营乏力的院线公司，将实行市场退出；同时对新组建的院线调高了入市门槛——"控股影院数在 50 家或拥有 300 块以上的银幕、年票房收入不低于 5 亿元且无相应违法违规行为的影投公司，才有机会申请院线牌照"。

电影市场逐步对外开放。1994 年，政府主管部门授权中国电影集团公司（以下简称"中影公司"）每年引进 10 部"基本反映世界优秀文化成果和当代电影艺术、技术成就的影片"，并以分账方式由中影公司在国内发行，以美国好莱坞影片为主的进口分账大片开始被引入中国电影市场。2001 年 12 月，中国正式加入 WTO，国内电影市场进一步开放。2012 年，中美双方就解决中国加入 WTO 后电影相关问题达成《中美双方就解决 WTO 电影相关问题的谅解备忘录》，规定中国引进分账片的数额从 20 部增加至 34 部，每年增加进口 14 部 IMAX 和 3D 电影格式的美国大片；美方票房分账比例从原来的 13% 提升至 25%；允许外资参与改造、改建中国影院，但外资的比例不得超过 49%。文化部先后下发了《关于加强和改进文化产品和服务出口工作的意见》和《关于鼓励和支持文化产品和服务出口若干政策的通知》，正式开启"中国电影走出去"工程，促进中国电影的国际化传播。

2. 发行主体变迁。1994 年，电影局下发《关于进一步深化电影行业机制改革的通知》，影片发行单位可以直接向北京及 21 家省、市的各级发行、放映单位发行，使得电影全行业所有企业的经营自主权得到认可，电影市场中的企业主体开始探索新的经营模式、院线制和现代企业管理制度。2003 年 8 月，"华夏电影有限责任公司"正式成立，打破中影公司唯一拥有发行国外影片资质的发行垄断，中影、华夏共同引进发行国外大片。2002 年，北京博纳文化交流有限公司被作为改革试点，成为首家获得广电总局电影局颁发的"电影发行许可证"的民营公司。2003 年，电影主管部门推出电影发行改革方案，提出"国产影片的

① 张忠、丁果、梅也天：《后疫情时代中国电影产业的守正与创新》，《电影文学》2021 年第 4 期。
② 尹鸿、程文：《2011 年中国电影产业备忘》，《电影艺术》2012 年第 2 期。

发行领域，对国内的所有各类资本开放，只要达到 50 万元以上的注册资金，曾经有过代理发行三部及以上国产影片（或者一部电影局推荐的国产片）的经验，就可以向电影局申请全国影片发行许可证"。民营发行机构以更为灵活、多样、创新的发行模式，形成了强劲的发展生态。

（三）电影放映行业的改革发展

2002 年，《电影管理条例》明确"鼓励国有、非国有单位及个人按照《电影管理条例》的规定在全国乡村以多种方式经营电影发行、放映业务，在城市中的学校、社区以多种方式经营电影放映业务"，"鼓励国有、非国有单位及个人投资建设、改造电影院"。许多民营机构进军影院经营行业，出现了一些规模化经营的影院投资管理公司，成为整个影院行业的发展龙头。

2004 年，广电总局施行《外商投资电影院暂行规定》，规定外资（包括港资）在一定比例内可以进入影院经营领域。同时，以万达为代表的本土影院投资管理公司和院线体系通过兼并、收购等融资渠道，投资海外院线，开启了我国电影产业的全球布局。2012 年，万达集团斥资 26 亿美元全资收购美国第二大院线AMC。2018 年，万达旗下 AMC 院线在北美和欧洲 15 个国家拥有 1000 家影院、11000 块屏幕，成为全球最大单一院线。[①]

新世纪以来，一方面，影院建设和改造标准不断提高，日益丰富的高科技多厅影院极大地提升了电影视听体验、满足了不同受众的观影需求，例如 IMAX 影厅、中国巨幕厅、4D 影厅、杜比全景声影厅等等；另一方面，影院建设在全国范围内逐步建立起城市、乡镇乃至村一级的电影放映网络，极大地拓展了中国电影的观众基数。2018 年，国家电影局印发《关于加快电影院建设 促进电影市场繁荣发展的意见》，鼓励企业积极投资建设电影院，鼓励发展电影院线公司，鼓励电影院线公司依法依规并购重组。

三、发展阶段：电影产业走向高质量发展

（一）政府加大对影视企业的扶持和监管力度

2014 年，七部委《关于支持电影发展若干经济政策的通知》，国家从税收、土地、补贴等各个方面促进电影产业的发展。2017 年，我国文化产业领域的第一部专门法律《电影产业促进法》正式施行，强化了电影的产业属性和市场价值，将电影产业纳入国民经济和社会发展规划中，为中国电影的繁荣发展提供了法律依据和保障。

2018 年，管理部门加大了对影视企业的监管和治理力度，进一步规范了票

---

① 任晟姝：《持续释放"电影生产力"——改革开放四十年中国电影产业发展回望》，《电影文化》2018 年 6 月第 18 辑。

务市场、电影复映市场、点播市场和明星的片酬。中宣部、文化和旅游部、国家税务总局、广电总局、国家电影局等部门联合印发通知，要求加强对影视行业"阴阳合同"、偷逃税等问题的治理，推进依法纳税工作。国家税务总局发布《关于进一步规范影视行业税收秩序有关工作的通知》，民营影视公司的发展进入了调整期和规范期。

2018 年，新一轮机构改革由中宣部统一管理电影工作，加强党对电影工作的全面领导。2019 年，国家发改委、商务部发布的《外商投资准入特别管理措施（负面清单）（2019 年版）》，取消电影院须由中方控股的限制。

（二）电影产业走向高质量发展

我国电影产业在政策、制度、人才和创作等方面不断开拓，供给侧结构性改革深入推进，电影文化消费市场不断拓展，电影成为拉动内需、促进就业、推动国民经济增长的重要产业，在市场规模、产业结构、行业格局、作品质量等方面都展现出新的面貌。我国电影产业开始由数量规模型、粗放发展型向质量效益型、集约内涵式转变。

据国家电影局数据，2019 年，我国电影票房收入为 642.66 亿元，其中国产电影票房 411.75 亿元，进口电影票房 230.91 亿元，市场规模稳居世界第二；我国银幕总数达到 69787 块，居全球首位；我国电影市场观影人次为 17.27 亿次，人均观影次数为 1.24 次，相较于美韩等国每年人均观影 4 次左右，我国人均观影次数仍处于低位状态，电影消费市场有着巨大的潜力空间。[①] 2020 年，我国电影总票房达 204.17 亿元，其中国产电影票房为 170.93 亿元，占 83.72%；全年生产故事片 531 部，票房前 10 名均为国产影片。《八佰》《我和我的家乡》《姜子牙》《金刚川》等 4 部影片跻身 2020 年全球票房前 10 名。[②] 2021 年，总票房和银幕总数继续保持全球第一。我国电影总票房达到 472.58 亿元，其中国产电影票房为 399 亿元，占总票房的 84.49%；新增银幕 6667 块，银幕总数达到 82248 块；生产电影故事片 565 部，影片总产量为 740 部，全年票房前 10 名的影片中有 8 部国产影片，《长津湖》以 57.72 亿元居票房之首。[③]

随着我国电影水平的增长，我国本土市场更加开放包容，通过协拍、合拍等方式升级投资体量、优化电影质量。美国、韩国及中国香港等成为内地主要的合作主体。合拍优化了资源配置，促进了创作生产理念的更新，加速了中国电影的商业化运作方式。1979 年，成立中国电影合作制片公司，广泛地开展了各种合作拍片业务，其中由中国电影合作制片公司出品的中美合拍片《卧虎藏龙》影

---

① 任晟姝：《新世纪 20 年中国电影产业发展流变》，《文艺论坛》2020 年第 3 期。
② 尹鸿、孙俨斌：《2020 年中国电影产业备忘》，《电影艺术》2021 年第 2 期。
③ 同上。

响最大，荣获第 73 届美国奥斯卡最佳外语片等 4 项大奖，是华语电影历史上第一部荣获奥斯卡金像奖最佳外语片的影片。

（三）"院转网"——院线电影线上放映新现象

2020 年以来，持续蔓延的新冠疫情给全球影业带来了不可估量的打击。当剧组停工、线下发行取消、影院停业之时，互联网却成为电影发行和放映的重要"战场"。同时，电影市场"二八定律"较为明显，呈现出垄断竞争的市场特征。"二八定律"也称为帕累托法则，最早由意大利经济学家帕累托于 19 世纪末提出，认为社会上 20% 的人占有 80% 的社会财富。在电影市场方面，为数不多的"现象级"电影占据了大部分的票房，票房回收上呈现出极不平衡的特征。万达、广东大地、上海联合、中影数字等排名前 10 位的院线票房产出占据了全国近 70% 的市场份额。头部院线优势明显，票房产出明显两极分化。因此，电影业拥抱互联网与新技术，尝试新的放映、发行和制作方式，"互联网＋"带来电影放映和发行的网络化，促进电影与互联网的深度融合。"院转网""轻发行""技术变革"为电影产业提供了新的发展方向，也影响着电影产业的变革。美国环球影业新片《魔发精灵 2》因受到新冠疫情的影响，选择直接通过流媒体平台在 2020 年 4 月通过全网点播的方式网络点映，据《华尔街日报》报道，该片发行三周内，数字版权收入接近 1 亿美元，超过《魔发精灵 1》5 个月的院线放映票房分账收入。[①] 免费观影、5 元观影、19 元的会员观影特权以及以影院票价 1/3 的价格购买观影权限，给了观众较多的实际优惠，而便利、多元、无限制的观影时间和空间也给予了观众更多选择的自由和权限。我国电影"院转网"以《囧妈》为代表，电影在宣布影院撤档之后立即转战流媒体平台，在春节档与其他新电影和网剧打包，以 6.3 亿元的价格卖给字节跳动，通过字节跳动旗下的西瓜视频、抖音、今日头条等平台从大年初一起免费播出，降低了院线票房亏损的风险。

资料链接

美国好莱坞

1908 年，当摄影师汤马斯·伯森斯和导演弗兰西斯·鲍格斯来到好莱坞拍摄《基度山伯爵》时，它还只是美国西海岸洛杉矶郊外的一个小村，风光秀丽，景色宜人。1913 年，好莱坞电影城初具规模，逐步聚集了派拉蒙、米高梅、环球、华纳兄弟公司、20 世纪福克斯、哥伦比亚公司、雷电华公司、联美公司等大制片公司，支配着影片的生产及全世界影片的上映和发行，吸引着世界各地的导演和演员去那里拍片。好莱坞是美国电影出品的主要基地，生

---

① 参见彭侃：《新冠肺炎疫情下的 2020 年世界电影产业》，《电影艺术》2021 年第 2 期。

产的影片分为侦破片、西部片、歌舞片、喜剧片、惊险片、科幻片、抒情片等75种类型。这些影片十分讲究戏剧性，编织各种人在各种生活中的各种遭遇，结构紧凑、曲折，人物性格复杂、独特，情节常有误会、巧合；富有传奇、浪漫色彩，具有极大的刺激性和观赏性。第一部在好莱坞拍摄的电影是1908年根据大仲马原著改编的无声影片《基度山伯爵》。有些人把1913年称为影城好莱坞的奠基年，这一年派拉蒙公司在好莱坞建立了一个初具规模的摄影棚。20世纪三四十年代是好莱坞的黄金时代，推出了《乱世佳人》《蝴蝶梦》《魂断蓝桥》《摩登时代》《大独裁者》等不少传世佳作，被奉为世界电影史的经典之作。70年代，好莱坞采用了欧洲的制片人制度。

好莱坞电影产业涵盖了电影从投资、生产、发行、上映及衍生产品开发的各个环节与不同阶段，是一种工业化流水线生产高度集中的电影产业运作模式。其主要特征，一是高度精细的组织分工。好莱坞电影制作主要分为三个阶段：前期准备阶段、拍摄制作阶段及后期组合编辑阶段。20世纪30年代后逐步形成精细化、专业化的分工集成体系。制片厂设有编剧、导演、演员、摄影、美术、录音与剪辑等，拥有整套电影工业流水线。所有的制作人员是工业生产流水线上的一枚螺丝钉，有专业而细致的分工。例如，编剧部门，分为提出创意、构造主要情节、添加次要情节、写对话、加兴奋点等各个专业部门，由各种专业人员负责。一个题材往往会交给多个编剧，每个编剧编写不同的部分，最终整合成一个剧本，这一制作流程充分体现了好莱坞电影工业化的生产模式。二是制片人责任制。好莱坞制片人是组织和监督影片生产的管理人员，向上对公司负责，向下控制一切。制片人依据市场调查部门得出的调查结论，把握市场的取向，确定观众需求的题材类型。然后，组织一整套电影制作班底，从剧本的创作到找什么导演、使用哪些演员，制片人全权负责，控制着电影制作的主体脉络。在一部电影的制作过程中，制片人拥有绝对的领导权，保证了影片的制作效率与商业属性，是好莱坞商业电影最有效的实现手段。三是好莱坞的运作模式。好莱坞电影产业形成了一套开拓电影市场的自我调节机制，建立了全球市场的营销网络。21世纪以来，传统的好莱坞八大制片厂皆在不同程度上进行了产业调整与组合，形成了规模更大的产业集团。时代华纳、迪士尼等巨头通过控制电影生产、发行完成了纵向整合，继而通过跨媒介经营、IP开发进行了横向整合。派拉蒙、环球、华纳兄弟公司、哥伦比亚公司、联美公司、米高梅、20世纪福克斯、雷电华公司八大电影公司几乎垄断了美国电影行业，在全球电影市场中独占鳌头。

一、派拉蒙

派拉蒙创建于1912年5月，是好莱坞八大公司中资格最老的。创始人阿道夫·楚科尔和杰西·拉斯基高瞻远瞩，最早意识到明星效应，早期签约演员有玛丽·璧克馥、道格拉斯·范朋克和鲁道夫·瓦伦蒂诺等电影明星。公司拍摄过《罗马假日》《迷魂记》《蒂凡尼的早餐》《东方快车谋杀案》《教父》等经典作品。厂标背景是雄山，实景标识可能是秘鲁的阿特森拉杰峰，里面的星星据说是代表着派拉蒙当时签约的24位巨星，后改为22颗。

二、环球公司

1912年6月，美国独立电影公司的老板卡尔·莱姆利合并了六七家小电影公司，组成环球影片公司。环球公司于1946年与国际制片公司合并。1962年，环球国际公司被美国音乐公司收购。1990年，环球公司被日本的松下公司以60亿美元收购。出品影片主要有《辛德勒的名单》《美丽心灵》《钢琴家》《速度与激情》《谍影重重》等。2016年4月，环球收购梦工厂动画部门。

三、华纳兄弟

华纳兄弟影业公司由波兰移民哈里·华纳、阿尔伯特·华纳、山姆·华纳和杰克·华纳4个犹太人兄弟于1918年创建。1923年在纽约正式成立华纳兄弟影业。华纳兄弟制片厂外边的水塔位于北好莱坞大道最南端，高约40.5米，是加利福尼亚州伯班克天际线中最知名的景点之一。华纳兄弟是第一家制作、发行有声电影的公司。华纳兄弟影业在1990年被时代公司收购，之后改名为时代华纳。著名的作品有《蝙蝠侠》系列、《超人》系列、《黑客帝国》系列、《哈利波特》系列、《指环王》系列、《霍比特人》系列。

四、哥伦比亚公司

哥伦比亚电影公司成立于1919年，由哈里·考恩、杰克·考恩两兄弟与乔·布兰迪共同创建。厂标"手持火炬的女人"是1924年设计的。1973年，公司被爱伦·赫希菲尔德和戴维·贝格尔曼收购。1982年，公司被可口可乐公司收购。1987年，哥伦比亚公司与三星公司合并。1989年，日本电子巨头索尼花34亿美金收购哥伦比亚电影公司，更名为索尼影视娱乐公司。1993年，"火炬女郎"标识由迈克尔·迪斯创新设计。

五、联美电影公司

1919年，C. 卓别林、D. 范朋克、M. 毕克馥、D. W. 格里菲斯共同出资创建联美电影公司。它没有自己的摄影棚，拍片时需租用场地，采用向独立制片人投资的方式拍片。1967年，联美公司被金融集团泛美公司收购。1981年，联美电影公司并入米高梅公司。2006年，汤姆·克鲁斯与合伙人出资收购联美公司。发行过《摩登时代》《西区故事》等电影。

六、米高梅公司

马库斯·洛是洛氏股份有限公司的董事长，他先后收购了米特洛制片公司和高德温公司，最后与路易斯·梅耶制片公司合并，于1924年组建成米高梅公司。公司宣传人员霍华德从自己母校哥伦比亚大学的体育队雄狮队获得灵感，设计了厂标"雄狮利奥"标识。1981年，柯克里安控制了金融集团泛美公司所有的联美制片公司，组建了米高梅—联美娱乐公司。1990年，意大利人姜卡尔洛·帕雷蒂的控股公司帕泰通讯公司在时代—华纳公司的帮助下，收购了米高梅公司。2004年，米高梅公司被索尼财团以近50亿美元的价格收购。出品《乱世佳人》《绿野仙踪》《魂断蓝桥》《猫和老鼠》及007系列电影等，共获得170项奥斯卡奖，在好莱坞各大影片公司中独占鳌头。

七、雷电华公司

雷电华公司于1928年由洛克菲勒财团成立，沃尔特·迪士尼、奥逊·威尔斯和塞尔兹尼克等独立制片人都曾加盟雷电华公司，并为公司的发展作出了杰出的贡献。涵盖制作、发行、放映等业务。雷电华公司厂标是一个旋转着的地球和广播塔。1948年，飞机大王霍华德·休斯买下雷电华公司。1951年，雷电华退出电影圈，转向无线和有线电视发展。1955年，被一家轮胎公司的子公司托马斯·奥尼尔的通用远距无线电公司收购，最终从好莱坞消失。

八、20世纪福克斯公司

威廉·福克斯的福克斯影片公司于1917年在好莱坞成立，1935年与达里尔·扎纳克和弗兰克·申克的20世纪制片公司合并，成立20世纪福克斯电影公司。1981年，石油大王马文·戴维斯收购20世纪福克斯电影公司，他把一半股份出让给了澳大利亚报业巨头鲁伯特·默多克的新闻集团。2018年，迪士尼以713亿美元正式收购20世纪福克斯，好莱坞从"八大"到"六大"又变成"五大"公司。出品的电影有《真实的谎言》、《异形》系列、《星球大战》系列、《阿凡达》、《泰坦尼克号》、《X 战警》系列、《金刚狼》系列、《冰河世纪》系列等。20 世纪 60 年代，摄制了美国电影史上成本空前的影片《埃及艳后》。

2020 年，美国电信巨头 AT&T 以 850 亿美元的价格收购华纳兄弟的母公司时代华纳集团，传统的内容供应商和电信运营商联合起来，应对着以脸书、谷歌、奈飞、亚马逊等四大互联网巨头为代表的流媒体平台的挑战。

资料来源：根据冯大年《好莱坞电影产业运作机制研究》（《上海文化》2013 年第 12 期）等相关资料整理。

文化产业概论

第七章　报刊与图书出版产业

21世纪，世界经济、政治、文化、科学技术和国际关系正在发生着新的变化，我国出版业要主动抢抓机遇，坚持改革开放，重构中国出版业持续快速健康发展的战略格局，应对世界各种文化相互激荡、竞争发展的局面，应对传播技术革命对传统出版的挑战，为人类文明进步做出更大贡献。

第一节　世界报刊与图书出版产业

一、美国报刊与图书出版产业

（一）美国报业现状

近年来，互联网的兴起对美国传统报业形成了巨大冲击。免费新闻、搜索引擎信息等各种免费资源带来极大便利和海量信息。"报纸消亡论"最早出现在美国，2004年，美国学者菲利普·迈耶预测："2043年第一季度晚些时候，日报将丧失最后一位读者。"

1. 报纸停刊或转成电子版。广告收入下滑、大范围裁员，是导致报业衰退的直接原因。美国商业网站广告直接剥离原有报纸广告份额。2009年，《西雅图邮报》等老牌报纸不得不放弃印刷纸质媒体，转型为电子媒体。到2018年，美国有200家报纸倒闭，500多份杂志停刊。①

2. 网络盈利模式不确定。盈利模式不确定、收费难是美国报业长期衰退的原因。新媒体技术改变了原有的媒介生态结构，公众可以轻易找到满足其需求的其他媒介替代品，而且免费。"新闻无须付费"的观念已经成为大多数受众认可的方式，网络信息应该免费已经约定俗成，付费网站的道路越走越窄。《华尔街日报》是少数实现在线收费的成功案例。

（二）美国报业的数字化发展

美国报纸发行量排名前三位的是《纽约时报》《华尔街日报》和《今日美

---

① 孙宏：《美国报业数字化对中国报业的启示》，《电子世界》2018年第19期。

国》。《纽约时报》是美国精英报纸的代表，《华尔街日报》是财经类报纸的代表，《今日美国》是平民报纸的代表。三家报纸是美国最早实现数字化转型的报纸，代表了美国报业的整体发展趋势。

1. 互联网数字化发展：网络版。20世纪90年代以来，互联网在美国迅速崛起。2000年，《今日美国》总裁汤姆·库里门确立了该报的发展方向——实现网络版，只有网络化发展才能在新的传媒格局中持续稳定地发展，即通过报纸、网络和广播电视直播三个不同的平台发布其内容。报纸及网络制作小组为电视台提供内容服务，报纸同时提供内容给网络，可见报纸内容是网络主要的信息来源。反之，广播电视为报纸和网络提供数字图像，丰富后者的多媒体内容。

2. 报业网络的移动化发展。麦克卢汉媒介理论的核心观点就是"媒介即信息"，即媒介的技术革命是社会发展的源动力。技术变革将产生人类的认知、人与人的关系，新的社会行为类型等多种连锁反应。21世纪初，移动媒体成为报纸网络的"必争之地"。美国许多报纸投巨资提高其"移动平台"内容、质量、速度及服务。充分发挥互联网的即时性、互动性、可访问性，实现"报网互动"、人性化内容定制、培养特定读者群，并在网络移动平台基础上，探索更多的数字媒体资源使用和服务方式。

3. 多媒体融合模式，实现数字化平台。建立以互联网为核心的融合型、全媒体平台是大势所趋。报业数字化转型的策略在于提供全方位的报业数字产品与服务，保持固有的受众资源和媒体影响力。传统报媒突破原有平面媒体的束缚，拓展出网站、视频、手机报等更多的新媒体渠道，进行报业数字信息的采集、处理、管理、发布等，最终实现报业数字媒体与纸质媒体之间的无缝链接。

（三）美国数字出版产业

数字出版，是指在整个出版过程中，从编辑、制作到发行，所有信息都以二进制代码的形式储存于光、磁等介质中，信息的处理与传递必须依托计算机或类似设备为载体。数字出版经历了从桌面出版到电子出版再到网络出版的发展过程。1961年，美国化学文摘服务社使用计算机编制《化学题录》被视作桌面出版的开端。20世纪70年代，电子出版兴起，电子计算机技术开始用于出版物的印前编辑，最终的出版呈现形式以电子出版物为主导。20世纪90年代，数字出版迈入了网络出版的阶段。

1. 美国数字出版产业形态。美国的数字版权作品主要以电子杂志、电子书、数字报纸、数字视频、数字音乐等为主。2018年，美国电子书出版收入达53亿美元，电子杂志收入达9亿美元，数字报纸达16.6亿美元。美国读者电子书阅读比例为25%，有声书阅读比例为20%，印刷书刊阅读率高达65%。[①] 美国数字出版产业已经形成了完整的价值产业链，数字出版上游即内容提供商，包括传

① 陈翔宇、付玉：《美国数字出版产业的区块链应用研究》，《东南传播》2021年第9期。

统的出版公司和作家，负责签约版权电子书或原创内容的制作。美国五大出版巨头哈珀·柯林斯、霍顿·米夫林、企鹅兰登、麦克米伦，西蒙和舒斯特等制作的电子书市场份额约为三分之一。在出版产业中游即发行平台，美国电子书内容平台五大巨头分别是：亚马逊 kindle，苹果 iBooks，巴诺书店 B&N Book，谷歌 Google play Books，以及乐天 Kobo。数字出版下游即阅读终端，包括 PC 端、智能手机、电子书阅读器等。

2. 五大出版商依然占据产业垄断地位。数字出版作为传统出版衍生的一个分支领域，依然由传统的巨头出版商主导。大型出版商在内容制作、营销推广等方面占据优势，并拥有议价优势。以内容发行平台苹果 i Book 商店为例，五大出版商制作的电子书占据 58%，独立作者作品占据 20%，中小型出版商作品为 19%；在收入方面，五大出版商收入高达 74%，中小型出版商 15%，而独立出版收入则仅为 9%。[①]

3. 原创作者处于产业链的底端。图书出版的价值链主要由作者、出版商、经销商、批发商和零售商等组成，作者的稿件充当着"原材料"的角色，出版社得到作者的书稿之后，经过编辑、设计、印刷，经批发商或书店销售给读者。在图书出版产业的价值链中，出版商占据绝对主导地位。

4. 版权隐患问题依然存在。数字时代的版权保护问题是目前世界面临的普遍难题，网络技术本身的特性就使得电子书易传播、复制，作品文字、图表、图片等容易被他人盗用和非法翻印，且难以追踪。对出版行业来说，作品版权的维护需要依托强大的版权系统对作品进行信息登记。区块链可以解决出版商和内容创作者面临的问题。区块链是在所有平台上的数字分账系统，它完全去中心化，并不受企业组织的控制，这有利于打破当前美国数字出版商的绝对话语权地位。区块链可以允许数字信息被记录和分发，但无法被编辑，这有利于避免盗版的问题。区块链的智能合约与链式跟踪有助于实时评估不同岗位人员在出版过程中的贡献。总之，区块链的应用将简化内容分发，并使生产、传播、交易过程更加有效、透明。

二、德国报刊与图书出版产业

现代印刷技术发端于德国。1450 年，出生于德国美因兹市的发明家约翰·古登堡发明了金属字母活字印刷术，使西方世界进入了印刷传播时代。1811 年，德国机械师弗雷德里希·柯尼希和安德里亚斯·保尔发明了用蒸汽提供动力的滚筒纸平板印刷机，开启了机器印刷的新时代。1882 年，德国人麦森巴赫发明了照片印刷术。2009 年，书商与出版商协会开设了名为"Libreka"的电子图书平台。施普林格出版公司 1996 年推出数字线上出版平台 Springer Link，开启了网络出版，成为国际首个电子期刊全文数据库。

---

① 参见陈翔宇、付玉：《美国数字出版产业的区块链应用研究》，《东南传播》2021 年第 9 期。

德国拥有约 2000 家出版社，每年面向大众出版 9 万种图书，出版重地分散在柏林、汉堡、科隆、法兰克福、斯图加特和慕尼黑。据德国书商和出版商协会联合 GFK 娱乐公司报告，2018 年，德国图书出版市场的图书和期刊销售总额为 91.3 亿欧元，其中，电子书的销售额首次突破 3000 万欧元，占市场份额 5%；实体书店售书额占图书零售市场总份额的 46.8%。2019 年，德国的电子商务的市场体量排名世界第五，年收入达 578 亿欧元，其中，亚马逊是销售量最高的电商网站，占德国电子商务市场销量的 27%。①

德国的两大书展在春秋两季，莱比锡书展每年 4 月举办，法兰克福书展每年 10 月举办。法兰克福书展作为全球规模最大的书展和图书贸易平台，是最重要的印刷和数字内容业务展览会。如 2019 年吸引了来自 104 个国家的 30 万观展者和 7450 位参展商，为德国搭建了一座世界一流的文化交流和技术革新平台。②

德国在书籍的价格制定上，采取固定价格法，这一定价传统从 19 世纪起延续至今，2002 年正式立法。价格法的固定书价确保无论在实体书店还是在线书店，每个销售点的书籍价格一致，发行商可在 18 个月后取消固定价格，赋予了出版商为每种形式的书籍确定零售价的权力。在版权保护上，德国在 1965 年颁布了《著作权法》，是德国最早涉及信息技术发展带来的著作权问题的法案。1990 年的《反盗版法》加大了对盗版侵权行为的打击力度。2003 年出台《规范信息社会著作权法》对数字时代的作品复制、网络传播权、技术保护措施、网络服务提供商的责任等问题做了详细规定。2018 年颁布的《通用数据保护条例》，用于保护个人敏感数据。德国政府对网络侵权盗版复制行为采取"网警跟踪"和实名制策略，明确了"电子书不得转售"的原则。2019 年，德国联邦议院通过决议，数字图书出版开始和实体图书享有同等的增值税减免力度——只需缴纳 7% 的增值税。

三、法国报刊出版产业

法国全国性报纸大多控制在资本家手中。2007 年，路易·威登集团以 2.4 亿欧元收购了法国权威的经济类日报《回声报》；2015 年，又收购了《巴黎人报》。《费加罗报》的控股公司是法国航空业巨头公司达索集团。《解放报》和《快报》的控股人则是法国电信巨头 Patrick Drahi。资本家控制报业，媒体和资本家、政治家紧密联系。自 1973 年开始，法国为各大报纸发放津贴，对广告收入不足的报刊给予直接的资金资助，扶持发展网络业务；间接资助则包括减少发行的增值税，减少交通费用等。2011 年底，全国性日报《法兰西晚报》退出纸质版舞台，转向数字版；2012 年，仅次于《回声报》的法国第二大经济类日报《论坛报》

---

① Ecommerce in Germany-Trends, Forecasts and Statistics, 2019 – 10 – 01, https：// www. grow code. com/blog/ecommerce-in-germany/.

② 数据来自法兰克福国际书展网站的统计。

告别日报时代，以网站和周报两种形式生存。2019 年，法国全国性日报不到 10 种，地方性日报只有 60 种左右。法国街道上的报亭曾是一道风景线，但是因为传统报刊销售的减少，超过 5000 多家报亭关闭。

1995 年，《解放报》开启了法国报业网络版。法国所有报纸的新闻网站上大部分文章都是付费阅读，成为报纸面对发行量下降的重要策略之一。据"法国新闻媒体数据联盟"数据显示，2019 年，数字内容订阅用户正在赶超纸媒订户。发行量第一位的《费加罗报》，数字订户超过 46%；发行量排名第二位的《世界报》，数字订户超过总发行量的一半。[①]

拓展新媒体，通过"付费墙"增加发行收入。在电子书定价方面，法国与德国一样参照纸质书定价规则，实行统一定价制度。电子书定价与纸质书定价相同。

四、韩国报刊与图书出版产业

韩国现代意义上最早的报纸是创刊于 1904 年的《大韩每日申报》（现名为《首尔新闻》）。在韩国影响力最强、市场份额最大的报纸是《朝鲜日报》《中央日报》和《东亚日报》三大报纸。20 世纪 90 年代，随着互联网的发展，报刊相继设立网站。1999 年，韩国开始出现数字报刊。21 世纪初，随着智能手机的普及和大数据等信息技术的发展，韩国报业迎来全新的融媒体时代。2010 年，韩国颁布《关于报纸等的振兴法》，推动媒体融合发展。2019 年底，韩国共有报社 4246 家，当年报业销售总额为 3.96 万亿韩元，呈低增长态势。[②]

韩国出版产业主要由文化体育观光部主管，每五年出台一次《出版文化产业振兴 5 年计划》。韩国出版产业海外推广与政府机构、公共机构和民间机构的协作密不可分。其中，政府机构负责制定政策及统筹管理，公共机构负责项目的具体执行，民间机构起到辅助作用。韩国文化体育观光部的"文化内容产业室"下辖的"文化产业政策科""著作权政策科""出版印刷读书振兴科"具体负责出版文化产业相关政策的制定及实施。为推动出版产业走出去，韩国文体部于 2012 年设立了"韩国出版文化产业振兴院"。此外，韩国文体部还批准设立了多个出版产业民间机构，如大韩出版文化协会、韩国出版人会议、韩国版权团体联合会、数字出版产业振兴协会、电子出版内容管理中心、电子图书协会等。

《韩国著作权法》《出版社及印刷所注册法》等法律在著作权人和服务提供者的权利和义务、公众利益和服务商利益、政府部门的权力、对信息和技术的保护等方面进行了详尽的规定。同时，出台了《出版文化产业振兴法》《电子出版产业育成法》《数字出版产业培育方案》《图书馆及图书阅读振兴法》，对纸质出

---

① 姚丹：《法国报业突围的探索之路》，《东南传播》2021 年第 2 期。

② 韩联社首尔 2021 年 1 月 20 日电：《韩国 2019 年报社减少 3%，陷入低增长》，https：// m-cn. yna. co. kr/ view/ ACK20210120005600881？ section = search。

版物和电子出版物提出了明确的定价要求，同时对所有图书销售补贴率进行限制，相关标准每3年重新修订一次。韩国对出版产业设有独立的财政扶持预算。韩国出版产业扶持资金主要由非政府机构韩国出版文化振兴财团负责运营，重点扶持方向为内容衍生和出版科技领域。2019年，韩国出版产业扶持预算为418亿韩元。[①]

第二节　中国报业发展历程[②]

新中国成立初期的1949年12月底，中共中央批准了中央人民政府新闻总署党组《全国报纸经理会议的决议》，要求当时全国的公私营报纸"必须采取和贯彻企业化的方针"。随后，中宣部发出《关于报纸实行企业化经营情况通报》，肯定报纸企业化经营的方针是"完全正确的，可以实现的"。1950年，全国共有200种公营报纸，58家私营报纸，其中14家私营报纸在上海。[③] 1953年—1956年，我国实行社会主义工商业体制改造，政府逐渐采取退还私股策略，将公私合营报纸改造为公营报纸，报业产权全部都变成国有产权。改革开放后，报业逐步进行市场化改革。

一、企业化经营开始市场化改革

1978年，《人民日报》联合其他八家新闻单位提出要试行"事业单位，企业化管理"运营模式，正式拉开中国报业市场化改革的序幕。"事业单位，企业化管理"，就是报业保留事业单位体制，在经营领域采取企业化管理的办法，自主经营，自负盈亏。1979年，《天津日报》刊登了改革开放后第一则商业广告——"蓝天"牙膏广告。中宣部发布《关于报刊、广播、电视台刊登和播放外国商品广告的通知》，报社从事广告经营获得政策允许和支持。1983年，《陕西日报》实行经济责任制。国家每年给《陕西日报》社纸张差价补贴80万元，超亏不补，减亏全留。1984年，《人民日报》实行采编工作责任制，报纸信息传播功能回归。1985年，《洛阳日报》告别邮局发行，尝试报纸自办发行网络或自设零售点，使报纸掌控了时效性这一生命线，早报开始流行开来，改变了人们的读报习惯。1988年，国家新闻出版署和国家工商行政管理局联合发布《关于报社、期刊社、出版社开展有偿服务和经营活动的暂行办法》，明确报社可以开展与本身业务有关的有偿服务和经营活动，推动了报业实施"一业为主，多种经营"的

---

①　邹积凯、郭瀚文、张伟：《比较视域下的中韩数字出版产业推动力分析》，《科技与出版》2021年第2期。

②　本节内容涉及的是新中国成立之后我国报业的发展历程。

③　黄瑚：《中国新闻事业发展史》，复旦大学出版社2009年版，第272页。

办报方略。

1997 年，国务院出台《出版管理条例》，对出版物市场进行了规制，包括出版单位的设立与管理、出版物的出版、出版物的印刷或者复制和发行、保障与奖励、法律责任以及附则等七个部分。中宣部等四部门发布了《关于禁止有偿新闻的若干规定》，除了对新闻工作者利用职权谋取不正当利益严格禁止外，还对新闻报道和广告、赞助、经营活动的区分提出了要求。同时，出台了《出版管理行政处罚实施办法》，对报刊的不当行为进行处罚和规制。

2003 年，《出版物市场管理规定》发布，允许具备一定资质的民营企业也可以和国有企业一样，申请出版物的国内总发行权及批发权。新闻出版总署发布《外商投资图书、报纸、期刊分销企业管理办法》，对外商拥有这些领域的参与权进行了肯定。同时，针对报刊业结构不合理、质量参差不齐、部分报纸摊派发行等问题，中央印发《关于进一步治理党政部门报刊散滥和利用职权发行，减轻基层和农民负担的通知》，明确要求"停办一批，减少党政部门报刊数量；分离一批，切断部门权力与报刊经营之间的利益纽带；整合一批，解决党政部门报刊结构不合理、质量不高等散滥问题"。

2005 年，报纸总数减少到 1931 种。① 《报纸出版管理规定》出台，提出要建立健全报纸出版质量综合评估制度、报纸年度核验制度及报纸出版退出机制等监督管理制度，对新闻从业人员的资质审核也有了相应的建设和规范。新闻出版总署出台了《新闻记者证管理办法》《报社记者站管理办法》和《新闻采编人员从业管理的规定》。

二、报纸数量和发行量快速增加

我国报业的第一次技术革命是汉字激光照排技术取代铅排铅印技术，彻底改造了报纸的印刷输出流程。1982 年的全国出版工作会议，提出"自动照排、电子分色、高速胶印、装订联动"发展印刷的十六字方针。1988 年，《经济日报》试点汉字激光照排技术通过国家验收，带动了一系列的报业技术变革，极大提升了报纸的生产效率，为报业大规模发行和快速发展提供了重要的技术保障。报纸数量从 1978 年邮发报纸 253 家发展到 2000 年的 2007 家，报纸发行量从 5542.5 万份增加到 17913.5 万份。② 接着，经济类报纸、晚报、都市报等市场化报纸快速崛起，改变了以单一党报体系为主导的媒体格局。《中华工商时报》《中国经营报》等一批具有全国性影响力的经济类报纸被大家熟知。《新民晚报》《羊城晚报》和《北京晚报》等老牌晚报复刊。1993 年，《济南日报》兼并了《市场导报》，成为我国首家进行报纸兼并的党报。第一份被称为"都市报"的《贵州

---

① 卓宏勇：《中国报业改革发展 40 年》，《中国出版》2018 年第 23 期。

② 胡绍德、沈国麟：《改革开放以来各地区新闻事业发展的轨迹（1978—2000）》，《新闻大学》2017 年第 1 期。

都市报》创刊。1995 年，《华西都市报》创刊，催生了各家党报纷纷创办都市报，标志着我国报业正式进入都市报时代，成为一种"现象"。报纸信息量和版面增加，不断扩版。到 2005 年，全国平均每份报纸达到对开 16 版或四开 32 版。大部分报纸改为日报。除正刊外，许多报纸还办起了各种各样的副刊、特刊、星期刊、周末刊、月末刊、画刊等，报纸内容丰富，版面活泼。

发行持续飙升，广告变成主营收入。1995 年，报纸广告出现了井喷式增长，逐渐取代销售收入成为报业主要经济来源，出现了一批广告收入在 5 亿元以上甚至高达 10 多亿元的报业巨人。1999 年，我国报纸广告经营额达到 120 亿元。截至 2007 年底，我国报纸广告经营额达到了 32212 亿元。[①]

三、报纸的网络传播

我国报业的第二次技术革命是台式电脑和 PC 互联网推动报社建立内部的办公网络平台和对外的新闻网站。1993 年，《青岛日报》率先使用新闻采编网络处理系统，成为国内第一家编辑部工作全部实现计算机化的报社。随后，各大报社纷纷建立内部互联网平台，建立以编辑部为核心的新闻综合网络处理系统，采用计算机和通信、信息处理、多媒体等先进技术装备报业，实行新闻采编、图片制作、信息传递、资料检索、广告制作、组版照排、新闻管理、经营管理、财务核算、行政办公等一整套新闻业务的自动化、网络化。报社新闻网站陆续建立，形成与商业门户网站分庭抗礼的信息传播局面。1994 年，我国正式接入互联网国际专线。

1998 年开始，新浪网、腾讯网、搜狐网、网易四大商业门户网站陆续出现，给人们提供新的信息接收渠道，对我国报业造成一定冲击。1999 年，搜狐推出了新闻及内容频道。商业门户网站没有被授予采访权，只有编辑和转载权，无法从事原创时政新闻的采编工作，因而寻求与报社建立合作关系，转载各家报社的新闻。各家报社开始推进和创办自己的新闻网站，尝试报纸的电子化出版、新闻资讯的网络发布、大型新闻专题页面的制作等，人民网、光明网、东方网、千龙网、南方网等重点新闻网站相继创办。1993 年，《杭州日报》通过网站传输报纸内容，是中国报纸最早的数字化尝试。1995 年，《中国贸易报》开始上网，成为中国报纸进入电子化时代的标志。1998 年 1 月 1 日，《光明日报》网站开通。2004 年，我国第一家手机报《中国妇女报》彩信版开通。2006 年，新闻出版总署启动"数字报业实验室计划"，在九大报业创新领域，即报业数字信息资源平台、报纸网站、电子商务平台、电子阅读器、移动采编系统、户外数字媒体、手机报、手机二维码、多媒体数字报刊确立了一批数字报业创新项目和实验基地，引导更多报社探索报业数字化转型。

---

① 李云：《三十年报业发展探析》，《青海社会科学》2008 年第 3 期。

四、成立报业集团

新中国成立后，全国范围内逐步建立起了以各级党报为主的报业体系。随着计划经济体制向社会主义市场经济体制的转变，原有报业格局开始显现出不适应报业发展客观要求的许多问题。主要表现为：因报业资源不能综合利用导致报业的综合竞争力和抗风险能力弱；因各自为政、无序竞争导致阻碍党报发展和优势报业发展壮大；因自我调节能力差导致不能快速适应市场变化，因管理体制滞后导致不能适应多媒体时代的要求；因报业机构经营规模普遍较小、经济实力难以应对国外传媒的挑战；等等。报业要增强自身综合竞争力，因应加入 WTO 后的国际化竞争，必须要解决规模经营问题，改革原有报业体系，打破条块所有、分散经营、单打独斗、无序竞争的传统报业格局，实现报业资源的合理流动与综合利用。

1994 年，新闻出版总署召开全国首次报业集团问题研讨会，形成关于组建报业集团的指导性文件。1996 年，广州日报报业集团正式挂牌运行，成为我国第一家报业集团。1998 年，南方日报报业集团、羊城晚报报业集团、光明日报报业集团、经济日报报业集团和文汇新民联合报业集团五家报业集团成立。报业集团化改变了分散化经营状况，走向多层次规模性整合，实现从以行政隶属关系为纽带的粗放式企事业混合管理形态到以资产为纽带的现代集团式企业管理模式的转变。2002 年，中宣部、广电总局、新闻出版总署印发《关于深化新闻出版广播影视业改革的意见》，提出再建立若干家报业集团，明确报业集团属于事业性质，实行党委（党组）领导下的社委会（编委会）负责制。2003 年，中国报业开始试行采编权和经营权分开制度。报业集团面向市场，建立起自办发行与邮局发行并行的多元化发行模式。

2017 年，全国共有出版传媒集团 125 家，其中图书出版集团 40 家、报刊出版集团 47 家、发行集团 27 家、印刷集团 11 家。出版传媒集团资产规模进一步扩大，主营业务收入和利润总额有所增长。47 家报刊出版集团共实现主营业务收入 391.6 亿元，拥有资产总额 1672.4 亿元，实现利润总额 29.9 亿元。①

五、推动转企改制

2009 年，国家新闻出版总署出台《关于进一步推进新闻出版体制改革的指导意见》，明确推进新闻出版体制改革的目标，就是要围绕解放和发展新闻出版生产力，重塑市场主体；要坚持一手抓公益性新闻出版事业，一手抓经营性新闻出版产业。2011 年，中央出台《关于深化非时政类报刊出版单位体制改革的意见》，非时政类报刊的转企改制工作在全国掀起高潮。全国有 1000 多家报刊完成转企改制，注册成为独立的法人单位。中国报业和其他不同资本开展更多股权合

---

① 卓宏勇：《中国报业改革发展 40 年》，《中国出版》2018 年第 23 期。

作。2015 年，阿里巴巴集团以 12 亿元入股《第一财经》，获得《第一财经》30% 的股权；出资 1 亿元，与四川日报报业集团华西都市报社联合创办封面传媒；进行跨境媒体收购，收购了香港的《南华早报》。① 由此，我国报业中的民营资本力量更加凸显，报业发展的混合经营模式逐渐成型。

上市融资，借助资本力量壮大媒体。2004 年，北京青年报社发起成立的北京青年报传媒发展股份有限公司以 H 股形式赴香港上市，成为内地传媒企业在港上市第一股。2007 年，广州日报报业集团控股的粤传媒在 A 股上市，成为首家从三板市场转主板市场的公司。

六、数字化转型发展

长期以来，传统报业的经济结构较为单一，报业广告、发行是报业集团经营的主业和经济支柱。随着互联网特别是移动互联网的快速发展，新兴媒体传播效率更快、与受众互动性更强，对传统媒体产生了强烈冲击：在采编领域，全民记者时代的来临让报业不再具有信息独占地位；在传播领域，以短平快见长的资讯类 App 迅速抢占用户，成为广告商的投放首选。传统报业集团"广告发行支撑采编—采编内容提升报刊价值力—促进广告发行营收"的产业闭环被打破。中国报业的第三次技术革命是移动互联网、人工智能技术带来的媒体融合。从 2012 年开始，智能手机与社交媒体得到快速发展，移动互联网迅速冲击中国报业。

据中国互联网络信息中心（CNNIC）发布的第 46 次《中国互联网络发展状况统计报告》显示，截至 2020 年 6 月，中国网民规模已超过 9.4 亿，其中手机网民占 99.3%。② 全媒体不断发展，出现了全程媒体、全息媒体、全员媒体，导致舆论生态、媒体格局、传播方式发生了深刻变化。随着传播方式的变革，新兴媒体快速崛起，成为广告商广告投放的首选，报业广告收入持续下滑，都市报广告更是出现"断崖式"下滑。因此，传统报业集团在加快新媒体建设、全媒体运营的同时，努力实现多元化产业发展。

从渠道延展看，我国报业将"两微一端"建设作为标配，各家报社纷纷入驻微博、微信等社交媒体平台。2014 年 7 月，上海报业集团的澎湃新闻客户端创办。从流程再造看，我国报业开始建设"中央厨房"，建立以互联网为核心的内容生产机制，统筹报纸、网站、"两微一端"的内容采集、集成、加工与分发，做到一次采集、分类加工、多元发布，从而实现媒体内容资源的最大化利用。我国报业逐渐建立起以互联网为核心的内容生产机制，确定移动优先、先网后报的内容发布和传播战略，再造新闻生产流程。从新闻创新看，我国报业开始采纳算法推荐、人工智能技术，并在平台建设和新闻短视频领域积极作为。此外，区块

---

① 张志安、章震、曾子瑾：《跨境媒体收购的正当性话语建构——以阿里巴巴收购香港〈南华早报〉为例》，《华南师范大学学报（社会科学版）》2017 年第 3 期。

② 杨洋：《5G 时代期刊数字化经营探析》，《传播与版权》2020 年第 12 期。

链技术的应用和 5G 时代的到来，给我国报业带来新挑战和新机遇。

推动媒体融合发展是报业集团转型的必由之路。2019 年报纸出版利润总额 38.2 亿元。2020 年 1 月，中央全面深化改革委员会第十四次会议审议通过了《关于加快推进媒体深度融合发展的指导意见》（以下简称《意见》），明确提出推进媒体深度融合，实施全媒体传播工程，做强新型主流媒体，形成集约高效的内容生产体系和传播链条。报业融合从内容、渠道、平台、经营、管理等各方面进行全方位的改革创新，从 1998 年把网络完全作为报纸的电子版、附属品、衍生品，到 2008 年倡导"报网互动"，再到数字化转型，报业数字化经历了从"相加"到"相融"的过程。

我国报业结构不断优化，布局日趋合理，逐步形成以党报为龙头，区域性城市类报纸、生活服务类报纸、行业报、读者对象类报纸、文摘报等各门类报纸共同发展的格局。我国报业深耕主业，多元开拓，加快转型，融合发展，大数据、云计算等技术运用到全媒采编平台构建之中，移动直播、第五代超文本标记语言（H5）应用等技术在采编制作环节普遍采用，机器人写稿、无人机采集、虚拟现实等技术从无到有，实现了突破。

第三节　中国期刊产业[①]

一、中国期刊产业发展回顾

（一）奠基创建时期

新中国成立初期，期刊业存在着期刊数量极少、类别既不齐全又不合理、区域分布不均、发行渠道不畅通、出版无计划性等问题。1949 年，全国期刊品种只有 257 种，期刊总印数为 2000 万册，期刊总印张约 8000 万印张。期刊分布地区以华东地区最多，占全国期刊总数的 43%；发行量以华北地区最多，占全国发行总量的一半。[②] 1950 年，第一届全国出版会议通过了《关于改进期刊工作的决议》，明确提出要统筹兼顾，实行专业分工，强调要增加通俗期刊和少数民族期刊，健全编辑机构。全国各地陆续创办一批新的通俗性、学术性、文学艺术、自然科学类期刊，如《新观察》《中国青年》《新体育》《大众电影》等。1952年，中国第一个期刊管理法规《期刊登记暂行办法》出台。到 1965 年，期刊种

数增至790种，印数为4.41亿册，总印张数为9.35亿印张。① 期刊业基本形成学科门类齐全、出版层次和结构合理、富有发展活力的新体系。

（二）快速发展时期

1. 期刊品种迅速增多。"文革"时期，全国绝大多数期刊被迫停刊，到1969年只剩下《红旗》杂志等20种刊物。1971年召开"全国出版工作座谈会"之后，逐步恢复和创办一批期刊，1978年，全国共有期刊930种。改革开放后，期刊品种不断丰富，2015年首次突破1万种，期刊门类涵盖了哲学社会科学、自然科学技术、文化、教育、文学、艺术、少儿等各个门类。2017年，期刊达到10130种，其中哲学社会科学类期刊2664种，占总数的26.30%，自然科学技术类期刊5014种，占总数的49.50%，突显了哲学社会科学和自然科学技术类期刊在我国期刊中的重要地位。②

2. 产业规模快速增长。1978年，全国期刊总印数7.62亿册，总印张22.74亿印张。2000年，期刊总印张突破百亿印张大关，为100.04亿印张。2012年，期刊总印数达到顶峰的33.48亿册。2017年，期刊总印数达到24.92亿册，总印张136.66亿印张。在期刊经营方面，2017年，全国期刊出版实现营业收入196.50亿元，利润总额27.40亿元。③ 电子期刊凭借即时性、大容量、交互性、低成本等诸多优点，数量猛增。

3. 期刊品牌日益彰显。在大众期刊方面，2017年度，平均期印数超过100万册的期刊有11种。全国以"百强社科期刊"和"百强科技期刊"为代表形成了一批品牌期刊，《纳米研究》《石油勘探与开发》《分子植物》《细胞研究》等科技期刊在本学科领域影响因子排名居全球前列。

4. 体制改革不断深化。1977年，颁布《关于新闻出版稿酬及补贴试行方法的请示报告》，恢复稿酬制度。1988年，新闻出版署颁布《期刊管理暂行规定》，对期刊进行全面规范管理，对期刊的创设、申报、审批、管理以及期刊社的经营都有具体明确的规定。1990年，国家工商管理局、新闻出版署颁布《关于报社、期刊社和出版社刊登、经营广告的几项规定》，确立了期刊社经营广告的基本管理制度。1990年，颁布《新闻出版署关于对期刊发表纪实作品加强管理的通知》。1991年，国家科学技术委员会颁布《科学技术期刊管理方法》，对期刊的类型和学术期刊的分类管理作了详细划分。1992年，中国期刊协会成立。

一批非时政类期刊完成了转企改制，集约化、集团化初见成效。大众类、行业类期刊方面，《知音》《读者》《四川党的建设》三家杂志社、英大传媒投资集

166

文化产业概论

① 董毅敏、秦洁雯：《新中国期刊出版业70年：历程、成就与经验》，《出版发行研究》2019年第11期。

② 吴尚之：《中国期刊业40年发展成就与展望》，《中国出版》2018年第23期。

③ 同上。

团、卓众出版有限公司等积极进行公司制、股份制改造，形成了跨行业跨领域跨媒体经营的现代媒体集团。中国科技出版传媒股份有限公司、中华医学会杂志社、高等教育出版社、卓众出版有限公司等为代表的出版企业主办的期刊学术影响力和经济实力都有较大提升。

5. 融合出版初见成效。2005 年，被称为电子杂志的出版元年，是全球数字出版产业快速发展期。自 2005 年开始，我国只允许境内科学技术类期刊与境外期刊建立版权合作关系，合作期限不超过 5 年，《世界博览》《电脑时空》等期刊与国外的期刊开展了双向的版权合作。2006 年，中国科学技术协会启动精品科技期刊工程项目，设立了培育国际知名期刊（A 类）、培育国内领衔期刊（B 类）、培育精品后备期刊（C 类）项目，成为国内对科技期刊支持力度最大的支撑项目。

开展数字网络出版业务，以大众生活类期刊的网络阅读、手机杂志、移动智能端的第三方应用程序（App）和学术期刊全文数据库、开放获取（OA）、优先出版为代表的全媒体生产传播形态逐渐形成。众多期刊推出了手机杂志、网络资料库、移动客户端等产品，并开展了微博、微信营销和电子商务活动。在学术期刊方面，以中国科学院中国科技期刊开放获取平台、高等教育出版社学术前沿在线出版平台、中华医学会中华医学网、中国科学院中国光学期刊网、中国科学院科技论文预发布平台等数字化平台为代表，我国学术期刊积极探索网络出版、数据出版等新型出版模式，打造专业化全流程数字出版平台。

6. "走出去"取得新进展。我国期刊业加强与国际期刊业的交流合作与走出去的力度，提高了我国期刊的国际影响力。据国际引证报告数据统计显示，中国学术期刊在 2016 年国际他引总被引频次达到 71 万次，其中，科技期刊国际他引总被引频次为 65 万次，呈现增长态势。① 其中，中国国际影响力优秀学术期刊（简称 TOP 期刊），成为走出去的代表性期刊。

（三）转型发展时期

进入新世纪，我国期刊业发展开始进入稳步发展阶段。2001 年，《中国物理学》《中国物理学快报》与英国物理学会出版社合作，合作内容包括国外出版公司为国内期刊出版电子版并在全球销售，为国内期刊提供稿件管理系统，等等。2002 年，德国施普林格出版集团在清华大学图书馆设立镜像服务站点，正式开通在线服务。

2007 年，中国举办的第 36 届世界期刊大会是当时中外期刊界最广泛的一次交流合作。中国知网先后与国际学术出版界进行战略伙伴合作，共建中国知识基础设施工程，为中国出版走向世界提供了更多的数字化传播渠道。2008 年，德国施普林格出版集团与中国知网建立了合作，旗下期刊与图书资源进入中国知识

---

① 李海燕：《期刊数字化国际合作的历史阶段探究》，《传播与版权》2021 年第 2 期。

基础设施工程（China National Knowledge Infrastructure，CNKI）。

二、中国期刊产业发展现状

随着互联网技术的不断发展，数字化程度越来越高，对传统期刊发展的冲击日益加剧。中国新闻出版研究院 2019 年发布的《第十六次全国国民阅读调查报告》显示：2018 年，我国成年国民期刊阅读率为 23.4%，人均每天阅读期刊的时长为 5.56 分钟；纸质期刊的人均阅读量为 2.61 期（份）。[1] 总体来看，我国期刊行业保持平稳态势，全国期刊品种和数量持续增长，我国已迈入世界期刊大国之列。

（一）我国期刊业规模稳定增长

据国家新闻出版署 2019 年发布的数据，2018 年，全国共出版期刊 10139 种，期刊平均期印数 12331 万册，总印数 22.92 亿册，总印张 126.75 亿印张，期刊出版实现营业收入 199.41 亿元，利润总额 26.81 亿元，数字期刊收入达到 21.38 亿元。主流期刊纸媒发行量仍在扩大。2019 年，《求是》《中国纪检监察》《时事报告（大学生版）》《时事（初中）》《读者》等 10 种期刊平均期印数超过 100 万册。2018 年，全国 47 家报刊出版集团实现主营业务收入 404.7 亿元，拥有资产总额 1674.5 亿元。[2]

（二）期刊业结构趋于合理

按期刊的学术属性，可分为学术期刊和非学术期刊。学术类期刊是期刊业增量的中坚力量，非学术类期刊是期刊发展的重要力量；电子期刊则是期刊业发展的新生势力。

1. 学术类期刊持续快速增长，成为期刊业的中坚力量。文科方面，全国哲学社会科学工作办公室自 2012 年起先后遴选了 200 种优秀文科学术期刊进行专项资助，考核通过的学术期刊每年获得 40 万元基础资金资助。在自然科学领域，中国科协自 2006 年起推出"中国科协精品科技期刊工程"，自 2014 年起推出"中国期刊国际影响力工程"。2019 中国学术期刊未来论坛发布的报告显示，我国学术期刊的国际他引总被引频次连续七年快速增长。

2. 非学术类期刊稳步发展，是期刊市场的重要力量。国家新闻出版署发布的 2018 年数据显示：文化教育类、文学艺术类、综合类等三类期刊的种数分别为 1399 种、663 种、362 种，分别占期刊总品种的 13.80%、6.54%、3.57%。[3]

---

① 中国新闻出版研究院：《2018 年全国国民阅读调查报告》，《中国出版传媒商报》2019 年 4 月 16 日。

② 吴锋、宋帅华：《深耕与迭代：2019 年中国期刊业的主要特征及最新态势》，《编辑之友》2020 年第 2 期。

③ 同上。

非学术类期刊受众广泛，群众基础雄厚，在党政宣传、服务大局、传播主流、品读生活、服务"三农"、科技发展等方面具有广阔的发展生命力。教育辅导类期刊发行市场近乎刚需性质，增长势头依然强劲。

3. 电子期刊快速发展，是期刊业发展的新生势力。电子期刊是通过网络移动载体呈现信息内容的一种期刊运营新型模式。期刊运营跨入多媒体化发展轨道，移动 App、网络客户端、微信公众号等都是电子期刊的发展途径。电子期刊兼有纸质期刊的平面性与互联网产品的立体性，体现在内容方面可增加声音、动图、视频、网络链接等。电子期刊的发展改变了读者的阅读方式、阅读时间和阅读地点，阅读不再受时空限制，带来视觉和听觉的全新感受。我国绝大多数期刊均已实现由纸媒到电子期刊的转型，也反映出读者市场对电子期刊品类的需求逐渐加大。享有"中国期刊第一品牌"荣誉的《读者》在发行纸媒的同时推进电子化发展，加快战略转型升级。我国第一本原创漫画周刊《知音漫客》独创了知音漫客网触屏版。

（三）国际化竞争力逐年提升

1. 加强国际交流。中外期刊的合作与交流始于 20 世纪 80 年代，通过与国外、境外知名出版商、知名媒体合作的方式将我国期刊融入国际交流体系，主要合作方式有版权合作、渠道合作、资本合作等。国内合作期刊经历了从无到有、从少到多、从单一的科普类扩展到综合类、学术类、时尚类等多个门类变化的发展过程。

2. 拓宽国际贸易平台。国家新闻出版署 2019 年发布的数据显示，2018 年我国期刊出口 325.23 万册，销售金额 595.54 万美元，期刊业"走出去"水平逐步提高。2019 年，《中国国家地理》发行的外语版本共 11 种，《人民文学》杂志外文版《路灯》已经出版 10 个语种。①

3. 打造国际卓越期刊。1979 年，《科学美国人》的中文版《科学》在重庆科技部西南信息中心诞生，成为改革开放后我国最早开展国际合作的期刊。学术期刊的合作主要是与国际四大出版集团施普林格—自然、爱思唯尔、威利—布莱克威尔、泰勒—弗朗西斯的合作。2005 年，中国科学杂志社和施普林格出版社签订期刊合作出版协议。2007 年，科学出版社和爱思唯尔共同投资成立合资公司科爱，为中国英文版科技期刊提供国际化的编辑出版平台服务。2019 年，中国科协、中宣部、教育部、科技部联合印发《关于深化改革培育世界一流科技期刊的意见》，全力推进数字化、专业化、集团化、国际化进程，构建开放创新、协同融合、世界一流的中国国际期刊体系。2019 年，我国科技期刊总量为 4958 种，其中英文科技期刊为 359 种，成为国内外科研合作交流的重要平台，有 310

① 参见吴锋、宋帅华：《深耕与迭代：2019 年中国期刊业的主要特征及最新态势》，《编辑之友》2020 年第 2 期。

家与海外出版社合作。2019 年中国科技论文统计结果发布会报告显示，中国卓越科技论文产出增加、国际热点论文及国际高被引论文均升至排名世界第二位；中国在各学科最具影响力期刊的论文数量排名世界第二位，中国在国际顶尖期刊论文数量排名世界第四位，中国的国际论文被引用次数排名世界第二位；从学科领域看，中国材料科学、化学和工程技术论文的被引用次数排名世界第一位。①

（四）期刊产业链日趋成熟

期刊产业链结构正从垂直一体化结构逐渐发展为较为完善的、开放合作式产业链。数字出版产业链也逐渐形成，主要包括作者、期刊社、数字出版平台运营商、终端读者等的成熟链条。2019 年，中国品牌网评选出中国十大名牌期刊：《半月谈》《南都周刊》《三联生活周刊》《中国新闻周刊》《新周刊》《凤凰周刊》《看天下》《瞭望东方周刊》《南风窗》《南方人物周刊》。

（五）期刊跨行业融合发展

1. 跨行业发展。不同的产业主体经过跨界合作，期刊经营多元跨界，形成期刊＋电商、旅游、教育等一系列新的跨界模式产品，成为我国期刊转型升级的新路径。《南风窗》是我国传媒业一支独特的标杆，期刊以其独特的视角，打造"另一只眼看世界"的跨界营销模式，成功转型为一家研究型的立体传播机构，是期刊界"期刊＋研究"的典型案例。

2. 数字化模式。传统出版单位基本完成数字化转型，全国 95% 以上的期刊开展了数字网络出版业务，以大众生活类期刊的网络阅读、手机杂志、移动智能端的第三方应用程序（App）和学术期刊全文数据库为代表的全媒体生产传播形态逐渐形成。超星链接、移动图书馆、中国知网、万方数据库等中国数字化期刊群是期刊数字化的典型代表，是以因特网为载体，集成化、网络化、数字化的全文期刊文献服务系统。

第四节　中国出版产业②

一、中国出版产业发展回顾

（一）1949—1977 年：新中国成立后出版业格局的初步构建

1949 年 2 月，中宣部出版委员会成立，成为管理出版业的临时性组织。1949

---

① 参见宋娜：《国际视野下中国高质量科技期刊影响力分析》，《科技与出版》2021 年第 8 期。

② 本节内容为新中国成立后我国出版产业的发展状况。

年 11 月，中央人民政府出版总署正式成立，直属政务院领导，是新中国第一个主管全国出版发行事业的独立工作部门。新中国成立初期，国营出版业的建设处于起步阶段，坚持公私兼营原则。1950 年 9 月，出版总署召开了第一届全国出版会，强调出版工作的方向是"为人民服务"。以各种方式对私营出版企业进行利用、限制和改造。1953 年底，商务印书馆、中华书局改组为公私合营，到 1956 年，国营出版体系初步建立。1954 年，国务院撤销出版总署，文化部内设出版事业管理局，接管出版总署工作，负责全国出版、印刷、发行的日常管理工作。1960 年，出版社由企业单位改为事业单位。1973 年 9 月，文化部出版事业管理局改称国家出版事业管理局，直属国务院。

计划经济时期，我国出版行政管理机构的设置几经调整，但管理的对象、内容和形式没有变动，从出版计划、印制计划，到纸张使用、印刷装订，直至发行流通，均由国家统筹安排。

（二）1978—1991 年：对出版业放权让利的尝试

改革开放之后，国家从宏观层面对出版管理和经营制度进行完善，对国有出版单位的生产要素配置、生产决策和产品流通进行了调整，对非国有出版单位参与出版业运作的行为给予了一定支持。

1. 明确出版社"事业单位，企业化管理"的改革目标。1979 年 11 月，中宣部发出《关于报刊、广播、电视台刊播外国商品广告的通知》，所有出版社、杂志社都要提高书刊质量，加强经营管理，除个别情况外，都要实行经济核算，切实做到自负盈亏，不得由国家补贴。如果长期亏损，办不下去，就应该停办。1983 年 6 月，中共中央、国务院做出《关于加强出版工作的决定》，明确规定，出版改革从局部开始，包括发行改革、出版社改革等。发行体制改革的基本目标是，要建立和发展充满活力的社会主义发行体制，实行"事业单位，企业化管理"，进一步解放和发展出版生产力。1985 年，国家统计局对三类产业做了划分，确立了出版业作为国民经济独立产业的地位。1988 年 5 月 6 日，中宣部和新闻出版总署联合发出《关于当前出版社改革的若干意见》，正式提出："在发展社会主义有计划的商品经济的条件下，出版社必须由生产型向生产经营型转变，使出版社既是图书的出版者，又是图书的经营者。为适应这种转变，就需要积极而又稳妥地对出版社原来的体制，包括领导体制、经营体制、管理体制、人事体制、分配体制等进行改革，以提高出版社的应变能力、竞争能力和自我发展能力。"截至 1988 年底，近 17 个省市先后实行了出版局向省财政、出版社向出版局、编辑室向出版社自上而下的层层承包。①

2. 探索开放式的图书发行体制。《关于加强出版工作的决定》提出图书发行

---

① 刘革学、刘芳：《中国民营书业调查：中国民营出版蓝皮书》，中国社会科学出版社 2005 年版，第 17 页。

体制根本改革的目标，在全国组成一个以国营新华书店为主体的，多种经济成分、多条流通渠道、多种购销形式、少流转环节的图书发行网。1988 年，中宣部、新闻出版署在《关于当前图书发行体制改革的若干意见》明确规定，要继续完善和发展"一主三多一少"的新格局，推进"三放一联"，即放权承包，搞活国营书店；放开批发渠道，搞活图书市场；放开购销形式和发行折扣，搞活购销机制；推行横向经济联合，发展各种出版发行企业群体和企业集团，从而在一定程度上解决了改革以前发行环节存在的流通渠道太少、购销形式和所有制形式单一等问题。①

（三）1992—2001 年：对出版业经济权利规范的探索

20 世纪 90 年代，国家发展第三产业规划提出出版产业化发展的目标，进一步明确出版单位的企业性质，加强市场主体的培育，促进出版市场体系的建设。

1. 市场化和产业化出版政策与实践回应。1992 年 6 月，中共中央、国务院发布《关于加快发展第三产业的决定》，将文化娱乐、广播影视、图书出版、体育健康等文化行业列入第三产业范围，进一步明确了第三产业单位向经营性企业转变，并积极推进集团化经营，打破部门、地区、行业和所有制界限，向组建全国性和区域性第三产业企业、集团的方向发展。1992 年，新闻出版署提出加强出版业联合，进行出版、印刷、发行企业集团试点。1994 年，新闻出版署发布《关于出版企业转换经营机制加强经营管理的意见》，强调出版企业以提高社会效益和经济效益为目标，探索建立现代出版企业制度。1997 年，图书发行体制改革研讨会上讨论了跨地区、跨行业兼并和联合问题以及省新华书店进行公司制、股份制改造的形式与途径。1999 年 2 月，上海世纪出版集团作为全国第一家试点出版集团宣告成立。2001 年 8 月，中宣部、广电总局、新闻出版总署发布《关于深化新闻出版广播影视业改革的若干意见》，规定出版集团为事业性质。

2. 培育国有出版单位的市场主体身份。党的十五大明确把建设现代企业制度作为国企改革的目标导向。1994 年 5 月，新闻出版署发布的《关于出版企业转换经营机制加强经营管理的意见》指出，出版企业要以出版工作繁荣和发展的需求为导向，探索建立现代出版企业制度。出版单位的事业法人性质决定了出版单位不能成为独立的市场主体，在市场资源配置上难以真正发挥作用。现代出版企业制度的建立有利于促使出版单位从原有事业法人转变为企业法人，通过进一步划清国有资产和企业财产，使企业享有法人财产权，也就是对企业财产享有占有权、使用权和依法处分权，为实现自主经营、自负盈亏提供保障。现代出版企业制度的探索使出版单位获得了更多的生产自主权，包括选题决定权、定价权、工资和奖金分配权、人事权、资金使用权等，激发了出版单位的改革需求。

---

① 参见王欢妮：《新中国成立 70 年来我国出版产业政策的发展与变迁》，《编辑之友》2019 年第 9 期。

（四）2002—2011 年：对出版业资源的整合分配

2002 年，党的十六大提出文化体制改革的目标任务和方针原则，以政策为引导进一步深化出版改革，以适应加入 WTO 全球化背景下的新闻出版产业市场化发展。

1. 推进出版业的转企改制。党的十六大提出积极发展文化事业和文化产业，推进文化体制改革，推进出版业的企业化转制。2003 年 12 月，国务院颁布《文化体制改革试点中支持文化产业发展的规定（试行）》《文化体制改革试点中经营性文化事业单位转制为企业的规定（试行）》，针对文化体制改革的相关政策做了全面规定。新闻出版总署专门成立改革试点工作领导小组及办公室，就文化体制改革试点工作出台《新闻出版体制改革试点工作实施方案》，安排新闻出版系统改革试点工作。对转企改制到位的出版社实行"两个放开"——放开书号数量限制、放开出书范围限制。2004 年 7 月 1 日《中华人民共和国行政许可法》实施，对政府行政审批项目提出了严格的要求。新闻出版总署发布 1 号公告，公布 36 项行政许可事项，精简了行政审批项目，包括设立或变更图书、音像、电子出版物等出版单位的审批，创办、变更报纸和期刊单位的审批，等等。行政审批制度的改革实现了政府职能的转变，成为政企分开、政事分开、政府和市场分开的重要政策支持。

2. 出版资源的优化重组。2005 年 12 月 23 日，中共中央、国务院颁布《关于深化文化体制改革的若干意见》，提出一般出版单位应逐步转制为企业。截至2010 年底，除少数公益性出版单位管理属性不变外，中央和地方的各类出版单位基本完成转企工作。出版单位的转企改制实现了出版资源的重新整合，重点推进经营性资源的区域整合和跨地区经营的设计。具体来说，一方面是整合经营内容，出版企业在立足本行业发展的基础上，朝多领域方向发展。出版企业以图书出版为主业，向饮食业、旅游业、服务业、房地产业、证券业等领域发展。另一方面是整合经营区域范围。

3. 尝试对接资本市场。1999 年，中共十五届四中全会通过的《中共中央关于国有企业改革和发展若干重大问题的决定》，明确了国有资本、社会资本、资本运营的范畴。在出版领域，出版业实施的是均衡发展模式，从中央到地方均衡配套建设各类出版社和发行网点，造成出版区域分割，影响了出版业规模经营。据统计，20 世纪 90 年代初，全国出版社资产总额在 5000 万元以上的不足 70 家，到 2002 年已超过 200 家。① 出版社不断发展壮大，但仍属中小企业，规模小、资产总量小、集约化程度不高。为解决出版单位分散经营难成规模的问题，出版业以组建出版集团的方式扩大规模，再挂牌上市进行资本运作。2005 年 5 月 30 日，《国务院关于非公有资本以多种形式进入文化产业的若干决定》发布，非公有出

---

① 杨牧之：《关于出版的思考与再思考》，人民出版社 2012 年版，第 181 页。

版逐渐成为出版业的新兴生产力。

（五）2012 年至今：对出版业转型升级的引导

转企改制后，出版业实现了量的发展，出版总量稳步上升，但质的突破还未发生，必须进行以供给侧革命为重点的转型升级。党的十八大以后，中央要求加快推进媒体融合发展，为出版业发展创造有利的政策环境。党的十九大后，经济由高速度增长转向高质量发展，出版产业开始了对高质量发展内涵和路径的探索。

1. 融合发展引导出版产业转型升级。2012 年，《国家"十二五"时期文化改革发展规划纲要》针对出版等文化产业发展情况提出调整产业结构的意见，在壮大传统文化产业的同时，加快发展新兴文化产业。2013 年，《新闻出版改革发展工作要点》提出，出版和科技的深度融合推动新闻出版产业转型升级。党的十八大以来，融合发展成为引导出版业开拓转型、升级路径的创新性思路。

2. 传统出版的融合路径规划。2014 年 2 月，《深化文化体制改革实施方案》审议通过，从宏观角度做出顶层设计，要求打破体制机制壁垒，加快文化产业发展。同年 3 月，《关于推进文化创意和设计服务与相关产业融合发展的若干意见》发布，鼓励包括新闻出版业在内的文化产业融合发展，4 月《关于推动新闻出版业数字化转型升级的指导意见》发布，提出推动新闻出版企业加快完成数字化转型升级。2015 年 3 月，《关于推动传统出版和新兴出版融合发展的指导意见》发布。2017 年，《关于深化新闻出版业数字化转型升级工作的通知》《国家"十三五"时期文化发展改革规划纲要》《新闻出版广播影视"十三五"发展规划》一系列政策发布，推动新闻出版业加快完成数字转型，媒体融合取得新突破。党的十九大报告指出："我国经济已由高速增长阶段转向高质量发展阶段，正处在转变发展方式、优化经济结构、转换增长动力的攻关期。"高质量发展必然成为中国出版产业发展生产力的具体方向。

3. 国家出版产业基地（园区）发展。国家出版产业基地（园区）作为出版产业集群发展的主要载体，对我国建设出版强国具有重要的现实意义。2019 年 6 月，国家新闻出版署印发新修订的《国家出版产业基地（园区）管理办法》，再次明确规定，国家出版产业基地（园区）指经国家新闻出版署认定，以出版创意策划、内容采集加工、产品生产制作、数字内容服务、印刷复制、出版物物流配送、进出口贸易、音乐、动漫游戏等为主要发展方向，以聚集出版企业及为其提供技术支撑、原料设备供给、行业相关服务等企业为主的产业集群区域。国家新闻出版产业基地主要包括数字出版产业基地、动漫（游戏）产业基地、出版创意产业基地、音乐产业基地、印刷包装产业基地、出版装备产业基地。目前，批准和建设的出版基地（园区）共 32 个，形成以 14 家国家数字出版基地、4 家动漫游戏基地、2 家出版创意基地、5 家国家音乐产业基地、6 家印刷包装基地、

1 家出版装备产业基地为核心的新闻出版产业基地（园区）矩阵。①

国家出版产业基地（园区）本质上是产业集聚区、产业公共服务承载平台，其形成动力主要有知识溢出、政策指引及规模经济。国家出版产业基地（园区）除了出版装备产业基地，都以内容和创意为核心业态，生产资料、生产网络虚拟性特征突出。

二、中国出版产业发展现状

（一）出版产业总体稳定增长

1. 出版产业规模扩大。据国家新闻出版署发布的《2020 年新闻出版产业分析报告》，2020 年，受新冠疫情等因素严重冲击，新闻出版产业规模有所下滑，但发展基本面仍保持稳定。全国出版、印刷和发行服务实现营业收入 16776.3 亿元，较 2019 年降低 11.2%；拥有资产总额 22578.7 亿元，降低 6.3%；所有者权益（净资产）11425.4 亿元，降低 6%。

2. 传统书报刊出版规模有所下滑。2020 年，全国图书品种新版较 2019 年降低 5%，重印降低 2.1%；全国图书总印数降低 2.1%；图书出版实现营业收入 963.6 亿元，降低 2.6%。报刊出版总印数分别降低 9% 和 7%，实现营业收入分别降低 6.4% 和 2.8%。其中，108 家图书出版、报刊出版和发行集团共实现主营业务收入 3491 亿元，占全国书报刊出版和出版物发行主营业务收入的 80.5%；实现利润总额 341.2 亿元，占全国出版发行全行业利润总额的 74.2%。印刷复制实现营业收入降低 13.1%，出版物发行实现营业收入降低 7.6%。

3. 数字化业务收入保持增长。新闻出版单位面对新冠疫情冲击，积极开拓线上业务，推进数字化转型。2020 年，数字出版收入 11781.7 亿元，增长 19.2%。新华书店与出版社网上出版物销售数量增长 40.6%，金额增长 62.5%。在版权贸易方面，出版版权贸易逆差大幅缩小。2020 年，全国共输出图书、音像制品和电子出版物版权 13895 项，较 2019 年降低 6.2%；引进图书、音像制品和电子出版物 14185 项，降低 11.2%。②

（二）产业标准建设不断深化

1. 出版标准不断完善。2014 年，原国家新闻出版广电总局发布《新闻出版行业标准化管理办法》。2015 年，原国家新闻出版广电总局数字出版司发布《专业数字内容资源知识服务模式试点工作项目标准》，强调以国家标准、行业标准或项目标准为依托，实现全行业的相关标准覆盖。数字出版产业标准建设稳步推

---

① 吴江文、姚惠：《国际出版产业基地（园区）发展评价体系构建研究》，《中国出版》2021 年第 22 期。

② 孙莹：《国际新闻出版署发布〈2020 年新闻出版产业分析报告〉》，《传媒》2021 年第 24 期。

进，逐步实现了在印刷、出版等领域的体系化建设。2019 年发布的《新闻出版内容资源加工规范》《出版物 AR 技术应用规范》《出版物供销协议编制规范》等文件，为出版业的标准化运作提供了指导性意见，进一步规范了增强现实（augmented reality，AR）技术在出版行业的标准化应用。

2. 出版标准国际化程度不断提高。2016 年，《国际标准关联标识符 ISLI》和《中国标准关联标识符 LSLI》发布。ISLI 关联标识符是由我国首次自主提案并编制的国际通用标准，通过对信息领域相关实体的标识，进而实现信息的共同化呈现，为国际间贸易与文化交流提供了可供统一使用的图书编号，意味着我国出版产业标准化工作走向国际。由中国音像与数字出版协会承办的国际标准注册中心成功落户中国，ISLI 标准在 AR 出版、图像识别、知识服务、教育出版、电子书等领域开展示范应用，加速了我国数字出版产业与其他相关产业的深度融合。

（三）数字出版产业蓬勃增长

1. 数字技术重塑出版流程，出版产业创新能力稳步提升。增强现实、虚拟现实（virtual reality，VR）、人工智能、云计算、大数据、区块链等新兴技术不断被运用到数字出版产业的各个领域。在数字出版的内容生产环节，数字技术的应用驱动了出版产业的内容创新能力，实现了数据化的优质内容创造、生产与传递，为读者们带来了全新的阅读方式，丰富了数字出版物的内容呈现形式。2019年，人民融媒发布了三维码融媒书——《中华诗词歌汇》，AR/VR 技术将传统出版物中的内容活灵活现地展现出来，加深了受众对数字出版内容的理解与认知，实现了受众阅读方式的改变。

2. 产业融合不断深化，产业竞争优势凸显。产业融合将处于不同层次的产业在同一个产业链中互相渗透、融合发展，推动了产业结构的升级，实现了产业竞争力的重构。我国出版产业融合创新不断深化发展，数字出版产品形态不断推陈出新。如在数字技术与传统出版产业融合的过程中，通过技术创新与融合生产出符合消费者需求的新兴出版产品，激发消费者的购买欲望，使得传统出版重新焕发生机。在出版产业创新融合发展的过程中，AR/VR 图书、有声书、语义数据库等新型数字出版产品的出现不仅实现了出版内容与形式的创新，而且实现了出版物信息价值的提升。

3. 出版产品形态日益多样，产品竞争力日益提高。依托于先进的技术，数字出版产业实现了与其他相关产业的创新融合，改变了数字出版物的产品形态，从而提高了数字出版产品的内在价值。同时，数字技术也改变了读者的消费习惯，交互化、便捷化和碎片化的数字出版内容越来越符合时代发展的需求。有声图书是传统出版产业进行产品形态创新的有益尝试。2019 年，微信读书上线水墨屏阅读器，致力于从完善硬件的角度给读者带来更好的阅读体验。此外，越来越多的全息成像、AR、VR 等新型出版产品给读者带来更多更好的阅读体验。总之，数字技术重塑了传统出版流程，且根据读者需求创造个性化的数字出版产品形态，全面提升了数字出版产品的竞争力。

（四）商业模式不断创新

1. 通过创新内容服务增值模式来提升出版内容的价值。增值内容服务模式是指出版企业以丰富的内容资源为驱动，利用数字化的技术进一步扩展内容资源的衍生价值。出版企业借助数字化的手段将传统出版内容转化为数字资源产品，并通过线上销售、知识付费等多元方式为出版企业赢得利润。

2. 通过内容金融化模式来提升出版内容的融资能力。内容金融化模式是指利用金融化运营的模式，通过显示出版物的高收益性吸引社会资本的参与，强化出版物内容的核心资本属性，为出版企业提前获得收益。

3. 通过大数据服务模式为数字出版产品提供增值服务。大数据服务模式是指出版企业通过互联网积累起数量庞大的数据，在此基础之上，经过分析、处理数据，向用户提供个性化服务，进而实现数字出版产品的增值。

三、我国数字出版产业的发展

（一）数字出版产业

1. 数字出版产业的内涵。数字出版是指利用数字技术进行内容编辑加工，并通过网络传播数字内容产品的新型出版产业，主要特征为内容生产数字化、管理过程数字化、产品形态数字化和传播渠道数字化。数字化出版在整个出版的过程中，将所有出版的相关信息都以一种计算机语言——二进制代码即"0"和"1"的数字化形式存储在硬盘介质中，通过计算机或者终端设备来处理和接收"0"和"1"中蕴含的信息内容。媒体融合发展使得报刊书、电视台、电台等传统媒体与互联网、移动终端等新兴媒体不断融合，无论是"策、采、编、发"的生产流程，还是"报、刊、网、端、微、屏"的分发过程，涌现出更多跨界融合的新业态和新模式，培育出更多新的增长点，形成了全媒体融合产品。中国新闻出版研究院发布的《中国数字出版产业年度报告》，将我国数字出版产业分为互联网期刊、电子书（含网络原创出版物）、数字报纸（不含手机报）、博客、在线音乐、网络动漫、移动出版（含手机彩铃、铃音、手机游戏等）、网络游戏、在线教育、互联网广告等十大类别。

2. 数字出版产业链结构。从数字出版的生产过程来看，产业链结构可分成三方面，即资源生产、产品价值转化和产品的分发和销售。数字产业链的主体主要分成以下三种：第一是版权拥有者，即内容和产品的生产者，包括原创作者、拥有作品版权的出版社、公司、平台等。第二是内容出版商和技术服务商，内容出版商包括由传统出版商转型而来的综合出版商，还有由纯数字企业发展壮大的数字出版商。技术服务商按照技术种类划分，可以分成平台技术提供商、终端设备技术提供商和应用系统开发商。第三是产品与服务分销商，即通过电商平台或者实体销售渠道分销数字出版产品和服务，链接消费者、产品和服务之间的主体。

3. 数字化知识增值服务。为用户提供全方位、立体化、多层次、多介质的知识增值服务是我国出版业转型升级的目标，在依托自有资源和内容优势向用户提供知识服务的演化进程中，往往会经历从提供基本信息内容为主的初级阶段，进化到基于用户场景需求进行知识产品研发与生产的中级阶段，再到为用户提供符合线上或线下使用场景和习惯的知识解决方案、增值服务、衍生产品等高级知识服务阶段。以知识的系统性、关联性、专业性、精准性以及增值服务为导向，优化知识资源供给，创新知识产品与服务营销方式，不断提升企业开展知识服务的创新能力与产品供给能力。移动终端获取数字化内容改变了阅读习惯和学习方式，特别是 2020 年初新冠疫情暴发，对大众生活和学习产生了巨大影响。知识付费、在线教育平台等各类阅读和知识服务平台创造了更多的消费需求。"十四五"时期，数字经济成为推动我国国民经济增长的重要力量，数字出版是新闻出版业的重要发展方向。

（二）我国数字出版产业的特点

1. 产业规模保持高速增长，成为新闻出版业的支柱产业。中国新闻出版研究院发布的《2020—2021 中国数字出版产业年度报告》显示，2020 年，我国数字出版产业整体收入超过万亿，达到 11781.67 亿元，比上年增加 19.23%，呈现逆势上扬态势。其中，互联网期刊收入 24.53 亿元，电子书 62 亿元，数字报纸（不含手机报）7.5 亿元，博客类应用 116.3 亿元，网络动漫 238.7 亿元，移动出版（移动阅读、移动游戏等）2448.36 亿元，网络游戏 635.28 亿元，在线教育 2573 亿元，互联网广告 4966 亿元，数字音乐 710 亿元。传统书报刊数字化收入增幅上扬，2020 年互联网期刊、电子图书、数字报纸的总收入为 94.03 亿元，相较于 2019 年的 89.08 亿元增长了 5.56%。①

2. 产业结构转型升级，移动互联网出版快速发展。2018 年，我国数字出版产业整体收入规模为 8330.78 亿元，比上年增长 17.8%，数字出版收入在新闻出版业收入中的占比提升至 30.8%，对新闻出版业营业收入增长贡献超过 2/3。其中，互联网广告营业收入达 3717 亿元，占数字出版全行业总收入的近 46%，稳居第一，是数字出版产业的龙头行业。移动出版营业收入达到 2007 亿元，占数字出版全行业总收入的 24.10%，占比居数字出版的第二位。在线教育营业收入为 1330 亿元，占全行业收入的 15.96%，占比居第三位，成为数字出版的新增长极。网络游戏营业收入 791 亿元，占全行业收入的 9.49%，占比居第四位。此外，网络动漫、在线音乐和博客保持快速发展态势，三者收入在全行业收入占比为 4.8%，网络动漫和在线音乐是数字出版产业增速最快的两个类别，发展潜力

---

① 乔羽：《数字出版产业年收入超万亿元》，《广东印刷》2021 年第 6 期。

巨大。互联网期刊、电子书和数字报纸三项收入占全行业收入比重下降，为1.03%，传统书报刊数字化增长放缓。①

3. 用户规模相对稳定，数字阅读平稳增长。根据《中国数字出版产业年度报告》数据，2018 年，我国数字出版产业用户（包含重复注册和历年尘封的用户）规模增长到 17.32 亿人（个）。据中国音像与数字出版协会发布的《中国数字阅读白皮书》显示，2018 年，我国数字阅读用户增至 4.32 亿人。中国新闻出版研究院组织的第十六次全国国民阅读调查结果显示，2018 年我国成年国民数字化阅读方式（网络在线阅读、手机阅读、电子阅读器阅读、平板电脑阅读等）的接触率为 76.2%。②

4. 政策法规体系不断完善，加强产业引导及监管。2011 年，党的十七届六中全会通过《中共中央关于深化文化体制改革推动社会主义文化大发展大繁荣若干重大问题的决定》，将数字出版纳入构建现代文化产业体系的重要新兴文化产业。新闻出版总署出台专项规划《数字出版"十二五"时期发展规划》进行顶层设计，数字出版已经成为新闻出版业的战略性新兴产业和出版业发展的主要方向。2014 年，新闻出版广电总局、财政部联合出台《关于推动新闻出版业数字化转型升级的指导意见》，2015 年出台《关于推动传统出版和新兴出版融合发展的指导意见》，新闻出版业数字化转型升级、融合发展步入实质性建设阶段。

逐步构建数字版权保护体系，我国陆续出台了《中华人民共和国著作权法》《互联网著作权行政保护办法》《信息网络传播权保护条例》《电子出版物出版管理规定》《关于加强网络文学作品版权管理的通知》等法律法规，营造数字版权保护的司法环境。2018 年，新闻出版广电总局发布《新闻出版广播影视企业版权资产管理工作指引（试行）》，从组织机构和人员、常规管理、建章立制等层面对版权保护和版权产业的发展做出指引。

5. 重大项目带动战略深入实施。我国已形成"规划一批、实施一批、储备一批"出版业改革项目带动发展机制。2010 年，启动"新闻出版改革发展项目库"建设，汇集了一批聚焦内容创新、技术创新、体制机制创新、数字化与融合发展、公共服务保障体系建构等领域的产业升级类重大项目。2016 年，新闻出版广电总局遴选出首批 35 个创新突出、双效俱佳的新闻出版产业示范项目。此外，"国家文化创新工程项目""数字出版精品项目""有声读物精品出版工程项目"等对实现树立出版行业产品与服务标杆、引领行业转型升级与融合发展产生了重要影响。

6. 涵盖数字出版各环节的标准研发与应用水平显著提升。标准化是出版业在数字化变革进程中保持高质量发展的重要手段。目前，我国已形成"以政府为引导、以市场为驱动、以社会参与为辅助"协同共进的数字出版标准化工作格

---

① 参见李蕊：《我国数字出版产业发展现状及态势》，《全球化》2020 年第 9 期。

② 同上。

局，初步建立起一整套涵盖数字化内容生产、存储、传播、数字资源加工应用以及软件接口、数据交换等领域的标准体系与规范。《内容资源数字化加工》《数字内容对象存储、复用与交换》《新闻出版知识服务系列标准》等国家标准，以及《新闻出版内容资源加工规范》《数字出版业务流程与管理规范》《出版物 VR 技术应用要求》《数字印刷》《数字教育出版课程制作》等行业标准，奠定了我国内容数字化加工规范系统。此外，还有由中国音像与数字出版协会、中关村视听产业技术创新联盟等社会团体制定并实施的《面向移动存储的内容保护技术规范》等团体标准。

四、中国出版业的国际贸易

（一）出版产业对外贸易政策

1992 年，我国加入《伯尔尼保护文学和艺术品公约》和《世界版权公约》，整个出版产业逐步融入国际组织规则。我国陆续出台《中外合作音像制品分销企业管理办法》《音像制品进口管理办法》等一系列政策加强版权贸易规制。在企业行为管理方面，通过合同登记的方式对出版物进口进行管理；在企业市场准入方面，相关政策限制外资进入我国出版市场并强调涉外版权代理机构的准入条件。1994 年，《中华人民共和国对外贸易法》的出台标志着我国已经进入对外贸易法制化阶段。2000 年，全国出版物进出口机构数量已达 30 多家。为了对外资进入我国出版市场进行引导，2004 年国家出台了《外商投资产业指导目录》，2005 年发布了《关于文化领域引进外资的若干意见》，进一步明确我国出版产业对外开放的领域及准入条件，出版产业对外开放的领域限于书报刊分销业务和音像制品批发零售、特许经营等方面。同时，国家通过宏观产业政策和具体财税政策激励出版产业出口贸易的发展，对出口的文化产品和文化服务给予金融、财税、法律、人才、出入境管理、信息服务等多方面优惠，并对出版单位给予资金支持。

（二）出版产业对外贸易规模

加入世界贸易组织后，我国出版物版权贸易在进口方面的趋势为波动曲折地上升，在出口方面整体呈现上升趋势，出口涨势明显高于进口；出版物版权进出口比逐渐降低，出版物版权进出口之间的差距大幅缩小，版权进出口比从 2004 年的 8.14∶1 降至 2020 年的 1.02∶1。[①]

但是，我国出版物进出口仍然呈现贸易逆差。根据新闻出版署发布的《2018 年全国新闻出版业基本情况》，2018 年，我国共出口图书、报纸、期刊 7194.75

---

① 智晓婷、何怡婷：《出版产业对外贸易政策演进与绩效评估——基于政府规制视角的分析（1992—2020 年）》，《出版科学》2022 年第 1 期。

万美元，出口金额仅为进口金额的 19.87%；出口音像制品、电子出版物与数字出版物 2897.86 万美元，出口金额仅为进口金额的 7.62%；数字出版物出口为 176.05 万美元，仅为进口金额的 0.46%。①

我国出版物出口和国际传播的瓶颈主要体现在：一是出版物出口市场渠道尚未进入国际主流销售渠道和主流读者市场。当前，我国出版物出口以海外公共图书馆、大学图书馆、科研机构、海外中文实体书店为主，受众群体主要是华人群体、汉学家、部分汉语学习人群。二是出版物进出口价格悬殊。根据 2018 年我国出版物进出口统计数据，进口出版物的平均价格为 8.86 美元/册（份）；出口出版物的平均价格仅为 4.24 美元/册（份）。国外出版物进口的平均价格 15 年间增长了近 3 倍；我国出版物出口的平均价格 15 年间仅增长 0.75 美元。②

（三）数字出版"走出去"快速发展

2010 年，新闻出版总署发布《关于加快我国数字出版产业发展的若干意见》，明确推动数字出版"走出去"。数字出版物占据进出口贸易的市场份额逐步增大。据相关年度《新闻出版产业分析报告》数据，2020 年，音像、电子出版物的进口总额为 4.33 亿美元，图书、期刊、报纸进口总额为 3.62 亿美元，音像、电子出版物进口总额远远超过图书、期刊等纸质出版物，但图书、期刊、报纸出版物的出口总额仍高于音像、电子出版物。

伴随着进出口贸易总额和数量的增长，进出口单价涨幅也不断扩大，2002 年至 2020 年进口单价从 14 万美元涨至 2000 万美元、出口单价从 2.45 万美元涨至 1000 万美元，各年进口平均单价均维持在出口单价的两倍以上。2016 年全国累计出口音像制品、电子出版物与数字出版物的金额及占比均达峰值，其中，数字出版物出口金额为 3055 万美元，增长 29%，占此类别出口金额的 94.72%。③音像制品与数字出版物的进出口总额逐年上涨，数量也在波动中上升，但进出口差额却并未缩小，主要在于出版物出口单价低于进口单价。不过，随着数字出版产业的发展和完善，数字出版物的出口单价与进口单价之间的差距正在逐渐缩小。

（四）出版"走出去"项目

1998 年，我国启动了中国国家数字图书馆工程、中国高等教育数字图书馆的建设，但我国数字资源的长期保存仍未上升到国家战略，没有将数字资源的长期保存列入法定条文，没有数字资源长期保存统一的标准体系，没有数字资源统

---

① 张纪臣：《数字时代中国文化国际话语权研究——论我国出版产业国际传播能力建设》，《中国出版》2020 年第 2 期。

② 同上。

③ 智晓婷、何怡婷：《出版产业对外贸易政策演进与绩效评估——基于政府规制视角的分析（1992—2020 年）》，《出版科学》2022 年第 1 期。

一存储的国家级基础设施工程。中宣部、国务院新闻办公室和新闻出版总署为促进中国出版"走出去"，2004 年实施"中国对外图书推广计划"和"丝路书香出版工程"等扶持项目，每年资助翻译出版中国主题的精品图书超过 1000 种；2009 年实施"经典中国国际出版工程"和"中国文化著作翻译出版工程"。2015年，中国成为国际出版商协会的会员。2016 年，"一带一路"数字文化工程正式启动，包括打造数字富媒体产品"一带一路图书馆"、合作推进文化产品版权输出、搭建海内外数字文化版权交流平台三大核心内容。同年，"中华文化数字化全球传播计划"发布会在北京举行，首次用数字化学习与国际教育认证的方式，向全球数万所学校和数千万青少年推广具有国际学分的中华文化数字化课程与教材。2018 年，由中国图书进出口（集团）总公司、五洲出版社、外语教学与研究出版社等承办的"中国书架"项目相继在美国西雅图、法国尼斯、土耳其伊斯坦布尔等地落地。

资料链接

图书出版主要流程

一、选题编辑

通过市场调研提出出版内容选题，经过责任编辑、编辑室主任、出版社社长和总编辑（或出版社选题论证委员会）的三级论证，最终由出版社选题审核委员会审批通过，报省一级新闻出版局批准。

1. 寻找适合的稿子和作者，了解作者初步签约要求。

2. 制作选题单，包括选题内容、类型、卖点等等。

3. 在选题会上介绍选题，说服选题小组通过选题，确认签约条件底线。

4. 与作者谈判签约条件，签合同。

二、选题报批

省一级新闻出版局依据国家《出版管理条例》等法律、法规、政策对出版图书选题内容进行审批，确保有关选题符合国家有关规定，并报国家新闻出版总署备案。根据《出版管理条例》和《图书、期刊、音像制品、电子出版物重大选题备案办法》等法律法规，对于涉及国家安全、社会安定等方面的内容，对国家的政治、经济、文化、军事等会产生较大影响的选题，实行重大选题备案制度，即出版单位须向新闻出版总署专题申报备案，同意后方可出版。

三、内容编辑

编辑组织稿件主要有以下几种形式：直接与作者签约组织稿件，或委托作者（多为知名学者）代理组织稿件。每一种图书，都与作者签订出版合同，约定和保护作者和出版社双方的合作条件和权利。

出版社拥有的是著作权人（作者）许可使用的专有出版权。出版合同通常包括著作权人允许出版社对其著作的使用范围、许可使用年限、出版社向作者支付报酬标准、付酬方式等。合同期限一般在 3～10 年。自费出版则通常以作者购买多少册书籍的形式出现，目前出版社基本不直接与作者签订自费出版协议，一般都由代理出版的文化公司与作者签订合同。

出版社向作者支付稿酬一般有三种方式：基本稿酬加印数稿酬、版税和一次性付酬。基本稿酬加印数稿酬，指出版者按作品的字数，以千字为单位向著作权人支付一定报酬（即基本稿酬），再根据图书的印数，以千册为单位按基本稿酬的一定比例向著作权人支付报酬（即印数稿酬）；作品重印时只付印数稿酬，不再付基本稿酬。自费出版则一般是不存在稿酬，因为图书发行的收入由作者自己的销售情况决定（或者是作者委托的文化公司来代理发行）。

版税，指出版者以图书定价×发行数×版税率的方式向著作权人付酬；版税率一般是3%～10%。一次性付酬，指出版者按作品的质量、篇幅、经济价值等情况计算一个确定现金数额的报酬，并一次性向著作权人付清。

四、审稿、申报书号

审稿：实行"三审制"，对稿件进行三个级别的审查，即责编初审、编辑室主任复审和社长（总编辑）终审。"三审"后的书稿按齐、清、定的原则，发送出版社的出版生产部门，进入生产流程。

申报书号：出版社总编室负责向出版业务部申请分配书号、条码并向新闻出版总署信息中心申请 CIP 数据，即图书在版编目数据，规定了图书在版编目数据的内容、选取规则及印刷格式，包括书名、作者、出版社、版本、印张等。

每年 12 月，出版社将有关书号申请的各项材料，经由省新闻出版局报送新闻出版总署，新闻出版总署核定下一年度发给公司的书号数量。新闻出版总署将书号按核定数量经由省新闻出版局发给出版社。出版社按照所得书号数量，填写 ISBN 条码制作申请单，报送国家图书条码中心制作相应条码。出版社也可根据需要，定期、不定期或随时向省新闻出版局和国家新闻出版总署申请所需数量的书号。在书号获批后，编辑人员填写《CIP 数据申请表》，再由出版社总编室将《CIP 数据申请表》报送新闻出版总署信息中心。新闻出版总署信息中心将编制完毕的 CIP 数据返给出版社，以备印载在图书上，作为版权保护的重要手段。

五、确定印数和定价

图书定价和印数由各出版社营销部连同责任编辑根据市场调研情况分析确定（自费出版则可由作者自己来确定，但是出版社编辑有建议权，避免定价偏离市场行情太远）。定价主要参考因素为成本、图书印数、同类书市场价格及该书目标读者群的消费能力。印刷数量的确定主要参考成本、定价及对该书销量的预测，一般每版图书的印刷数量划分为四种情况：3000～4000 册；5000～8000 册；8000～10000 册；或 10000 册以上。一般来说，出版社主要采用较少印数、多次印刷策略，以降低出版风险、减少资金占用，加快周转。

六、排版和印刷

书稿经社长（或总编辑）终审签发后，由相关出版社之业务部门完成封面设计和版式设计，并负责安排印刷商排版、印刷。出版社将达到印制标准的书稿发送到印刷厂，进行排版及制作清样，图书清样完成后，送出版社出版部进行校对，出版社将校对完的清样退回印刷厂，印刷厂按出版社所做的改动进行改版，这样反复三次，行业内称为"三校"，最后经该书责任校对、责任编辑和出版部主任审定签字，交社长（或总编辑）签批，返回印刷企业，进行印制、装订。

七、发行和销售

各出版社出版的图书一般采用自办发行、独立发行、参加图书订货会等方式销售。自办发行是由出版社与零售书店签订协议，一般由出版社将成品书从印刷厂发运到各书店。独立发行是由出版社根据资质情况选择发行商，并与发行商（主要为图书批发商）订立批发协议，一般由出版社将成品书从印刷厂运送到批发商的仓库，批发商将书发送至其下游客户，批发商在约定期限内与出版社结清书款。

独立发行方式的优势在于可以充分利于发行商广泛的发行渠道和较低的发行成本，且图书销售回款有较好的保证。独立发行又可以分为包销和经销，包销主要以学生课本和畅销书为主，一般不允许退货（自费出版其实就是这种形式，由作者包销或者作者委托的文化公司代理包销）；经销则是以一般图书为主，通常允许退货。

出版社每年定期参加的主要图书订货活动有：全国每年一度最大规模的北京图书订货会、书市，每两年一次的全国规模的北京国际图书博览会。此外，亦参加各类专业出版社订货会、民营书店联合举办的图书订货会以及各种图书团体采购活动等。

资料来源：根据徐宏丽、李鲆《如何出版一本书》（九州出版社 2019 年版）整理。

文化产业概论

第八章　演出产业

演出业是最早、最传统并且最具专业性和市场化特点的艺术行业之一。演出不仅仅是文化，也是产业。演出产业以演出产品和服务的市场化经营为己任，以其独具特色的戏剧、音乐、舞蹈等艺术产品来展示民族文化和获取经济效益。

第一节　演出产业概述

一、演出产业的概念

（一）演出的内涵

所谓演出，指主办单位或者个人通过一定的策划，组织演员在一定的时间地点进行文艺表演活动，在特定灯光、舞美、服装道具、音响等艺术效果下为观众呈现出特定的艺术作品。演出包括音乐、戏剧、舞蹈、杂技、魔术、马戏、曲艺、木偶、皮影、朗诵、民间文艺以及其他形式的现场文艺表演活动。

演出是一个完整的、系统的活动过程，包含多个要素，即演出组织者、演出内容、演出受众、演出时间和演出场所。演出经营主体包括三类：一是文艺表演团体及个体演员，包括国家、集体、个体剧团、民间艺人班组、业余文艺团队等文艺表演团体和个体演员等；二是演出经纪机构及个体演出经纪人，包括文艺演出公司、演员代理公司等演出经纪机构和个体演出经纪人等；三是演出场所，包括专营演出场所和兼营演出场所。

节目内容是演出的核心，演出成功与否在很大程度上取决于演出内容的精彩程度。演员是演出内容的首要要素，观众是演出内容的欣赏者，和演员是相互依存的关系。没有演员则演出无法进行，而没有观众则演出没必要进行，观众的偏好很大程度上影响演出内容的策划。演出场所是表演的发生地，专业的演出场所拥有舞台、灯光、音响甚至布景，同时也要有承受一定数量观众的坐席。不同的演出对场地的要求不同，不同的场地所呈现的艺术效果也不同。服装服饰、道具、布景是演出的基本要素，服装服饰根据演出节目内容为演员专门设计，道具是为了人物活动所采用的辅助性工具，以增加人物活动的真实性，布景是为了增加观众的代入感，如戏曲里大量的风景都要通过布景呈现。舞美、灯光、音响是舞台艺术最基本的部分，也是演出技术水平最直接的反应。随着现代科技的发展和应用，人们将科技和演出融合在一起创造出更多超现实的震撼演出。

演出产业是由演艺产品的创作、生产、表演、销售、消费及经纪代理、艺术表演场所等配套服务机构共同构成的产业体系，产品具体表现形态有音乐、歌舞、戏剧、戏曲、芭蕾、曲艺、杂技等各种类型的演出。

（二）演出的分类

1. 依据演出性质的不同，分为商业演出和公益演出。商业演出，又称为营业性演出，指以营利为目的的为公众举办的现场文艺表演活动。营业性演出有三个特征：一是演出活动以营利为目的，通过演出门票、赞助、广告宣传等市场运作手段获取利益。这是区分营业性演出和非营业性演出的最为重要的标准。二是营业性演出面向公众举办，它不是少数人进行的私人营业性活动。三是营业性演出为现场表演，不是通过媒体进行的活动。

公益演出和商业演出相对应，又称非营利性演出，不以营利为目的，包括慈善演出、会议演出、慰问演出、庆典演出和纪念性演出等。演出的组织者和表演团体为了公益、纪念、慰问或庆典等目的，会收取必要的演出补助费用，甚至会出现售票行为，在报批过程中也会办理营业性演出手续，但是参与演出的单位或者个人不能领取报酬，演出发起方在扣除必要的交通食宿等成本以后必须将剩余的利润全部捐赠给社会公益组织。

2. 依据演出规模的大小，分为小、中、大型演出。演出可按照不同的标准定位其规模，演出经纪人根据规模采取对应的组织方式。判断演出规模大小的标准有两个，一是观众人数，二是演员阵容。观众人数在 1000 人以下的为中小型演出，1000 人以上的为大型活动。在演员阵容上，出现多个艺术团体或者艺术种类的，演职人员达到上百人的演出则是大型演出。

二、演出经纪人

（一）演出经纪人的概念

1. 经纪人。经纪人是为买卖双方介绍交易从而获取佣金的中间商人。美国市场学家菲利普·R. 特奥拉对经纪人的定义是：经纪人是提供廉价代理人服务的各种中间人的总称。[①] 按照行业划分，经纪人可以划分为文化经纪人、地产经纪人、商品交易经纪人、金融经纪人、技术经纪人。按照组织形式，经纪人可分为个体经纪人、合伙经纪人、公司经纪人以及兼营经纪业务的其他经纪组织。个体经纪人指的是经过工商行政管理部门登记注册，以公民个人名义进行经纪活动的经纪人。合伙经纪人指的是具有经纪资格证书的人员合伙成立的经纪人事务所

---

① ［美］凯特奥拉：《国际市场营销学》，赵银德译，机械工业出版社 2012 年版。

或者其他合伙经纪人组织。公司经纪人指的是依照国家有关法律规定经过工商部门登记注册、承担有限责任公司的企业法人。兼营经纪业务的其他经济组织，指的是依法登记注册的既从事其他经营活动又从事经纪活动的各类经济组织，如演出公司，既可以从事演出经营又可以从事演出经纪业务。

2. 文化经纪人。文化经纪人是经纪人中的一个种类，包括出版经纪人、文物经纪人、演出经纪人、旅游经纪人、明星艺人经纪人、体育经纪人、专项模特经纪人。

3. 演出经纪人。演出经纪人指的是在演出市场上为了实现文化演出交易进行中介服务并获取佣金的文化商人，通过组织演出、制作和营销演出产品，签约、包装、推广演员，或者通过居间、代理行为来营利。演出经纪人指的并不仅仅是一个独立的个人，还可以指演出经纪机构组织。演出经纪人属于文化经纪人，经纪对象包括音乐、舞蹈、话剧、舞剧、杂技、曲艺等行业的演员。2008年实施的《演出经纪人资格认定实施办法》规定了演出经纪人的适用范围：从事演出组织、制作、营销活动的机构；从事演出居间、代理、经纪活动的机构；从事演员签约、推广、代理活动的机构；中外合资经营、合作经营的演出经纪机构；香港特别行政区、澳门特别行政区、台湾地区在内地合资、合作设立的演出经纪机构；个体演出经纪人。

（二）演出经纪人的素质要求

1. 文化艺术素养。演出经纪人是将商业和艺术融合在一起的桥梁，因此，演出经纪人要有深厚的文化素质修养和较高的艺术鉴赏能力，这是判断一个演出经纪人实力高低的最重要因素。

2. 国际经营知识。随着我国文化演出市场走向国际，演出经纪人作为文化传承与发展的推手，要时刻保持与国际相交融，才能将我国优秀的演出节目推向国外，将国外优质节目引进国内。

3. 专业法律素养。演出行业涉及的方面广泛，文化部门对活动的报批审核、公安部门对大型演出活动的安全规定，要求演出经纪人要熟悉文化市场管理法律法规、演出市场政策和演出经纪人管理法规。此外，参与涉外、港澳台演出的经纪人要熟练掌握我国涉外演出法律，以免因手续不规范为演出带来损失。

4. 商业运作能力。演出经纪人要掌握深厚的市场营销知识，能够敏锐捕捉到市场前沿信息，了解市场供求规律，有效结合艺术产品和商业品牌，策划出对文化产品深度开发有利的演出项目。

5. 社交沟通能力。经纪人在进行演出运营工作中，面对的是一张巨大的社会信息联系网络，需要极强的沟通能力。成功的演出经纪人往往有着非常广泛的人脉关系圈，这可以为其带来更多的业务资源，储备演员资源。

（三）演出经纪人的发展历程

1. 改革开放初期的演出"穴头"。计划经济时代，我国文化部门掌握着演出的主办组织权，全国的艺术表演团体的文化演出都是由文化部门安排。20 世纪80 年代，出现了早期的演出经纪人，俗称"穴头"。"穴头"没有固定的组织和法律约束，负责帮体制内的演员找寻商演机会，演员出场商演被称为"走穴"。

2. 政策明确演出经纪人合法化。1988 年，《国务院批转文化部关于加快和深化艺术表演团体体制改革意见的通知》提出要建立演出经纪人制度，逐步建成以国营演出公司为主导的多种所有制形式并存的演出经营体系，推进国家、集体、个体演出公司的发展，搞活各种营业性演出活动。允许艺术表演人员集体组团自主经营团体，允许演出经纪人临时成立表演团体。1995 年，我国颁布了《经纪人管理办法》，这是第一次颁布和经纪人有关的法规，承认了"走穴"的合法性，规范演出经纪人的行为。

3. 法规明确经纪人的职业定位。2002 年，文化部颁布《营业性演出管理条例实施细则》，对演出许可证和市场准入进行了详细的规范，引领演出经纪人健康有序发展。2009 年修订的《营业性演出管理条例实施细则》对演出经纪机构的设立进行了规范，规定中国演出协会是我国演出行业的领导协会，带领各地的分会发展。中国演出协会的主要工作是制定演出经纪人的资格认定办法，组织实施演出经纪人的资格认定工作。

（四）演出经纪人的现状

1. 入行人数增长。我国演出经纪人从业人员规模日渐增长，后备人力资源充足。根据中国演出协会统计资料，截至 2017 年，我国演出经纪机构、演出公司 5000 多家，从业人员 5 万人以上，艺术表演团队约 5000 个。[①]

2. 人员素质参差不齐。虽然目前我国部分演出公司初具规模，公司的业务运作规范，但是仍然有部分演出公司和职业人员违规操作，为演出市场带来了极大的负面影响。除了职业操守，演出经纪人队伍的文化水平素质也是参差不齐。由于演出经纪人的入行门槛较低，对学历和艺术鉴赏水平并没有相关考核，因此许多演出经纪人并不具备合格的文化知识水平和基本的艺术欣赏水平，这也影响了我国文化艺术的深度发展。

3. 与国际演出经纪行业的差距逐渐减少。规范成熟的演出经纪，包括艺人选拔、演艺培训、经营管理、市场营销、二度开发的一整套运行机制。我国演出行业在不停地向国际靠拢。国际性大型演出多次将中国选为巡演场地，而我国越来越多的演出机构将中国特色演出带向国外，促进了中外文化的交流。我国演出经纪人的发展尚未成熟，要逐渐熟悉国际市场规则，让中国的演出市场和国际市

---

① 参见中国演出行业协会、大麦网联合发布：《2017 中国演出市场年度报告》，2018 年 9 月 9 日。

场接轨。

4. 政府管理和行业自律日益加强。市场经济体制健康发展的前提就是市场中介行业健康发展，提升从业人员的素质教育，对特殊行业的市场中介人员进行职业资格准入制度。中国演出行业协会是演出经纪人的行业组织，建立了全国演出经纪人信息管理网络平台，与文化部及省级文化主管部门、演出行业协会联网，实现实时查询全国演出经纪人分类信息的统计数据、资格确认、从业记录、信誉记录，逐步建立演出经纪人违法违规行为网上通报制度。

三、演出院线

演出产业是整合创作、院团、剧场经纪等演艺资源而形成的，集剧本创作、演出策划、剧场经营、演出活动、市场营销、演艺产品开发等多个环节的产业链条。演出院线是以剧场为依托，以剧目及演艺资源为纽带，在一个经营实体主导下，演出团体与剧场以资产联结或者契约加盟的形式进行合作而形成的一种演出经营管理机制。演出院线搭建起剧场、演出团体、演出票务三方互利共赢的演艺产业生态系统，形成了从剧目创作的生产环节、剧目推广及票务的营销环节到剧目演出的消费环节的互动共生关系。国务院 2009 年颁布的《文化产业振兴规划》首次提出"演出院线"这一概念，将"发展文艺演出院线，推动主要城市演出场所连锁经营"作为文化产业的八项重点工作之一。2013 年 6 月 5 日，国家九部委发布《支持转企改制国有文艺院团改革发展的指导意见》，提出要大力支持文艺演出院线建设。作为演艺产业发展起来的一种经营管理机制，演出院线主要包含了以下五个方面的要素。

（一）剧场——演出院线的核心载体

剧场作为演出的重要场所，在演艺产业生态内生系统中处于终端环节，同时也是连接演艺产品和观众的桥梁，在演出院线经营管理中处于核心地位。剧院通常指室内的表演场所，而剧场作为表演场所的总称，涵盖户外广场及室内建筑。剧场一般由三个部分构成：表演区域、观看区域及其他附属演出空间。

剧场是演出院线得以成功运作的基础和前提，国内大多数演出院线都是在剧场经营管理的基础上拓展业务范围，延伸产业链。作为演艺产业生态系统的关键环节，剧场沟通了演艺产业价值链上、下游，作用于演艺产业从生产、流通到消费的全过程。具体来说，院线内剧场将场地信息和剧目需求提供给院线经营管理方，后者根据剧场实际情况与需求配置相应的演出团体，实现统一调度剧目及演艺资源。

1. 通过演出院线的剧目集体采购方式，剧场能够获得数量多且有质量保障的剧目资源，使大量闲置剧场充分发挥使用价值，提升场地利用率。

2. 演出院线下的剧场通常采取统一的标准化管理，剧院管理趋于专业化，降低了因经营理念落后或者管理不善带来的风险，同时有益于专业剧院管理人才的培养。

3. 在演出院线制度下，剧院的自主经营意识不断增强，不再局限于场租收益，实现了产业链延伸。剧场综合体模式，将剧场打造成一个具有丰富体验的艺术空间，书吧、美术馆、戏剧主题餐厅等配套场所满足了消费者综合多样的文化消费需求。

表演空间的多维开发拓宽了演出边界，演艺场馆集聚释放产业效能。一方面，积极开发新功能地域，在街区广场、城区绿地、商业楼宇、购物中心、老旧厂房、产业园区、游船邮轮、主题酒店等地域内，开拓主题化和情景化的演艺空间；另一方面，发挥演出场馆的联动效应，组建众多艺术机构组成的艺术集群，吸引金融、餐饮、住宿、商业零售、休闲娱乐的跨界融合，不断扩大区域的辐射力度，激发演艺市场的增值效应。

（二）剧目及演艺资源——演出院线的运营内容

演艺产业主要围绕艺术生产展开，剧目及演艺资源是演出院线经营运作的内容资源，在演艺产业生态内生系统中作为演艺产品流通。剧目有国外引进（或购买）剧目和国内原创剧目两种类型，演艺资源则包括舞台设施、声光电设备、演职人员等。剧目及演艺资源通常归属于演出团体，特别是在演艺产品生产环节，演出团体创作生产剧目，组织排练表演。引进（或购买）剧目通常采取全国巡演的方式，而原创型剧目多采用驻场演出的方式。

剧本的写作、授权、售卖，即艺术创作团体对剧目版权创作、制作生产到销售的全流程，其核心技术是剧本和剧目的创作，即"IP"的开发。演出团体掌握了剧目及演艺资源，是演艺产品的生产主体。一方面，演出院线内演出团体向院线经营管理方提供剧目创作信息、演艺资源信息；另一方面，院线经营管理方将剧场的订单式剧目生产需求反馈给相应的演出团体。院线经营管理方根据这些信息协调演出团体持有资源与剧场需求，组织、安排演出团体与剧场进行合作。

1. 艺术院团应发挥核心职能，潜心打磨艺术精品。在院团内部方面，注重在实践中练兵，形成老、中、青人才接力体系；设立工作室，对创作人员实行票房分成制或者给予创作津贴，激励主创人员深入现实生活开展创作。在院团外部方面，以人才为依托，制定定期展演机制，形成具有突出优势和持续运作的演出项目。演出院线带来的最直接的好处在于演出场次的增加，演出场次有了保证，主创人员的创作热情得以激发，从而更有益于演出团体积极进行高品质剧目的创作与演出。此外，演出场次的增加使剧目创作成本得到最大程度的分摊，降低了国内原创剧目的投资风险。

2. 演出团体的运营效率得到提升。演出院线统一采购、统一排档、统一配送等标准化经营大大降低了演出团体的运营成本，避免了演出团体与剧场之间的矛盾。演出制作公司整合各方资源保证制作质量，采取一定的作业技术和活动加强对生产过程的质量控制。此外，演出制作需要支付演出策划、剧本创作、舞台设计、服化道制作、表导演等一系列费用，演出团体可以选择以收益分成、风险共担的方式实行演出的联合制作，通过优势互补形成竞争优势。

（三）院线经营管理部门——演出院线的运作主体

演艺产业生态内生系统将院线经营管理方视为第三方组织，沟通演艺产品生产、营销、消费全过程。院线经营管理部门可以是一个独立的专业化剧场管理公司，也可以是既拥有演出公司又执行剧场经营管理活动的公司，当然，也可以是由演出院线内各剧场甄选人员组成的经营管理部门。作为演出院线的运作主体，它并不参与演艺产品从创作生产、营销到消费的具体实施过程，而是作为主导方在统筹调度剧目及演艺资源、协调剧场及演出团体合作关系方面发挥作用。

我国演艺企业目前普遍存在着实力偏弱的问题，要推动企业跨地区、跨行业、跨所有制兼并重组，做大做强骨干演艺企业，支持中小微演艺企业和非公有制演艺企业发展，提高演艺企业集约化、专业化水平，加速产业链上下游融合，在内容资源整合、营销平台构建、盈利方式拓展、公共服务平台搭建等方面探索布局，通过规模化优势来提高产业运营效率和效益。

目前，我国剧场（剧院）总数超过 2000 家，呈现出两大院线、五大省际联盟和多家省内联盟的发展态势。两大院线是指保利剧院院线和中演演出院线；五大省际联盟是指北方剧院联盟、东部剧院联盟、西部演出联盟、长三角演艺联盟及珠三角演艺联盟；多家省内联盟有山东演艺联盟、安徽演出联盟等。此外，还有繁星戏剧村等民营院线。演出院线经营模式主要有直营模式、混合模式、联盟模式三种。[①]

1. 直营模式——保利院线。直营模式是指院线经营管理主体直接对不同地区的剧场进行经营管理活动。这种模式一般是由院线的运营机构与不同地区剧场的原有主管部门签订委托经营管理合同，仅获得剧场经营管理权，然后运用自身的剧目资源优势、规模效应优势在院线范围内组织全国巡演，以此来摊薄成本，获取利润。直营模式的代表是保利院线，以剧场连锁经营管理为主，实现了从单纯的剧场所有者转变为剧场的经营管理者的身份转变。保利院线负责运营了 47 家剧场，具有显著的规模效应，公司将优秀剧目推广到院线巡演，各成员剧院分摊演出成本，降低演出票价。此外，由于保利公司对成员剧院具有自主经营权，对签约剧院进行模式化、专业化、集团化的规范管理，这有利于形成统一有序的剧场管理机制和经营秩序。

2. 混合模式——中演院线。混合模式，顾名思义，就是采用直营、合作与加盟等多种手段相结合的一种运营模式。这种模式形式较为灵活多样，最典型的案例就是中演院线。2010 年，中国对外文化集团公司成立了"中演演出院线"，

---

① 参见林凡军：《基于演艺产业生态理论的演出院线内涵与机理研究》，《山东社会科学》2017 年第10 期。

目前已拥有包括广州大剧院、北京天桥艺术中心、山东省会大剧院等十多家直营剧院、40多家加盟剧院。中演院线运营的突出特色是既是演出公司，又是剧场经营管理者，以演出项目为核心对院线进行管理布局，对各成员单位拥有业务经营权，建立起一整套包括"剧院拓展与管理、产品制作与配送、市场策划与营销、人才培养与储备"的完整体系，品牌效应显著。

3. **联盟模式——山东演艺联盟发展有限公司（以下简称"山东演艺联盟"）。**联盟模式是指院线以第三方服务性组织的角色进行剧场的经营运作活动，院线管理组织像是演出市场中的一个中介机构，在演出场地、团体之间起到桥梁的作用，根据联盟内剧场的需求及区域特性选择适宜的合作演出团体，灵活机动地提供相应的支持与服务，使演艺产业链各相关环节获取信息与资源，实现互惠共赢。但是这种联盟模式组织形式相对松散，存在一定的区域分割问题。山东演艺联盟是联盟模式运营的典型代表，它建立起了联盟成员的紧密关系，以票务系统为核心，形成覆盖全省的演艺信息平台，搭建起演艺产业发展的资源共享平台、投融资平台、人才培养平台以及整合营销平台，并发展成为合作共赢、资源与市场高效对接的大型演艺联合体。

（四）标准化管理——演出院线的管理方式

标准化管理是指演出院线的演出运作主体依据相同的管理模式，采用标准化的管理手段对成员剧场进行统一运营与管理，以此来保证各成员剧场的经营管理水平。演出院线采用标准化的管理方式有利于剧场管理服务科学化、规范化，提高院线的整体运营效率，从而实现其效益最大化。繁荣演出市场、满足日益增加的演艺产品消费需求是演艺产业发展的首要目标。在演出院线中，观众不再仅仅是演艺产品销售的终端，同时成为反馈信息的来源，作用于演艺产品的生产、销售各环节。

1. 在票价问题上，演出院线负责集中采购国内外剧目，这种类似"团购"的采购方式降低了剧目购买成本；演出院线统一管理、统一配送、统一营销推广，降低了分散经营所造成的物流成本、推广成本等管理成本；"全国巡演+少量驻演"的演出模式形成了规模经济，使演出成本得到分摊，降低了演出成本。

2. 首先，演出院线这一运营管理机制从降低剧目购买成本、管理成本以及演出成本三个方面将演出票价规范于一个合理价格区间，惠及观众。其次，在演艺产品方面，演出院线的国外优质剧目引进更容易获得优惠批发价，而国内原创剧目委托创作、订单式生产等灵活多样的剧目定制方式，吸引了更多优秀剧目创作，保证了剧目资源的多样化，满足了不同层次的消费需求。需要特别指出的是，标准化体系是演出院线共生系统建立的基础，是演艺产业实现规模化发展的前提，是优化演艺产业生态的必然要求。一方面，标准化管理意味着可复制性，这一点体现在"统一"上：统一品牌、统一经营、统一采购、统一排档、统一宣传等，这些"统一"又具体体现在剧目创作、集中采购、市场推广、票务营销、设备配送、剧目演出等整个演出产业链条上，这有助于演出院线所经营管理的各产业主体充分利用演艺资源，发挥自身优势，同时产生规模经济效应，极大地降低了院线内各主体的运营成本；另一方面，标准化管理意味着规范化、专业化：合理的院线结构、恰当的剧场布局从整体上推动了演艺产业规模化发展，而微观层面院线制既使剧场管理水平专业化在短时间内得到一定的提升，也有利于专业的剧场管理人才培养。

（五）演出票务——为观众提供票务服务的相关业务

演出票务包括快速便捷的信息系统、具备快速精准的结算能力及多样化的购票渠道。目前国内票务系统的主要形式有网络购票系统、专业票务服务公司、剧场下设票务部门等，部分演出院线拥有自己的票务服务部门，例如中演院线的中演票务通，不局限于院线内的剧目、剧场信息，而是开放地面向全国演出市场，成为演出院线业务拓展的一个模块。

演出票务处于演艺产业生态内生系统的中间环节，在互联网时代，便捷有效的购票系统已必不可少。院线内演出票务方从演出院线获得其经营管理的剧目及剧场资源信息，将这些信息提供给消费者，并提供有效的购票渠道。反过来，院线经营管理方通过收集演出票务系统后台的购票数据，获得真实准确的数据分析，将其反馈给演艺产业内生系统各环节。

部分演出院线拥有自己的票务网络系统，便于院线内剧目及剧场演出的集中宣传推广，特别是在演出场次安排、市场推广定位等方面，获得更加精准的信息，营销效率更高，保证了演艺产品的快速流通。信息化、网络化的特点提供了快速便捷的购票渠道、方便多样的购票方式，其创新模式和优质服务为演出院线提供了强大的售票服务，丰富了消费者的购票体验，同时，管理方票务销售后台可以有效地收集相关数据，反馈给演艺产业链上下游环节。这一营销平台的建立将演出团体、剧场、演艺机构等演出主体与消费者联系起来，有效地提高了营销效率，降低了管理成本。然而，在通常情况下，演出票务是以第三方中介组织的身份提供信息和服务的方式进入演出院线的，因而不在演出院线的主营业务范畴内。

第二节　国际演出产业

从世界范围来看，演艺产业通常与其所在地区的社会同步发展，作为浓缩展示社会政治、经济、文化、生活的特有形式和重要载体，全球演艺产业经历了从分散到集中、从古典到通俗、从传统到多元再到结合高新技术实现多重体验的发展过程。

一、美国演出产业

（一）美国演出市场分类

按演出性质分类，美国的演出市场分为非营利性演出和营利性演出，美国主要的芭蕾舞团、交响乐团、歌剧院等均属于非营利团体。非营利团体可以对外募捐，捐款的公司可根据规定相应免税。通俗音乐团体、音乐剧剧团、马戏或杂技团等属营利团体，不可对外募捐，但可寻求赞助。美国艺术和企业理事会、企业赞助艺术委员会及其召开的全国艺术市场年会是美国文化艺术团体与大企业和公司取得直接联系以获取捐款或赞助的主要机构。

按演出场地分类，美国的演出市场分为四类。第一类，在正规剧场或专门场地的演出。这一般是指专业艺术团体很高或较高水准的演出，这类演出是美国演出市场的主体。第二类，在各种艺术节、博览会、大型会议和特定节庆活动上的演出。第三类，在豪华饭店、游轮、酒吧和游乐场所的演出。这类演出对艺术水准的要求不是很高，但要求趣味性和娱乐性强，市场相当大。第四类，在社区、学校组织的演出。在美国，大的社区、大学和中学等一般都有自己的剧场或演出场所，每逢节庆或举办大型活动时，经常会安排文艺演出。

（二）美国演出产业的运作方式

1. 自产自销。著名或较著名的专业艺术团体一般都有自己的或长期租用的演出剧场，同时，其市场部也联系和安排其他场地的演出。每年的演出季，这些团体都会向公众推出一批新剧目。

2. 经纪人推销，由演出公司组织演出。艺术团体和艺术家个人一般都会聘请经纪人代为推销演出，然后由演出公司根据需要选购并组织演出。

3. 在全国和地区性的演出交易会上推销、选购节目。美国艺术表演主办者协会每年1月在纽约举办一届大规模的演出市场研讨会和演出交易会，一般会有美国和其他国家的演出商、演出团体的经理或经纪人，艺术节的负责人，艺术家和艺术管理机构负责人等参加。在交易会上，供求双方见面交谈，需求方还可通过现场观看演出片段或录像来遴选节目，同演出单位或经纪人当场签约，或预约演出场次和时间。

二、英国演出产业

英国的文化演出市场是全世界最繁荣的演出市场之一，都是采取纯熟的商业化运作，表演形式多样化，可谓经典通俗并举、传统现代共存。大一点的城市都有自己的交响乐团、芭蕾舞团或歌剧舞团，成为城市的文化品牌。伦敦更是国际艺术之都，每天晚上都有几十家剧院上演各种剧目，从莎士比亚话剧、芭蕾舞、歌剧、交响乐到大众化的音乐剧、爵士乐、流行乐等。

英国演出市场的丰富多样性已有几百年的传统，这与政府的鼓励扶持政策分不开。1997年，英国提出大力发展创意产业，文化艺术作为创意产业的组成部分，被提高到国家战略地位。文艺演出不仅提供娱乐与艺术享受，而且可以激发全社会的文化创新，提高国家的竞争力。现在艺术的创新受到特殊的鼓励，知识产权得到专门的保护，为英国的现代艺术文化演出市场注入了巨大的活力。

英国政府不干预文化市场的具体运作，但通过多种渠道给予经典的、创新的剧团、剧目强有力的资助、扶持，其中，艺术委员会是一个主要的运行机构。英格兰、苏格兰、威尔士和北爱尔兰分别有自己的艺术委员会，它们是非政府的独立机构，负责政府拨款和福利彩票基金的分配使用。以英格兰艺术委员会为例，它成立于1946年，实行非政府运作，但代表政府辅佐艺术发展。它的经费来源于英国文化、传媒和体育部，是英国最大的艺术拨款机构。经费预算由该委员会自行控制，对某些处于发展关键时期的机构进行战略性指导，给予资助。

英格兰艺术委员会长期资助的主要艺术团体包括皇家歌剧团、皇家芭蕾舞团、英国国家歌剧院、皇家莎士比亚公司等，主要的巡回演出公司有北方歌剧和英国国家芭蕾舞团等。与流行音乐相比，这些传统经典剧团在现代演出市场中处于劣势，但作为最为宝贵的传统文化的重要组成部分，作为国家文化品牌，不仅受到政府的特殊扶持，还得到许多民间基金会和剧院之友组织的支持。但剧院的演出运作仍然是完全市场化的，政府的资助一般不会超过50%。实际上它们的市场运行也相当的活跃，如皇家莎士比亚公司为适应现代观众的欣赏习惯，编排了很多现代版的莎剧演出。

音乐厅的设计和管理十分注重亲和力。厅内除剧场外有多重开发式空间，设有展览、舞蹈课、午餐音乐会等众多活动，附设有数个餐厅、酒吧、咖啡厅、影像书店等，常年对公众开放。不同的演出系列和服务由不同的公司独立运作，在董事会统一协调下达成合作伙伴关系。

伦敦西区是英国的演艺集聚区。高品质、多元化的产品供给和合理的消费价格是西区演艺产业持续繁荣的关键因素。伦敦西区包括49个由伦敦剧院协会管理的剧院，规模从400多观众席至2000多观众席不等，上演的剧目包括音乐剧、话剧、歌剧、芭蕾舞、现代舞、木偶剧、儿童剧等，为不同年龄和口味的观众提供多样的选择。2019年，全年演出超过1.8万场，观众超过1500万人次，平均上座率81%，票房总收入达7.9亿英镑，贡献税收1.3亿英镑。剧场的火爆还带旺了演出手册、唱片、纪念品等衍生产品及周边餐厅、酒吧、超市、旅馆、出租车等行业的消费。2019年，伦敦西区售价在150英镑以上的音乐剧门票仅占1.1%，40英镑以下的门票超过1/3，各剧院还通过"新年大促""儿童月"等促销活动推出折扣票价，满足不同消费能力的观众的需求。[①]

---

① 参见许立群：《英国伦敦 文化产业点亮城市活力》，《决策探索》2021年第11期。

三、日本演出产业

1945 年"二战"结束后，伴随着日本经济的迅速崛起，日本演出产业迅猛发展。在日本 1000 多个私人职业剧团中，演出业"四强"——四季剧团、东宝公司、松竹公司和宝冢歌剧团的演出年收入均在 100 亿日元以上，其中宝冢歌剧团已有 80 年以上的历史，四季剧团也有着 50 年以上的历史。著名的话剧团有俳优座、青年座、文学座、民艺等，这些话剧团的存在，使得日本的话剧舞台相当活跃。四季剧团以演出音乐剧而著称，可以同时在日本五六个城市演出，拥有众多的观众。该团上演的音乐剧《猫》《狮子王》《歌曲与舞蹈》，经济效益和社会反响都很大。这种全无政府财政扶持、以私人兴办为主的演出产业结构，有利于日本演出业立足市场，不断创新，催生出大量受市场青睐的作品。

在日本文化产业发展过程中，各种行业协会发挥了十分重要的作用，这是日本文化产业发展的重要经验之一，演出产业也不例外。在日本，剧团、影院、交响乐团、歌手、影视演员以及美术馆和博物馆等，都有自己的各类协会组织，这些协会组织健全，成为动员观众的好帮手，只要交纳少量的会费，会员就可享受各种优惠待遇。如新国立剧场的会员可以享受入场券的优惠价，还可以早于其他观众提前购买入场券，每月可以免费接收赠阅会报，等等。在日本，这些会员团体和组织十分普及，发挥的作用非同小可。此外，日本还有专门负责动员观众观看演出和电影的团体。

日本没有政府所属的剧团，全国 1000 多个剧团全部都是私营的，财政上国家对剧团没有补助，所有的剧团都必须通过演出市场来谋生存、求发展，面向市场创作、演出受欢迎的优秀作品。

第三节　中国演出产业①

一、中国演出产业在改革中发展

（一）新中国成立后计划经济体制下的文艺院团

新中国成立后，党和政府对文化事业十分重视。50 年代初期完成了对文艺工作的三大改造——"改戏、改人、改制"。经过改造，我国建立了一大批全民所有制和集体所有制的剧团、剧场、影剧院以及艺术表演团体。在我国演出市场主体结构中，国有资本或者说文化系统内的国有资本占据垄断地位，演出行业长期以来强调意识属性，不重视市场属性。

---

① 本节内容仅涉及新中国成立之后我国演出产业的发展历程。

（二）改革开放初期文艺院团改革

1980 年 3 月，全国文化厅局长会议召开，提出要逐步推进文艺院团经营管理制度的改革，拉开了国有文艺院团改革的序幕。1985 年 4 月 23 日，中央办公厅、国务院办公厅转发文化部《关于艺术表演团体的改革意见》，意见提出要在艺术表演团体内实行"承包经营责任制"，在一定程度上激活了文艺演出市场，调动了文艺工作者的演出积极性。同时指出，艺术表演团体在结构布局上不合理，有些大中型城市同类专业艺术表演团体重复设置，同质化现象明显；艺术表演团体在数量上存在地域差异，经济条件较好的地区院团数量要多于经济条件落后的地区，因此，要逐步调整国有文艺院团的结构布局。1987 年 2 月，文化部、财政部和国家工商局联合下发《文化事业单位开展有偿服务和经营活动的暂行办法》，指出，为了解决富余人员的安置问题，允许艺术表演团体通过继续兴办服务业和加工业等方式实现创收。这种"以文补文、多业助文"的改革举措，通过多元化经营来解决文艺院团的经济困境，减轻了财政负担。1988 年 9 月 6 日，国务院转发文化部《关于加快和深化艺术表演团体体制改革的意见》，指出要加快和深化文艺院团体制改革，逐步实现文艺院团的"双轨制"运行。"双轨制"就是根据文艺院团的专业水平和性质，将其划分为两类。其中，少数代表国家和民族艺术水平的、具有较高文化艺术价值的文艺院团仍保留全民所有的形式，由政府主办；而大部分文艺院团则应当由社会主办，实行多种所有制形式。要求推进文艺院团的组织运行机制改革，调动社会各界的积极性，为文艺工作者创造更加广阔的表演空间，逐步增强文艺院团的生机和发展活力，不断满足广大人民群众多方面、多层次的精神文化需求。1988 年，文化部、国家工商局联合下发《关于加强文化市场管理工作的通知》，明确了文化市场的概念，规定了文化市场的主要管理范围和管理任务，以及应当遵循的管理原则和管理方针，标志着我国文化市场的合法性地位得到承认。

（三）国有文艺院团市场经济体制改革

党的十四大确立了我国建立社会主义市场经济体制的改革目标，为我国文化体制改革指明了方向。1993 年 9 月，文化部下发《关于进一步加快和深化艺术表演团体体制改革的通知》，提出了国有文艺院团内部改革的新意见，文艺表演团体在领导管理体制上要实行文艺院团法人代表负责制，确立艺术表演团体独立法人地位；劳动人事制度上，对新加入艺术表演团体的艺术从业人员实行合同聘任制；收入分配制度上要实行艺术结构工资制，克服平均主义。1994 年 2 月，文化部又下发《关于继续做好艺术表演团体体制改革工作的意见》，再一次明确了国有文艺院团改革的重要内容是建立适应社会主义市场经济发展要求的内部运行机制。要求充分考虑艺术人才自身的特点，建立新型、合理的分配制度和激励机制。改变以往的拨款模式，实行演出补贴制，以演出场次来定财政补贴金额，鼓励艺术表演团体多演、演好，调动艺术院团的剧目创作和演出的积极性。实行考评制度，通过考评激励文艺院团重视创作、重视演出。同时，集团化模式初现。2001年，江苏省演艺集团有限公司组建，成为我国国有文艺院团改革"集团化"的开端。集团仍保留事业单位属性，在财政扶持力度不减的情况下，可以实行更为灵活的市场化运作。

2000年10月通过的《中共中央关于制定国民经济和社会发展第十个五年计划的建议》首次提出"文化产业"的概念。2002年11月，党十六大报告首次提出推进我国的文化发展要按照"事业"和"产业"两个不同方面的要求进行。文化部、财政部启动和实施了"国家舞台艺术精品工程"，促进和推动艺术表演和艺术剧目的创作。2003年10月出台的《中共中央关于完善社会主义市场经济体制若干问题的决定》，提出了"文化产业"和"文化事业"不同的发展要求，加大对公益性文化事业单位建设的投入，通过运行机制的转换，增强自身的发展活力，为广大人民提供更好的文化服务；经营性文化产业单位要通过体制改革和运行机制的转换，真正成为合格的市场主体，并在不断的市场竞争中壮大自身的实力。

（四）国有文艺院团深化改革加速推进

转企改制是这一阶段国有文艺院团改革的中心任务。2003年6月27日—28日召开的全国文化体制改革试点工作会议研究和部署了文化体制改革试点工作的主要任务，北京儿童艺术剧院等35家文化单位被选为改革试点单位，标志着国有文艺院团转企改制工作正式拉开序幕。2003年12月31日，国务院办公厅下发了《关于印发文化体制改革试点中支持文化产业发展和经营性文化事业单位转制为企业的两个规定的通知》，明确规定在资产处置、收入分配、社会保障及人员分流安置等方面为转企改制试点单位提供扶持，保证试点单位的转企改制工作顺利完成。2009年，中宣部、文化部联合下发《关于深化国有文艺演出院团体制改革的若干意见》，明确指出我国国有文艺院团改革的重要性和紧迫性，提出了深化国有文艺院团改革的一系列新思路、新举措，要求将"转企改制"作为国有文艺演出院团体制改革的中心环节，为国有文艺院团改革指明了路径。文化部2009年9月发布的《关于加快文化产业发展的指导意见》首次明确表述了"演艺产业链"，要求积极整合创作、院团、剧场、经济等演艺资源，形成剧本创意、演出策划、剧场经营、市场营销、演艺产品开发等紧密衔接、相互协作的产业链。2011年5月11日，中宣部、文化部又下发了《关于加快国有文艺院团体制改革的通知》，进一步明确规定了国有文艺院团体制改革任务的完成时间，同时提出要加大政策的保障力度，保证国有文艺院团体制改革工作的顺利完成。2012年2月28日，文化部发布《"十二五"时期文化产业倍增计划》，将演艺产业作为重点行业，提出要加快演艺与旅游等相关产业的融合，培育旅游演艺市场，丰富旅游演艺产品，避免同质化，设计开发演艺衍生产品，延伸演艺产业链。2012

年底，国有文艺院团逐步建立起现代企业制度，仍保留事业单位性质的国有文艺院团也要逐步实现企业化的经营和管理方式，转企改制任务基本完成。国有演出单位涌现了一批具有较强经济实力的大型演艺集团，成为中坚力量，集体、个人、股份制等形式的演艺实体不断发展，多种经济成分共同繁荣。

随着演出市场的逐步法制化、规范化，社会资本及外资资本逐步进入演出市场，民营及海外表演团体及演出经纪机构、演出场所大量出现，我国演出产业取得长足发展。2017年，文化部《"十三五"时期文化产业发展规划》提出，要打造精品剧目，大幅扩大城乡居民演艺消费规模，促进高新科技在演艺行业中的应用，加强小剧场、文艺演出院线等文化消费基础设施建设，加快推进以演出剧场为中心的演艺产业链建设。2021年，《关于规范演出经纪行为加强演员管理促进演出市场健康有序发展的通知》提出，建立演出经纪人员资格认定制度，持证上岗；加强对演出活动的内容管理，不得使用造成恶劣社会影响的违法失德演员，不得组织演员假唱和为假唱提供条件。2022年《国家艺术基金"十四五"时期资助规划》提出，鼓励省级及以上国有文艺院团与基层文艺院团联合开展优秀作品演出；面向民营文艺院团、民间艺人、新文艺群体等基层艺术工作者展开艺术人才培养。自党的十八大以来，我国演艺市场持续繁荣稳定发展。

二、中国演出产业现状

（一）演出市场的管理

我国第一部关于演出市场的行政管理法规《营业性演出管理条例》于1997年颁布实施，国务院分别在2005年和2008年对该条例进行了两次修改。1998年，文化部颁布《营业性演出管理条例实施细则》，之后进行了三次修订。2008年修订的《营业性演出管理条例》特别提到了行业协会对演出行业的规范管理作用，规定演出行业协会应当依照章程的规定，制定行业自律规范，指导、监督会员的经营活动，促进公平竞争。

演出市场总收入大体可细分为演出票房收入、农村演出收入、娱乐演出收入、衍生品及赞助收入、经营主体配套及其他服务和政府补贴收入。相较其他类型的收入而言，演出票房收入占演出市场总收入的比重稍大；在2021年各类演出市场票房收入中，专业剧场凭借复合化、多样化的综合功能在票房收入中拔得头筹，占比约45%，演唱会、音乐会和旅游演出分别约占20%，演艺场馆票房收入占比最少。

（二）演出市场的分类

演出市场有狭义和广义之分。狭义的演出市场仅指演出场所，如剧院、剧场、音乐厅等专营演出场所，以及体育馆、歌舞厅等兼营演出场所。广义的演出市场按照不同标准有不同的分类，比较常见的有以下几种。

1. 按照演出内容，分为音乐剧市场、戏剧市场、话剧市场、歌剧市场、演唱会市场、综艺节目市场等。

2. 按照演出运作成熟程度，分为发达演出市场和发展中演出市场。例如，起源于 19 世纪中叶的百老汇歌剧，如今已成为美国乃至世界演出产业的代名词。英国的伦敦西区拥有全国乃至全世界最优秀的剧目，其演出市场规模庞大，市场运作已达到比较成熟的水平。在我国，经济发达的东部地区演出市场相对繁盛，但是在中小城市，许多地方的演出市场资源、优势没有得到认识和发掘。

3. 按照艺术形式分为严肃表演市场和通俗表演市场。严肃表演市场主要是艺术表演团体演出市场，大多依附于剧场、剧院等固定的演出场所。文化部主编的《中国文化文物统计年鉴 2017》将严肃艺术表演团体按剧种分为六大统计类别：话剧、儿童剧团、滑稽剧为一类；歌剧、舞剧、歌舞剧团为一类；歌舞团、轻音乐团为一类；乐团为一类；文工团、文宣队、乌兰牧骑为一类；戏曲剧团为一类。通俗演出市场一般是指流行音乐会、演唱会、歌舞演出娱乐和一般的街头商业区、商场露天促销演出等。此外，广义上的通俗演出还包括电影演出市场。[①]

4. 按照市场要素，分为剧本市场、人才市场、剧院市场。剧本市场是指剧本创作与投入市场中形成的交换关系，对于不同作者、不同质量的剧本，其版权费也大相径庭。人才市场主要是组织或参与演出的演员和工作人员的招聘、流动所形成的市场。剧院市场是以剧院为中心的实现剧本、演员价值的场所。[②]

（三）演出市场的规模

1. 全国演出市场规模稳步扩大。据《2018 年文化和旅游发展统计公报》，2018 年，全国艺术表演团体有 17123 个，其中中央级 16 家，省级 214 家，地市级 519 家，县级及以下 16383 家。全年演出 312.46 万场，国内观众达 13.76 亿人次，演艺市场总体经济规模达到 469.22 亿元。[③] 在演艺市场各类收入占比中，演出票房收入（含分账）是主要来源。在演出票房收入中，专业剧场、演唱会、旅游演出形成三足鼎立的态势，剧场是票房收入的主要来源，演唱会、音乐节超过旅游演出成为第二大票房收入类别。2019 年，剧场票房收入为 84.03 亿元，演唱会票房收入为 42.59 亿元，旅游演出票房收入为 73.79 亿元。

2. 居民文化娱乐消费不断提高。2019 年演艺行业总收入为 574 亿元。2020 年受新冠疫情影响，我国演艺行业市场总收入大幅跌落 44.6%，为 318 亿元。随着新冠疫情逐步得到控制及刺激市场消费的政策出台，2021 年演出市场规模上行，总体经济规模为 335.85 亿元。其中演出票房收入 140.28 亿元，演出衍生品

---

① 参见中华人民共和国：《中国文化文物统计年鉴 2017》，国家图书馆出版社 2017 年版。

② 参见傅才武、宋丹娜：《文化市场演进与文化产业发展——当代中国文化产业发展的理论与实践研究》，湖北人民出版社 2007 年版，第 167 页。

③ 参见中华人民共和国文化和旅游部官方网站：《2018 年文化和旅游发展统计公报》，2019 年 5 月 30 日发布。

及赞助收入 22.06 亿元，政府补贴收入（不含农村惠民）88.57 亿元。2021 年全国主要类型（不含农村演出、娱乐演出）演出场次共计 18.97 万场，其中，旅游演出场次为 7.48 万场，占比为 39.43%；剧场类演出场次 11.44 万场，占比为 60.31%；大型场馆和户外演出 0.05 万场，占比为 0.26%。[①]

3. 全国区域市场发展不平衡。根据演出项目的场次、票房收入等数据综合统计分析，排名前 10 位的地区占全国市场份额比重超过 65%，演出市场地域分布仍存在不均衡发展的现状。2019 年，在演出城市购票用户分布中，一、二线城市的占比为 76%，三、四线城市的占比为 24%。其中，现场演出主要依赖一、二线市场；演唱会用户中，三、四线城市占比为 29%；剧场用户中，三、四线城市占比为 18%。北京、上海、成都、杭州、南京、天津等城市的演出类文化消费最为活跃，深圳、海口、佛山、福州等城市活跃度增速较快。

4. 演出市场消费群体年轻化。数据显示，演出市场消费者结构年轻化趋势明显。2021 年，演出市场消费主力是 18～39 岁的年轻人，在购票人群中占比达 76%；购票人群中女性消费者的数量明显高于男性，占比为 66%。90 后消费者占观演用户群体的比例超 55%，成为演出消费的主力军，尤其偏爱演唱会。

（四）主要演出门类市场表现

据国家统计局数据，从 2021 年演出艺术门类来看，话剧仍然是最受欢迎的演出类型，演出票房和场次分别占剧场类演出 30% 和 14%；小型、沉浸式音乐剧演出场次和票房收入较 2020 年增长显著；舞蹈、脱口秀等类别借助综艺节目向线下引流成果显著，票房收入、观众人数明显增长。

1. 话剧市场。2021 年，全国话剧演出总场次 1.61 万场，票房收入 23.89 亿元，平均票价 257 元。红色题材和悬疑题材约占全年话剧项目总量的三成。全年小剧场、新空间话剧演出数量占比为 52.93%，超过一半。

2. 音乐剧市场。2021 年，全国音乐剧演出总场次 1.53 万场，票房收入 10.02 亿元，平均票价 228 元。海外版权本土化创编和本土原创成为市场发展的中坚力量。全年音乐剧演出小剧场、新空间场次占比为 71.49%。小型音乐剧尤其是驻演类音乐剧发展迅速。

3. 儿童剧市场。2021 年，全国儿童剧演出总场次 1.32 万场，票房收入 12.01 亿元，平均票价 127 元。其中，海外引进版权的项目占儿童剧项目总数的 51%，动漫改编项目占项目总数的 67%。

4. 戏曲市场。2021 年，全国戏曲演出总场次 1.79 万场，票房收入 7.69 亿元，平均票价 112 元，戏曲演出场次超过新冠疫情暴发前的 2019 年的数量，票房收入恢复到 2019 年的 90%，戏曲市场逐渐向好，最受欢迎的剧种是昆曲、京

---

① 参见中国演出行业协会：《2021 全国演出市场年度报告》，cul. China. com. cn/2022-04/28/conrent_ 41955305. htm。

剧、越剧、沪剧、豫剧。

5. 舞蹈市场。2021 年，全国舞蹈演出总场次 0.41 万场，票房收入 5.65 亿元，平均票价 248 元。古典舞、民族舞场次占比为 36.36%，成为年轻人"国风潮"重要的组成部分。现代舞、街舞等逐渐走向大众。

6. 音乐会市场。2021 年，全国音乐会演出总场次 0.81 万场，票房收入 7.91 亿元，平均票价 224 元。在大、中型专业剧场举办的音乐会场次占比为 62.03%。电影、动漫和游戏原声的音乐会巡演大幅上升。

7. 演唱会、音乐节市场。2021 年，全国大型演唱会、音乐节演出总场次 0.05 万场，票房收入 19.98 亿元，平均票价 660 元。演唱会、音乐节大部分规划项目受新冠疫情影响延期或取消，音乐节在旅游景区等新型场地举办的场次数量明显增长，成为文旅融合新亮点。

8. 相声市场。2021 年，全国相声演出总场次 1.25 万场，票房收入 5.18 亿元，平均票价 165 元。大部分相声演出为驻场项目，单场人数不足 300 人，小剧场、新空间场次占比为 93%。德云社、嘻哈包袱铺、青曲社等相声团体纷纷开设新剧场，积极尝试直播、短视频等网络传播方式。

9. 脱口秀市场。2021 年，脱口秀市场全年商业演出场次 1.85 万场，票房收入 3.91 亿元，比 2019 年增长 50% 以上。脱口秀大部分为驻场演出，单场人数不足百人，平均票价 100 元以下。演出主要集中在上海、北京、成都、重庆、广州等中心城市，演出场地涵盖专业剧场、小剧场、演艺新空间等各种类型。[1]

（五）积极拓展国际演出市场

我国演艺市场高速发展，演艺出口实现了量的增长。2019 年，我国赴海外演出收入达到 34.55 亿元。[2] 与欧美等发达国家相比，我国演出产业还有很大差距。Pollstar 网站公布的 2019 全球票房收入前 200 的剧院场所及前 100 的演艺公司名目显示，欧美的剧院和演艺公司仍在名目中占据主体地位，中国剧院或演艺公司无一上榜。

1. 发挥中国国际演出剧院联盟的作用。联盟是集合了演出项目投资营销服务、演出运营及剧院管理等多方位的组织合作体，建立了国际演出项目交易平台与国际演出剧目专业营销平台，包括演出场所、演出团体、演艺集团、演出经纪公司、音乐唱片公司、艺人经纪公司、广告公司、演出设备制作等公司，并提供版权、网络、票务等演出衍生行业服务，目前中国国际演出剧院联盟已经拥有国内外成员单位 1500 多家。

2. 发挥市场在演艺资源配置中的作用。构建完善的演艺服务产业链，鼓励

---

① 参见中国演出行业协会：《2021 全国演出市场年度报告》，cul. China. com. cn/2022-04/28/conrent_41955305. htm。

② 李嘉珊：《中国文艺精品如何"走出去"》，《人民论坛》2021 年第 24 期。

并支持国际营运能力强、熟悉国际市场规则的国际演艺经纪、国际院线运营、演艺数字服务企业积极拓展国际市场，发挥不同主体各自优势，增强市场主体国际竞争力。以开放促改革，释放国有院团活力。国家交响乐团、中央芭蕾舞团、安徽演艺集团、甘肃歌舞团等在提升中华文化国际影响力方面做出积极努力。国家京剧院创新中外合作模式，推出实验京剧《浮士德》，在意大利、德国的多个城市进行巡演。重庆杂技团的杂技剧《木兰传奇》依据国际市场需求"量身创作"，在欧洲举办超过110场的商业性巡回演出，向世界充分展示了中国杂技的魅力。扶持具有国际竞争力的民营演艺机构。民营演艺机构成为演艺"走出去"的活跃主体，摩登天空、北京现代舞团、陶身体、九维、吴氏策划、聚橙网等民营演艺机构在促进国际演艺交流与合作方面成效显著。

3. 创新文艺精品国际传播模式。国外演出、线上演艺、"出口不出国"等多元模式推动我国文艺精品国际化发展。1999年少林功夫题材舞台剧《生命之轮》在英国演出65场，后相继到意大利、希腊、瑞士、美国、加拿大、阿联酋、南非等国家商演，"功夫演艺"让世界称赞。上海驻场秀《时空之旅》充分利用全球演艺市场资源，驻场演出平均上座率达80%以上，观看演出的国际游客占比70%，实现了我国文艺精品"出口不出国"。中央芭蕾舞团在海外形成了较为稳定的演出代理商，负责其在当地的演出运营工作。当前，文艺精品"走出去"的各种渠道尚未有效连接，形成合力，观众主要通过文化和旅游部、驻外机构等获得演出信息，来源单一。因此，要进一步拓宽国际视野，熟悉国际规则，强化知识产权保护，提升创作、生产、营销等方面的国际化水平。

4. 拓展国际传播覆盖范围。随着对外交流日益频繁，文艺精品"走出去"逐渐覆盖越来越多的国家。2011年至今，国家大剧院海外巡演在20多个国家和地区演出了近百场。中国杂技团累计在40多个国家和地区进行国际演出。中国对外文化集团2016年发起成立丝绸之路国际剧院联盟，已有来自约50个国家和地区的100多家成员单位加入，成为推动中国文化走出去的重要战略平台。[①] 因此，要研究全球演艺消费市场新变化，全面掌握全球演艺市场的供求情况，在稳固欧美等成熟市场的基础上，探索新兴市场，拓展潜在市场，尤其要做好对"一带一路"沿线主要国家演艺市场的调查研究，利用已建立的丝绸之路国际剧院联盟、世界剧院联盟等国际平台，结合《区域全面经济伙伴关系协定》（*Regional Comprehensive Economic Partnership*，RCEP）等政策利好，充分利用国际展会、艺术节等平台，为我国文艺精品创造出更多进入全球市场的渠道。

5. 提升演艺国际传播的数字化水平。受2020年暴发的新冠疫情的影响，"云音乐节""云演唱会""云剧场"等创新表演形式应运而生，带动一部分用户由线下转为线上观演。随着5G时代的到来，VR、AR等数字虚拟技术将推动沉浸式观演升级，面对这一机遇，要加强文艺精品数字资源库建设，用好数字技术

---

① 李嘉珊：《中国文艺精品如何"走出去"》，《人民论坛》2021年第24期。

建设文艺精品国际传播数字服务平台。整合全球主要线上流媒体播放资源，依托超高清4K、超高速5G网络、沉浸式全景互动视频等前沿技术，利用网络社交媒体推动"线下演出、线上演播"，形成"永不落幕"的中国文艺精品展示平台。建立一站式演艺国际传播服务平台，涵盖国际演艺交易规则与政策服务、境内外供求信息资讯服务、知识产权保障服务、跨境版权交易法律服务、国际演艺营销服务、全球演艺节庆展会服务，精准对接演艺企业与国际演出商，打通中国文艺精品连接世界的"最后一公里"。

6. 加强发展演艺对外贸易顶层设计。推动文艺精品"走出去"提质增效是建设社会主义文化强国的重要内容，是增强中华文化国际影响力、传播力的现实手段和有效途径，因此，要做好文艺精品高质量国际传播的战略部署。制定海外拓展支持政策，鼓励多元资助模式，探索文化服务"走出去"出口退税相关机制；制订"走出去"项目评估标准，规范"走出去"项目内容，完善对"走出去"项目的绩效考核；优化营销推广方式，针对不同目标市场进行差异化运营设计，力求"一国一策"；加快演艺服务出口基地建设，基于对演艺市场实际、要素资源禀赋、演艺品种特色、全球战略布局等因素的综合考量，创新体制机制和政策措施；深入挖掘中华文化资源内涵，推动优秀传统文化创造性转化、创新性发展，生产出更多具有国际交易价值的文艺精品与服务。

第四节　演出产业的发展趋势

一、演出方式更加丰富，线上演出激发创新活力

众多演出机构、剧场和音乐人纷纷开拓线上市场，探索云展演、云直播、云音乐会、云活动等"互联网＋"的全新观演方式。放眼国际，以柏林爱乐乐团限时免费数字音乐厅为开端，维也纳国家歌剧院、纽约大都会歌剧院、赫尔辛基广播交响乐团、费城交响乐团等皆推出在线音乐会。反观国内，国家大剧院、上海交响乐团、上海文化广场、上海芭蕾舞团、央视音乐、西安交响乐团等国有演出团体纷纷推出耳目一新的线上演出节目。

（一）演出形式多样灵活

鉴于受众观看时间和场景限制少，应扩大受众覆盖面和传播范围。综艺节目嘉宾、观众、节目工作人员凭借一部手机，在虚拟空间共同完成节目创作，线上演出突破了现场演出容量有限的不足，让制作更快捷高效。例如，北京演艺集团（以下简称"北演集团"）举办的首届线上演出季，6 场演出在各大直播平台总观看人数为 4596 万，总点赞量为 1014 万。

（二）线上演出拓宽营收渠道

线上演出在降低制作成本的同时有利于巡演，现在更多歌剧制作倾向采用简约音乐会版或"半舞台"版。线上演出是线下演出良好的延展与补充。迪士尼等国外经典案例的线上演出盈利模式已较为成熟，实现了门票收入、广告费、冠名费、点播权转授权收入和 live 歌曲版权收入等多种营收模式。我国摩登天空草莓星云计划等积极探索线上演出的多元盈利模式，受到观众认可，取得了较好的观演成绩和商业收益。

（三）演出产业加速信息化、智能化转型

随着对线上演出的不断探索创新，线上"云服务"价值得以放大凸显，推动了传统演出机构在平台建设、渠道拓展、技术创新、传播方式、在线互动等数字化产业领域的变革，对演出行业从业人员在拍摄、编程、剪辑、特效等方面的能力提出了更高要求，加入了更多维度的舞台、3D 视觉运用和现场 MV 特效，对传统线下演出做了突破和升级。

二、演出空间更加多元，从单一的室内剧场向户外空间转变

（一）升级存量剧场空间，延伸演艺时间

创新利用现有专业剧场空间，打造 24 小时营业模式。例如，杭州西溪印象城在 2019 年引入全国首家 24 小时艺术剧场"丰马 in 剧场"，延展内容及时间体验，打造家庭共享艺术空间，场内与场外构成集合时尚戏剧、高端音乐表演、儿童亲子剧等多元内容的艺术空间。上海大剧院利用新冠疫情期间闭馆的空档，完成场馆功能升级，以剧院文化为主题，衍生出餐饮、文创、展览、开放舞台、亲子活动等内容，打造"A＋艺术空间"。

（二）扩张增量户外舞台，开拓演艺新空间

未来，演出机构将从传统剧场走向大型场馆、文旅景区、城市商业综合体、博物馆、文创园区、工业园区、公园、艺术中心、实体书店、商场、办公楼、酒店、餐厅、茶馆、胡同、船舶等场所，把眼光投向更广阔自由的舞台，开拓演艺新空间。例如，上海"2020 户外舞台演出季"发挥文化广场作为产业链中间端的平台优势，汇聚舞台演出资源、剧场空间服务和观众会员社群，提供开放多元的演艺舞台，真正意义上突破文化广场的建筑壁垒，创新实践主剧场演出之外的演艺新空间，在大中型专业剧场外，为不同类型不同需求的演出团队提供更多演出场地。

三、演出形态跨界融合发展

演出产业与消费、旅游、科技、金融、地产等产业的融合使得传统演出行业不断丰富演出内涵，优化产业链，延伸价值链，催生新的业态、新的消费方式、新的增长点，构建由内容创新、经营创新、形态创新组成的演出生态新格局，实现演出行业的规模扩张和跨越式发展。

（一）与不同艺术种类融合，实现内容创新

近年来，音乐剧、舞蹈剧、京剧、评剧等不同剧种的联合，实现了演艺的内涵创新。例如，《文成公主》由中国京剧院与西藏自治区藏剧团联合演出，以京剧唱腔演绎文成公主一角，以藏戏唱腔演绎松赞干布一角，实现了这两种曲目自诞生以来的第一次强强联合。

（二）与不同业态融合，实现经营创新

各演出主体通过整合不同业态的资源、要素、模式，挖掘出市场新需求、消费新动能、经营新模式。

1. 演艺与旅游的融合，让演艺成为旅游景区盘活存量的突破口。例如，《清明上河图》2020版《大宋·东京梦华》山水实景演出，通过和演艺产品结合发展夜游经济，将吃、住、行、游、购、娱等要素全部打通，突破客群、时段、季节限制，打造全年龄、全时段、全季节旅游产品，带动餐饮、酒店、购物、休闲、交通、地产等相关产业发展。

2. 演艺与商业的融合，探索构建线下演出商业的 IP 全产业链模式。例如，《触电·鬼吹灯》以 IP 为原点，基于与粉丝沉浸式的娱乐互动，整合 IP 资源、演出资源、地产资源，构建完整的商业闭环。演艺与商业的融合创新，将为大众商业生活提供一种崭新的互动场景和文化娱乐手段，推动了音像制品、玩具、工艺品、舞台服饰、动漫游戏、图书出版、戏剧、艺术品拍卖等相关文化产业的发展。

3. 演艺与体育的融合，探索出体育场馆的多元化运营模式。例如，北演公司与国家游泳中心（水立方）联合承办的 2019 "文化中国·水立方杯"海外华侨华人联欢晚会，有来自 31 个国家 50 个分赛区的 100 余名选手表演歌舞等精彩节目，创新了后奥运时代的奥运场馆发展模式，不断提升"梦幻水立方"的驻场演出品牌影响力和市场美誉度。

4. 演艺与综艺的融合，创新综艺节目形式。例如，《瑜你台上见》综艺节目首次创作出"京剧＋脱口秀"的表演形式，以著名京剧演员王珮瑜为主角，带领观众走进京剧世界。首期节目上线后占据爱奇艺站内"综艺飙升榜""脱口秀榜""曲艺榜"第一位，站内热度值峰值达到 3600。演艺产业推动了演艺设施、设备、乐器制造，灯光，音响及多媒体等产业的发展。

5. 演艺与影视的融合，丰富影视剧艺术体验。例如，《鬓边不是海棠红》不仅在剧中囊括了 30 多出京剧、昆曲的表演内容，还通过"《鬓边》百科"和屏幕右侧"提词器"科普京剧知识，利用"弹幕追剧"营造身临戏园台上台下互动的沉浸式体验。该剧首播当日爱奇艺站内热度值破 7000 大关，开播日 5 个词条登上新浪微博热搜榜。通过制作国粹文化底色的爆款影视剧，盘红了京剧 IP。

6. 演艺和游戏的融合，打造全新现场演出方式。例如，宋城景区和《王者荣耀》强强联合，将游戏相关元素融入舞台剧，通过"景区场景＋宋朝服饰＋游戏人物舞台剧＋coser 游街"等形式，相互引流，备受年轻群体喜爱。

（三）与不同技术融合，实现形态创新

随着互联网、AR、VR、全息投影、人工智能等技术的不断应用，演出与技术融合程度不断加深，推动了演艺行业的转型升级，催生了演艺新产品，提升了演艺新体验。

1. 互联网技术与演艺的融合，拓宽了传统演艺行业边界，推动了演艺市场转型升级。演艺市场形成更丰富、更创新、更优质的"新供给"，创造出新的消费场景，助力智能决策、经营效率提升、内容服务优化和观众体验升级。例如，北演集团积极探索传统演艺行业的互联网化发展，利用品类齐全的文艺院团优势，成功打造出全天候、新形式的爆款 IP——"京演剧场"。

2. AR、VR、全息投影技术与演艺的融合，利用虚拟现实营造沉浸式体验。邓丽君全息演唱会以全息影像的方式呈现，"邓丽君"在投影的衬托下更加真实，画面更具空间感和年代感，突破时空界限，让观看者们仿佛置身梦境。

3. 人工智能技术与演艺的融合。例如，2019 年，由清华大学打造的全球首支中国风机器人乐队——"墨甲"演奏舞台音乐剧《墨甲幻音》，演奏了 4 支不同合奏曲目和 2 支独奏曲目。

四、延伸演出产业链，逐步形成清晰成熟的商业模式

（一）打通以内容 IP 为核心的泛娱乐产业链

深度开发拓展演艺 IP 的价值外延，以演艺＋展览、文创、高清放映、出版物以及打造衍生产品等多种方式，探索舞台艺术市场更广泛的发展空间。例如，迪士尼通过影视和动画 IP 内容的打造，形成不断成长的全产业链布局，实现了 IP 的流转、增值、变现，建立了迪士尼商业帝国。通过塑造 IP 集群价值观，赋予产品灵魂，培养内容 IP 的吸引力。通过全年龄、全地域、全渠道的网络传播，扩散内容 IP 的影响力。通过影视娱乐、主题乐园、衍生品消费、互动娱乐等 IP 全情景打造实现产业扩张，刺激内容 IP 的购买力。

（二）开拓以版权运营为导向的多元盈利模式

例如，阅文集团通过与娱乐行业优质合作伙伴协作，推动 IP 在影视剧、网络剧、动漫、游戏、衍生品、主题公园等多领域布局渗透，实现了 IP 的全版权运营的同步发展。作为内容产业的代表性企业，阅文集团率先实现了从文学 IP 库储备—IP 孵化—IP 价值转化的全产业链布局：一是通过内容建设，打造最大的 IP 资源库；二是依托在线阅读业务和强大的用户群体，孵化 IP；三是打通 IP 全版权运营，激活 IP 价值，实现文学 IP 的多元化开发和高效变现。

（三）构建演出原创内容制作运营平台

例如，保利演出以"内容驱动、IP 运营、文旅融合"为核心，聚集和创造大 IP，打造集创意研发、策划创作、剧目生产、现场演出、宣传推广、版权运营、衍生增值、投资孵化于一体的全生态演出平台。开心麻花公司积累了大量原创舞台喜剧 IP，通过发掘原创 IP 价值，不断推动其高人气 IP 向网络剧、影视剧等产品的改编，逐渐形成了"戏剧＋电影＋艺人经纪"的独特商业模式，既减少了电影前期创作的投入成本，又增加了公司的营业收入。

资料链接

营业性演出管理条例实施细则

（2009 年 8 月 28 日文化部令第 47 号公布。根据 2022 年 5 月 13 日发布的《文化和旅游部关于修改〈营业性演出管理条例实施细则〉的决定》第二次修订。）

第一章　总　则

第一条　根据《营业性演出管理条例》（以下简称《条例》），制定本实施细则。

第二条　《条例》所称营业性演出是指以营利为目的、通过下列方式为公众举办的现场文艺表演活动：

（一）售票或者接受赞助的；

（二）支付演出单位或者个人报酬的；

（三）以演出为媒介进行广告宣传或者产品促销的；

（四）以其他营利方式组织演出的。

第三条　国家依法维护营业性演出经营主体、演职员和观众的合法权益，禁止营业性演出中的不正当竞争行为。

第二章　营业性演出经营主体

第四条　文艺表演团体是指具备《条例》第六条规定条件，从事文艺表演活动的经营单位。

第五条　演出经纪机构是指具备《条例》第六条规定条件，从事下列活动的经营单位：

（一）演出组织、制作、营销等经营活动；

（二）演出居间、代理、行纪等经纪活动；

（三）演员签约、推广、代理等经纪活动。

第六条 演出场所经营单位是指具备《条例》第七条规定条件，为演出活动提供专业演出场地及服务的经营单位。

第七条 依法登记的文艺表演团体申请从事营业性演出活动，应当向文化和旅游主管部门提交下列文件：

（一）申请书；

（二）营业执照和从事的艺术类型；

（三）法定代表人或者主要负责人的有效身份证件；

（四）演员的艺术表演能力证明；

（五）与业务相适应的演出器材设备书面声明。

前款第四项所称演员的艺术表演能力证明，可以是下列文件之一：

（一）中专以上学校文艺表演类专业毕业证书；

（二）职称证书；

（三）其他有效证明。

第八条 依法登记的演出经纪机构申请从事营业性演出经营活动，应当向文化和旅游主管部门提交下列文件：

（一）申请书；

（二）营业执照；

（三）法定代表人或者主要负责人的有效身份证件；

（四）演出经纪人员资格证。

法人或者其他组织申请增设演出经纪机构经营业务的，应当提交前款第一项、第四项规定的文件。

第九条 依法登记的演出场所经营单位，应当自领取营业执照之日起20日内，持营业执照和有关消防、卫生批准文件，向所在地县级人民政府文化和旅游主管部门备案，县级人民政府文化和旅游主管部门应当出具备案证明。备案证明式样由国务院文化和旅游主管部门设计，省级人民政府文化和旅游主管部门印制。

个体演员可以持个人有效身份证件和本实施细则第七条第二款规定的艺术表演能力证明，个体演出经纪人可以持个人有效身份证件和演出经纪人员资格证，向户籍所在地或者常驻地县级人民政府文化和旅游主管部门申请备案，文化和旅游主管部门应当出具备案证明。备案证明式样由国务院文化和旅游主管部门设计，省级人民政府文化和旅游主管部门印制。

第十条 香港特别行政区、澳门特别行政区投资者在内地依法登记的演出经纪机构，台湾地区投资者在大陆依法登记的演出经纪机构，外国投资者在中国境内依法登记的演出经纪机构，申请从事营业性演出经营活动，适用本实施细则第八条规定。

第十一条 香港特别行政区、澳门特别行政区投资者在内地依法登记的演出场所经营单位，台湾地区投资者在大陆依法登记的演出场所经营单位，外国投资者在中国境内依法登记的演出场所经营单位，申请从事演出场所经营活动，应当提交下列文件：

（一）申请书；

（二）营业执照；

（三）法定代表人或主要负责人有效身份证件；

（四）依照《条例》第七条应当提交的其他材料。

第十二条　香港特别行政区、澳门特别行政区的演出经纪机构经批准可以在内地设立分支机构，分支机构不具有企业法人资格。

香港特别行政区、澳门特别行政区演出经纪机构在内地的分支机构可以依法从事营业性演出的居间、代理活动，但不得从事其他演出经营活动。香港特别行政区、澳门特别行政区的演出经纪机构对其分支机构的经营活动承担民事责任。

香港特别行政区、澳门特别行政区的演出经纪机构在内地设立分支机构，必须在内地指定负责该分支机构的负责人，并向该分支机构拨付与其所从事的经营活动相适应的资金。

第十三条　香港特别行政区、澳门特别行政区投资者在内地依法投资设立的由内地方控股的文艺表演团体申请从事营业性演出活动，除提交本实施细则第七条规定的材料外，还应当提交投资信息报告回执等材料。

第三章　演出管理

第十四条　申请举办营业性演出，应当在演出日期 3 日前将申请材料提交负责审批的文化和旅游主管部门。

申请举办营业性涉外或者涉港澳台演出，应当在演出日期 20 日前将申请材料提交负责审批的文化和旅游主管部门。

第十五条　申请举办营业性演出，应当持营业性演出许可证或者备案证明，向文化和旅游主管部门提交符合《条例》第十六条规定的文件。

申请举办临时搭建舞台、看台的营业性演出，还应当提交符合《条例》第二十条第二、三项规定的文件。

对经批准的临时搭建舞台、看台的演出活动，演出举办单位还应当在演出前向演出所在地县级人民政府文化和旅游主管部门提交符合《条例》第二十条第一项规定的文件，不符合规定条件的，演出活动不得举行。

《条例》第二十条所称临时搭建舞台、看台的营业性演出是指符合《大型群众性活动安全管理条例》规定的营业性演出活动。

《条例》第二十条第一项所称演出场所合格证明，是指由演出举办单位组织有关承建单位进行竣工验收，并作出的验收合格证明材料。

申请举办需要未成年人参加的营业性演出，应当符合国家有关规定。

第十六条　申请举办营业性涉外或者涉港澳台演出，除提交本实施细则第十五条规定的文件外，还应当提交下列文件：

（一）演员有效身份证件复印件；

（二）2 年以上举办营业性演出经历的证明文件；

（三）近 2 年内无违反《条例》规定的书面声明。

文化和旅游主管部门审核涉外或者涉港澳台营业性演出项目，必要时可以依法组织专家进行论证。

第十七条　经省级人民政府文化和旅游主管部门批准的营业性涉外演出，在批准的时间内增加演出地的，举办单位或者与其合作的具有涉外演出资格的演出经纪机构，应当在演出日期 10 日前，持省级人民政府文化和旅游主管部门批准文件和本实施细则第十五条规定的文件，到增加地省级人民政府文化和旅游主管部门备案，省级人民政府文化和旅游主管部门应当出具备案证明。

第十八条　经批准到艺术院校从事教学、研究工作的外国或者港澳台艺术人员从事营业性演出的，应当委托演出经纪机构承办。

第十九条　歌舞娱乐场所、旅游景区、主题公园、游乐园、宾馆、饭店、酒吧、餐饮场所等非演出场所经营单位需要在本场所内举办营业性演出的，应当委托演出经纪机构承办。

在上述场所举办驻场涉外演出，应当报演出所在地省级人民政府文化和旅游主管部门审批。

第二十条　申请举办含有内地演员和香港特别行政区、澳门特别行政区、台湾地区演员以及外国演员共同参加的营业性演出，可以报演出所在地省级人民政府文化和旅游主管部门审批，具体办法由省级人民政府文化和旅游主管部门制定。国家另有规定的，从其规定。

第二十一条　在演播厅外从事电视文艺节目的现场录制，符合本实施细则第二条规定条件的，应当依照《条例》和本实施细则的规定办理审批手续。

第二十二条　举办募捐义演，应当依照《条例》和本实施细则的规定办理审批手续。

参加募捐义演的演职人员不得获取演出报酬；演出举办单位或者演员应当将扣除成本后的演出收入捐赠给社会公益事业，不得从中获取利润。

演出收入是指门票收入、捐赠款物、赞助收入等与演出活动相关的全部收入。演出成本是指演职员食、宿、交通费用和舞台灯光音响、服装道具、场地、宣传等费用。

募捐义演结束后 10 日内，演出举办单位或者演员应当将演出收支结算报审批机关备案。

举办其他符合本实施细则第二条所述方式的公益性演出，参照本条规定执行。

第二十三条　营业性演出经营主体举办营业性演出，应当履行下列义务：

（一）办理演出申报手续；

（二）安排演出节目内容；

（三）安排演出场地并负责演出现场管理；

（四）确定演出票价并负责演出活动的收支结算；

（五）依法缴纳或者代扣代缴有关税费；

（六）接受文化和旅游主管部门的监督管理；

（七）其他依法需要承担的义务。

第二十四条　举办营业性涉外或者涉港澳台演出，举办单位应当负责统一办理外国或者港澳台文艺表演团体、个人的入出境手续，巡回演出的还要负责其全程联络和节目安排。

第二十五条　营业性演出活动经批准后方可出售门票。

第二十六条　营业性演出不得以假唱、假演奏等手段欺骗观众。

前款所称假唱、假演奏是指演员在演出过程中，使用事先录制好的歌曲、乐曲代替现场演唱、演奏的行为。

演出举办单位应当派专人对演唱、演奏行为进行监督，并作出记录备查。记录内容包括演员、乐队、曲目的名称和演唱、演奏过程的基本情况，并由演出举办单位负责人和监督人员签字确认。

第二十七条　举办营业性演出，应当根据舞台设计要求，优先选用境内演出器材。

第二十八条　举办营业性演出，举办单位或者个人可以为演出活动投保安全生产责任保险。

第二十九条　鼓励演出经营主体协作经营，建立演出院线，共享演出资源。

第三十条　各级人民政府文化和旅游主管部门应当将营业性演出的审批事项向社会公布。

第三十一条　文化和旅游主管部门对体现民族特色和国家水准的演出，应当依照有关规定给予补助和支持。

县级以上人民政府有关部门可以依照《条例》的有关规定和财务管理制度，鼓励和支持体现民族特色和国家水准的演出。

第三十二条　文化和旅游主管部门或者文化市场综合执法机构检查营业性演出现场，应当出示行政执法证，演出举办单位应当配合。

第三十三条　文化和旅游主管部门可以采用技术手段，加强对营业性演出活动的监管。

第三十四条　各级人民政府文化和旅游主管部门应当建立演出经营主体基本信息登记和公布制度、演出信息报送制度、演出市场巡查责任制度，加强对演出市场的管理和监督。

第三十五条　国家对演出经纪人员实行职业资格认定制度。国务院文化和旅游主管部门对全国演出经纪人员的资格认定、从业活动实施监督管理。各级人民政府文化和旅游主管部门对本行政区域内演出经纪人员的从业活动实施监督管理。

演出经纪机构举办营业性演出活动，应当安排专职演出经纪人员负责。

第三十六条　演出行业协会应当依据章程开展业务活动，加强行业自律，维护其成员的合法权益。

第四章　演出证管理

第三十七条　文艺表演团体和演出经纪机构的营业性演出许可证包括 1 份正本和 2 份副本，有效期为 2 年。

营业性演出许可证由国务院文化和旅游主管部门设计，省级人民政府文化和旅游主管部门印制，发证机关填写、盖章。

第三十八条　文化和旅游主管部门吊销文艺表演团体或者演出经纪机构的营业性演出许可证，应当通知市场监督管理部门变更其经营范围或者吊销营业执照。

文艺表演团体和演出经纪机构的营业性演出许可证，除文化和旅游主管部门可以依法暂扣或者吊销外，其他任何单位和个人不得收缴、扣押。

第三十九条　吊销、注销文艺表演团体营业性演出许可证的，应当报省级人民政府文化和旅游主管部门备案。吊销、注销演出经纪机构营业性演出许可证的，应当报国务院文化和旅游主管部门备案。

第四十条　文化和旅游主管部门对文艺表演团体和演出经纪机构实施行政处罚的，应当将处罚决定记录在营业性演出许可证副本上并加盖处罚机关公章，同时将处罚决定通知发证机关。

第五章　罚　则

第四十一条　违反本实施细则第十五条的规定，未在演出前向演出所在地县级人民政府文化和旅游主管部门提交《条例》第二十条规定的演出场所合格证明而举办临时搭建舞台、看台营业性演出的，由县级人民政府文化和旅游主管部门依照《条例》第四十四条第一款的规定给予处罚。

第四十二条　举办营业性涉外或者涉港澳台演出，隐瞒近 2 年内违反《条例》规定的记录，提交虚假书面声明的，由负责审批的文化和旅游主管部门处以 3 万元以下罚款。

第四十三条　违反本实施细则第十七条规定，经省级人民政府文化和旅游主管部门批准的涉外演出在批准的时间内增加演出地，未到演出所在地省级人民政府文化和旅游主管部门备案的，由县级人民政府文化和旅游主管部门责令改正，给予警告，可以并处3万元以下罚款。

第四十四条　违反本实施细则第十八条规定，经批准到艺术院校从事教学、研究工作的外国或者港澳台艺术人员擅自从事营业性演出的，由县级人民政府文化和旅游主管部门依照《条例》第四十三条规定给予处罚。

第四十五条　违反本实施细则第十九条规定，非演出场所经营单位擅自举办演出的，由县级人民政府文化和旅游主管部门依照《条例》第四十三条规定给予处罚。

第四十六条　非演出场所经营单位为未经批准的营业性演出提供场地的，由县级人民政府文化和旅游主管部门移送有关部门处理。

第四十七条　违反本实施细则第二十一条规定，在演播厅外从事符合本实施细则第二条规定条件的电视文艺节目的现场录制，未办理审批手续的，由县级人民政府文化和旅游主管部门依照《条例》第四十三条规定给予处罚。

第四十八条　违反本实施细则第二十二条规定，擅自举办募捐义演或者其他公益性演出的，由县级以上人民政府文化和旅游主管部门依照《条例》第四十三条规定给予处罚。

第四十九条　违反本实施细则第二十三条、第二十四条规定，在演出经营活动中，不履行应尽义务，倒卖、转让演出活动经营权的，由县级人民政府文化和旅游主管部门依照《条例》第四十五条规定给予处罚。

第五十条　违反本实施细则第二十五条规定，未经批准，擅自出售演出门票的，由县级人民政府文化和旅游主管部门责令停止违法活动，并处3万元以下罚款。

第五十一条　违反本实施细则第二十六条规定，演出举办单位没有现场演唱、演奏记录的，由县级人民政府文化和旅游主管部门处以3000元以下罚款。

以假演奏等手段欺骗观众的，由县级人民政府文化和旅游主管部门依照《条例》第四十七条的规定给予处罚。

第五十二条　县级以上人民政府文化和旅游主管部门或者文化市场综合执法机构检查营业性演出现场，演出举办单位拒不接受检查的，由县级以上人民政府文化和旅游主管部门或者文化市场综合执法机构处以3万元以下罚款。

第五十三条　上级人民政府文化和旅游主管部门在必要时，可以依照《条例》和本实施细则的规定，调查、处理由下级人民政府文化和旅游主管部门调查、处理的案件。

下级人民政府文化和旅游主管部门认为案件重大、复杂的，可以请求移送上级人民政府文化和旅游主管部门调查、处理。

第六章　附　则

第五十四条　本实施细则由国务院文化和旅游主管部门负责解释。

第五十五条　本实施细则自2009年10月1日起施行，2005年8月30日发布的《营业性演出管理条例实施细则》同时废止。

资料来源：https://www.gov.cn/content/2010/content_155967.htm。

第九章　会展产业

　　100 多年来，世界各国的众多发明，绝大多数都是首先借助会展得以传播的，如电话、电灯等新发明，都是最先在会展上与世人见面的。有经济发展"助推器"之称的现代会展产业是 21 世纪的朝阳产业，有着巨大的生机和潜力。法国巴黎国际服装产品贸易展览会、德国法兰克福国际美容美发世界展览会、拉斯维加斯国际消费品及礼品展览会、韩国电子展、日本五金工具展览会等世界级会展，不但带动了当地的房地产业、宾馆业、餐饮业、交通业、商业、旅游业等相关产业的蓬勃发展，而且成为城市经济的一个重要支柱。

第一节　会展产业概述

一、会展产业的概念

　　会展是会议和展览的总称，是在一定的时空范围内，围绕特定主题，由人、物、信息集聚而形成的，定期或非定期地遵循一定规则的广泛参与性的活动。会展产业是指由各类大型会议、大型展览和大型社会活动所产生的一系列社会效益和经济效益，从而形成的产业形态。狭义的会展指展览和会议，广义的会展是会议、展览、展销、节庆、赛事活动的统称，包括各种类型的大型会议、展览展销活动、体育竞技活动、大型文化活动等。会展业分为会议与展览两个基本组成部分，二者多融为一体，即国际性会议多以会议为主，但在会议同期举办一些商业展览活动；而国际性展览会虽以展览为主，但展出期间各种研讨会、专题会等也同时举行。会议因展览而增加了内容，有了直观效果；而展览因会议提升了档次，更显其专业性。展览会、博览会、交易会、展销会以及大型体育运动会是会展活动的基本形式，以世界博览会、奥运会、《财富》论坛最为典型。

　　国际会议协会（International Congress & Convention Association，ICCA）对"国际会议"的定义是：参加会议人员必须达 50 人以上；定期举行；至少在 3 个国家以上轮流举办。ICCA 将国际会议区分为协会型会议、企业型会议、政府型会议以及其他国际会议等四类。

　　国际展览业协会（Union of International Fairs，UFI）对"国际展览"的认定标准是：须举办两届以上；适宜的总展览面积，对海内外参展者、参观者具有足够的吸引力；需具备合适、永久的系统、管理体制；举办的场馆功能完善、维护良好，且能提供有效率的健康安全措施；提供英语说明，例如展览目录、广告；国外参展厂商为全体厂商数的10%以上或国际参观者为全体参观者的5%以上。

会展产业借助一定的技术手段，以一定的知识资本和会展展馆为依托，充分利用各项会展元素，为会展经济的组织、策划、场地租赁、配套设施建设提供相关服务。会展产业可以跨越区域和国界，成为具有全球性特点的产业类型，作为一种带有文化性质的现代服务业，是现代经济体系的有机组成部分。通过举办大型国际会议和展览，带动金融、旅游、交通、航运、餐饮、广告、电信、宾馆、运输、装饰等服务行业创造众多的经济机会，形成会展经济。会展业与旅游业、房地产业并称为世界"三大无烟产业"，成为国民经济新的增长点。

会展产业链分为上游、中游和下游三个环节。上游环节主要包括会展展馆的拥有者和会展活动的策划者，处于筹划启动阶段，是价值增值的起始环节，工作面涵盖会展的创意、策划、调研、市场分析、项目可行性研究、参展商和观众的确定、合作单位的选择、会展名称的确定及立项报批等。中游环节主要包括会展项目的组织者、运作者和实施者，处于组织实施和控制阶段，主要工作是提供场地、组织接待、现场管理、展务协调、提供相关设施设备及服务、组织各种配套活动等。下游环节主要是指会展活动的相关服务部门，如媒体广告、商务旅游、展台装修、展品运输等机构，为会展业提供信息、人才、技术以及资金等支持。

二、会展产业的特征

（一）联动性大

举办专业的会展活动需要场地，意味着可以直接带来场地租赁费和搭建费等收入。当人们参加展览时，会推动周边的住宿、餐饮、旅游等各个产业的蓬勃发展，同时还会带来娱乐、交通、通信等相关收入。会展业能够带来庞大的产业附加值，各类展会的举办促进了城市与周边区域的协同发展，并且可以改善城市居民的文明程度与精神面貌。根据相关统计数据测算，会展业带来的经济拉动效应是 $1:N$，即如果会展业可以直接产生1单位的经济收益，那么支撑其他相关产业创造的间接收益有 N 个单位。

会展业有着与其他各个产业之间联系程度高、辐射范围大、市场前景广阔等特点，在促进市场消费、增强商贸合作、提供就业岗位、推动设施建设、拉动经济发展等方面都表现出强劲的带动力。会展业的蓬勃发展可以推动其他关联产业的发展进步，相应地，城市各类产业的繁荣也会反过来带动会展业的成长升级。会展产业和其他产业之间联系紧密，具有较好的产业协同作用，其发展可以促进其他产业的优化整合，带动区域经济增长。

（二）融合性强

在市场经济高度发展的趋势下，会展活动的规模不断扩大，并且逐渐被商业化，促使会展业的产业化进程加快。传统产业可以利用会展的展示、营销等功能打破产业界限，与会展业之间不断交融，朝着产业融合的方向发展，实现新的产业形态和发展模式。同单一的产业形态相比，两种产业或者多种产业进行融合的发展方式提高了市场价值，资源配置达到最佳状态，推进了产业结构的优化升级。

会展经济是多产业相互融合、多区域协同发展而形成的综合经济体形态，以会展展馆为依托，以会展产业发展为重点，并对相关会展要素重组分配，带动区域经济的发展。随着经济全球化，现代高新技术不断更新进步，会展业也进入了转型升级的关键时期，在以往的传统会展中，展览商、购买方、参观者三者存在彼此间信息不一致、资源浪费大、交易不够透明等缺陷，现在通过开发智能化会展，打破信息不对称，可以有效改善这些问题。

各地的经济发展程度、城镇基础设施建设水平、会展业发展进程存在一定的差异，会展业的发展应该依照不同时期不同区域的特征来选择适宜的会展业发展模式。信息时代最为典型的特征便是互联网平台全球用户数量的快速增加，会展业要借助大数据平台推动智能化模式发展。互联网与会展业的融合推动着会展业的转型升级，借力高科技打造云会展平台。

（三）效益性高

各种展会和大型商务活动的举办，拉动了交通运输业、广告策划、金融保险、住宿餐饮、邮电通信、商旅、安保等行业的发展，带来了直接或间接的经济收益和社会效益。会展经济提供信息交流和商品交易的公共平台，买方可以接触卖方的产品、服务与企业文化，降低交易成本，提高交易效率，采购方和展销方均可在会展活动中获得效用最大化。组展商邀请具有实力的采购商、会展从业人员、观众参展，使客户市场更加细化，可以更加精准地开拓市场。展会平台将产品和服务更快捷高效地传递给客户群体，同时为买卖双方提供平等交流的机会。会展业有效地凝聚信息、资金、技术和人才等诸多资源，这种资源的高度聚集可以降低进行交易所需的空间成本，避免信息不对称造成的损失，提升交易的效率和质量。

会展属于现代服务业，发展会展产业可以有效促进服务贸易业的发展。展会的举办促进商品、物流、人员、资金和信息的跨区域流动，丰富了服务贸易业的内容，推动了服务贸易的规模经济增长。展会作为展示新技术、新产品、新服务的平台，连接着生产和消费两个市场，可以提升我国服务贸易的品牌和企业形象，扩大服务贸易范围。

三、会展产业的功能

（一）增加地方市场消费

"办好一次会，搞活一座城"，核心是利用会展活动营销城市，办好具有广泛影响力的国际会议或展览，是宣传城市、发展城市的重要机遇。会展期间参会人员的人均消费要比普通观光旅游人员的消费高。同时，参展企业在广告印刷、展示摊位、媒体宣传等方面的投入也增加了地方相关服务业的收入，从而促进地方基础设施和其他相关硬件设施建设。

（二）提高举办地知名度

大型的会展活动，通常设计许多地方传统的文化节目以吸引更多的参会代表和观光客，这对弘扬地方传统文化、保存文化资产有着积极的作用。由于参加会展活动的代表来自五洲四海的不同行业，他们在通过参加活动加深对地方的了解后，对举办会展的城市起到了积极的宣传作用。国际上有许多以展览著称的城市，尤以德国居多，如汉诺威、慕尼黑、杜塞尔多夫、莱比锡等均是世界知名的展览之都，德国被誉为"世界展览王国"。法国首都巴黎平均每年都要承办300多场国际大型会议，因此赢得了"国际会议之都"的美誉。

（三）促进产业信息交流

会展活动是集知识、信息、文化、技术等于一体的展示、交流、交易活动，特别是专业性很强的会展活动，对地方产业信息交流、产品更新换代、产业结构调整有着积极的推动作用。会展活动是劳动生产者、中间商和消费者从事交换的场所。买卖双方通过参加会展活动，结识新客户，发现新产品，开拓新渠道，了解新市场，以拓展新的商机。

（四）带动相关产业发展

会展经济涉及服务、交通、旅游、广告、装饰、海关、保险以及餐饮、通信等诸多部门，不仅可以培育新兴产业群，而且可以直接或间接地带动一系列相关产业的发展，增加大量的就业机会。据UFI的估计，由展览会所创造的经济效益中，只有20%是展览会行业内的，其余80%为商贸、酒店等相关行业所拥有。

（五）促进优化产业结构

会展中商品与科技成果得以展示与交流，生产者可以发现新的消费需求和新的科学技术成果，通过技术转让，可形成新的生产能力甚至新的生产行业，从而带动生产投资，实现产业结构的优化和产品的升级换代，调整国民经济结构。

第二节　世界会展产业

会展已有 200 年的历史，瑞士日内瓦，德国汉诺威、慕尼黑，美国纽约、芝加哥，法国巴黎，意大利米兰，英国伦敦，新加坡，中国香港已成为世界著名的"会展之都"。当前，以中国为中心的亚太地区、以美国为代表的北美地区和以德国为龙头的欧洲地区，构成了全球展览业三大支柱。

一、世界会展业发展概况

现代会展业起源于欧洲。1851 年，第一届世界博览会"万国工业博览会"在英国伦敦召开，向世界展示英国工业革命的成果，是现代会展活动正式形成的标志。1894 年，在德国举办的莱比锡商品博览会标志着世界展览进入了现代阶段。世界博览会每两年一届，带给人们最先进的科技和最前沿的知识，一直发展至今。1928 年 11 月 22 日，国际展览局成立，它是一个协调和审批世界博览会事务的政府间国际组织，总部设在法国首都巴黎。《1928 年国际展览会巴黎公约》规定了世界博览会的举办周期和展出者与组织者的权利、义务。1972 年，国际展览局签署了新的"议定书"，作为指导世界博览会组织工作的规章。中国于1993 年正式加入国际展览局。

大型综合性博览会和现代贸易展览会在"二战"期间发展迅速，成为当时社会的主要展览形式。20 世纪的 60—80 年代，快速发展的贸易展览会和博览业已经成为一个较为完善、成熟的产业。

国际会展业发展与经济发展息息相关，综观世界会展经济在全球的发展情况，一国会展经济实力和发展水平与该国综合经济实力和经济总体规模及发展水平相适应。由于各国经济总体规模和经济发展阶段各异，城市特色和发展规划不一，世界会展经济发展并不平衡。拉丁美洲及非洲的大多数地区还处于会展业发展的起步阶段，市场占有率约占 9%，只有少数国家的会展业发展势头良好；亚洲和大洋洲地区的会展业作为国际会展业的新生力量，处于快速发展阶段，市场占有率约占 20%，影响较大的会展城市有北京、上海、香港、东京、新加坡、悉尼等；欧美会展业发展较早，会展活动数量多、规模庞大，处于成熟发展阶段，欧洲国家在全球会展业中处于主导地位，市场占有率约占 60%，北美洲的会展业市场占有率约占 11%。[①]

发达国家凭借其在科技、交通、通信、服务业水平等方面的优势，在世界会展经济发展过程中处于主导地位。欧美是国际会展业最为发达的地区，欧洲会展经济历史最为悠久、整体实力最强，具有规模最大、国际化程度高、专业化强、

---

① 杨丽娟：《国内外会展经济发展的典型模式及启示》，《现代营销》2019 年第 8 期。

重复率低、交易功能显著等特点，德国、法国、意大利、英国都是世界级的会展业大国。据德国贸易展览业协会数据，世界上最大的 10 个展览中心为汉诺威展览中心（463165 平方米）、上海国家会展中心（400000 平方米）、法兰克福展览中心（366637 平方米）、米兰展览中心（345000 平方米）、广州中国进出口商品交易会展馆（338000 平方米）、昆明滇池国际会展中心（300000 平方米）、科隆展览中心（284000 平方米）、莫斯科国际展览中心（254960 平方米）、杜塞尔多夫展览中心（248580 平方米）和巴黎北维勒班特会展中心（242082 平方米）。2017 年，营业额前十位的展览公司依次为英国的励展博览集团、英国的博闻集团、德国的法兰克福展览公司、英国的英富曼公司、法国的智奥会展、瑞士的MCH 展览集团、德国的杜塞尔多夫展览公司、德国的科隆展览公司、德国汉诺威展览公司、德国慕尼黑展览公司。①

二、欧洲会展经济

由于悠久的会展历史和发达的市场经济，欧洲会展经济拥有最强的整体实力和最大的会展规模。欧洲会展经济国际化程度高，现代服务业实力雄厚，世界上场馆面积最大的展览馆等绝大多数都集中在欧洲。在展出规模、参展商数量、国际化水平、参观观众人数、服务质量的指标上，欧洲会展业均居于世界领先地位。欧洲会展模式的特色可以概括为：一是会展业发展规范，会展产业化程度高，政府相应的产业政策完善；二是会展经济的品牌效应显著，国际影响力巨大；三是会展业协会实力雄厚。

（一）德国会展业

1. 会展规模第一。德国会展业在全世界享有盛誉，被誉为"会展王国"。德国展馆面积、销售面积和办展数量排行世界榜首，世界上最大的五个展览中心有3 个在德国，即汉诺威展览中心、法兰克福展览中心和科隆展览中心，汉诺威展览中心是世界最大的展览中心，会展展馆现代化，基础设施及配套服务相对完善。德国每年举办近 150 场顶级贸易展览会，占世界权威性专业贸易展览会的2/3 左右，吸引了世界各地的参展观众和参展商。德国展览机构在全世界的办事处近 400 个，形成了全球化的会展业营销网络。② 20 世纪德国的城市举办了一系列博览会，如 1926 年柏林"国际绿色周"农业博览会、1947 年汉诺威工业博览会、1971 年德国（科隆）国际五金工具展览会，逐渐发展为国际性展会。随着经济和科技教育的发展以及社会分工的深化，德国会展经济逐步由综合性博览会向专业性展会转变。

2. 政府政策资金支持。德国政府将会展经济作为支柱产业纳入政府规划，

---

① 根据德国贸易展览业协会（Association of the German Trade Fair Industry，AUMA）数据整理。

② 杨丽娟：《国内外会展经济发展的典型模式及启示》，《现代营销》2019 年第 8 期。

制定扶持措施和优惠政策。政府投资兴建会展展馆，控股国有化会展公司，并将展馆的经营管理权转让给会展公司，展馆拥有权和经营权分离，实行企业化经营。这种独创的经营管理方式可以帮助展览公司实现最初的资本获取渠道，国有资产也可以进一步实现增值。德国联邦经济科技部对每年出国参展办展的企业给予财政支持，逐渐形成了以大型会展企业发展为主导、中小型会展企业广泛参与的发展格局。同时强化对展品的知识产权保护，要求会展企业和参展商严格遵守专利法。

3. 协会发挥引导作用。1907 年，德国柏林成立了"德国工业永久性展览委员会"，它是德国贸易展览业协会（AUMA）的前身。德国贸易展览业协会由参展商、购买者和博览会组织者组成，在会展经济发展中扮演着重要角色，是德国最重要的会展专业组织，承担着政府的许多职能，主要职能有四个方面：一是制定严格的规章制度和相应的评估指标，科学甄选德国各个展览城市的展览品种和博览会组织者的选定，明确每个城市办展的主题、定位、分工和重点；二是对世界各地的市场环境进行调研和考察，为德国政府展会赞助金的派发提供科学依据，将调研报告和统计信息分享给会展企业，在会展举办时间和地点的选择方面提供参考建议；三是制定长期会展发展战略规划，审议每一个展览的计划方案，协调确定每年的官方办展和参展计划，对每年举办的展览进行审批、协调、监督、管理等工作，避免多头分散重复办展；四是组织研讨会和论坛，分享交流会展业内的经营理念和管理经验，促进国内会展企业与国外会展企业的联系，组织营销活动，推动会展品牌的培育。

4. 会议展览高度融合。德国在会展经济的发展过程中注重"展"与"会"的融合，展中有会、会中有展、以展带会、以会促展，会展一体化表现突出。许多展览也包含会议，在举办展览时会召开相关会议对未来的行业发展趋势进行研讨。会议的举办吸引了较多业内学者和高校科研人员，参展商对会议主题演讲提供赞助，推广宣传企业产品，同时召开产品发布会和行业峰会，对产品推陈出新。每年大约 10 万家国外参展商、200 多万境外观众来德国参加日常商务活动，实现了吸引与会人员参展、发掘潜在客户群体、壮大会展经济规模的目标。

5. 国际化程度很高。德国举办展览会的国际性很强，一般国外厂商参展的都在 50% 以上，成为真正的世界卖家和买家的洽谈会。随着经济全球化和区域经济一体化趋势的不断推进，德国会展机构积极开拓国外市场，尤其是到亚洲、美洲和东欧等新兴市场国家参展办展。德国和中国在会展经济发展过程中联系日益紧密。2018 年，我国海外出展项目数排名前 10 位的国家中，德国居第二位，而在办展面积和参展企业数排名前 10 位的国家中，德国居于首位。[①] 我国作为德国的第一大贸易伙伴，德国的会展企业更为重视我国的会展经济市场，因而积极

---

① 上海会展研究院：《会展蓝皮书：中外会展业动态评估研究报告（2018）》，社会科学文献出版社2018 年版。

推动德国会展企业来中国参展办展。

6. 注重会展人才培养。展会的功能已不仅局限于对产品进行展示，更是交流沟通的平台。在展会的举办过程中，高校学生和科研人员可以对会展经济的相关数据进行统计，得出相关研究成果，并为未来会展经济的发展提供对策建议。在德国，每年有 1000 多个展位用于科研成果展示，另有多个展位为会展从业人员提供信息交流和教育培训的机会。德国贸易展览业协会和相关教育机构进行合作，举办会展经济发展相关的论坛和研讨会。德国展览研究院也为学生提供讲学、专家讲座、研讨会等多种学习途径，并制定行业培训标准，建设会展实训基地，丰富学生的理论知识和实践经历。

7. 注重绿色办展。科技变革带来了新工艺、新材料、新能源，使会展经济的发展愈发智慧化、绿色化、数字化，办展效率和展览效果大为提升。德国会展经济在发展过程中始终坚持绿色办展理念，注重环保要素，坚持经济效益、社会效益、生态效益的统一。

（二）英国会展业

会展行业起源于 1851 年英国伦敦的"万国工业博览会"，这成为日后会展的基础模式。英国政府对会展业的经济和延伸价值认可程度非常高，不仅在贸易行业能去产能，也能拉动旅游、外汇和服务业的发展。20 世纪八九十年代，伦敦、伯明翰、格拉斯哥、爱丁堡等城市加大展会基础设施投入，并建立会展局为行业发展提供专业建议。英国会展项目几乎包含所有行业，是促进英国各大行业经济发展的主要纽带。英国致力于发展会展教育培训行业，已有近 70 所高等学府开设会展专业。专业核心必修课汇集了基础管理学科、市场营销策划学科、法律学科、金融学科等。辅助选修课涉及各国语言学。

（三）法国会展业

法国会展业以巴黎时装周为代表。巴黎时装周始于 1910 年，由法国时装协会举办，宗旨是将巴黎打造成世界一流时装之都。法国时装协会有两大主要职能：一是培育专业性时装设计人才；二是组织时装周的展开。法国时装协会已经发展成一个国际性的时装组织，向全球招纳会员。法国政府为世界一流设计师提供最优秀的表演舞台。巴黎时装周在法国政府的支持下，凭借卢浮宫卡鲁塞勒大厅和杜乐丽花园的官方秀场，打造独有的历史文化的秀场，在世界享受极高的声誉。此外，法国国家电视台为巴黎时装周的高级时装走秀提供免费播放权，该节目卫星与光纤覆盖 130 多个国家，多个频道全面报道巴黎时尚周和时尚发布会。

巴黎时装周作为时装界的"纳斯达克"，是一流的时装设计师完美展现自我的舞台。参会者来自各国的一流设计师品牌，通过各种媒体的联合报道，获得全球各地媒体人员和买家的关注。巴黎时装周每年有两次发布会时间，传播巴黎时装周的资讯。时装周为来自全世界各地的设计师们寻求特制的材质提供了平台，时装面料、材质和饰品等衍生产业借着时装周的热度不断攀升。法国时装协会于1929 年成立附属设计学院，为时装周培育专业技术人才和时装设计人才，逐步建立起时装界的教育培训传播体系。

三、美洲会展经济

美洲会展业源起于 18 世纪，主要集中在北美洲地区。早期发源于一些专业协会所举办的年度会议，以展示企业形象和发布产业信息为主。目前，北美洲的会展发展水平仅次于欧洲，以美国和加拿大的会展业为突出代表。

北美洲会展经济的突出特征为：一是会展市场容量巨大，国际会议和国际展览业具有规模优势；二是会展经济发展速度快，会展业发展形式多样灵活；三是会展业国际化程度高，会展业达到世界顶级水准。

目前，美国已经成为世界上最大的国际会议举办国，在会展规模、参展国别、展品展示方面优势明显，在举办高级别国际会议数量和高级别国际会议收入上均排名世界第一位。美国是许多国际协会组织和政府间组织的总部所在地，这些国际协会组织和政府间组织同时又是经常举办国际会议的主体。美国会展场地数量多、规模大、设施先进，同时还拥有丰富的自然和人文景观，这些都是美国会展经济持续发展的重要支持。目前美国会展业产值约占美国国民经济总量的1%。此外，美国还是世界上最大的奖励旅游市场，其市场规模约占全世界奖励旅游市场总量的 2/3。[1]

四、亚洲会展经济

亚洲会展经济近年来呈现出蓬勃发展的态势。日本、韩国、新加坡、中国、阿联酋等亚洲国家，凭借有利的地缘优势、较高的国际开放度和巨大的消费市场，成为世界会展业发展的后起之秀和重要力量。这些国家相继建立了许多级别高、规模大的会展场馆，消费市场庞大，未来发展潜力巨大。随着亚洲国家日益受到国际会展组织的青睐，亚洲会展经济在一定程度上与欧洲和美洲的会展经济形成了竞争态势。总体而言，亚洲会展业及会展经济的突出特点：一是增长速度快，辐射范围广，市场前景广阔；二是国际会展业专业化、市场化进程不断加快；三是政府支持力度大，政策有力。

（一）亚洲的展览产业

根据国际展览业协会发布的报告，2017 年全球共有 1212 个 5000 平方米以上的展览场地，室内展场总面积为 3.48 万平方米，10 万平方米以上的展览场地有62 个。其中，欧洲地区的展览场地占全球展览场地约 45%，亚洲地区展览场地

---

① 杨丽娟：《国内外会展经济发展的典型模式及启示》，《现代营销》2019 年第 8 期。

总面积占全球展览场地的 23.6%，北美地区占 23.5%。① 亚洲地区会展业务增长最快的国家和地区是柬埔寨、马来西亚、印度、中国大陆、菲律宾、泰国、新加坡、越南、印度尼西亚和中国台湾。根据 UFI 委托香港商业战略咨询公司（Business Strategies Group Ltd，BSG）公司调查形成的《亚洲会展产业年度报告》统计资料显示，2017 年亚洲展览总销售面积超过 2230 万平方米。其中，中国排名第一位，占总销售面积的 58%；日本排名第二位，占 10%。2017 年，亚洲展览产业营收超过 55.7 亿美元。其中，中国大陆约 23 亿美元，日本约 10 亿美元，中国香港约 4.17 亿美元，韩国约 3 亿美元。②

（二）亚洲的会议产业

根据国际会议协会（ICCA）的统计，2017 年，亚洲地区举办协会型国际会议最多的城市有：新加坡（160 场）、首尔（142 场）、中国香港（119 场）、曼谷（110 场）、东京（101 场）、北京（81 场）。③ 新加坡是亚洲最大的会展业大国。新加坡国际会议、展览的成就主要源于：一是新加坡举办国际会展的地理位置十分优越，处在枢纽位置，航线便利，出入境方便，机场工作效率高。二是新加坡会展配套设施完善，会展餐厅可同时供 1 万人用餐，可向参展商提供参展商不同档次商务用餐。三是新加坡有着比较成熟的市场经验和经营理念。国际上最大的会展公司励展集团亚洲总部就设在新加坡。新加坡的会展公司一般都有自己的市场调研部门，针对市场需求确定会展项目。新加坡多数展会公司都是强调服务取胜，最主要的是提高展会的质量，通过展览形成商业机会。四是政府服务功能突出，重视会展目的地的整体形象塑造。成立于 1974 年的新加坡旅游局展览会议署，以销售促进、信息提供、协调配合为其主要职能，协助会展公司开展工作，向国际上介绍新加坡举办国际会展的优越条件，促销在新加坡举办的各种会展。

第三节　中国会展产业

会展经济是衡量城市国际化水平和经济发展质量的重要指标，在促进贸易合作、优化产业结构、增加就业等方面发挥着重要的作用。根据 UFI 的报告，全球展览业 2018 年直接经济产值达 1975 亿美元，在全球最大行业中排名第 56 位。我国会展经济在改革开放以来发展迅速，现已成为现代服务业的重要组成部分，

---

① UFI. *World Map of Exhibition Venues*，(2017 - 12 - 01)[2018 - 07 - 01]. https://www.meettaiwan.com/zh_TW/mtdoc/index.html? function = M0000879.

② 樊昊、林义斌、黎娇：《亚洲视域下的大陆会展产业发展与两岸合作浅析》，《广西质量监督导报》2021 年第 2 期。

③ 同上。

带来巨大的经济效益和社会效应。我国一直拥有亚洲地区最大的展览场地容量，约占亚洲地区总体展场容量的73%。近年来，中国的会展业得到快速发展，目前的行业规模已位居全球第二位、亚洲第一位。[1] 会展业对于促进城市发展、产业转型和国际贸易等均扮演着重要角色，已经成为构建现代市场体系和开放经济体系的重要平台。当前，北京、上海、深圳、大连等城市会展业快速发展，西安、兰州、海口等大中城市也在积极推进会展经济。从地理区位来看，中国会展业及会展经济构成了以重要会展城市为核心的会展经济圈，环渤海、长三角、珠三角及新兴的中西部地区会展城市已形成各具特色的会展经济格局，会展行业初具规模。但会展业面临着展馆盲目建设利用率低、区域分布不平衡、专业人才匮乏管理效率低、配套设施服务不健全、国际化程度较低等问题，面临着进一步完备会展产业链、推进会展相关行业集群式发展的挑战，面临着由高速增长向高质量发展的转型。

一、我国会展业的发展历程

（一）起步阶段

我国现代会展业20世纪初期萌芽于北京、上海等政治经济比较发达的地区举办的"国货展览会"，主办者一般为政府或是当地商业、贸易等社会团体。没有专门的展厅，便租用寺庙或者大型的旅店作为展览场所。我国展览史上第一个全国性的综合博览会是1929年在杭州举办的西湖博览会，展示了我国工业和科技水平的成就，如舰船、飞机以及大型火车头。同时，在西湖旁修建了我国第一个展览馆，取名工业馆。

1951年，我国首次参加了"莱比锡春季博览会"，标志着新中国展览业发展的开端。1953年，我国举办了第一个来华展览会"德意志民主共和国工业展览会"，作为配合新中国政府外交政策的举措，在促进同世界各国人民之间的友谊、宣传新中国的经济建设成就等方面发挥了独特的历史作用。总体来看，这一阶段作为中国展览业的起步时期，展览会数量少、组织水平和专业化程度还处于初级阶段，把展览作为一个产业来发展的经营意识尚未形成。

（二）成长阶段

伴随着中国经济体制改革的不断深入和对外开放的不断扩大，我国展览业迎来了大发展时期。1978年，第43届广交会有来自90多个国家和地区的17000多人参加，中国国际贸易促进委员会在北京农业展览馆举办了新中国首个国际性博览会——北京外国农业机械展览会，标志着中国展览业迈开了对外开放的步伐。

1982年，中国贸促会首次组团参加在美国诺克斯威尔举办的世界博览会。

① 张钰芸：《全球会展城市冠军！为什么国际大型会展都选择上海》，《新民晚报》2019年6月21日。

1983 年，中国仪器仪表学会与香港新鸿基展览公司合办的"多国仪器仪表学术会暨展览会"是我国最早创办的专业展览会。1984 年，香港雅式展览公司最早在广州设立办事处并开始组织国际专业展览会。英国蒙哥马利展览公司、励展公司及德国汉诺威展览公司也进入中国大陆开设办事处。1985 年，我国首个现代展览馆北京中国国际展览中心建成，成功举办了"首届亚太贸易博览会"。同年，中国国际展览集团公司成立，领导中国展览馆协会。1986 年，中国国际印刷技术展览会获得 UFI 认证，成为中国首个获得 UFI 认证的项目。

1986 年，中国贸促会参加瑞士"巴塞尔样品博览会"，我国首次采取了以展览为手段、以贸易成交和销售为主要目的的摊位式展览形式，改变了以往以宣传成就为主的展贸分离的整体式展出方式，展览的贸易性、专业性大大加强，开始与现代国际展览业接轨，具有里程碑的意义。1988 年，中国贸促会首批 5 个行业分会成立，促进了相关专业展览会的举办。

（三）发展阶段

党的十四大明确了建立社会主义市场经济体制的改革目标，我国掀起新一轮改革开放的热潮。各地各级政府主办的各种出口交易会、经贸洽谈会、招商引资会等会展项目纷纷开展，会展主办单位、承办单位、服务供应商出现多元化的特点，国有、民营、合资等多种经济成分都出现了。一批民营会展企业诞生并发展起来，如 1993 年上海企龙展览服务有限公司成立。一批外国展览公司积极进驻中国，如德国汉诺威展览公司的"中国国际动力传动与控制技术展览会"等。1997 年 7 月 31 日，国务院办公厅发布《关于对我国境内举办对外经济技术展览会加强管理的通知》，这是商务部审批国际展览会的法规依据。1999 年，世界园艺博览会在昆明举行，这是我国首次举办国际展览局批准的 A1 级专业类博览会项目。

（四）成熟阶段

2001 年 11 月，我国完成"入世"谈判，其中《入世议定书》附件九的条款即为"会展"。加入 WTO 以后，我国的会展业发展为一个闭环，不仅有展览的主办、承办、场馆、服务供应商，还有研究机构，整个会展业走向成熟。上海世博会的举办象征着我国具备了举办全球性综合性大型展览的能力。2001 年 11 月，由中德合资的上海浦东新国际博览中心建成。在我国 2002 年的国民经济行业分类中，首次设立"会议展览服务业"小类别，标志着会展作为一个全新的产业正式产生。2004 年 11 月 3 日，首届中国·东盟博览会在广西南宁举办，这是一场国家级、国际性的经贸交流盛会。

北京、上海、杭州、珠海等城市涌现出"北京国际汽车展览会""中国国际酒店用品博览会""杭州西湖国际博览会""珠海航空博览会"等具有影响力和知名度的品牌展会。2003 年，商务部、经济日报社、中国贸促会联合举办"中国会展经济论坛",2004年,教育部在高校设立会展专业;2005年,首届"中国会展经济国际合作论坛（China Expo Forum For International Cooperation, CEF-CO）"在北京举行;2006年,中国会展经济研究会成立;2007年,达沃斯论坛夏季年会落户中国。2008年北京奥运会和2010年上海世博会的成功举办成为中国和平崛起的重要标志。

2011年,文化部明确在全国主办5个文化展览会项目:中国（深圳）国际文化产业博览交易会、中国北京国际文化创意产业博览会、中国（义乌）国际文化产品交易博览会、中国西部文化产业博览会、中国东北文化产业博览会。2012年11月,党的十八大开启了中国特色社会主义新时代。中国国家博物馆举办"复兴之路"主题展览。党的十八大之后,我国举办了世界互联网大会、中国共产党与世界政党对话会议等会展活动,贵阳等一批新的会展城市兴起,国家会展中心（上海）等一批大型会展中心建成。我国会展城市分布更为广泛,会展基础设施实力更为雄厚。2015年,国务院发布《关于进一步促进展览业改革发展的若干意见》,首次全面系统地对会展经济的发展目标和主要任务进行顶层设计,为会展经济的管理体制改革指明了方向。2018年,我国成功举办博鳌亚洲论坛、青岛上合组织元首峰会、中非合作论坛北京峰会和首届中国国际进口博览会,推动我国会议服务标准走向国际化。会展业从微观的区域性、行业性功能方面超越了一个城市、一个地区、一个国家的空间范围,成为国际政治、经济、文化各领域沟通、交流、合作的平台。

二、中国会展产业发展现状

在当前我国进入中国特色社会主义新时代的背景和形势下,会展经济在调整结构、开拓市场、促进消费、助推产业、扩大出口、文化交流、合作共享、推动发展等方面取得了显著进步。同时,会展经济的发展有助于提升城市的综合竞争力,推动国际间的交流与合作。会展经济是连接生产环节和流通环节最直接的形式,具有较高的产业关联度,其发展可以带动相关产业的优化整合。

（一）会展产业稳定发展

得益于中国社会的稳定和国民经济的持续增长,我国会展经济的发展呈稳健增长态势。展览场次和展览面积不断增加,出境参展办展不断推进,会展收入、占国内生产总值的比例、综合贡献率稳定提升。据《2019年度中国展览数据统计报告》数据,2019年,我国展览总数为11033场,展览总面积为14877.38万平方米。[①]

2021年,首届中国国际消费品博览会在海南海口举办;中国国际服务贸易

---

① 中国会展经济研究会:《2019年度中国展览数据统计报告》,第2页,https://www.cces2006.org/index.php/home/index/detail/id/13890。

交易会在北京国家会议中心举办，为全球服务贸易提供新平台；第 130 届中国进出口商品交易会在广州以"线上 + 线下"融合模式举办，珠江国际贸易论坛成为第一次国家级的国际贸易论坛；第四届中国国际进口博览会在国家会展中心（上海）举办，为 58 个国家和 3 个国际组织提供数字展厅，累计海内外访问量超过 5800 万次。

（二）展馆面积稳步提升

随着会展经济的蓬勃发展，我国会展展馆的数量和面积均呈现增长态势。2018 年，国内展馆数量为 164 个，室内可租用总面积约 983 万平方米。从面积看，上海、广州、昆明室内可租用面积位于全国前三名，上海也是全球展览总面积排名第一的城市。以昆明、成都、重庆为代表的西部地区在展馆建设方面充分发挥后发优势，在规模上也处于全国前列。中小城市会展中心建设项目增多，如乌镇会展中心及南京溧水会展小镇等。据中国国际贸易促进委员会《中国展览经济发展报告 2017》统计数据，我国室内展览面积超过 20 万平方米的展馆有：国家会展中心（上海）（40.4 万平方米）、中国进出口商品交易会展馆（广州）（33.8 万平方米）、昆明滇池国际会展中心（31 万平方米）、上海新国际博览中心（20 万平方米）。其中，国家会展中心（上海）面积为全球第二大，仅次于汉诺威展览中心。①

（三）境外参展办展开拓新市场

为推动"一带一路"建设，我国政府积极推动组展商赴海外参展办展，搭建企业对接平台，开展多边区域经贸合作，构建多元化、宽领域、高层次的会展经济发展新格局。据《中国展览经济发展报告 2018》数据，2018 年，我国组展商出国参展办展项目数位于前 3 位的国家是美国（262 个）、德国（244 个）、俄罗斯（132 个），我国赴海外参展办展面积处于前 3 位的国家依次为德国（13.81 万平方米）、美国（10.59 万平方米）、阿联酋（6.05 万平方米）；参展办展企业赴海外前 3 位的国家依次是德国（8846 家）、美国（8365 家）、阿联酋（3906 家）。②

（四）商务会议蓬勃发展

全国的会议市场加速升级。2017 年，我国商务会议产值首次超过国内展览总值。商务会议的举办刺激了交通、餐饮、住宿需求的增长，并逐渐成为会议市场中最重要的组成部分。科技、新能源、金融等新兴行业借助商务会议平台，对产品的推陈出新和技术的升级改造进行宣传推广，行业峰会、产品发布会、研讨

---

① 中国国际贸易促进委员会：《中国展览经济发展报告 2018》，https：// exhibition. ccpit. org/articles/2。

② 中国国际贸易促进委员会：《中国展览经济发展报告 2017》，https：// exhibition. ccpit. org/articles/4。

会成为商务会议的主要形式。商务会议具有持续时间长、会议规模大、会议种类多等特点。随着我国基础设施建设的推进、社会环境的优化、专业人才的培养和会议公司的发展，我国在国际会议市场具备了一定的竞争力，成功举办了包括G20 杭州峰会、第四届世界互联网大会、厦门金砖国家峰会、博鳌亚洲论坛等高水准的国际会议。会议组织者走向专业化、国际化和市场化发展的道路，会议策划更加注重和流行元素的融合，服务水平不断提高，会议配套设施不断完善，专业会议公司成长迅速，会议产业蓬勃发展。

三、中国会展产业特点

（一）会展模式数字化

新冠肺炎疫情的出现及采取的防控措施促使会展业加快转型升级，加速了线上会展的发展。"互联网＋会展"将实体媒体、广告策划和现代会展经济进行融合，将线下活动和场景进行网络再现，成为会展产业新模式和数字经济新业态。会展服务产业数字化的核心是充分运用现代信息技术手段，以互联网作为展示平台，赋能和重塑传统会展产业链条，从而实现产业链再造和价值链提升。

通过数字化手段打破物理时空限制，实现了产业价值链的延伸和展览空间的拓展，企业参展成本也大幅度降低。随着5G、AR、VR、大数据等现代技术的应用，数字会展可以提供文字、图片、声音动画等更加丰富的展览形式。短视频、在线直播、虚拟现实等技术使多样化、多维度的线上展示成为可能，从时间、空间和体验各个维度拓展了传统会展经济的场域和范围，创新了会展服务的模式。

数据要素提升会展价值链，从线上信息展示向电子商务拓展，通过会展组织、交易环节的线上化，实现咨询洽谈、交易管理等商业模式创新。通过数据贯通全流程推动实现精准化运营和供需精准对接，提升交易达成效率。通过大数据等技术精准获取观众数量，对注册用户数量、点击率、流量、在线时长、搜索内容、跳转记录、评论转发等情况进行数据分析跟踪，为参展企业了解客户需求、积累参展经验提供数据基础。通过大数据、VR、云计算等信息技术手段将物理空间及互动关系反映在虚拟空间上，实现虚拟与现实、场景和体验的深度融合，提升会展场馆的智慧化水平和会展经济的智能化发展。

（二）会展理念绿色化

近年来，我国会展经济的发展注重"绿色"发展理念，注重对会展展馆的绿色化建设。2019 年，中国会展业绿色发展论坛举办，在会展经济发展过程中将绿色理念引入会展展馆的建设，科学规划展馆选址，使用新型环保建材。同时，注重对会展建筑材料的源头控制、过程监督和终端处置，将绿色发展理念融入对会展展馆的经营与管理中来。开展绿色展会、推广环保建材、规划绿色会展展馆、制定绿色会展标准，全面推进会展经济的绿色发展。

2021 年，国务院发布《关于加快建立健全绿色低碳循环发展经济体系的指导意见》，提出推进会展业绿色发展，指导制定行业相关绿色标准，推动办展设施循环使用，推进政府主管部门制定绿色会展政策、奖惩条例。同年，商务部发布《环保展台设计制作指南》，提倡环保展台设计制作减少构件材料，实现模块化组装，要求采用低能耗、低污染、可降解、可循环的材料进行搭建。

（三）行业管理规范化

2004 年，商务部发布《设立外商投资会议展览公司暂行规定》，鼓励境外展览公司在大陆境内以独资、合资等方式，举办具有国际规模和影响力的专业展览与会议，促进会展产业发展。

近年来，我国出台了多项文件优化会展经济发展的外部环境，促使会展经济的发展走向规范化、制度化、国际化之路。2015 年，国务院印发《关于进一步促进展览业改革发展的若干意见》，要求全面深化展览业管理体制改革，加快政府职能转变和简政放权，"适时将审批制调整为备案制"，稳步有序放开展览业市场准入，提升行业管理水平，以体制机制创新激发市场主体活力，推动我国从会展大国向会展强国转变。

2016 年，中国会展业联盟在北京成立，是一个非营利、非社团的公益组织，对推动我国会展经济发展起到重要作用。2017 年，商务部发布《服务贸易发展"十三五"规划》，进一步明确关于会展经济发展的总体目标、主要任务、战略布局和相关保障措施。明确提出，完善展览业的管理体制，加强对展览业的相关法律建设，推动政府简政放权，强化部门之间的合作；健全展览业标准体系、诚信体系、统计监测体系和知识产权保护体系，加强人才培训，培育品牌展会和龙头展览企业；促进官方贸易，搭建国际展览平台，构建多元高层次的境外参展办展平台，努力实现国际招商招展的能力、规模和水平大幅提升。

2020 年 4 月，商务部《关于创新展会服务模式，培育展览业发展新动能有关工作的通知》指出，创新展会服务模式是在新冠疫情防控常态化条件下推动行业加快恢复和发展的重要举措，积极支持企业线上办展、参展。

（四）会展产业国际化

新中国成立以来，政府主办的会展活动（包括出境参展或办展）在国际交往中一直扮演重要角色。1964 年，中共中央批示《关于 1963 年中国出口商品交易会的总结报告》，指出："交易会既是一个定期的国际贸易的交易场所，又是我国对外政策和社会主义建设成就的一个宣传场所。因此，办好广交会，在政治上和经济上都有重大的意义。"

新时期，全球性政治经济秩序面临调整，逆全球化思潮迭起，国际双边、多边贸易摩擦不断，贸易壁垒增强，对我国会展业结构调整、优化升级既是挑战也是机遇。数据中心、5G 网络、人工智能、工业互联网、城际高速铁路等新型基础设施的建设，为我国会展业国际化发展提供了相关技术和基础条件，"一带一路"倡议的提出为我国会展业国际化发展提供了强有力的战略支撑。

2018 年，首届中国国际进口博览会在国家会展中心（上海）开幕。中国国际进口博览会是世界上第一个以进口为主题的国家级展会，是国际贸易发展史上一大创举，体现了中国支持多边贸易体制、推动发展自由贸易的一贯立场，是中国推动建设开放型世界经济、支持经济全球化的实际行动。中国国际进口博览会、中国进出口商品交易会（简称"广交会"，1957 年创办）、中国国际服务贸易交易会（简称"服贸会"，2012 年创办）并列为三大国家级展会。

2021 年，由我国首次牵头提案的 ISO25639 – 1《展览与会议第 1 部分：词汇》国际标准，由国际标准化组织（International Organization for Standardization，ISO）正式立项，实现了我国牵头会展国际标准的"零突破"，提升了我国会展业的国际地位和规则话语权，成为一个重要的里程碑。[1]

四、中国会展高质量发展

（一）加强规范化行业管理

1. 完善会展管理机制。会展业的发展离不开适合的产业生态环境，政府要通过简政放权、强化市场秩序、引导行业协会来营造良好的营商环境。制定出台相关的产业政策，提供公共服务、建设基础设施，负责地区大型会展活动的保障工作。要从"政府主导型"逐步向"市场主导型"会展发展模式转变，引导会展业实行行业自律，减少对会展行为的微观干预，逐渐将目前的展览项目审批制过渡到协调制。

2. 建立会展标准体系。借鉴国外会展经济发展强国的先进会展行业体系和服务标准，加快制定和推广会展经济相关的基础标准、管理标准、服务标准和通用支持标准，形成市场化鲜明、主题突出、科学合理的会展标准。

3. 构建信用监管机制。对会展展馆的拥有者、办展机构和参与会展经营的相关企业建立信用评级制度，对参与会展的主体构建对应的信用档案，实行会展分级管理制度。依托国家企业信用信息系统，建立会展信用平台，对会展市场主体进行全方位、多维度的科学监管。

4. 加强知识产权保护。贯彻落实国家知识产权局等部门发布的《展会知识产权保护方法》，加强对会展知识产权的行政执法保护，对侵权假冒的会展进行依法打击。推动会展主办方与参展企业确立知识产权保护的相关权利和义务，强化对会展知识产权保护体系的建设。

（二）推动数字化产业转型

1. 完善数字会展基础设施。加强会展场馆基础网络建设，推进场馆 5G 改造以及虚拟场馆、直播应用场景的网络基础建设，通过数字化手段开展大型会展场馆设计、建设和运营。加强会展大数据平台建设，整合会展数据资源，加强会展数据采集、统计和分析，建立会展大数据信息共享服务平台，探索会展大数据分级分类管理机制，实现组织间的数据交互。加强区块链应用对数字会展服务的支撑作用，提升数据在推动会展人流、物流、信息流有序对接中的资源配置作用，强化大数据、人工智能等技术在会展领域的应用。

2. 打造"智慧会展"新业态。加快推进互联网技术和会展业的融合发展，着力打造"互联网＋会展"智慧会展。充分利用数据挖掘、室内定位技术、机器仿生学习、人工智能等科技，用信息技术驱动开发现代智慧会展产业体系。依托线下实体展会，通过实体场地展出让购买方、参观者可以更真实地感受展会。同时，利用大数据、虚拟现实技术、云计算等科技开发网络展会，让线下的展会在互联网中再现，从而打破时间与空间限制，为购买方展示更多资源与信息，为参观者提供更方便快捷的参与方式，搭建长期的商品贸易与互动交流平台。

3. 构建会展数字化产业生态。发挥数据要素资源作用，提升场馆的数字化运营和服务的数字化水平，强化数据对会展经济产业链的协同促进作用。形成数字会展产业服务体系，打造数字展览、网上博物馆、数字景区等在线产品，带动相关配套的行业发展，发挥数据在产业链协同和供应链集成方面的重要作用。构建数字化会展信用体系，探索运用区块链技术搭建数字化场景下的信任机制。

（三）加强国际化交流合作

1. 加强会展"引进来"。积极引进国外优秀的会展企业和会展项目，加强与国外会展经济发达国家和地区以及知名会展机构交流合作，争取国际的会议服务公司（Professional Conference Organizer，PCO）、目的地管理公司（Destination Management Company，DMC）、广告策划公司、展馆管理公司来我国设立办事处或分公司；争取品牌会展的承办或合办，合作开发会展活动、共建合资企业，提升我国会展企业的整体实力；完善会展"引进来"服务体系建设，筹建知名会展品牌引进服务平台，对会展项目进行对接，提供会展相关服务。

2. 支持会展"走出去"。积极推动本土会展企业"走出去"，学习国外会展经济发达国家的成功经验，鼓励有实力的会展企业"走出去"参展办展，鼓励本国会展企业投资收购国外知名会展企业，提升本国会展企业的知名度和影响力。通过重点扶持、等级评定等方式，推动特色品牌会展向国际化发展。完善会展"走出去"服务体系建设，建立会展企业"走出去"办展服务平台，对出境办展的相关流程进行全方位指导，推动会展的国际化发展。

3. 搭建"一带一路"会展平台。"一带一路"倡议的提出为我国会展经济的发展提供了历史契机，我国会展企业应以会展国际化项目为载体，积极和"一带一路"沿线国家进行交流合作，扶持境外参展办展项目，创新会展发展路径。

（四）践行绿色化发展模式

1. 推广绿色展台搭建。应用节能环保型新材料、新技术，降低目前会展搭建所使用的木材拆除后燃烧时有害气体的排放量。推广使用节能降耗器材设备，通过循环利用、重复利用、合理替代等方式扩大绿色会展建材和绿色会展工程的比例。

2. 引导设立绿色展区。坚持"低碳、绿色、环保"的办展理念，大力提倡绿色办展，建设绿色会展展馆示范园区。对传统会展进行绿色化改造，推动绿色环保类展览、会议、节庆活动的开展，提升绿色会展的比例和会展区的重复利用率。

3. 制定绿色会展标准。按照商务部《会展业节能降耗工作规范》等相关文件，制定绿色行业标准，推进会展企业的节能降耗工作，将"绿色会展"和"循环经济"等政策落到实处。

（五）增强集群化产业联动

1. 统筹会展展馆规划建设。依据地域经济基础和产业特色，着眼长期发展需求，坚持量体裁衣、适度超前的原则，对专业化展馆和特色化场地进行合理布局，对现有的会展展馆进行升级改造，打造符合国际标准的现代化展览馆、会展中心、会展综合体。综合规划展馆展览功能和配套服务功能，构建布局合理、功能互补、配套齐全的会展服务体系。

2. 整合会展相关配套资源。以商贸城、电子商务、专业化会展市场为平台，打造"专业会展＋基地＋交易"的新模式，突出线上展示推介和线下体验交易的综合功能，因地制宜对展馆周边地区的功能进行科学规划，加强周边配套设施的建设，按照会展商务区或会展服务区的具体需求建设宾馆、餐饮、仓储、物流、金融等功能服务网络。打造以会展业为龙头，以策划、广告、印刷、设计、安装、租赁、现场服务等为配套的产业集群。

3. 促进关联产业协同发展。注重展与会的结合，展中有会，会中有展；以展带会，以会促展。通过整合专业技术、展会机构、产业组织、扶持政策、创新平台等资源，打造协同发展的综合性、智能化会展业生态系统。通过和交通运输、卫生、环保、商务等相关职能部门及餐饮、通信、文化、旅游等关联产业的大力合作，实现信息交流、数据共享和相关业务的共同发展。

（六）培育专业化会展人才

1. 建立会展专家智库。建立由商务部国际贸易经济合作研究院、中国会展经济研究会、国际展览与项目协会、知名会展企业代表以及各高校组成的专业化决策智库，发挥促进会展经济发展的智囊作用，对会展经济发展过程中的决策、规划、项目及相关问题进行研究论证，提出对应的建议和对策。

2. 加快人才队伍培育。实施会展人才战略，系统全面规划会展人才培养。创新人才培养机制，加强院校会展专业建设，培养一批懂得管理、善于经营、具备法律知识的专业化、国际化、复合型会展策划、营销、管理高等人才。会展企业加强对会展从业人员的职业技能培训，提升会展从业人员的专业化综合素质。会展行业协会、会展企业与高等院校、科研机构合作开展人才培训等项目，全方位培育会展人才。

3. 推动会展人才引进。制定会展行业人才引进政策，完善会展人才引进机制，更好地引进高层次人才、留住高层次人才、用好高层次人才。大力引进会展核心人才、高技能人才和专业化人才，建立专业人才储备库和高层次人才服务"绿色通道"，在创业扶持、安家落户、子女入学等方面给予政策优待。建立完善的会展人才的行业准入机制与职业标准，建立人才培养、成长、考核、奖励机制，形成宽层次、多领域、梯度合理的人才培养体系。

第四节　会展策划与品牌传播

一、会展策划

会展策划是会展产业的核心。在整个会展活动的运作中，策划可以说是"头脑"，它是会展活动的灵魂，会展活动成败与否，策划与组织起着关键的作用。会展策划包括会展市场调查与定位分析、会展目标与选题立项策划、会展设计与品牌策划、会展宣传与广告策略、会展项目管理策略、会展相关活动策划、会展策划案拟写及会展预算与效果评估等内容。

（一）市场调查和定位分析

要想会展举办成功，市场调查是必不可少的。在确定会展项目以前，必须进行深入的市场调查，调查对象一方面是有参展需求的参展商，另一方面是想参展的人群，寻求"买与卖"的结合，并着眼于未饱和且竞争对手较弱的市场。

同时，市场调查还要洞悉地区经济、地理方面的优势，使之充分为会展服务。在掌握市场信息的基础上，要确定会展的定位，是走综合性的会展道路还是走专业性的会展道路。综合性的会展道路是指将各个产业、行业与内外贸结合的交易会、博览会或大型国际会议。专业性会展是指以某一个产业或者行业为依托举办的交易会、博览会或大型会议。

(二) 完善会展服务营销

服务是会展业的生命所在，没有一流的服务，就不可能有一流的会展。因此，从立项、招展、办展到会展结束，都必须贯穿良好的服务意识。具体来讲，一是要做好展前的信息发布工作，帮助参展商做好展馆展台的布置工作和展场企业的广告宣传。二是设置展场的各类咨询服务，如金融、法律、会计、运输、保险、翻译等方面的服务。三是通过举办各种洽谈会、主题研讨会，交流信息，创造商机，甚至可采取类似于广交会设立跨国定点采购专区的做法；设立海关、商检的"绿色通道"，为参展商提供便利。四是做好会展结束后的后续服务，要建立参展商、观展商的资料库，保持会后的联络，了解他们的意见和建议，便于日后改进工作。

(三) 制订网络营销策略

电子商务方兴未艾，网上展览已经为众多的会展所采用。会展本身具有集中性和实物性，这也决定了其时空的有限性，即它是在某段时间在某地集中举行的。但是开辟网上会展则可以突破这些限制。除了在会展举办期间作为主场的补充之外，网上会展还可以提供全天候、跨地域、跨国的会展环境，为各国贸易商提供一个丰富、开放、全息的信息交流场所。在网上会展中，只要输入自己想要的产品信息，就会有众多相关供应商的资料提供给你。

(四) 联合旅游资源开发

会展与旅游具有十分紧密的联系，会展参加者向来是旅游业的重要客源。以新加坡为例，新加坡是亚洲著名的会展中心，到新加坡参加展览和会议的商务旅客平均在此逗留4天，商务和会展为新加坡旅游业带来的旅游收益占旅游总收益的20%。同时，开发会展地旅游资源对会展的成功举办也起到了举足轻重的作用。

二、会展策划的原则

(一) 效益性原则

效益性是由会展的盈利性决定的，会展各方主体的目标是通过会展活动获取利润。策划任何项目都要在考虑为企业尽量实现投入产出比效益最大化的基础上进行，能否保证会展企业自身利益的实现是衡量一项策划是否成功的主要指标。在策划时，应合理协调好长期利益和短期利益的关系，保证企业的健康持续发展。会展企业的目标客户是会展企业生存发展的根本，满足客户的利益，为客户实现其价值，企业自身的利益才能实现。

234

文化产业概论

(二) 系统性原则

会展策划的系统性原则，就是运用系统理论对会展策划进行充分分析，从系统的整体和部分之间相互依赖、相互制约的关系中，揭示会展策划这一系统的特征和运动规律，获得最佳的展览效果。动态性会展项目作为一个系统，具有鲜明的开放式运作管理特点，运作过程中必然会受到内外环境不确定因素的影响，应该时刻关注系统的变化，及时调整各个独立的子项目之间涉及的各种管理要素、管理对象及管理方法，调动一切可以调动的优势因素为实现会展目标服务。

(三) 专业性原则

专业的展览服务包括展览企业的整个运作过程，从市场调研、主题立项、寻求合作、广告宣传、招展手段、观众组织、活动安排、现场氛围、展后服务，甚至包括展览企业的对外文件，信函的格式化、标准化，都必须具备较高的专业水准和严谨的工作态度。在国际上，政府一般不直接干预企业办展，展览会成功与否，多取决于整个行业和企业对其是否认可。展览企业若能获得权威行业协会和该行业内主要代表的支持和合作，无疑就会增加该展览会的声誉和可信度，带来巨大的宣传效果和影响力。

(四) 创新性原则

创新性原则贯穿行业和企业策划的始终。会展本身就是一个很有自身特色的特殊行业，会展策划必须不断创新动态变化的形式，保证最终目标的实现。会展策划的创新是一个连续优化的过程，通过每一次的优化，最后达到整体优化。创新主要是通过不断发现新的机遇来防范风险，需要会展项目责任人和全体员工共同参与，发挥组织有计划、有步骤、有控制、有效率的优势，提高团队的应变能力。

(五) 前瞻性原则

所谓前瞻性，就是指会展策划方案在时间的延续上要经得起历史的考验，具有长期的适应性、实用性、领先性，代表行业的发展方向，是品牌化的重要标志，体现了展览的专业性和前瞻性。能代表行业发展方向的展览会有明确的目标市场和目标客户，能提供几乎涵盖这个专业市场的所有信息，会展提供的信息越全面、专业，观众就会越积极，参展企业也会越踊跃。

(六) 独特性原则

独特性是策划人的知识、灵感、经验、分析能力、洞察能力、判断能力和应变能力的综合体现，要在会展策划中体现创意的新奇点和设计的独特性，以达到出其不意的效果。一般来说，独特性表现在会展主题开发、会展空间设计、会展活动组合等方面。会展只有具备自身的特色和风格，才能逐步形成品牌。展览企业必须确立长远的品牌发展战略，从短期的价格竞争转向谋取附加值和谋取无形资产的长期竞争，用先进的品牌营销策略与品牌管理技术抢占展览市场的制高点。

三、会展品牌的传播

在会展业的经营发展过程中，信息传播和广告宣传是必不可少的，借助它们，才能实现会展业的功能，提高会展的知名度，扩大会展的影响力。

（一）充分发挥招展函、会刊、会展网站的宣传作用

招展函、会刊、会展网站都是会展业自身具有的宣传工具。

招展函上的信息应明确，尽量突出会展的特色。除了以信件的方式直接寄送给厂家、商家或者相关人员之外，还可采取在网络、杂志、报纸等媒体上发布的形式。在招展函的发布过程中，要注意行业协会及政府相关部门作为团体组展者的重要地位。

会刊主要是会展的参展商、投资商名录及对其产品的介绍，也有对未参展的供应商的介绍，此外还会辟出专门的版面来给商家做广告。一般是在会展前后免费向参展或观展人员发放，以便于日后的联络，因此，会刊对体现会展的实力作用很大。现在会刊都会有电子版，这是一种更便捷、更先进的信息承载方式。

会展网站是外界了解会展最主要的宣传平台，其主要特点是信息容量大、传播范围广、内容更新快，所有关于会展的信息基本上都可以在会展网站找到，因此，注重会展网站的建设、增强其吸引力和权威性对会展业发展大有裨益。

（二）利用媒体报道扩大新闻效应

会展经营者要充分利用广播、电视、报纸、期刊和户外媒体等开展广告宣传。会展业是为交流信息和达成贸易服务的，自身具有很强的社会功能性，再加上它的直接性、集中性及参加会展人员的广泛性，很容易附加产生"事件性"，因此能吸引众多的新闻媒体对其进行报道。会展业如果能够在提升自身水平的同时，注重新闻效应，适时进行新闻发布，无疑是免费做了极佳的广告。

（三）利用活动策划增强传播效果

策划有特色的会展活动，可以用较小的成本取得较大的宣传功效，从而提高会展的效益和知名度。这些活动应该与特定的会展项目主题联系起来，同时还可以与会展举办地的文化习俗、风尚礼仪以及会展参加者的生活和消费形态相结合。

例如，美国的夏洛特展览公司在杰克逊维尔市举办妇女用品展时，与当地电视台合作，策划了一次为无家可归者捐赠服装的活动，凡是到会展购买西装用来

捐赠的观众都可以免费入场。电视台在展前、展中及展后都对此做了大量的报道，这些是花钱也买不到的广告，而这些活动对强化会展的生命力、提高其影响力意义重大。

（四）培育会展品牌

一般而言，大型会展活动和国际性政治经济会议的重要性最强，主要由政府主导，对外展现国家综合实力，故在国家品牌建设方面需继续加大投入力度；在会展企业品牌方面，要鼓励其向专业化、品牌化、国际化发展，通过优化会展业资本结构，培育一批国际竞争力强的会展跨国企业。要培育会展城市品牌，会展城市应立足发展实际，依据城市产业、人文、自然等资源特色因地制宜地进行有机整合，形成独具特色的会展品牌。

资料链接

会展策划方案范本要素

一、会展组织构成及相关要素分析

（一）主办者

主办者描述、主办者分类、主办者的工作内容、主办者的职责、主办者的权利与义务。

（二）承办者

承办者的描述、承办者的分类、承办者的工作内容、承办者的权利和义务。

（三）参展商

参展商描述、参展商的目标定位、参展商的权利和义务。

（四）会展观众

观众参加会展的动机分析、专业观众和非专业观众、会展观众的心理和行为分析。

（五）会展场馆与场地

会展场馆与场地描述、会展场馆的用途及功能分区、会展标准展位、会展特装展位、露天展位。

（六）会展辅助服务机构

物流运输企业、餐饮住宿企业、旅游休闲企业、广告宣传企业、展位搭建企业、装潢设计企业。

二、会展的流程策划

展览会的组织和工作程序如下：项目策划—主题确认—可研分析—立项申报—展馆预定—招展宣传—展品选定—展品运输—观众组织—展商接待—新闻发布—展场布置—安全保卫—开幕仪式—贸易促进—会展报道—撤展安排—会展总结—税费处理—跟踪服务。

（一）会展创意

创意是指独特的设计和创造性的方案。韦伯斯特词典给出的定义是"明确表达的想法和观点"。会展创意是指如何通过发掘资源，激发灵感创造新的会展思路。

（二）会展的立项选题

会展的立项选题是指在创意的基础上，选择最佳方案的过程。方法：头脑风暴法、调查法、经验法。

（三）会展的可行性分析

列出收入、支出的项目；对社会带来的影响；风险分析；环境分析等各个方面的可行性分析。

（四）会展的报批与备案

撰写申请立项报告、审批（专项审批：科技、军事；范围审批：国际、国内）、面积（1000平方米以上）、备案（对于地方普通类型的会展，只需要通过备案的方式即可）。

（五）会展的筹备

撰写会展策划方案、组建会展内外部运行机构、进行经费预算细化、进一步完善策划执行细案、开始前期运作。

（六）会展营销

1. 展馆安排。主要根据会展的特点，选择室内、室外、特装或标准等。

2. 价格确定。价格的确定主要取决于会展的目的、发展阶段、规模、周边城市举办展会的情况和参考相关的会展价格。

3. 相关宣传。政府主导型会展主要通过指令性宣传，市场运作型会展通过商业广告来运作。

4. 招展。方式比较多，有电话销售、客户拜访、团队拓展、大客户开发等，前期招展工作人员要进行统一招展培训。

5. 广告安排。主要指在会展上进行宣传的广告。

6. 相关参展资料准备。

（七）会展现场管理

现场工作程序设计、嘉宾邀请、与相关部门沟通（公安、消防、工商、税务）、现场接待、餐饮住宿安排、参观考察、送站。

（八）总结与评价

相关资料库整理、撤展（会）工作、评估、总结、奖惩。

三、会展营销策划方案

（一）会展营销的基本策略

1. 变被动销售为主动销售策略。

2. 变不确定市场为确定市场策略。

3. 充分收集海量信息策略。

4. 进行市场细分，消灭市场盲点策略。

5. 提高参展商数量和质量策略。

（二）会展营销的基本程序

分析市场、制订方案、人员分工、会展宣传、招展招商、后期客户管理。

（三）会展营销的基本原则

1. 诚实守信：保证质量，明码实价，履行合同，信守承诺。

2. 义利兼顾：既要获得最大利润，又要顾及消费者利益。

3. 互惠互利：没有唯一的胜利者，合作与竞争是矛盾的双方。

4. 理性和谐：不好大喜功，防止恶性竞争。

四、展位划分方案

（一）展位划分的原则

238

文化产业概论

主次分明，突出中心；功能相近，区域相同；考虑规模大小因素；考虑费用高低因素；系统配套，关联度高。

（二）展位划分的方法

按照功能划分、按照产品种类划分、按照参展企业地区划分、按照展位价格划分、按照企业规模划分、按照企业类别划分。

（三）展位划分的意义

便于观众参观、便于承办商管理、便于提供系统服务、便于展位销售。

五、宣传推广策划方案

（一）宣传推广的目的

让客户知道会展；让客户对会展有信心；招徕观众；扩大品牌的影响。

（二）宣传推广的程序

1. 确定宣传的经费。会展宣传的费用根据会展的特点不尽相同。一般说来，第一次举办会展，广告费用略多一些，以后依次递减。如果需要创建品牌，前几届需要持续宣传。

2. 确定宣传的渠道。新闻宣传、广告宣传、网络宣传、活动宣传。

3. 确定宣传的理念。

（1）认知型宣传。让社会了解会展的情况，一般是刚刚举办或时间不长的会展。

（2）竞争型宣传。让社会觉得这个会展与其他会展不同，特色鲜明。

（3）信息型宣传。重点推广产品，增加企业信心。

（4）形象型宣传。打造品牌形象，扩大会展影响。

4. 确定宣传的特色。

新颖；突出重点；反映企业文化；突出社会责任；接近客户和观众心理。

六、参展商信息收集

（一）参展商信息的重要性

有利于开展项目策划；有利于开展招商；有利于开展会展服务；有利于提高企业形象；有利于打造会展品牌。

（二）参展商信息的内容

企业的规模；产品的种类；产品的知名度；企业的营销手段；企业的发展战略。

（三）如何收集参展商的信息

收集相关企业的介绍材料；了解企业的广告情况；浏览企业的广告；接触企业内部人员；收集相关新闻报道。

（四）分析参展商企业作用

了解参展商企业的信息，一是用于立项前的决策，二是用于招商。在进行决策时，主要是分析可以有多少企业作为基础客户来参展。在招商过程中主要是便于快速与客户培养感情，对症下药，增加招商的成功率。

七、展位价格策略

（一）确定展位价格的原则

展位的价格是招展最重要的因素之一。展位价格的确定可以参照基本标准，比较其他会展情况，结合会展发展阶段、所在行业情况，根据成本核算，考虑竞争因素，等等。

（二）会展定价的原则性方法

1. 成本定价法。根据主办会展的成本，适当考虑利润。多用于企业主办的会展。

2. 需求定价法。充分考虑参展商的承受心理，多用于政府主办的会展。

3. 竞争定价法。充分考虑会展竞争的需要，多用于同类会展比较多的情况下。

八、会展价格折扣策略

（一）折扣的目的

折扣是招展中常见的方法，其目的是促进会展的发展。鼓励一个客户购买超出普通参展商的展位，鼓励客户连续参加会展。

（二）折扣的种类

按照签约时间给予折扣、按照展位数量给予折扣、按照参展年限给予折扣、按照位置优劣给予折扣、按照地区给予折扣、按照参展企业的知名度给予折扣。

（三）定价的几种技巧

1. 分割法。场地、运输、设计等分开。

2. 全包法。除了展位外，还赠送礼品、三餐等。

3. 荣誉定价法（特高价法）。独一无二的产品才能卖出独一无二的价格。

4. 低价法。薄利多销。

5. 吉利数字法。

九、会展相关资料设计

（一）招展函

招展函也称展览手册，用来说明会展相关内容。招展函多为小册子，也有彩页或折页。

1. 会展的基本内容。会展名称、会展举办的时间和地点、主办单位和承办单位、会展特色、展品范围、展位价格。

2. 背景及意义。一般用来为举办会展做铺垫，同时也便于会展在立项时审批。

3. 工作计划。招商计划，主要是程序、目标客户等；宣传推广计划，新闻发布会、场地广告等；相关活动计划，论坛、讲座、沙龙等；会展服务项目，酒会、旅游、表演等。

4. 参展须知。如何办理参展手续，是通过地区的有关部门、代理商，还是直接与主办单位或承办单位联系；如何付款，会展的开户银行及账号、付款方式，是全部交清还是交定金，如果交定金，数量如何、付款时间等；参展申请表，用于参展商填写产品名称、展位个数（或面积）、联系方式等；办展机构联系方法。包括地址、电话、网址、电子邮箱等，有的还需要注明联系人。

5. 相关图案。展馆位置简略地图；展馆的摊位分布图。便于参展商根据自己的喜好和需要选择大概位置；上一届展会的照片，增加参展企业的信心；展位和特装的图片。

6. 编制招展函的原则。内容全面准确；简单实用；美观大方；便于邮寄和携带。

（二）工作手册

1. 主要活动日程安排。

2. 新闻发布会实施方案。

3. 会展实施方案。

4. 主要服务项目。

（三）相关表格

1. 征求意见表。一般在会展结束前，由参展商填写，包括需求和下次会展的意向。

2. 调查统计表。一般在会展中间下发给参展商。

3. 感谢信。在会展结束之后几天发给参展单位。

（四）服务指南

场馆、展位服务指南；餐饮娱乐服务指南；旅游线路安排及景区介绍；城市和场馆的基本资料；参展企业的相关资料。

十、招展艺术

（一）会展谈判

1. 谈判的六大基本功。

了解专业知识；熟悉工作程序；流畅的表达能力；优秀的心理素质；良好的气质；随机应变的能力。

2. 谈判的基本程序。

（1）开局阶段。如果过去有过接触，应该在友好的关系基础上开展谈判。如果过去有过接触，但印象不好，应该坦诚相待，分析上次出现的问题，做自我批评，指出这次改进的情况，恳请对方原谅，并邀请参加。如果从来没有接触，应该礼貌地自我介绍，郑重地提出邀请。

（2）报价阶段。简单说明这次定价的标准和原因。对方往往认为价格较高，希望降价，你需要作解释或表示无能为力，避免留下继续商量价格的余地。如果实在达不成共识，可以先将资料留下（一般不会拒绝），等待机会。

（3）磋商阶段。要表示对企业的理解和尊重；要表明展位的价格已经非常合理；适度介绍会展的成本与风险；给对方思考的机会；在价格以外给予一定的优惠。

（4）成交阶段。尽快签合同，但又不要咄咄逼人；不要画蛇添足，防止出现反复；当时没有立即签合同，过后要及时询问。

（二）会展礼仪

招展人员形象设计；招展人员组成研究；招展服装与饰品；招展人员语言与姿态；招展工作理念。

资料来源：根据刘松萍《会展营销与策划》（首都经济贸易大学出版社 2011 年版）整理。

第十章　艺术品产业

第一节　艺术品与艺术品产业概述

一、艺术品及相关概念

（一）艺术品的定义与分类

1. 艺术品的定义。艺术品是艺术家表现艺术理念、具有艺术审美价值的创意作品。艺术品是艺术主体创造出的满足人们精神审美需求的艺术形态，是艺术本体与载体的有机结合，是具有视觉审美价值和物理载体的人工产品。狭义的"艺术品"专指视觉造型的艺术品，包括绘画、雕塑、装置艺术等，广义的艺术品还包括数字化传播的音乐制品等。

2. 艺术品的分类。根据不同的划分标准，艺术品有多种分类方式。根据时间，可分为古代艺术品、近现代艺术品、当代艺术品；根据表现形式，可以分为视觉艺术品、听觉艺术品，并进一步细分为绘画、雕塑、音乐、舞台剧等；根据载体种类，可以分为纸质艺术品、瓷器艺术品、木制艺术品、青铜器艺术品、珠宝艺术品等；根据独创性，可以分为艺术原创作品和艺术衍生品。艺术原创作品指的是艺术创作者以线条、色彩或其他方式创作的具有审美意义的造型艺术作品，包括绘画、书法、雕塑、雕刻、摄影、装置等作品。艺术衍生品包括艺术复制品和艺术授权产品两类，是基于艺术授权经营模式的艺术产业化成果。艺术复制品是指经艺术创作者许可并签名、限量在 200 件以内的艺术复制品。艺术授权品是指经过艺术创作者授权制作生产的各类产品。

按照《商品名称及编码协调制度的国际公约》统计口径和中国海关艺术品统计编码目录，艺术品分为六类：油画、粉画及其他手绘画（带有手工绘制及手工描饰的制品图纸除外）；拼贴画及类似装饰板；雕版画、印制画、石印画的原本；各种材料制的雕塑品原件；使用过或未使用过的邮票、印花税票、邮戳印记、首日封、邮政信笺（印有邮票的纸品）及类似品；具有动物学、植物学、矿物学、解剖学、历史学、考古学、古生物学、人种学或钱币学意义的收集品及珍藏品。该分类更多地从传统实物艺术品角度出发，相对系统、科学地涵盖了绝大部分可以被列入艺术品范畴的商品。

（二）艺术品相关概念

1. 文物。文物指人类在不同时期通过不同创作方式创造出的具有纪念、研究、历史、艺术价值的实物。《中华人民共和国文物保护法》（以下简称《文物保护法》）中关于文物的范畴有：具有历史、艺术、科学价值的古文化遗址、古墓葬、古建筑、石窟寺和石刻、壁画；与重大历史事件、革命运动或者著名人物有关的以及具有重要纪念意义、教育意义或者史料价值的近代现代重要史迹、实物、代表性建筑；历史上各时代珍贵的艺术品、工艺美术品；历史上各时代重要的文献资料以及具有历史、艺术、科学价值的手稿和图书资料等；反映历史上各时代、各民族社会制度、社会生产、社会生活的代表性实物。

2. 古董。古董与艺术品、文物的显著区别在于创作的时间，只有一定历史积淀的艺术品才能被称为古董，承载了百年以前的社会信息。

3. 工艺品。工艺品旨在突出"工艺"，这种工艺可以由工匠手工实现，也可以由机器实现，可以通过大批量复制生产供消费者购买、赏玩。工艺品与艺术品的根本区别在于创意是否为制作者的原创以及是否为大批量复制生产的商品。

（三）艺术品的价值特征

1. 文化性。不同的时代不同的地区有着不同的语言文字、生活习惯、风俗礼仪、审美品位、技术水平，处于不同环境中的艺术家创作的艺术品带有这些文化烙印。艺术品成为文化展示的重要手段，涵盖了从古至今通过不同创作方式凝聚在实物载体里的文化和思想。

2. 历史性。艺术品描述了某个历史时期的特殊事件或体现了某次重要变革，如19世纪末期化学颜料的发明极大地丰富了绘画作品的色彩。艺术品相当于历史教材，承载了人们的思考和智慧积淀。

3. 稀缺性。对艺术品的原创性和不可复制要求，使得艺术品不会像一般商品那样供消费者随时挑选购买，因此，更容易激起购买者争相追逐。

4. 流通性。除了受到国家或国际法令保护的不可交易的艺术品外，大部分艺术品可以在市场中自由流通，通过价格体现其价值和市场需求。

5. 资产性。艺术品不会因为曾经被人购买收藏而折损价格，反而会因为被知名收藏家收藏或长久以来受到完好保存而价值倍增，具有资产的增值保值功能。

（四）艺术品产业

艺术品产业指以造型艺术品为主的各种文化经济活动的总和，以艺术品的创作为源头，涉及投资、会展、仓储、贸易、艺术衍生产品等相互关联的多个领域，延伸到各类社会群体对艺术品的消费、收藏、投资等广泛需求。在《2009

年联合国教科文组织文化统计框架》中，艺术品被列入 8 个核心门类的 C 类，即视觉艺术和手工艺。

艺术品产业处于文化产业的核心地位，包括艺术品投资和金融、艺术品创作和评论、艺术品仓储和会展、艺术馆和博物馆会展、艺术旅游和创意体验、艺术授权和艺术衍生产品六大内容，形成产业链条。

艺术品产业链，指以艺术品交易为中心，由艺术品供给者、经营者、消费者等主体构成生产、管理、流通、消费各环节，包括画廊、美术馆、拍卖行、文交所等主体服务和艺术品鉴定、评估、抵押、典当、保管、保险、装裱、印刷、出版、物流等配套服务及艺术品金融、衍生品服务等在内的产业链条。艺术家处于艺术品产业链的上游，在特定时期内创作出独特的艺术作品提供给市场，拥有作品资源。艺术品交易机构处于产业链中游，如画廊、美术馆、拍卖行、文交所等，通过办展服务获得展览收益，印制拍卖画册获得印刷收益，出版艺术图书、艺术光碟等获得版权收益等。艺术衍生品市场及相关配套服务机构处于产业链下游，通过开发艺术影像产品、艺术品摄影、艺术品复制、艺术衍生产品或提供金融、咨询、保管等衍生服务获得收益。

艺术品运营指的是艺术品市场中参与艺术品流通的个人或商业中介机构围绕艺术品的策划、营销与管理，让艺术品生产、艺术品市场流通、艺术品消费一系列活动循环运作起来。在当代中国艺术品市场上，画廊、拍卖行、艺术品博览会构成了三大传统运营主体，基于互联网的艺术品电商平台成为新兴运营主体。

二、艺术市场

艺术市场指以商品的形式进行艺术品交易，涵盖艺术品创作、艺术品展示、艺术品交易、艺术品转移和艺术品退出五个流程。艺术品市场由五大要素组成：供给、需求、艺术品、价格和中介。市场联结商品经济发展过程中产、供、销各方，提供交换场所、交换时间和其他交换条件，以此实现生产者、经营者和消费者各自的经济利益。市场直接影响着人们生产什么、生产多少及上市时间、产品销售状况等。艺术市场经历了消费型市场、收藏型市场、投资型市场、金融化市场四个重要的市场发展阶段。艺术品交易始于私人交易，拍卖的方式在 17 世纪被广泛接受后大大推动了艺术品市场的规模扩张。艺术品交易模式分为传统交易模式和新兴交易模式。

（一）传统交易模式

传统交易模式包括以画廊为主体的一级市场（或称专业零售市场）和以艺术品拍卖为主体的二级市场（或称二手市场）。一级市场如画廊、艺博会、古玩城、经纪人、工作室，通过代理或合作机制与艺术家取得联系，从艺术家手中获取艺术品，然后以展览等形式将艺术品直接介绍、销售给收藏家。二级市场如拍卖会、艺术品金融化交易等，指已从一级市场购买的艺术品被二次出手、进行二次流通的市场。传统交易模式分为议价交易模式和竞价交易模式。

1. 议价交易模式。议价交易模式也称为私洽交易，是通过买方和卖方一对一的交易、合理商议艺术品价格以达成一致的交易模式。实行议价交易模式的机构主要有画廊和艺术品博览会。画廊既包括进行美术作品展览、售卖的场所，也包括销售商品性装饰画乃至兼售工艺品的商店。专业性画廊签约代理销售画家作品，具有艺术经纪人的身份。

艺术博览会指在某个场所定期举行的，由众多艺术家、艺术品经营机构、艺术品购藏者参与的，集展出、销售和交流于一体的艺术品交易模式。其形态来源于 1851 年在伦敦举办的"万国工业产品博览会"。瑞士的巴塞尔艺术博览会是全球最大的艺术博览会。我国首届艺术博览会是 1993 年在广州举办的"首届中国艺术博览会"。

2. 竞价交易模式。竞价交易模式指通过拍卖这种双方或多方经过价格竞争最终达成艺术品交易的模式，以价高者成交为基本原则。通过拍卖会进行艺术品交易是中国艺术市场最主要的交易方式。

（二）新兴交易模式

1. 远程合约交易模式。远程合约交易模式指买卖双方通过合约的方式，在约定的时期内进行艺术品的交易。交易模式主要是艺术品投资基金与信托、艺术品质押。

艺术品投资基金是由基金发起人向投资人募集资金、用以艺术品投资的方式。艺术品的投资人并不直接购买艺术品，而是通过签订远程合约，委托基金与信托公司购买艺术品，并对艺术品进行管理，以期达到投资升值的目的。我国发行最早的艺术品基金是民生银行 2007 年推出的"艺术品投资计划 1 号产品"，投资标的为中国书画及当代艺术，投资周期两年，取得了稳健收益。首个由信托公司发行的信托类产品是 2009 年由国投信托发行的"国投信托——盛世宝藏 1 号保利艺术品投资信托产品"。

艺术品质押是资金需求方以艺术品作为质押物，向金融机构提供质押担保，以获得融通资金的一种方式。担保方通过远程合约的方式，一旦贷款人出现违约，则担保方偿还贷款，并获得质押艺术品。我国早期的艺术品质押融资的市场形态是典当。目前，国内外开展艺术品质押融资业务的有银行、小额贷款机构及拍卖机构。2009 年，山东潍坊银行以李苦禅、于希宁等的作品为质押，推出全国第一单书画质押融资业务。

2. 平台化交易模式。艺术品平台化交易指以网络平台为基础，以艺术品为媒介，通过在线推广、在线拍卖、线上交易、线下体验等形式进行交易，是一种适合大众参与的交易模式。我国艺术品市场从初期的网上画廊、网上拍卖、网上展览发展到互联网展示、互联网金融等模式。目前，国内知名艺术品网络交易平台有雅昌艺术网、嘉德在线、中国拍卖与收藏网等，在淘宝等购物网站也设有艺术品专区。线上拍卖使买家不用亲临拍卖现场即可与竞拍人共同竞价，增加了交易的快捷性和便利性，但存在信用体系不健全、缺乏监管措施、艺术品图不符实、交易信息不对称等问题。

网络平台是综合性服务平台，除了具有鉴证、登记、备案、征信等核心功能，还应具备确权、鉴定、评估、集保、信息查询服务，以及艺术品质押融资、保险、基金与信托等金融服务功能。新兴的艺术品平台化交易模式满足了艺术品收藏、投资的需求，满足了快捷、放心的消费需求，以及艺术资产管理需求。

三、艺术品经营机构

（一）画廊

一级艺术品市场以画廊为主。画廊是艺术品流通的主要渠道，主要有两种经营模式。

1. 全权代理制的经营模式。通过签约、包装、推出艺术家，经营原创艺术品。具体是指画廊经营者通过签约，拥有艺术家作品的所有权，定期举办画展，全权负责处理艺术品展览、推介、拍卖、回购等业务，独家代理和运作艺术家的作品。具有代表性的国内画廊有香格纳画廊、常青画廊、蜂巢当代艺术中心、当代唐人艺术中心等。

2. 画廊式的经纪人模式。具体指的是艺术品经营者不拥有艺术品的所有权，只接受艺术品所有者的委托，代理销售艺术家的艺术作品，作为艺术中间商，获得艺术品售出价和保底价之间的差价。目前，国内大多数画廊的运营机制还是画廊式的经纪人模式。

（二）拍卖行

拍卖行主要以竞拍价的方式展开拍卖活动，指由拍卖行组织拍卖会，艺术品通过公开竞价的方式，流转到叫价最高的竞买者的一种拍卖方式。如果因价格过高无人竞拍，则会导致流拍。艺术品拍卖前，拍卖公司会发布征集艺术品的广告，召集拍卖公司专业人员或外聘专家对艺术品进行鉴定和评估，确定拍品后，双方商议拍品的保留价格。然后，拍卖公司制作预展、预拍图录，委托策展人策划，筹备拍卖会，最后进行艺术品的现场拍卖。

（三）艺术品电商企业

艺术品电子商务，简称艺术品电商，是指通过计算机技术、网络技术和远程通信技术，实现传统艺术品交易电子化、数字化和网络化的商务活动，是一种新兴的艺术品交易方式，为艺术品运营增加了新的销售渠道。目前，国内艺术品电商主要有网上画廊、网上拍卖、网上商城等经营形式。艺术品电商的出现起到了去中介化的作用，为很多不知名的年轻艺术家提供了更多的机会和市场。

网上拍卖将线下艺术品拍卖流程移到线上，买卖双方通过网络拍卖平台进行竞价，一旦网上竞拍成功，就必须按照拍卖的合约进行付款购买。网络拍卖平台向买卖双方收取佣金，多数会设定一定数额的保证金，并规定必须预先进行账户充值。许多线下传统拍卖机构开通了艺术品网上交易渠道，将自己的线下拍卖体系搬到线上，例如嘉德在线等。艺术品电商突破了时间和空间限制，可以最大限度地获取客户。微信拍卖是网上拍卖中特别典型的一种方式，建立在媒介社交关系基础之上，让艺术品可以走向大众，如大咖拍卖、艺麦微拍、蔷薇拍卖、扬子微拍等艺术品微拍平台。微信拍卖由拍卖师或专业的艺术机构建立微信公众号或组建微信拍卖群，将艺术拍品信息通过一系列的语音、图文资讯、短视频、支付服务等推送到公众号或微信群，买家可从手机端获取艺术新闻、艺术展览活动及拍品信息，进而参与拍卖、竞价、支付和收款，在网上完成完整的艺术品拍卖交易过程。艺术品电商的买家群体以养成网上购物习惯的"80 后"年轻人为主。2020 年，苏富比在伦敦举行的网络拍卖会上，弗朗西斯·培根的《启发自艾斯奇勒斯之三联作》以 8455 万美元创下网络拍卖纪录。

网上画廊交易平台分为网上虚拟画廊和实体画廊网店，具有代表性的主要有翰墨千秋艺术交易中心、318 艺术商城、艺典中国等。网上商城作为艺术品交易平台，连接艺术家、艺术机构与收藏者，不介入买卖双方之间的交易，只赚取佣金、会费、广告费及艺术品鉴定收入分成等。苏宁易购、淘宝、京东等综合性电商网上商城，提供艺术品线上交易功能、支持用户自主开办网店、发布艺术品市场资讯、开通藏品鉴定等服务。

（四）艺术品金融

艺术品金融是围绕艺术品市场中的主体展开的一系列资金融通及相关信用活动，包括艺术金融产品、投资、融资、保险、租赁等，主要通过艺术品对冲基金和股权私募基金的形式进行。艺术品市场金融化发展可以划分为商品化、资产化、信托化、资本化和证券化等阶段，包括艺术品基金、艺术品投资信托、艺术品股票等诸多以艺术品为标的的金融工具，其中，证券化的艺术品产权交易和私募化的艺术品基金是主要的艺术品金融工具。

1. 银行产品。如艺术品抵押贷款、融资，私人银行艺术品投融资顾问，等等。世界上最悠久和投资业务最大的几大银行都涉及并且形成了一套完整的艺术银行服务系统，服务的项目包括鉴定、估价、收藏、保存、艺术信托等专业的金融手段。

2. 艺术品基金。艺术品基金是为了实现较高水平的收益、由基金管理人募集社会闲散资金投资于特定艺术品标的的基金。艺术品基金多为封闭式基金，通过封闭投资运营方式进行，待封闭期结束再将本金、利息一同返还给基金投资者。艺术品基金的收益来源于艺术品价值的上涨和展览所收取的费用，是推动艺术品市场金融化的重要力量。

3. 艺术品投资信托。艺术品投资信托由信托公司发起，经由投资顾问或公司投资于艺术品市场，进而获取收益。2010 年，北京保利艺术投资管理有限公司与国投信托合作发起了我国第一个艺术品投资信托产品。为减少市场波动带来的风险，投资公司多选择宫廷艺术品作为主要投资对象。

4. 艺术品股票。艺术品股票是把单件艺术品或者艺术品组合进行等额产权拆分后再进行合约上市交易。在文化产权交易所上市的艺术品主要包括书画、陶瓷、雕塑等经国家严格审核、批准流通的艺术品，需经过严格的鉴定、评估、托管和保险后才能上市交易。2011 年，法国巴黎艺术品交易所率先启动艺术品份额买卖，类似于股票的交易形式。文化产权交易所成为艺术品市场金融化的代表。

5. 艺术品保险。艺术品在收藏、运输、展览等过程中可能出现损害或者被盗等情况，因此，无论是个人藏家还是机构，都可以为自己的艺术品购买保险。

第二节　世界艺术品市场

一、世界艺术品市场的形成

在西方，早期艺术品市场出现于 17 世纪的荷兰。艺术家在艺术创作的同时经营艺术品，艺术家的画室也是艺术品交易的场所，是一种自产自销的艺术市场模式，主要是为国家、政府、教会服务。随着资本主义的发展，大量的工商业者特别是市民阶级的崛起，使得艺术品需求剧增，艺术品市场交易得以发展。艺术家根据新兴市民阶层的消费需求，调整创作风格。与以往的赞助体系不同，艺术家可以自由创作，形成了多元化的艺术市场环境。随之，艺术家人数剧增，艺术品数量也逐渐增长，荷兰艺术市场达到了空前的繁盛。18 世纪，以画店代销艺术品的形式逐渐取代了自产自销模式，英国最早出现了艺术品拍卖业。1789 年，法国大革命爆发，新兴资产阶级成为新生消费群体，激活了法国艺术市场，艺术商人采用代销艺术作品售后分成的盈利模式和低买高卖以赚取差价的盈利模式推动了艺术品市场的发展，带动了苏富比、佳士得两大世界性的拍卖行诞生，形成了一、二级艺术品市场并行发展的现代世界艺术市场的基本雏形。

二、世界艺术品市场现状

近年来，全球艺术品市场飞速发展，中国是增长最快的国家。据 2018 年全球艺术品市场的研究报告显示，2018 年，全球艺术品市场的交易额达 674 亿美元，中国艺术品市场的交易额为 128 亿美元，占全球艺术品市场的 19% 份额。①

（一）艺术品市场规模大

随着一些国家（地区）经济实力的增强，在国际艺术品市场上表现出较强的购买力，拍卖行跟随市场的动向不断扩大全球市场布点，如佳士得、苏富比在香港和上海开设分支机构。1998 年到 2017 年，加入世界艺术品市场的国家（地区）数量从 34 个增加到 59 个，拍卖行从 690 家增长到 870 家，全球艺术品拍卖总成交额从 27 亿美元增加到 149 亿美元，全球艺术品拍卖市场成交的拍品数量增长了 221%，相关从业者达 300 万人。

（二）全球五大交易市场呈上升趋势

根据世界著名艺术市场信息公司 Artprice 数据显示，2017 年全球五大交易市场均获得大幅增长。中国增长 5.4%，美国增长 42%，英国增长 18%，法国增长 35%，德国增长 12%。五大交易市场中，美国和中国竞争激烈，交易量、交易额的差距较小。2017 年，中国艺术品市场成交额为 51 亿美元，占全球交易额的 34.2%，领先美国 1 亿美元。②

（三）画廊为主的一级市场占比较高

画廊分为非营利画廊和商业画廊。非营利画廊通过自身的综合资源优势，推介、展示新兴艺术家的作品，其社会功能性大于市场性；商业画廊通过售卖艺术家作品抽取分成或赚取差价实现盈利。据《巴塞尔全球艺术市场报告 2018》统计，一级市场中艺术机构共有 296540 家，占从事艺术品相关企业的 95%。一级市场还包括私下交易，一些熟知艺术品的商人，没有店面或机构，只是动态掌握艺术家资源和藏家、消费者资源，扮演中介角色，促成艺术品交易以获得一定的报酬。

（四）艺术品互联网交易飞速发展

互联网时代背景下电子商务推动艺术品的网上交易发展起来。网上交易覆盖面广，不受时空局限，运营成本低且交易效率高，被广泛应用于一、二级市场。1990 年，artnet 作为全球第一家艺术电商平台出现。2017 年，佳士得和苏富比两家国际拍卖公司加大了在网络交易市场构建中的投入，佳士得网络拍卖成交总额达 1.656 亿英镑，新加入的买家中有 37% 来源于网络拍卖；苏富比网络拍卖成交

① 欧洲艺术博览会：《TEFAF：2018 全球艺术市场报告》，2018 – 05 – 29，http：//www.199it.com/archives/729438.html.

② 根据 Artprice 2017 年度艺术市场报告整理，http：//www.artprice.com/artprice-reports/the-art-market-in-2017。

额达到 1.8 亿美元，占全年成交拍品的 23%。[①] 2019 年，苏富比公司被收购、Artprice.com 更改成 Artmarket.com，标志着艺术市场迈入互联网时代。

三、世界艺术品贸易概况

1970 年，联合国教科文组织出台《关于禁止和防止非法进出口文化财产和非法转让其所有权的公约》，1995 年又发布《关于被盗和非法出口文物的公约规定》，指出各缔约国有责任采取措施有效防止艺术品非法进出口和转让，并支持各国通过外交手段追讨或主动归还非法转让的艺术品，无论是国有博物馆、收藏机构还是私人收藏者的藏品，在两个公约的共同约束下都受到保护。

（一）美国

作为全球艺术品产业大国，美国很早就形成了法律政策框架，运用法律、资助、基金三大动力杠杆，支持艺术品业作为美国社会积累大量社会财富的有效途径。美国对于文化艺术管理的突出特点是市场化、产业化经营。对于营利性的艺术组织，美国政府完全交给市场发挥其自身能动性，对于那些依靠自身力量不足以生存的非营利性艺术组织，美国政府则会提供各种优惠及扶持政策或者直接资助来促进这些组织的发展。1787 年的美国《宪法》第一条第八款规定："为了促进科学和实用艺术的进步，对作家和发明家的著作和发明，在一定期限内给予专利权的保障。"美国国会每年向国家艺术基金会、国家人文基金会及博物馆与图书馆事业学会提供大量拨款。1965 年，美国国会通过了支持文化艺术基金会发展的《国家艺术及人文事业基金法》。作为美国三大基金会之一的洛克菲勒基金会，就是艺术品产业的大力推动者。

对境内艺术品交易，美国制定了详细的税收条款。美国将艺术品视为资产，需要缴纳的是资本利得税，交易对象分为艺术品经销商、投资者和收藏者。其中，经销商税率为净利润的 35%；对于不是以个人欣赏收藏为目的投资者，包括艺术品基金公司或从事艺术品交易的自然人，其适用税率为净利润的 28%；根据收藏家的藏品是否持有超过一年，税率分别为 28% 和 35%；艺术品经销商由于购买的目的是为了出售，免缴消费税，一般艺术品买家还需要缴纳 4% ~ 11% 的消费税。艺术品拥有者将艺术品捐赠给慈善机构，可以获得不同程度的税收减免。

对艺术品的进口，美国采取零关税政策，但需按照艺术品申报价值 21% 的标准缴纳海关使用费，最高限额不超过 485 美元。对价值在 1250 美元以上的货物征收债券费，其费率在综合考虑了申报价值、潜在风险后规定为 1‰ ~ 5‰，1 年之后返还给进口商。虽然对进口实行零关税，但是出于对进口艺术品的质量考

① 小古玩大世界：《艺术品市场的第三条路，何时变通途？》，http://www.sohu.com/a/223766621_149159。

虑，美国对不同类型的艺术品又做出详细的判定要求，不满足要求的依然需要缴纳进口关税。2018 年 7 月 10 日，美国贸易代表办公室公布了一份 250 页的清单，对价值 2000 亿美元的中国商品加征 10% 关税，但超过 100 年的古董、装饰画、雕塑、油画等收藏品部分免除关税或低税。[①]

对艺术品的出口，除了超过 100 年的印第安艺术品，美国对其他艺术品的出口没有限制。审核是否可以出口的判断标准涵盖了艺术品的类型、价格、年代、历史背景，而对可以出口的艺术品实施保护的方法则常用"优先购买"，即赋予国家或者本国其他组织或个人优先获得申报出口的艺术品。

从全球视野看，发达国家和新兴大国的经济实力和财富人群，是艺术品产业大量需求的基本支撑；而艺术品作为高风险、高收益、低标准化的资产，又高度依赖于成熟的投资和消费市场体系。2017 年，美国艺术品市场的销售额占到了全球销售额 637 亿美元的 42%。[②]美国纽约是典型的艺术品中心城市，是全球艺术品产业的第一重镇，它充分利用金融中心的优势，推动艺术品产业向投资型和金融型发展。纽约不但有第五大道上的"博物馆一英里"，集聚了古根海姆艺术博物馆、大都会博物馆等一批顶级艺术品展馆，也有 SOHO 等非主流的艺术创作集聚区，更有苏富比拍卖行和所罗门·古根海姆基金会。纽约成为吸引艺术投资和培育艺术家的基地，又是艺术会展和交流推介的舞台，更是推动艺术品流通和交易的平台。

（二）英国

英国的艺术管理体制介于美国和法国之间，采取多级别多层次的方式，通过 10 个中介性质的准政府公共文化机构对艺术组织实施间接管理和指导。从中央到地方政府的管理体系主要包括三个层次，文化、新闻和体育部门为中央政府管理，负责制定文化政策和文化资金的分配使用。文化、新闻和体育部门的政策主要由政府资助的准政府公共文化组织实施，包括英国艺术委员会、艺术和手工艺理事会、英国电影学院、博物馆和画廊委员会、英国理事会等，确保艺术不被政治干预，维护文化政策的连续性，保障资金分配和文化使用的客观公正。准政府机构的人员由半官方或非官方的文化人、志愿者和专家组成。英国的基层艺术管理机构既包括地方政府和地方艺术委员会，又包括画廊委员会、电影协会、博物馆、旅游委员会等行业组织，相对独立运作。

英国政府重点对严肃艺术和一些国家重点文化团体进行资助，也有条件地为高质量的艺术项目提供资金支持，鼓励艺术组织艺术创新和独立创收，获得社会的支持。即使是一些长期享受政府资助的组织，一般也只能获得经营所需要费用的 30%。中央美术委员对被资助的组织团体进行监督，以确保资金的合理有效

---

① 参见龙慧：《美国现当代架上艺术市场高热现象的背后》，《美与时代》2019 年第 1 期。

② 同上。

利用。每年与获得资助的团体组织签署协议，依据科学的评价指标，采取年度审查、跟踪审查、5 年评审等方法，督促组织的成长。

英国对国内艺术品经营者、投资人、收藏家的税收分为企业所得税、个人所得税、增值税、遗产税。出于对艺术品的保护，英国制定了针对性的税收减免政策，如艺术品作为遗产被继承需要缴纳 40% 的遗产税，如果继承者将艺术品有偿"捐赠"给博物馆等公共收藏机构，可享受遗产税减免。出售艺术品所得税方面也有相应的减免政策，捐赠对象可以是慈善机构，也可以是画廊、博物馆、国际信托基金，捐赠方式可以是现金、公司股权份额，也可以将艺术品低价"捐赠"出去，都可获得所得税的减免。税收优惠方案一方面使得很多历史悠久的私人收藏艺术品得以留在英国，另一方面极大地丰富了公共博物馆和其他公共机构的艺术品收藏。英国对艺术品进口采取零关税政策，但来源于欧盟以外的非第三世界国家的艺术品需要缴纳艺术品价值 5% 的增值税，对教学、展览、维修等非营利目的的艺术品进口免征增值税。在英国，大部分的艺术品出口需要出口许可，但以允许出口为原则，获得许可的过程简单快捷。对一小部分达到特定级别或价值的艺术品，如在历史、科研或者艺术领域具有重要价值的作品，会延长出口许可审批时间，以便使当地机构有机会优先取得该艺术品，如果在特定时间内没人购买，则签发许可。

伦敦是全球最早倡导创意产业的城市，它的艺术品产业集聚在伦敦中央活动区。中央活动区不仅是伦敦金融城和大批跨国公司总部所在地，而且汇聚了大英博物馆、泰特现代艺术馆、皇家艺术学院等著名艺术机构，汇聚了来自世界各地的大量优秀艺术品，成为活跃的文化艺术和金融商贸集聚区。大量理财机构进行全球资产包括古典艺术、现代艺术品、古董、证券、债权、不动产、珠宝等的投资和管理，形成全球文化资产管理中心。

（三）日本

日本作为亚洲艺术品市场开端最早、发展最快的国家，在艺术品市场上一方面追求西化发展，一方面又不断重塑自身传统的文化体系。日本艺术品市场价值内涵逐步从欧美趣味转向关注本土趣味，以国内市场尤其是工艺品市场为支撑。20 世纪上半叶至 80 年代，日本以地缘优势和先行的经济发展为带动，在参与世界市场尤其是欧美艺术品市场的过程中，成为亚洲艺术品市场发展的领跑者。

日本针对艺术品产业确立了两大理念：一是文化财理念，是日本为保护文化遗产、自然遗产建立的标准，依据日本《文化财保护法》订立。文化、历史、学术等成果一旦被列入"文化财"，就可以获得很高的社会地位。二是鼓励文化出口政策。自 1996 年以来，日本先后制定了多项鼓励文化艺术出口的政策。日本的税收制度在国税中引入了公益信托，针对艺术普及和文化财产保存与开发的机构法人，建立文化艺术业务公益信托等制度。

东京在"城市复兴新政策"的引导下，于 2004 年全面建成了六本木新城，建筑面积 80 万平方米，这里不但是金融、保险和诸多跨国公司总部所在地，而且集中了三座具有国际影响的艺术殿堂：以现代艺术为主题的森美术馆，由三宅一生基金会资助的 21 – 21 艺术博物馆，以及新国立美术馆。具有日本园林风格的六本木新城把基于商业、金融、时尚、奢侈品等汇聚起来的大量资金流和人流融入艺术品产业领域，既是体现 21 世纪文化理想的新地标，又是高端艺术场馆的汇聚中心。

第三节　中国艺术品市场

一、中国艺术品市场的发展历程

我国古代便有艺术品市场，主要以画铺为主。以书画为主的艺术品市场出现在汉代，繁盛于唐代。宋代出现了以卖画为生的职业画家和相当于艺术经纪人的"常卖"或"牙侩"。元代形成了以临安为中心的鉴藏书画集会之地。明清时期，长江三角洲地区出现了独立的书画经营商，涌现了一大批私人收藏家。我国的拍卖业开始于 19 世纪中期以后。1874 年，英国人在上海成立鲁意斯摩拍卖公司，成为我国历史上第一家拍卖行。1900 年，上海"朵云轩"成立，成为我国历史上第一家画廊。

新中国成立之初，只保留了荣宝斋、朵云轩等为数不多的国营书画店铺，主要面向来华外宾售卖，实现为国家赚取外汇的目的。改革开放后，各地古玩市场逐步壮大，拍卖行开始出现，现代意义的画廊兴起，艺术品市场发展主要经历了三个阶段。

（一）恢复阶段（1978—2002 年）

艺术品市场的发展规模较小，发展速度缓慢，且没有秩序，只是单纯的买卖市场。1978 年改革开放后，我国民众对艺术品的消费不断增加，促进了我国现代画廊的出现和兴起，涌现出了大量经营艺术品的画廊专业机构，艺术品拍卖行业也有了一定程度的发展。1986 年，国营广州拍卖行成立，标志着我国的拍卖业正式恢复。20 世纪 80 年代末，北京的"醉艺仙"艺术画廊的出现，标志着我国正式出现了现代意义上的画廊。1989 年"东方油画厅"组织参加了澳大利亚的商业性展览——"中国风情油画展"。1992 年，"92'北京国际拍卖会"在北京二十一世纪饭店剧场举办，这是新中国第一次按照国际规范拍卖流程进行操作的文物拍卖会。同年，深圳举办首届当代名人书画拍卖，全国艺术市场开始涌动。北京、上海纷纷开办画廊、艺博会，民间古玩市场异常活跃，大量海外书画回流，投资者不断涌进，购藏队伍不断壮大。1992 年，广东省贸易委员会在深圳市举办了第一期"拍卖官业务培训班"。1993 年，广东省拍卖业培训中心成立。

从 1992 年开始，中国艺术品产业迅速构建起一二级市场结构，艺术品产业规模呈现逐年上升的趋势。1992 年 8 月，上海朵云轩拍卖有限公司成立，它是国内第一家专业的艺术品拍卖公司。1993 年 11 月，广州首届中国艺术博览会成功举办。海外资本开始进入中国艺术品市场，在北京、上海和广州等大城市开设画廊，如 1995 年瑞士人在上海开设的香格纳画廊、1996 年美国人在北京开的四合苑画廊，将国外的画廊经营理念和模式带给了国内。1995 年，故宫博物院从北京翰海拍卖会上买下北宋张先的《十咏图》，开辟了国有博物馆通过拍卖市场购买文物的先河。中国现代艺术品市场开始出现，逐渐形成了以专业画廊为经营主体的一级市场和以艺术品拍卖为主体的二级市场。艺术品供需不断增加，成交额不断上升，市场规模急剧扩大。1995 年，中国拍卖行业协会成立。1997 年，全国拍卖师执业资格考试委员会成立。1999 年，中国拍卖行业协会文化艺术拍卖专业委员会正式成立。

（二）发展阶段（2002—2011 年）

2002 年后，随着更多专业性画廊的出现以及拍卖行的不断创新，我国艺术品市场开始转暖回升，进入全面构建时期。2003 年以后，出现了北京保利、北京匡时、西泠拍卖等一大批新的拍卖行，从此中国艺术品市场正式成为一个投资的市场。

2006 年，文化部文化市场发展中心成立了艺术品评估委员会，开启了面向市场的艺术品评估业务。文化部文化市场发展中心 2009 年 11 月改制为北京皇城艺术品交易中心—艺术品评估委员会，由中国动漫集团控股。早期处理的业务多是国家行政机关及司法部门委托的评估业务，如法院委托的民事艺术品损坏赔偿估值、海关走私文物估值、法庭委托的盗卖书画估值等。

2008 年金融危机，股市和房地产市场低迷，大量投资型资金涌入艺术品市场。2009 年，中菲金融担保公司推出艺术品按揭，上海文交所、深圳文交所成立，中国的艺术品市场进入亿元时代。2010 年，中国艺术品市场首次登上世界艺术品拍卖首位并连续保持 5 年。2011 年，天津文交所成立并开启了国内艺术品份额化交易模式的先河。2011 年，我国著名画家吴冠中的经典作品《狮子林》以 1 亿元的拍卖价格成交，创下吴冠中画作的最高纪录，也成为迄今中国现当代书画艺术成交的世界最高价。2011 年，中国拍卖行业协会与英国伦敦大学亚非学院签署合作备忘录，奠定了中国拍卖行业走入国际市场的基础。2012 年，苏富比拍卖行与北京歌华美术公司合资经营的苏富比（北京）拍卖有限公司正式成立，成为首家在中国内地营商的国际艺术拍卖行。2013 年，佳士得在上海成立外商独资企业。

在空间布局上，以北京、天津、山东为主的北方市场在市场占有率上处于绝对领先位置。北京有多个著名的艺术聚集区，有多个实力较强的画廊和国内外知名的艺术品拍卖公司、美术馆、博物馆，艺术资源丰富。以上海、浙江、广州为主的南方艺术品市场，在强大的经济支持下发展平稳。中部广大的城市群中，四川艺术品交易市场较为活跃。这一阶段，艺术品与金融、网络加速融合发展。

1. 艺术金融快速发展。国务院《文化产业振兴规划》提出"重点办好文化艺术品交易场所，规范文化资产和艺术品交易"，各地纷纷成立文交所，知识产权质押、艺术品抵押、艺术品基金、艺术品信托等，各类创新型艺术品资产化及艺术财富管理产品成倍增长。

2. 网络交易兴起。我国艺术品网络交易开始于2000年成立的嘉德在线、赵涌在线和雅昌艺术网，先后经历了门户资讯网站、博客与论坛、电子商务网站、移动端电子商务的变化。雅昌艺术网是全球最重要的中国艺术品专业门户网站，也是最活跃的艺术在线互动社区。2010年前后，涌现出了艺典中国、艺术猫、掌拍艺术等艺术品电商，同时，淘宝、苏宁易购等大众电子商务平台纷纷设立艺术品交易频道，进军艺术品市场。2010年，淘宝网先后开设珍品拍卖和淘宝拍卖会平台，成为我国第一家开设艺术品拍卖的综合性电商平台。2011年，腾讯公司推出为智能终端用户提供即时通信服务的免费应用程序——微信，艺术品在线交易依托微信平台逐步形成微信拍卖，促进了艺术品电商向移动电商方向发展。

（三）提升阶段（2012年至今）

1. 规范艺术品市场秩序。2013年，文化部在北京、上海等六省市开展鉴定管理试点工作，探索建立艺术品鉴定等艺术品市场第三方服务机构的管理办法和制度。2016年，文化部发布了修订的《艺术品经营管理办法》，对艺术品经营规范、进出口经营活动、审批程序等做了严格规定，明确艺术品经营单位不得"伪造、变造艺术品来源证明、艺术品鉴定评估文件以及其他交易凭证"，同时"应买受人要求，应当对买受人购买的艺术品进行尽职调查，包括提供艺术品创作者本人认可或者出具的原创证明文件、第三方鉴定评估机构出具的证明文件等"，在对艺术品经营进行简政放权的同时，加快行业秩序建设。

2. 艺术金融产业规模不断上升。1904年，法国出现了世界上最早的艺术品基金。1974年，英国有了艺术品基金—英国铁路养老基金。2005年，"蓝玛克"艺术基金在中国国际画廊博览会购买《十八罗汉》，标志着中国艺术品金融开始出现。2007年，"非凡理财—艺术品投资计划1号"推行，成为中国真正意义上的艺术品基金。2011年，中国艺术金融成交额高达131.8亿元，为历史最高纪录。[①] 2012年，政府为整顿艺术金融市场，颁布了《关于清理整顿各类交易所切实防范金融风险的决定》，市场机制不断完善。2014年，文化部与中国人民银行、财政部共同起草《关于深入推进文化金融合作的意见》，旨在保障文化艺术与金融的结合更加顺利地推进，积极开展艺术品金融化实践。2014年中国艺术

---

① 宾建成、魏松、陈丹：《中国艺术品贸易发展现状及对策研究》，《经济论坛》2021年第12期。

金融产业总规模为 220 亿元,传统金融参与艺术金融占比为 80% ;2016 年迅速增加到 980 亿元,传统金融占比不足 25% 。伴随着艺术品投资基金、艺术品网络拍卖和艺术品份额化交易等艺术金融投资方式的快速发展,我国独创的以艺术品和文化产权交易为核心的文化产权交易所蓬勃发展,从艺术品份额化交易和邮币卡交易模式发展到邮币卡和艺术品股权交易模式。2017 年,我国文化产权交易所市场规模达到 4.75 万亿元。①

2020 年,国家税务总局发布《关于明确二手车经销等若干增值税征管问题的公告》规定:"拍卖行受托拍卖文物艺术品,委托方按规定享受免征增值税政策的,拍卖行可以自己名义就代为收取的货物价款向购买方开具增值税普通发票,对应的货物价款不计入拍卖行的增值税应税收入。"公告定义的文物艺术品,包括"书画、陶瓷器、玉石器、金属器、漆器、竹木牙雕、佛教用具、古典家具、紫砂茗具、文房清供、古籍碑帖、邮品钱币、珠宝等收藏品"。

二、中国艺术品市场的现状

(一)艺术品市场快速发展

1. 艺术品市场规模不断壮大,结构不断丰富,新业态不断生发。逐步建构起了中国艺术品市场的价值发现平台,培养了一批规模不断壮大的收藏家和收藏机构队伍,艺术品交易体系不断完善,行业管理体系不断健全,如画廊协会、艺术品行业协会等在很多省市已经落地。

2. 艺术品市场的基本动力是需求拉动。随着人均 GDP 的增长,我国消费结构转型进入快车道,艺术品消费市场兴起,也拉动了艺术品投融资市场。目前,中国艺术品市场最为迫切的任务是积极发展消费市场,努力提高有效供给能力。艺术品市场发展的大目标、大趋势就是不断大众化。艺术品综合服务平台特别是平台 + 互联网为艺术消费的发展提供了多元化、多样态、多路径的可能,推进了基于场景体验的艺术消费的发展。

3. 经济总量和人均 GDP 的上涨引爆艺术品拍卖市场。国际公认,人均 GDP 超过 1 万美元是艺术品市场爆发式增长的重要节点。艺术品在财富增值和传承方面的良好性能会助推拍卖行情。艺术品与信托、保险一样拥有避税功能,在财富代际传承中可避免资产损耗。日本不少老年人晚年时会选择将资产变成珠宝,原因就在于珠宝属于免征遗产税范围。

(二)市场交易规模壮大

1. 据中国拍卖行业协会联合 Artnet 发布的《2020 中国文物艺术品全球拍卖

---

① 刘梦珣、陈治国、李成友:《我国艺术品市场金融化发展研究》,《新疆财经大学学报》2019 年第 4 期。

统计年报》数据，2020 年受新冠疫情影响，全年成交 264 亿元，同比增长 15.22%；其中 94% 的拍卖会通过网络举行，网拍成交额 13.53 亿元，增长 78%。中国书画成交 147.1 亿元，占 55.71% 的市场份额。油画及当代艺术成交 25.95 亿元。从地区看，北京地区占全国近 3/4 的市场份额，上海、杭州、广州三地占全国 20.61% 的份额。全国文物拍卖企业创税（含非文物艺术品拍卖业务）全年共计 5.49 亿元。[①]

2. 因贸易摩擦带来的不确定性及经济增速放缓，海外市场受到影响。2020年，中国文物艺术品在全球范围内的拍卖成交总额为 57 亿美元（约 393 亿元人民币，含买方佣金）。其中，海外成交额缩减了近 1/3，中国大陆市场占据了全球 76% 的份额。油画及中国当代艺术超越瓷玉杂项成为海外第一大板块。全球前 5 家企业成交 29 亿美元（约 200 亿元人民币），占 51% 的市场份额。[②]

（三）市场结构优化转型

1. 市场形态正在转型。市场形态的转型表现为艺术品市场正在由以礼品为主导向以收藏投资为主导的市场转型，也就是说，在整个艺术品市场的规模结构中，礼品市场的规模结构正在下降，收藏投资市场的规模结构正在上升。艺术品投资与股票、房地产投资并列称为企业和家庭的三大热点投资，艺术品投资以风险小、升值快、格调高等特征受到了人们的关注。我国艺术品交易市场中最重要的是书画交易，占到百分之七八十的市场份额。

2. 资本结构正在转型。据不完全统计，我国艺术品市场及收藏爱好者参与人群已经达到近 1 亿人。原来的资本构成是由藏家和礼品买家等"散户"组成，而现在越来越多的机构参与到市场投资中，正在经历由散户投资向机构投资的转型。银行、保险公司、信托公司等各种类型的金融机构都在参与艺术品投资，推出了各种各样的金融产品。

3. 定价机制正在转型。正常的定价机制是学术定位决定艺术品的市场定位，市场定位决定艺术品的价格体系。市场的核心是供求关系，而决定供求关系正常与否的便是定价机制。我国艺术品市场在发展过程中之所以会出现很多不合理的现象，实际上就是定价机制出现了问题。定价机制的转型主要表现在由官本位的市场定价形态逐步向价值投资定价形态转变。

4. 经营方式日渐多元。艺术品市场经营主体以画廊、拍卖行为主。艺术品渐渐融入普通大众的生活，艺术品消费习惯逐渐形成，我国艺术品市场进入具有更加广泛群体参与的大众化市场。由艺术品消费热潮引爆的艺术品电商成为未来中国艺术品市场结构和转型的重要方向。画廊是艺术品市场的基础，随着互联网技术的发展，经营方式从单一到多元化综合经营，如开通网上画廊等、进行艺术

---

① 余锦生、张广宇：《2020 年全球中国文物艺术品成交 393 亿元》，《美术报》2022 年 1 月 12 日。

② 同上。

品网上交易。

5. 区域布局逐步多元。我国艺术品拍卖市场区域活跃度不平衡。东部地区是艺术品市场活跃区，成交额占全国的 95% 以上，尤其以京津冀、长三角、珠三角三大区域为艺术品拍卖市场核心区。北京、香港位列全球前四大艺术品交易中心，两地成交额占全国的 78.2%，撑起中国艺术品市场的半壁江山。① 而中西部地区除四川外艺术品交易量少，市场不活跃。随着艺术品产业的发展，以北京为中心，以中国香港为桥头堡，以上海、西安及海南自贸区等为多极化的区域空间市场格局正在形成。

（四）艺术品门类的市场情况

1. 书画板块。中国书画是艺术品市场的晴雨表，在艺术品市场占比超过半数，古代绘画精品、现代名家作品是艺术品市场的翘楚。2018 年过亿书画作品有赵无极《1985 年 6 月至 10 月》油画三联作（5.1037 亿港元）、苏轼《木石图》手卷（4.636 亿港元）、潘天寿《无限风光》立轴（2.875 亿元）、赵无极《大地无形》油画（1.829 亿港元）、赵无极《14.12.59》油彩（1.767 亿港元）、崔如琢《醉雪千山》镜心（1.6875 亿港元）、傅抱石《蝶恋花》立轴（1.334 亿元）、李可染《千岩竞秀万壑争流图》立轴（1.265 亿元）、宋人《汉宫秋图》手卷（1.242 亿元）、钱维城《台山瑞景》手卷（1.468 亿港元）、吴冠中《双燕》油画（1.127 亿元）、傅抱石《琵琶行诗意》立轴（1.035 亿元）、崔如琢《春雨潇潇》手卷（1.035 亿元）和赵无极《22.07.64》油彩（1.159 亿港元）。②

2. 瓷杂板块。瓷杂板块市场表现稳定，领跑艺术品市场。首先，明清官窑市场价格坚挺，是瓷器杂项板块的中坚力量。宫廷画师绘图、紫禁城内烧造、珐琅料绘制、清宫严格纪录的珐琅彩瓷器成为 2018 年瓷器板块的重头戏，康熙粉红地珐琅彩开光花卉碗在香港苏富比以 2.388 亿港元拍卖成交，创下当年瓷器板块的最高纪录。其次，高古瓷备受关注，磁州窑、耀州窑、定窑等民窑瓷器成为各大拍卖行竞相推出的艺术精品。2016 年，纽约佳士得以 1170.3 万美元（约合 8000 万元人民币）的价格拍出"油滴天目"建盏，刷新了建窑的世界拍卖纪录。2018 年，佳士得香港拍卖南宋龙泉粉青釉纸槌瓶，最终以 4285 万港元成交，成为龙泉青瓷世界拍卖新纪录。③

3. 铜器板块。近年来，铜器板块成为热门板块。首先是"青铜热"。青铜器虽然历史悠久、价值极高，但能够合法流通的器物极少且主要来自海外，是艺术

---

① 《成交 170 亿瓷器杂项首超中国书画"称王"》，http://www.sohu.com/a/218411682_726586，2018 - 01 - 22。

② 林朝霞：《两岸艺术品市场报告》，《两岸创意经济研究报告（2019）》，社会科学文献出版社 2019 年版，第 31、32 页。

③ 同上。

品拍卖中的小众品种。2017 年，西泠印社拍出 2.1275 亿元的兮甲盘，展现了中国青铜艺术的荣光。其次，铜佛像市场表现良好。国外市场较看重北魏、北齐、唐代时期的佛造像艺术，原因在于历史久远、数量稀少，材质有石、木、铜等，而国内市场更看重明清两朝鎏金铜造像艺术品，原因在于用料考究、制作精良、皇家御用、赝品较少，将其奉为盛世佛教瑰宝。早在 2006 年，明永乐释迦牟尼坐像以 1.166 亿港元在香港苏富比拍卖成交，揭开了铜佛像的亿元时代。[①] 最后，铜炉作为佛教供器、文房雅器也是颇受市场认可的品类。

4. 古籍碑帖。国学复兴为古籍碑帖拍卖板块注入强劲生命力。其中，宋版古籍历史久远、纸墨考究、刊刻精良、装帧精美、流传较少，是宋代雕版印刷技艺的实物见证，是古籍中的珍稀之物，有"一页宋版一两黄金"的说法。2018 年，宋刻孤本陈鉴辑《石壁精舍音注唐书详节》1 箱 6 函 51 册在中国嘉德以 1.104 亿元的天价成交。[②] 另外，善本碑帖是各种石刻、木刻拓本汇集装帧而成的书册，若原碑帖毁佚，善本碑帖便具有替代价值，往往价值连城。

三、中国艺术品贸易

（一）国际艺术品贸易形势

当前，受全球经济波动周期影响，艺术品拍卖市场增长态势不够明朗。全球贸易争端仍在持续，许多国家进入经济发展的周期性低谷，美国、日本、欧盟等均存在下行风险。中国经济进入新常态以来，增速放缓，且随着中国经济融入全球化经济体系，中国艺术品市场对全球经济形势的依赖性和敏感度也会逐步增强。

据全球规模最大的艺术品博览会欧洲艺术博览会（The European Fine Art Fair，TEFAF）《2018 全球艺术市场报告》统计，2018 年，全球艺术市场总成交额为 675 亿美元，其中美国艺术品市场成交额 297 亿美元，占全球市场总份额的 44%，位列第一位；英国总成交额 141 亿美元，约占全球市场总份额的 21%，位列第二位；中国艺术品市场成交额 128 亿美元，约占全球市场总份额的 19%，位列第三位。[③]

（二）我国艺术品贸易现状

据《2019 年中国艺术市场分析报告》，我国艺术品贸易 2011 年规模最大，达到 194 亿美元，之后，国内艺术品市场规模总体呈下降趋势，2019 年为 106 亿

---

① 林朝霞：《两岸艺术品市场报告》，载《两岸创意经济研究报告（2019）》，社会科学文献出版社 2019 年版，第 33 页。

② 同上。

③ 陆敏：《2018 年中国艺术品市场交易额 128 亿美元》，《经济日报》2019 年 5 月 30 日。

美元。

1. 艺术品贸易份额下降。我国在 2010 年超越英国成为世界第二大艺术品市场，之后增速放缓，2019 年，我国是全球艺术品市场中的第三大市场，市场份额占全球艺术品贸易额的 18%，低于美国的 44% 和英国的 20%。[①] 我国艺术品贸易增速总体低于全球艺术品贸易的增速。

2. 艺术品贸易顺差程度不断下降。从艺术品、收藏品及古董来看，2010 年以来我国艺术品进出口额逐年增加，进口额增速远大于出口额增速。2014 年，我国艺术品贸易开始出现顺差状态，国内艺术品出口额达到 7.71 亿美元，进口额下降到 5.42 亿美元。[②]

3. 国际化格局正在形成。一是中国艺术品"走出去"。嘉德、保利等拍卖公司纷纷在香港及海外设立办事处。中国主要的艺术品贸易伙伴有美国、英国、日本。中国艺术品贸易结构以绘画类、雕塑类和古董类为主要构成部分，增长最迅速的是古董类贸易。二是将国际上的艺术品"引进来"。国际大型拍卖公司，如苏富比、佳士得等进入到中国，设立分支机构。国际大型艺术品信息服务机构，如 Artprice、Artnet 等也进入中国，为中国艺术品市场提供信息服务。

（三）中国艺术品贸易政策

1. 我国签署的关于艺术品贸易的国际公约。1989 年，我国加入了《关于禁止和防止非法进出口文化财产和非法转让其所有权的公约》。1997 年，加入了《关于被盗和非法出口文物的公约》。之后，陆续与意大利、希腊、印度、智利、美国等签订了关于艺术品保护的双边协定。

2. 我国的主要艺术品贸易法令。2012 年，国务院出台了降低艺术品进口关税的措施，提出将中国建设成为世界艺术品的重要交易中心。我国涉及艺术品进出口管制的法律法规主要有《文物保护法》《中华人民共和国拍卖法》《知识产权保护法》《艺术品进出口管理法》《艺术品保险法》和《文物保护法实施条例》《传统工艺美术保护条例》《艺术品市场鉴定规范条例》《文化市场经营管理条例》《美术品进出口管理暂行规定》《文物认定管理办法》《文物进出境审核标准》《一九四九年后已故著名书画家作品限制出境的鉴定标准》等。

3. 艺术品定级。我国对受保护的、限制出口的艺术品多用"文物"二字表示，从历史文化、科学研究、美学艺术的角度将文物分为不同级别，适用于不同的进出口政策。文物认定的具体标准和执行办法由国务院文物行政部门制定，由国务院批准。根据《文物保护法》规定，不可移动文物主要包括"古文化遗址、古墓葬、古建筑、石窟寺、石刻、壁画、近代现代重要史迹和代表性建筑等"，分为全国重点文物保护单位，省、市、县级文物保护单位。可移动文物主要包括

---

① 宾建成、魏松、陈丹：《中国艺术品贸易发展现状及对策研究》，《经济论坛》2021 年第 12 期。

② 吴飞：《略述产业语境中的当代艺术市场》，《长江文艺评论》2018 年第 6 期。

"历史上各时代重要实物、艺术品、文献、手稿、图书资料、代表性实物等"，分为珍贵文物和一般文物，珍贵文物又分为一、二、三级文物。

4. 艺术品进出口管制。我国对艺术品及文物的进口没有明确的限制，需要履行登记、缴纳税费等海关手续。对文物的出口制定了旨在保护本国文物的限制政策。根据《文物保护法》，国有和非国有的珍贵文物（一、二、三级）不得出境，因展览或特殊需要经国务院批准的除外。根据《文物出境审核标准》，"1949 年以前（含 1949 年）生产、制作的具有一定历史、艺术、科学价值的文物，原则上禁止出境。其中，1911 年以前（含 1911 年）生产、制作的文物一律禁止出境"。包括建筑构件、绘画书法、雕塑铭刻、图书文献、钱币、服饰首饰、瓷器陶器、少数民族文物等 16 大类文物禁止出境。我国文物出口审核由国务院文物行政部门即国家文物局指定的文物进出境审核机构执行，该机构由国家文物局和省级人民政府组建。

5. 我国艺术品贸易税收。在艺术品进口方面，中国海关关税归类总则中，艺术品与收藏品、文物被列在第 21 类，即奢侈品类，需要征收进口关税和进口增值税两种税。进口关税税率根据中国与贸易伙伴的贸易关系，分别设定了普通税率、最惠国税率、协定税率和特惠税率（最不发达国家）。中国还对所有进口的艺术品征收 17% 的增值税。2012 年，我国部分艺术品进口关税从 12% 下调至 6%。2017 年，根据《国务院关税税则委员会关于 2017 年关税调整方案的通知》，我国对绘画、雕塑类艺术品原件和具有动、植、矿物学意义的收藏品及古董实行了暂定 3% 的最惠国关税，显示出鼓励稀缺艺术品进口的态度。2018 年，《国务院关税税则委员会关于降低日用消费品进口关税的公告》将包括艺术品在内的日常消费品进口关税调至 1%。①

四、中国艺术品市场发展策略

（一）转变观念，促成创新

艺术品市场化可以推动艺术产业化的发展，从而提升整个民族的文化素养。要尊重艺术品产业化、网络化的发展趋势，推动艺术品市场的发展。艺术产业化要形成一条完整的产业链，实现产业联动。在艺术品市场化发展的同时，对艺术品的投资不可盲目跟风，要保持理性。我国地域辽阔，文化品类众多，在推进艺术产业化的进程中应因地制宜，不能忽视其差异性。要注重从不同的文化内涵推进艺术品市场的健康发展，以适应国际国内两个市场的需求变化。

随着以互联网平台为主导的艺术科技体系的不断成熟，新兴科技与艺术品业务的融合越来越紧密，我国艺术品市场的交易范围、交易边界及交易规模不断扩大，艺术品市场发展的格局也正在发生改变。近几年，基于大数据的综合服务平

---

① http://www.gov.cn/xinwen/2016－12/24/content_5152339.htm。

台技术、高科技鉴定技术、互联网艺术金融、区块链、客户管理、数据服务、人工智能等技术的叠加和创新，不断催生出新的业态和商业模式。

（二）重视人力资源的培养与引进

1. 艺术品市场需要大量的专业性人才对艺术文化资源进行整合与管理。我国目前需要专业的艺术经纪人、鉴定师、拍卖人员及艺术市场的经营者与管理者。要加强对艺术人才培养的资金支持，各高校注重艺术经纪人、艺术产业管理者的培养，为艺术品市场的发展储备力量。

2. 加强复合型人才的培养与引进。随着艺术品市场的不断发展，艺术品行业领域包括拍卖行领域、艺术投资领域、艺术品金融领域和艺术基金会等领域，对人才的要求越来越高。我国艺术品市场对复合型人才的需求越来越高，但复合型人才却严重缺失，还需培养艺术品高端人才。通过培养和引进具备专业技术能力和专业经营管理能力的复合型人才，进一步引导促进我国艺术品市场的稳步发展。

（三）加强电商平台化建设

互联网的发展使得消费者可以轻松获取艺术品市场的信息，而艺术品销售的电子化和金融化，互联网平台聚集的大量的消费者都将成为艺术品市场发展的主要力量。目前，全球6300家拍卖行中99%通过互联网电商平台进行交易。艺术家及其工作室可以通过运营微信公众号，进行艺术家及其艺术作品的宣传、营销。

借助互联网平台，突破传统的销售模式，可以降低双方的交易成本，简化交易流程，拓展交易范围，扩大衍生品交易规模。同时，要解决好艺术品的物流、客服、技术及新产品开发问题，探索艺术品产业与其他行业有效结合的途径，增强艺术品产业链的引致效应，促进经济增长。

（四）完善相关政策，加强监管

我国艺术市场在改革开放后40多年的发展过程中，陆续增加了法律条款以填补空白，但是对于市场中出现的新问题，仍需要政府及有关部门不断完善相关政策。

目前，国内艺术品拍卖市场上的纠纷主要集中在艺术拍品真伪的鉴定和举证上。因此，建立和完善艺术品鉴定体系，制定相关的法律法规，非常迫切。建立权威的艺术品鉴定机构和拍卖机构，推动艺术品市场以征信体系为核心的诚信体系的建设，推动以艺术品市场立法为核心建构艺术品市场的监管体系，保证艺术产业化过程的有序竞争和良性发展。

（五）开发艺术品衍生产业

艺术品授权产业把获得知识产权保护、具有原创价值的艺术内容，通过授权衍生开发，从而扩大市场化应用，获得更广泛的经济和社会效益，是艺术著作权方、授权开发方、支持保障方、推介服务方等的有机组合。艺术品授权包括三大门类：艺术品原作授权、艺术衍生产品授权、艺术品数字化授权。2014 年，上海自贸区国家对外文化贸易基地首次举办文化授权交易会，为文化授权产业的原创作者、开发商、授权经营商、代理机构等搭建合作的平台，首创了酒店客房＋主题单元＋交易洽谈的体验式展示模式。

资料链接

艺术品经营管理办法

第一章　总　则

第一条　为了加强对艺术品经营活动的管理，规范经营行为，繁荣艺术品市场，保护创作者、经营者、消费者的合法权益，制定本办法。

第二条　本办法所称艺术品，是指绘画作品、书法篆刻作品、雕塑雕刻作品、艺术摄影作品、装置艺术作品、工艺美术作品等及上述作品的有限复制品。本办法所称艺术品不包括文物。

本办法规范的艺术品经营活动包括：

（一）收购、销售、租赁；

（二）经纪；

（三）进出口经营；

（四）鉴定、评估、商业性展览等服务；

（五）以艺术品为标的物的投资经营活动及服务。

利用信息网络从事艺术品经营活动的适用本办法。

第三条　文化部负责制定艺术品经营管理政策，监督管理全国艺术品经营活动，建立艺术品市场信用监管体系。

省、自治区、直辖市人民政府文化行政部门负责艺术品进出口经营活动审批，建立专家委员会，为文化行政部门开展的内容审查、市场监管相关工作提供专业意见。

县级以上人民政府文化行政部门负责本行政区域内艺术品经营活动的日常监督管理工作，县级以上人民政府文化行政部门或者依法授权的文化市场综合执法机构对从事艺术品经营活动违反国家有关规定的行为实施处罚。

第四条　加强艺术品市场社会组织建设。鼓励和引导行业协会等社会组织制定行业标准，指导、监督会员依法开展经营活动，依照章程，加强行业自律，推动诚信建设，促进行业公平竞争。

第二章　经营规范

第五条　设立从事艺术品经营活动的经营单位，应当到其住所地县级以上人民政府工商行政管理部门申领营业执照，并在领取营业执照之日起 15 日内，到其住所地县级以上人民政府文化行政部门备案。

其他经营单位增设艺术品经营业务的，应当按前款办理备案手续。

第六条　禁止经营含有以下内容的艺术品：

（一）反对宪法确定的基本原则的；

（二）危害国家统一、主权和领土完整的；

（三）泄露国家秘密、危害国家安全或者损害国家荣誉和利益的；

（四）煽动民族仇恨、民族歧视，破坏民族团结，或者侵害民族风俗、习惯的；

（五）破坏国家宗教政策，宣扬邪教、迷信的；

（六）宣扬恐怖活动，散布谣言，扰乱社会秩序，破坏社会稳定的；

（七）宣扬淫秽、色情、赌博、暴力或者教唆犯罪的；

（八）侮辱或者诽谤他人，侵害他人合法权益的；

（九）违背社会公德或者民族优秀文化传统的；

（十）蓄意篡改历史、严重歪曲历史的；

（十一）有法律、法规和国家规定禁止的其他内容的。

第七条　禁止经营以下艺术品：

（一）走私、盗窃等来源不合法的艺术品；

（二）伪造、变造或者冒充他人名义的艺术品；

（三）除有合法手续、准许经营的以外，法律、法规禁止交易的动物、植物、矿物、金属、化石等为材质的艺术品；

（四）国家规定禁止交易的其他艺术品。

第八条　艺术品经营单位不得有以下经营行为：

（一）向消费者隐瞒艺术品来源，或者在艺术品说明中隐瞒重要事项，误导消费者的；

（二）伪造、变造艺术品来源证明、艺术品鉴定评估文件以及其他交易凭证的；

（三）以非法集资为目的或者以非法传销为手段进行经营的；

（四）未经批准，将艺术品权益拆分为均等份额公开发行，以集中竞价、做市商等集中交易方式进行交易的；

（五）法律、法规和国家规定禁止的其他经营行为。

第九条　艺术品经营单位应当遵守以下规定：

（一）对所经营的艺术品应当标明作者、年代、尺寸、材料、保存状况和销售价格等信息。

（二）保留交易有关的原始凭证、销售合同、台账、账簿等销售记录，法律、法规要求有明确期限的，按照法律、法规规定执行；法律、法规没有明确规定的，保存期不得少于 5 年。

第十条　艺术品经营单位应买受人要求，应当对买受人购买的艺术品进行尽职调查，提供以下证明材料之一：

（一）艺术品创作者本人认可或者出具的原创证明文件；

（二）第三方鉴定评估机构出具的证明文件；

（三）其他能够证明或者追溯艺术品来源的证明文件。

第十一条　艺术品经营单位从事艺术品鉴定、评估等服务，应当遵守以下规定：

（一）与委托人签订书面协议，约定鉴定、评估的事项，鉴定、评估的结论适用范围以及被委托人应当承担的责任；

（二）明示艺术品鉴定、评估程序或者需要告知、提示委托人的事项；

（三）书面出具鉴定、评估结论，鉴定、评估结论应当包括对委托艺术品的全面客观说明，鉴定、评估的程序，做出鉴定、评估结论的证据，鉴定、评估结论的责任说明，并对鉴定、评估结论的真实性负责；

（四）保留书面鉴定、评估结论副本及鉴定、评估人签字等档案不得少于 5 年。

第十二条　文化产权交易所和以艺术品为标的物的投资经营单位，非公开发行艺术品权益或者采取艺术品集中竞价交易的，应当执行国家有关规定。

第三章　艺术品进出口经营活动

第十三条　艺术品进出口经营活动包括：

（一）从境外进口或者向境外出口艺术品的经营活动；

（二）以销售、商业宣传为目的在境内公共展览场所举办的，有境外艺术品创作者或者境外艺术品参加的各类展示活动。

第十四条　从境外进口或者向境外出口艺术品的，应当在艺术品进出口前，向艺术品进出口口岸所在地省、自治区、直辖市人民政府文化行政部门提出申请并报送以下材料：

（一）营业执照、对外贸易经营者备案登记表；

（二）进出口艺术品的来源、目的地；

（三）艺术品图录；

（四）审批部门要求的其他材料。

文化行政部门应当自受理申请之日起 5 日内作出批准或者不批准的决定。批准的，发给批准文件，申请单位持批准文件到海关办理手续；不批准的，书面通知申请人并说明理由。

第十五条　以销售、商业宣传为目的在境内公共展览场所举办有境外艺术品创作者或者境外艺术品参加的展示活动，应当由举办单位于展览日 45 日前，向展览举办地省、自治区、直辖市人民政府文化行政部门提出申请，并报送以下材料：

（一）主办或者承办单位的营业执照、对外贸易经营者备案登记表；

（二）参展的境外艺术品创作者或者境外参展单位的名录；

（三）艺术品图录；

（四）审批部门要求的其他材料。

文化行政部门应当自受理申请之日起 15 日内作出批准或者不批准的决定。批准的，发给批准文件，申请单位持批准文件到海关办理手续；不批准的，书面通知申请人并说明理由。

第十六条　艺术品进出口口岸所在地省、自治区、直辖市人民政府文化行政部门在艺术品进出口经营活动审批过程中，对申报的艺术品内容有疑义的，可提交专家委员会进行复核。复核时间不超过 15 日，复核时间不计入审批时限。

第十七条　同一批已经文化行政部门内容审核的艺术品复出口或者复进口，进出口单位可持原批准文件到进口或者出口口岸海关办理相关手续，文化行政部门不再重复审批。

第十八条　任何单位或者个人不得销售或者利用其他商业形式传播未经文化行政部门批准进口的艺术品。

个人携带、邮寄艺术品进出境，不适用本办法。个人携带、邮寄艺术品超过海关认定的自用、合理数量，海关要求办理进出口手续的，应当参照本办法第十四条办理。

以研究、教学参考、馆藏、公益性展览等非经营性用途为目的的艺术品进出境，应当参照本办法第十四条或者第十五条办理进出口手续。

第四章　法律责任

第十九条　违反本办法第五条规定的，由县级以上人民政府文化行政部门或者依法授权的文化市场综合执法机构责令改正，并可根据情节轻重处 10000 元以下罚款。

第二十条　违反本办法第六条、第七条规定的，由县级以上人民政府文化行政部门或者依法授权的文化市场综合执法机构没收非法艺术品及违法所得，违法经营额不足 10000 元的，并处 10000 元以上 20000 元以下罚款；违法经营额 10000 元以上的，并处违法经营额 2 倍以上 3 倍以下罚款。

第二十一条　违反本办法第八条规定的，由县级以上人民政府文化行政部门或者依法授权的文化市场综合执法机构责令改正，没收违法所得，违法经营额不足 10000 元的，并处 10000 元以上 20000 元以下罚款；违法经营额 10000 元以上的，并处违法经营额 2 倍以上 3 倍以下罚款。

第二十二条　违反本办法第九条、第十一条规定的，由县级以上人民政府文化行政部门或者依法授权的文化市场综合执法机构责令改正，并可根据情节轻重处 30000 元以下罚款。

第二十三条　违反本办法第十四条、第十五条规定，擅自开展艺术品进出口经营活动，及违反第十八条第一款规定的，由县级以上人民政府文化行政部门或者依法授权的文化市场综合执法机构责令改正，违法经营额不足 10000 元的，并处 10000 元以上 20000 元以下罚款；违法经营额 10000 元以上的，并处违法经营额 2 倍以上 3 倍以下罚款。

第五章　附　则

第二十四条　本办法规定的行政许可、备案、专家委员会复核的期限以工作日计算，不含法定节假日。

第二十五条　本办法由文化部负责解释。

第二十六条　本办法自 2016 年 3 月 15 日起施行。2004 年 7 月 1 日公布的《美术品经营管理办法》同时废止。

资料来源：https：//www.gov.cn/gongbao/content/2016/content_5070760。

第十一章 动漫游戏产业

第一节 动漫游戏产业概述

一、动漫产业的概念

（一）动漫

动漫是动画与漫画的合称。动画是指通过操纵图片或物体制成移动的图像的一种动态影像作品，又是动画片的简称，是美术片的一种，是把人物或形象的表情、动作、变化等分段画成许多画幅，再用摄影机连续拍摄而成的一系列画面。动画基本原理与电影一样，也是利用"视觉暂留"原理，即人的眼睛看到一幅画或一个物体后，在 1/24 秒内不会消失。利用这一原理，在一幅画还没有消失前播放下一幅画，就会给人造成一种流畅的视觉动态效果。因此，电影采用了每秒 24 幅画面的速度拍摄播放，电视采用了每秒 25 幅画面的速度拍摄播放。漫画是指利用图形和文字来表达观点的一种媒体作品，通常具有夸张的表现形式与讽刺的艺术效果。

从制作技术和手段看，动画可分为以手工绘制为主的传统动画和以计算机绘制为主的电脑动画。按动作的表现形式来区分，动画大致分为接近自然动作的"完善动画"（动画电视）和采用简化、夸张的"局限动画"（幻灯片动画）。从空间的视觉效果上看，可分为平面动画和三维动画。从播放效果上看，可以分为顺序动画（连续动作）和交互式动画（反复动作）。从每秒放的幅数来讲，有全动画（每秒24 幅）和半动画（少于 24 幅）之分。随着数码技术的发展和信息传递方式的创新，动画的应用领域日益拓宽，动漫技术除了应用在二维艺术动画、三维计算机动画、网络动画、四度立体全息影视动画等动画艺术形式外，还扩大应用到了其他不同行业及领域，如手机游戏、动画彩页、网络多媒体、影视广告、电视节目制作、科技成果演示、教学课件、模型玩具、虚拟漫游、医疗造像、军事、制造业、娱乐休闲等。

（二）动漫产业

国务院 2006 年颁布的《关于推动我国动漫产业发展若干意见》对动漫产业

的定义是，以创意为核心，以动画、漫画为表现形式，包含动漫图书、报刊、电影、电视、音像制品、舞台剧和基于现代信息传播技术手段的动漫新品种等动漫直接产品的开发、生产、出版、播出、演出和销售，以及与动漫形象有关的服装、玩具、电子游戏等衍生产品的生产和经营的产业。动漫产业可以分为狭义和广义两个层次。狭义的动漫产业限定于动漫公司，是指以设计、生产、传输、营销动漫内容为主的企业组织及其在市场上相互关系的集合；而广义的动漫产业还包含围绕着狭义动漫产业的其他相关上下游企业和市场，如提供动画制作软件的软件业，制造衍生品的服装业、玩具业、出版业，以及产品推广运营的营销和娱乐业等。

动漫产业链分为内容生产、内容传播和衍生变现三个主要环节。内容生产有漫画作者、漫画工作室、动画制作公司，内容传播有电影院线、电视台、在线漫画平台、在线视频平台，衍生变现有实物衍生品开发及销售、泛娱乐内容开发和运营。

动漫产业商业模式主要有用户付费、商业广告、形象授权。用户付费历史悠久，指用户通过付费的形式阅读或观看动漫内容。早期动漫内容借助图书和音像出版等传统渠道触达用户，用户通过付费的形式获取动漫作品的实体承载物，从而实现对动漫内容的消费。在网络动漫兴起后，用户付费被运用到在线动漫内容的消费，分为付费解锁阅读观看和付费成为 VIP 专享会员两种形式。商业广告是在线动漫平台主要的收入来源，与过去传统的硬性广告投放相比，通过对动漫内容的软性植入广告做营销。形象授权是指将动漫作品的 IP 形象等核心元素授权给品牌方使用的商业合作模式。近年来，动漫 IP 形象在民宿、主题展览和活动等线下实体商业的授权蔚然成风，基于原创动漫作品形象授权进行影视剧改编也在蓬勃发展。

二、电子游戏概述

电子游戏是指在自然游戏行为过程中，借助电子计算机技术存在和运行的游戏形式，是一种随科技进步和文化发展而出现并不断演进的文娱活动。根据游戏过程中玩家是否需要接入网络，可分为单机游戏和网络游戏；根据游戏运行平台的不同，可分为主机游戏、客户端游戏、网页游戏与移动端游戏。

（一）单机游戏

单机游戏又称单人游戏，是相对于网络游戏而言的。玩家在体验该类游戏时一般仅需一台游戏设备就可以独立进行，无须连接网络。优质的大型单机游戏注重内容和表现形式的艺术性，制作投入成本相对较高。世界知名的单机游戏开发公司主要集中于欧美和日本，有美国的微软、艺电，法国的育碧，日本的索尼和任天堂等。

（二）网络游戏

网络游戏又称"在线游戏"，简称"网游"。网络游戏玩家在体验游戏时必须连接上网络，利用运营商提供的服务器实现游戏信息在客户端软件中的交互，并以个人游戏设备为处理终端，实现大量游戏玩家同时在线游戏。网络游戏最大的特点是多人在线，玩家对游戏而言，不仅是用户，更是游戏内容的重要部分。网络游戏集休闲娱乐与社交互动功能于一身，是目前用户数量最多、市场规模占比最大的游戏类型。网络游戏对硬件配置要求较低，但为了实现多人在线游戏时的安全和公平，格外注重安全系统的打造。

（三）主机游戏

主机游戏又称"电视游戏"，包括家用主机游戏和掌机游戏。该类型游戏软件需要在专门的游戏硬件设备上运行，通常体验掌机游戏需要购买专门的掌上游戏机设备和游戏软件，家用主机游戏则需将执行游戏软件运行的游戏主机与显示器相连。在网络游戏之前，家用主机游戏在电子游戏领域市场规模最大。目前全球主机游戏的研发地和市场主要集中在欧美和日本，著名的公司和产品有日本任天堂 Goy Game 掌上游戏机和 Switch 家用游戏主机，代表作品有《超级马里奥》；日本索尼 PSP 游戏掌机和 Play Station5 游戏主机，代表作品有《最终幻想》系列等；美国微软的 Xbox 系列游戏主机，代表作品有《帝国时代》等。

（四）客户端游戏

客户端游戏简称"端游"，体验这种类型的游戏需要玩家提前在个人计算机上、下载安装游戏公司提供的客户端软件，凭此登录至游戏运营商服务器进行游戏。此类游戏的研发成本较高，制作周期较长，对玩家的硬件配置也有一定要求。目前国际知名的大型端游作品主要来自北美和亚洲地区，如美国暴雪的《魔兽世界》、Riot Games 的《英雄联盟》，韩国 Nexon 的《地下城与勇士》、日本 Square Enix 的《最终幻想》系列以及中国网易游戏出品的《梦幻西游》等。

（五）网页游戏

网页游戏又称"无端网游"，简称"页游"，是基于网页浏览器进行的游戏，玩家体验该类型游戏只要打开游戏相应的网页即可，无须提前下载安装游戏专属客户端软件。网页游戏研制周期短、游戏形式简单、上手体验方便快捷、运行配置需求低，因而受众群体广泛，营利速度快。但存在玩法类型单一、画面粗糙、沉浸感不足等劣势。

（六）移动端游戏

移动端游戏是指在移动设备上运行的游戏软件，多指智能手机游戏，又简称为"手游"。1976 年，伴随诺基亚 6110 的《贪吃蛇》游戏，打响了手机游戏的第一枪，这款 2D 像素的黑白图形游戏，成为移动游戏中传播最广泛、影响最深远的产品之一，吸引了超过 3.5 亿的用户。随着移动通信技术迭代与智能手机和平板电脑的普及，移动网络游戏成为如今占据全球游戏市场份额最大的游戏类型。

三、电子游戏产业

电子游戏产业在街机游戏、家用游戏、网络游戏三个发展阶段形成了三种商业模式：单点盈利的"实体零售"商业模式、两部收费的"硬软分离"商业模式和多环增值的"版权运营"商业模式。据艾瑞咨询《2019 年全球游戏行业分析报告》数据，2019 年，全球游戏市场达到近 1500 亿美元的规模。①

当前，游戏产业已形成了比较完整的产业链。游戏产业链是以游戏产品为纽带，按照一定的逻辑关系和时空关系联结成的具有价值增值功能的链网式相关企业战略联盟，分为主链和辅助链。主链指电子游戏从创意到产品再到玩家体验的整个过程中，参与制作、分发传播与硬件支持的企业协作关系。辅助链指为产业主链提供配套支持服务，并在主链产品基础上为用户提供增值服务，创造游戏产品附加值的企业集合。

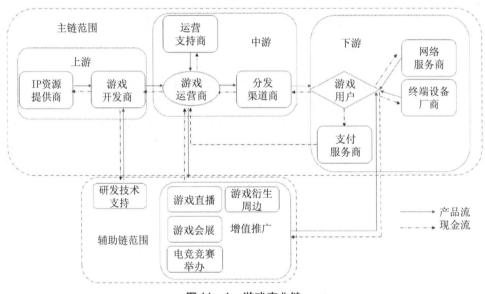

图 11 - 1　游戏产业链

资料来源：程明志《我国头部游戏公司国际市场进入模式选择与影响因素研究》，上海师范大学硕士论文，2021 年。

---

① 艾瑞咨询：《2019 年全球游戏行业分析报告》，http：// report. iresearch. cn/report/201807/3405. shtmll。

（一）游戏开发商

游戏研发商是开发制作游戏软件的企业，与游戏 IP 资源提供商共同处于整个游戏产业链的上游，负责游戏的设计、编程、美术、声效等内容呈现环节的工作，在技术和内容层面决定着游戏产品的质量。游戏研发商一般能获得游戏总流水收入的 20% 左右。国外典型的游戏研发商有美国 Riot Games 公司，专注于开发《英雄联盟》一款游戏。我国代表性的游戏开发企业有网易和腾讯。

（二）运营支持商

运营支持商是整个游戏产业链的基础设施，和游戏运营商之间有着密切的合作关系，连接着游戏运营和用户，主要任务是为游戏运营商提供网络带宽、游戏服务器等硬件支持及开设游戏专区等服务，因此，运营支持商的收入往往占据游戏运营成本的较大部分。当前我国的游戏运营支持商以移动、联通和电信三大国有运营服务商为主。

（三）游戏运营商

游戏运营商是将游戏产业上游研发商的产品最终呈现给下游用户的中间桥梁，包括游戏平台搭建、运营、维护和客户管理服务等具体环节，是产业链上各主体触达用户的通道，是游戏产业链得以运转并达成价值的中心环节，主要任务是通过技术和市场手段，让用户获得更优质的游戏增值服务。其中，技术手段指运营商通过计算机语言搭建各类服务器，并维护游戏服务器的高效稳定运转；市场手段包括投入游戏客服、策划游戏活动等服务。游戏运营商在游戏产品的总流水分成较高，一般能获得 50% 左右的流水收入。游戏运营获得游戏开发商授权的方式有自主研发、并购开发、委托开发、联合运营和代理运营五种形式。

（四）分发渠道商

分发渠道商是负责为游戏产品提供发行、分发平台的企业，为玩家最终获得游戏提供各种途径。目前的游戏渠道业，线下实体游戏零售商式微，第三方应用商店、门户网站、应用 App 等线上平台已成为游戏分发的主流渠道。以 App Store 和 Google Play 为代表的移动应用商店及以 Steam 和 Wegame 为代表的 PC 客户端游戏应用商店，共同组成了极具影响力的游戏线上发行渠道。游戏渠道商通过对平台内游戏用户的下载及购买行为进行收费实现盈利，在游戏的总流水收入分成中占 30% 左右。

（五）辅助链

游戏产业辅助链上的企业主要是为产业主链提供配套支持服务，并创造产业附加值。游戏产业集科技与文化于一身，是一个涉及诸多行业领域的复杂产业，具有巨大的产业延展性，主要包括传媒版权业、直播业、电子竞技业、在线支付业、IT 制造业、游戏相关制造业及会展业等。

第二节　世界动漫游戏产业

动漫作为一种艺术形式最早起源于欧洲，伴随着文艺复兴运动而兴起。随着报刊业的发展，17 世纪首次在荷兰画家笔下出现了含卡通夸张意味的素描图轴。1841 年，英国伦敦《笨拙》画报创刊，首次将幽默讽刺画命名为"卡通"。现代意义上的动画诞生于 1877 年，法国照相师埃米尔·雷诺制作了光学影戏机，并制作放映了第一部动画片《一杯可口的啤酒》。1895 年诞生了现代电影。1905 年，法国的埃米尔·科尔制作了第一部动画电影《滑稽脸的幽默相》，他也被奉为当代动画片之父，法国电影史学家将这一年定为动画诞生年。1913 年，美国第一家动画公司在纽约设立，开启美国动画产业化的发展道路。"二战"前后，卡通创作的中心逐渐转移到了美国。

西方国家的漫画最先是在报纸中娱乐版面的多幅卡通，逐渐流行演化成为固定的"连环漫画"，类似于中国"连环画"的发行刊物。20 世纪初，随着电视机的出现，美国迪士尼等公司最先把"连环画"制作成为电视上播放的"动画片"，成为深受喜爱的电视节目。由于动画片和连环画的创作不受现实生活的限制，表现手法丰富，想象空间广阔，美国大量的科幻小说和连环画的发展紧密关联。科幻小说刺激了连环画的发展，连环画通过报纸、杂志、早期电视等的传播形式，又带动了科幻小说的普及。日本、韩国和中国台湾、香港地区动画产业的发展，引入了美国的模式，也注入了当地文化的特色。美国动漫制作公司可以分为特技效果制作公司、电视广告制作公司、游戏制作公司、短片制作公司、全长动漫影片制作公司、音效制作公司等。动漫产业涉及广泛领域，如传统绘画艺术、雕塑艺术、手工动画、泥塑动画、影视制作、音效制作、广告策划、科学仿真、计算机模拟、计算机图形学、计算机游戏、科幻小说、神话小说、报刊连环画、动画短片、动漫教材、影视发行、音乐发行、玩具设计、礼品发行等。

2019 年，全球动漫产业直接产值高达 3500 亿美元，动漫产业及其周边衍生产品的产值超过了 1 万亿美元。[①] 北美的美国、加拿大，亚洲的中国、日本、韩国，欧洲的法国、英国等国家的动漫市场前景较为广阔。美国拥有全球最顶尖的动漫科技，是世界上动漫制作量最大和动漫产品出口最多的国家。日本是世界第二大动漫游戏生产国，是日本经济第二大支柱产业，动漫游戏产品出口额超过钢铁产业。韩国政府十分重视动漫产业，经过十多年的发展，成为第三大动漫产业国。全球头部游戏公司主要集中在美国、日本与韩国。苹果和谷歌主要是通过为

① 刘翠玉：《国外动漫产业发展的经验与启示》，《经济研究导刊》2022 年第 5 期。

游戏开发商提供平台，通过在用户进行的游戏下载和付费行为中抽取分成盈利。索尼、微软、任天堂涉及游戏硬件的制造，是全球最著名的主机游戏软件提供商。

一、美国动漫游戏产业

美国是动漫的开山鼻祖，动漫业在其国内产业结构中仅次于军事工业，位居第二，动漫及其衍生产品的出口额甚至超过了汽车和航空航天工业的出口。

（一）美国动漫产业概况

1. 开创阶段（1840—1929年）。1840年，美国诞生了最早的名为《克赖斯帕》的单页画报卡通作品。1895年，著名漫画家奥特考特创作了系列连环画漫画《黄孩子》，商人们开发了玩具、塑像、广告招贴等大量有关"黄孩子"的衍生产品，为动漫商业化运作提供了经典范式。1900年，美国人伯拉柯敦用胶片摄影机拍摄完成了世界第一部动画影片《一幅迷人图画》。1914年，漫画家温瑟·麦凯推出了剧情动画片《恐龙葛蒂》，开创了一种重视角色塑造、故事结构和通俗趣味的新型动画创作模式。1920年，动画巨人沃尔特·迪士尼创办了世界闻名的迪士尼公司，创造了动画电影史上的奇迹，诞生了米老鼠、唐老鸭等一系列卡通明星，带动了美国整个动画界的发展。1925年，美国出现了第一部有声动画影片《我的肯塔基牢记》。

2. 发展阶段（1930—1949年）。30年代初，美国卡通漫画迎来了发展的黄金时代，诞生了如超人、蝙蝠侠、闪电侠等众多超级英雄形象。1937年，迪士尼公司制作了第一部动画片长片《白雪公主》，时长达74分钟，好莱坞成为全美乃至全世界动画业的中心。同时，针对漫画中的暴力、色情等不良内容，美国社会掀起了关于漫画的争论。1945年，弗雷德里克·魏斯曼博士的《引诱无辜》代表了当时主流舆论对漫画业的广泛批评，认为漫画是玷污儿童纯真、引发少年犯罪的罪魁祸首，一时间漫画成为超级禁书。1954年，漫画出版商们成立了美国漫画杂志联合会，制定了联合会内部检查标准，要求出版的漫画封面上明确标明限制等级。

50年代后，美国漫画诞生了一系列新作品，如以小狗"史努比"为主角的《花生》系列、《加菲猫》、《爱丽斯梦游仙境》、《睡美人》等经典动画片，迪士尼公司成为动画电影业的霸主。1955年，沃尔特建立了世界上第一座主题公园——迪士尼乐园。60年代，电视动画逐渐发展起来，出现了《猫和老鼠》等系列动画片。

3. 繁荣阶段（1990年至今）。20世纪末，随着计算机多媒体技术的兴起，皮克斯公司研发的电脑动画制作技术给美国动画注入了新的活力。1995年，开始直接利用计算机生成数码图像和三维动漫，美国制作了世界上第一部完全以3D电脑动画摄制而成的长片剧情动画片《玩具总动员》，推动了数字动画的发展。随着 3D 技术不断发展，美国动画片的视听效果越来越富有震撼力。2006年，动画片《汽车总动员》《冰河世纪 2》《快乐的大脚》《篱笆墙外》占据了十大卖座影片的四个席位，成为美国电影的一大亮点。美国动漫行业大部分市场份额被迪士尼、皮克斯、梦工厂、蓝天工作室、索尼动漫、照明娱乐和华纳兄弟等大公司占据。在电影和电视动画之外，美国漫画代表企业有 DC 和漫威两家公司，主打超级英雄系列，作品形象写实、情节幽默、内容深刻，拥有广泛的影响力。

（二）美国动漫产业链

美国形成了成熟而完备的动漫产业链，即制片人制作动画片、代理商销售、影视系统播放、企业购买动漫产品形象开发衍生产品、商家销售产品的产业链条。在创作出一部成功的动画作品后，公司便会围绕着这个故事及其人物形象，来进行形象授权、开发衍生产品、打造主题公园等。迪士尼公司是美国动漫产业链的典型代表。1955 年，迪士尼公司以米老鼠等一系列深受观众喜爱的动漫形象为中心，建立了洛杉矶迪士尼乐园，并开发了包括玩具、日用品等在内的大量卡通系列产品。经过几十年的发展，迪士尼主题公园已经成为全球最大的主题公园集团，根据 AECOM 统计数据，在全球前 10 位主题公园中，迪士尼集团占半数。2019 年，迪士尼又收购了福克斯，凭借着旗下的福克斯、迪士尼动画、漫威等在世界动漫市场中占据着更加突出的位置。同时，迪士尼公司在全球范围内拥有 400 余家零售商店，通过形象授权、联名合作等方式获取更多收益。迪士尼已成功打造了包括动画卡通、网游和手游、多媒体产品等多维领域在内的大型产业链。2019 年，收入高达 695.70 亿美元，2020 年受新冠疫情影响收入略有下降，但也有 653.88 亿美元。① 总体来说，美国是动漫行业经营模式最成熟的国家，其理念最发达、配套最完整、综合实力最强。美国的动漫产业还注重全球化发展，以外包制作、成品海外播放等方式，深度进军海外市场。

（三）美国动漫产业政策

1. 动漫品牌开发。在美国，各动漫企业在市场上开发动漫品牌，通过衍生产业链，扩大自己的市场份额，造就该行业的巨头。迪士尼的动漫业务除了基本的动漫的生产制作过程外，还包括围绕自身创造的动漫角色以及形象，开发关联产品，打造独立品牌，从而在市场上不断增加自己的市场份额，扩大自己的利润。首先，迪士尼以自己创造的动画角色和形象为基础，打造"动漫明星"，这些明星是衍生其他产业的基础。其次，在动画播出取得成功后，迪士尼又依据该动画出版了一系列漫画图书，来延长该动画的生存周期，让市场上保有该动画的品牌。接着，建立不同的主题公园，推广动画明星，获取稳定的利润。同时，通

---

① 刘翠玉：《国外动漫产业发展的经验与启示》，《经济研究导刊》2022 年第 5 期。

过这样的方式，动画作品的生存周期再次加长，其影响力也被扩大。最后，通过对该动画产品衍生产业的开发，最大化动画的价值。

2. 法律体系保障。美国政府出台的《反不正当竞争法》《反垄断法》对市场的竞争起到一定的规范作用，让一些小的动漫企业能够在市场上生存。《文娱版权法》对动漫作品的产权进行保护；《合同法》对商业秩序做出了一定的规范；《国家艺术及人文事业基金法》的出台保证了该行业有足够的资金注入。

3. 并购引导。美国动漫巨头在对外贸易中巩固垄断地位，保障动漫产业的优势地位。迪士尼构建娱乐媒体帝国的重要举措是收购媒体网络进行产业链拓展，并购了一批电视媒体，获得了一批优质有线电视网资产。2019年，迪士尼收购了福克斯的电影、电视节目制作部门、娱乐内容有线电视网络及国际电视业务，以期通过多元化的节目和流媒体发掘动画品牌价值。四是动漫产业全球化扩张。依托美国强大的经济、军事和文化影响力，保障动漫产业顺利走出去，打造全球化动漫营销。美国在同其他国家进行双边经贸合作协议谈判时，要求该国不要干涉自己在该国的文化宣传，以此作为解除产品出口限制的交换条件。此外，当美国对其他国家进行经济援助时，也会在援助条款中加入文化扩张条款，帮助本国动漫产业对外扩张。美国在国际市场上率先提出了"版权产业"的理念，强化对知识产权的保护。

（四）美国动漫的知识产权保护

美国文化产业在发展过程中，市场起到决定性的作用，而政府则主要负责制定法律法规，以确保形成公平的市场竞争环境和完备的知识产权保护环境。1790年，美国颁布了第一部联邦《版权法》，后来，根据经济发展和时代的变化，多次进行修改完善，先后将包括文字、音乐、戏剧、美术、摄影、电视电影、产品设计图、计算机软件等视听形式的创作形式纳入保护范围。1965年，《国家艺术及人文事业基金法》明确规定，为了支持文化艺术事业的发展，政府在每年的财政预算中拨付一定比例的资金用来支持文化艺术事业。1982年颁布了《反盗版和假冒修正案》，打击录音制品、影视等的盗版侵权假冒伪劣等行为。1998年颁布了《版权保护期延长法》，将版权保护期延长20年，公司版权保护期延长到95年，个人作品版权保护期为作者的有生之年加上去世后70年。美国还制定了《专利法》《商标法》《劳工法》《合同法》《反垄断法》《反不正当竞争法》《文娱版权法》《防止数字化侵权及强化版权赔偿法》《广播电视反低俗内容强制法》等一系列相关的法律法规。

美国版权法赋予了著作权人对其作品及衍生品等享有一系列排他性的权利，尤其是将不同表现形式的作品纳入同一部法律规范，基本囊括了文化创意及其衍生产业常见的知识产权侵权涉及的具体类型，尽可能减少知识产权相关法律分立带来的问题。完备的知识产权法律体系，使得动漫创作者能保护好自己作品的版权、获利权，促进了产业整体良性循环。

美国知识产权行政管理体系由美国专利及商标局与美国国会图书馆版权局两大部门构成，为版权产业提供一体化的综合性保障与服务。前者负责专利保护、商标注册和提供知识产权证明等事务。后者负责版权注册登记管理，统一检查在美国境内发行的图像影音制品、信息软件等。在国内，分布配套了版权保护办公室，履行版权登记审核职责，也提供咨询解答；在国外，美国是国家版权保护体系和 TRIPS 协议等国际版权组织的成员国之一，设置"知识产权执法协调员办公室"来专门处理国际知识产权纠纷。针对新兴数字作品版权，美国提出并实施数字化版权保护战略，互联网上的作品版权也得到很好的保护。

（五）美国电子游戏产业

美国电子游戏产业处于世界领先地位，发展时间较长，产业历史悠久，运营模式业较为成熟。特别是在游戏市场细分领域，从主机游戏、家用电脑游戏、网络移动游戏，经历了从新生、成长到成熟的阶段，美国电子游戏产业形成了相对成熟和稳定的产业布局，游戏产业链也比较完整。

1. 20 世纪 70 年代，电子游戏起始于美国。1971 年，美国的布什内尔首创了世界上第一家电脑游戏机公司——雅达利公司（以下简称"雅达利"），他被称为电子游戏之父。雅达利创立了电子游戏，并利用对游戏机硬件的零售，开启了游戏产业商业化的进程。同时，诞生了世界第一款电子游戏《太空大战》。1972 年，雅达利发布了首款 Pong 街头游戏机。街头游戏机由投币式技术与计算机技术融合发展而来，摆脱了专业计算机的束缚。附着电子显示屏和操控手杆的街头电子游戏机搭载着几款不同风格不同模式的虚拟游戏，凭借新奇的玩法和便捷的操作，街机游戏迅速流行起来。1974 年，雅达利又推出家用游戏的版本 Home-Pong 家庭游戏机，正式开启家用游戏潮流。1979 年，雅达利成功推出 2600 型游戏机，创造了约 450 亿美元的销售额，成为电子游戏行业的巨头。电子游戏逐渐形成囊括游戏开发商、分销商、运营商等环节的完整产业链。

2. 20 世纪 80 年代，家用电脑游戏迅速发展起来。1981 年，美国 IBM 公司推出第一款个人电脑。早期的家用电脑游戏产业，以游戏发行商为产业链中心环节，其发行能力直接决定了游戏产品的销售量，因此占据了产业链的主导地位。

3. 电子游戏与互联网技术嫁接产生网络游戏，迸发出巨大活力。网络游戏基于 Windows、Android 等线上操作系统，游戏软件不再以磁盘或者卡带的形式，而是以应用程序的形式在线上入口进行虚拟销售，拥有了统一的分发平台。随着《子午线 59》（1996 年）、《网络创世纪》（1997 年）等大型多人在线网络游戏的诞生，网络游戏产业逐渐成熟。2016 年，暴雪凭借电影《魔兽》开始了影视化的进程。2019 年，谷歌向全球推出"Google Stadia"并成立游戏工作室，宣布进军游戏领域。在网络游戏产业链中，渠道商在收入分配比例中占据着明显优势。由于分发渠道基本被苹果和谷歌两家应用商垄断，苹果和谷歌的软件应用商抽取

30%的收入分成，剩余70%由研发商和发行商按照协议分配。① 现在，美国电子游戏产业的整体竞争格局比较稳定，市场集中度较高，在社交网络、电视媒体、广告联盟、游戏直播平台等多渠道进行营销。

二、日本动漫游戏产业

（一）日本动漫发展历程

当今世界上，日本可谓当之无愧的漫画大国。据统计，日本目前漫画书刊的发行量占书刊总发行量的47%以上，漫画读者群从四五岁直至四五十岁。动漫产业在日本经济中占有重要位置，以动漫产业为核心的整个产业链产值从2003年起占到日本国内生产总值的10%以上。②

1. 萌芽时期（1906—1945年）。创作了日本动画最引以为傲的战斗、爆炸画技。1906年，北译乐天作为日本现代漫画的鼻祖，创办了日本第一份漫画刊物《东京小精灵》。"二战"时期，日本动画数量较少，创作形式以家庭小作坊为主，作品多模仿欧美风格。

2. 探索时期（1946—1973年）。日本动漫在"二战"后逐渐产业化，日本"二战"后的漫画被称为现代漫画。1956年东映动画公司成立。1958年东映创作生产了日本第一部彩色动画电影《白蛇传》，标志着日本动画产业化的开始。1963年，以日本现代漫画的创始人之一手冢治虫的漫画作品改编的动画系列剧《铁臂阿童木》上映，拉开了日本电视动画的序幕，在国内外获得了巨大的商业利润。

3. 成熟时期（1974—1989年）。现代漫画的制作技术更加细腻，漫画杂志开始多样化，现代漫画成了解说戏剧、电影、音乐和科幻等的娱乐作品，漫画的读者结构逐渐从低龄儿童扩大到成年人。1974年，诞生了日本动画史上第一部超级剧情片《宇宙战舰》之后，涌现了一批动漫制作大师和代表性作品，如藤子·F. 不二雄的《哆啦A梦》、宫崎骏的《风之谷》、鸟山明的《龙珠》、车田正美的《圣斗士星矢》、高桥留美子的《乱马》等。动漫开始进入每一个普通日本人的生活，逐渐成为日本居民尤其是青少年的精神娱乐内容。

4. 发展时期（1990年至今）。进入90年代，日本漫画流派在画风、题材、故事情节等方面百花齐放，达到极高的水准。动画技术形成了视点快速移动、背景精细写实、反光明暗对比等特点，带给观众全新的感官冲击。1995年，日本政府提出"文化立国"战略，对文化产业给予重大扶持，日本动漫开始走出国门。1997年，宫崎骏动画电影作品《幽灵公主》被迪士尼买下版权并在美国播

① 参见《2017年美国游戏市场发展概况及移动游戏发展趋势分析》，http://www.chyxx.com/industry/201706/537467.html。

② 曹鹏程：《日本、动漫成第三大产业》，《人民日报》2006年5月22日第7版。

放，引起巨大社会反响；2001 年，宫崎骏作品《千与千寻》在欧美掀起观看热潮，获得了第 52 届柏林电影节金熊奖和奥斯卡最佳动画作品奖。进入 21 世纪，日本动漫产业拥有了更强的国际影响力。集英社、讲谈社、小学馆等漫画出版社及东映动画、京都动画等动画制作公司被世界范围内的动漫爱好者所熟知。日本已形成以电视动画为核心的多元化动漫产业结构体系和衍生品产业链条。2003年末，动漫产业跃居日本第三大产业。

（二）日本动漫产业相关法规

1996 年，日本将动漫产业定为国家重点产业，并先后出台了一系列法律支持动漫产业发展。2000 年颁布了两部新的替代法律，即《著作权等管理事业法》和《著作权与邻接权管理事务法》。2001 年，制定《文化艺术振兴基本法》《日本文化政策基本法》，扶植漫画、影片、动画等一系列相关产业的飞速发展。同时，对《著作权管理法》进行修订，加强对动漫等知识产权的保护力度。2002年，制定《知识财产基本法》，确立"知识财富立国"方针。2003 年，修订《著作权法》。2004 年，颁布《关于促进内容创造、保护及活用的法律》，是一部振兴发展包括动漫产业等内容产业的集大成的法律文件，明确规定，文化产业肩负着满足人们精神文化需求的任务，同时还肩负的一个重要使命就是让其他国家更好地了解日本文化。2004 年，制定《内容促进法》，将内容产业作为"创造新产业战略"，以动漫为核心内容，通过文化产业化来实现知识密集型经济结构转化。此外，还制定了《电影盗版防止法》等一系列重要法律。在这些法律框架的约束下，日本形成了动漫产业较为规范的市场环境。

（三）日本动漫产业扶持政策

1995 年，日本发布《新文化立国——关于当前文化振兴的重点策略》，提出"文化立国"战略，将动漫作为日本文化传播的主要载体和国家的重点产业。2002 年，制定了《知识产权战略大纲》，举办了第一届东京国际动画博览会。2003 年，发布《日本关于文化产业的振兴政策》，提出将文化产业发展作为国家经济的支柱产业。2004 年，制定《知识财产推动计划》和《内容产业振兴政策》。2007 年，外务省进行"文化无偿援助资金"投资，提供 24 亿日元资金从动漫制作商处购买日本动漫海外播放版权，无偿赠予发展中国家。2008 年，日本外交部委任动漫明星哆啦 A 梦担任日本首位动漫文化大使，向全世界推广日本文化。哆啦 A 梦也成为东京申办 2020 年奥运会的申奥特别大使。2022 年 7 月，Hello Kitty 担任日本著作权宣传大使。

日本经济产业省主要负责产业政策的制定及知识产权的保护。文化科学省主要负责文化作品制作过程的监督和对动漫产业的支持。在经济产业省的支持下，日本动漫行业自发组织成立了"日本动画制作者联盟"，后成为日本动画协会，主要职责为收集市场信息、开发新技术、拓展动漫衍生品、支持人才培养及海外交流。日本政府还成立了内容产业全球策略委员会、动画产业研究会、东京动画中心等机构，主要职责是在国内推进政策实施，在国外进行作品推广、收集动漫产业资料、探索日本动漫产业运营模式、扶助中小型动漫企业等。在动漫作品版权保护方面，日本成立了动漫产业版权保护市场委员会，促进版权交易。

在资金支持方面，主要方式有直接投资和对投融资经营手段创新的许可。直接投资主要体现在对文化产业的财政拨款等。2002 年，日本政府投入 958 亿日元财政预算进入文化产业，并每年逐渐增加文化预算额。另外，日本政府还联合企业成立了产业基金，通过基金的形式来增加对动漫产业的投资和扶持力度。2004年，发起成立日本第一家动漫基金。在投融资经营手段创新的许可方面，主要有制作委员会制度和新的融资模式。所谓制作委员会制度，是指由生产相关的动画制作公司、发行公司、衍生品开发商、电视台、广告商多个企业进行组合，并进行投资的一种生产方式，实现了投资方的多元化，达到了共同投资、共担风险、共享利益的目标。在新融资手段方面，分为欧洲模式和美洲模式两种，分别以动漫基金债券和预先出售放映权为主要特征。

（四）日本电子游戏产业

日本电子游戏产业经历了数次关键技术的升级，商业模式逐步完善，整体产业才稳步发展，市场规模不断扩张。1974 年，日本电子游戏公司世嘉 Sega 在东京举办了全日本电视游戏锦标赛，是世界上最早开展的电子竞技比赛。在家用游戏时代，日本任天堂公司一度引领家用电子游戏的发展潮流。1985 年，任天堂推出全新的家用游戏机，俗称"红白机"，构筑起囊括了硬件销售和软件授权的全新商业模式，振兴了游戏市场，家用游戏开始成为整个电子游戏产业的支点。任天堂为游戏机嵌入了一个"锁定"芯片，外来的游戏卡带无法播放，有效防止了盗版软件的侵害；对软件采取严格的授权模式，软件商要想与其合作必须购买任天堂的版权；对软件生产商出货量做出严格的管控；任何囤滞的产品可以无条件回收，从而打消了零售商的风险顾虑。日本任天堂公司通过不断的技术革新推动了家用游戏机的更新换代，2006 年推出具有体感游戏功能的"Wii"游戏机，采用了无线手柄和全新的自动感应技术。

三、韩国动漫游戏产业

（一）韩国动漫的发展历程

1950 年，韩国国内首则动漫型电视广告制作并播映。70 年代后，韩国开始引进美日动画片。80 年代，韩国经济快速发展，韩国动画产业主要业务为承接海外作品的外包加工，成为世界最大的动画片外包加工厂，韩国动漫人积累了丰富的经验和技术。1988 年，首尔奥运会为韩国开启了国产漫画电影的时代，带来了新的发展契机。90 年代，韩国的原创作品数量大大增加，并开始向外出口。

进入 21 世纪以来，韩国动漫产业与网络信息等高科技密切结合，形成了数码动画为核心的动漫产业战略规划。2007 年，动漫产业成为韩国第三大支柱产业，动画出口额达 7277 万美元。2016 年，韩国动漫产业产值达到 15 亿美元，仅次于美国和日本，在全球排名第三位。

韩国动漫产业逐步形成了完整的动漫产业链模式。首先，打造动漫形象，使其深入人心，形成市场需求；动漫制作商以某种动漫形象为载体制作动漫作品，通过媒体广泛传播动漫形象及其品牌；最后，加大衍生产品的开发与营销，实现巨额盈利。

（二）日本动漫扶持政策

从 1994 年开始，韩国政府开始从政策、资金、基础设施、宣传推广等多方面对漫画产业进行支持，促进动漫产业在短时间内实现腾飞。1994 年，设立文化产业局，是专门负责文化产业的政府机构，主要职责是文化产业事业费的融资与产业发展促进基金的运营。1997 年，设立文化内容振兴院，负责扶持、推动产业发展。1998 年，为应对亚洲金融风暴引起的经济危机，发布《国民政府的新文化政策》，确定"文化立国"战略，将文化产业发展提升到国家战略的高度，标志着韩国发展重点由制造业向文化产业的转变。同时，发布了《动画产业中长期增长战略》和《动漫产业的长期发展战略报告书》。1999 年，制定《文化产业发展五年规划》，成立卡通形象文化产业协会、富川漫画情报资料中心、首尔动画中心、韩国游戏产业开发院等机构，负责卡通创作、市场资料收集、环首尔地区动漫产业发展。2000 年，成立韩国文化产业振兴委员会，负责动漫创作和市场开拓发展工作，通过投放文化产业推广基金来鼓励本土动漫企业生产制作。2003 年，发布《卡通振兴 5 年计划》《漫画产业发展中长期计划（2003—2007）》。2005 年，文化观光部投资 125 亿韩元用于对动漫创作的扶持，包括发掘明星项目、制作优秀引导项目、促进出口、设立"韩国动画片制作工作室"、漫画奎章阁项目等。

韩国政府对动漫产业采取税收优惠政策，对从事动漫产业的企业减免 20% 的税收。对优秀的动漫作品，韩国政府设立了"总统奖""文化观光部长官奖"等各种奖项，还为获奖单位提供国内外经营出口方面的多种优惠。韩国政府成立了特别影音公司，推动文化产品出口贸易，对翻译和制作费用几乎全额补助，将韩国的作品译制成各种外语并发往海外。韩国政府定期主办各类动漫展会为动漫产业搭建交流合作和贸易平台。首尔市政府主办的首尔国际动漫节是亚洲最具代表性的动漫节之一，为动漫作品跨国合作交流及进入国际市场提供了良好契机。

（三）日本动漫产业相关法规

韩国政府在立法上采取了一系列举措，在宏观上搭建起了保障动漫产业发展的法律框架。1999 年，韩国发布《文化产业振兴基本法》，这是第一部有关文化产业的综合性法规，首次对文化产业内涵和具体门类进行界定，将动画、游戏等内容作为韩国文化产业发展的重点对象，在资金、技术、人才等方面提供法律依据。同时，制定了《电影振兴法》《游戏产业振兴法》等法律。2002年，修订《著作权法》。2005年，修订《放送法》，规定电视台对本国动画实行义务播放，对电视台播放动画作品的比例进行了详细的规定，要求电视台总播放时长的1%～1.5%用于播放韩国动画作品，本土动画产品在所有动画产品的播放时长占比不得少于45%；任何一个外国国家的动画作品播放量不能超过外国动画片播放总量的60%。①

（四）韩国电子游戏产业

韩国游戏产业占文化产业的比例逐渐提升，近年来，手机游戏市场保持着较高增速。现在，韩国的电子游戏产业已经成为国家重要支柱产业。

韩国是少数围绕游戏产业专门立法的国家。2014年，韩国对《青少年保护法》进行修订，规定所有企业和网络游戏都要实名制，游戏服务实行"差异宵禁制度"。宵禁制度又被称作"灰姑娘制度"，即防沉迷制度，旨在保护未成年人健康的生活方式。韩国还出台了控制过度消费的充值限额制度，为单体游戏设置当日充值的最高阈值。

韩国《游戏产业促进法》规定，未满18岁的青少年，应为自己设定每天的游戏时间，设定时间之外禁止上网游戏。所有商业化或公众游玩的游戏都要分级。韩国将游戏分为：全年龄向（ALL）、12岁以下不可使用（12＋）、15岁以下不可使用（15＋）、成人向（18＋）。

第三节　中国动漫产业

我国动漫产业经历了状态从无到有、规模从小到大、数量从少到多、影响从弱到强、发展速度从慢到快的转变，正在从动漫加工大国向动漫创新强国转型发展。近年来，国家对发展动漫产业高度重视，建立了一批动漫游戏产业发展基地，设立了动漫产业发展专项资金，支持优秀动漫原创产品的创作生产、动漫素材库建设、动漫人才培养，建立动漫公共技术服务体系，推动形成成熟的动漫产业链。

一、中国动漫产业发展历程

在新中国成立前，"动漫"一词被称为"卡通"。1919年，动画由美国传到我国上海，万籁鸣、万古蟾兄弟被誉为中国动画片的开拓者。1921年，旅美华

① 陈博：《韩国发展动漫产业的政策措施评析》，《当代韩国》2008年夏季号。

侨梅雪涛、刘兆明、程沛霖等人在美国成立长城画片公司，1924 年公司迁至上海，万氏兄弟加入长城画片公司，并推动了公司成立卡通片部门。1922 年，张石川、郑正秋、周剑云等人在上海成立明星影片股份有限公司，成立拍摄动画电影的卡通科。1926 年，我国第一部动画片《大闹画室》问世。1935 年，万氏兄弟在明星影片公司的支持下创作了我国第一部有声动画短片《骆驼献舞》，标志着我国动画进入有声时代。1941 年，新华联合影业公司出品、万氏兄弟创作的我国第一部动画长片《铁扇公主》发行，也是当时亚洲的第一部动画长片，成为世界电影史上继美国《白雪公主》《小人国》《木偶奇遇记》之后的第四部长篇动画。抗日战争胜利后，中国共产党接收了日本在东北的"株式会社满洲映画协会"（简称"满映"），成立了东北电影制片厂，内设专门制作动画片的美术片组。1947 年，东北电影厂出品的《皇帝梦》是我国第一部木偶片。新中国成立后，动漫产业大致经历了三个发展阶段。

（一）计划经济为主的阶段（1949—1992 年）

1949 年新中国诞生后，我国整体处于计划经济模式，动漫被称为"美术片"，实行事业化管理，隶属于电影业，拍摄任务主要由国有电影制片厂承担。1950 年，东北电影制片厂美术片组迁往上海，归入上海电影制片厂，成为上影厂美术片组。1956 年，上海电影制片厂美术片组作为独立的片种从总厂中分离，成立上海美术电影制片厂，成为专门的动画制作单位。1954 年，我国第一部彩色赛璐珞动画片《乌鸦为什么是黑的》成功发行。1958 年，《猪八戒吃西瓜》开创了我国剪纸动画的先河。1960 年，虞哲光编导了我国第一部折纸动画片《聪明的鸭子》。1961 年，我国第一部水墨动画《小蝌蚪找妈妈》出品。1964 年，上海美术电影制片厂（以下简称"上美厂"）创作的彩色动画长片《大闹天宫》是中国动画史的巅峰之作，获得了捷克卡罗维发利国际电影节和英国伦敦国际电影节两项大奖。我国动画具有鲜明的民族性，以传统绘画为主，以写意传神为艺术手段，形成了享誉世界的"中国学派"。

1978 年，随着改革开放的进行，国产动画重获新生，但行业整体仍沿用计划经济模式。上美厂依旧占据动画生产主导地位，1979 年出品了我国第一部大型彩色宽银幕动画长片《哪吒闹海》。1983 年，中国电视剧制作中心美术片创作室开始拍摄动画片。1990 年，中国电视剧制作中心美术片创作室并入中央电视台，成为中央电视台动画片部。随着家用电视机逐渐普及，我国第一批电视动画系列片应运而生，如《葫芦兄弟》《黑猫警长》《阿凡提的故事》等。

随着对外开放不断扩大，中国动漫代工产业兴起。1979 年，上美厂开始承接日本东映动画公司代工业务。1985 年，深圳翡翠动画设计公司成立，是中国大陆第一家外资动画加工企业，由香港无线电视台独家投资。随后，美国、日本和台湾地区等的动漫制作公司先后落户深圳，产生了彩菱动画、京红叶动画、太平洋动画、安利动画等一批颇具规模的动漫代工企业，深圳经济特区成为名副其实的世界动漫加工制作基地。动漫产业以深圳为中心，辐射到珠三角地区，逐步形成从动画创作、动画策划到动画投资制片、生产管理、外包加工、出版发行等完整的产业链。同时，中国动漫代工产业在长三角地区也渐渐繁荣起来，杭州动画有限公司、杭州飞龙动画材料有限公司、上海亿利美动画有限公司、苏州鸿鹰动画有限公司、无锡太湖动画美术有限公司、南京齐丽华动画有限公司等多家动画代工企业相继成立。代工企业为国内动画业带来了海外厂商的制作经验，但由于代工企业一般不参与动画产业的前期创意策划，也不参与动画产业的营销运营和后期衍生产品开发，处于动漫产业链的低端，属于典型的劳动密集型产业，不利于我国动漫的创新发展，也造成了巨大的人才流失。国产动漫远远无法满足电视台的播放需要，电视台引进了大量日本动画和欧美动画进行循环播放。

（二）深化改革转型阶段（1993—2003 年）

我国动漫产业转型期间有计划模式、半计划模式和市场模式三种不同的运营模式。计划模式以中央电视台动画部为代表，生产经费全部来自财政拨款，作品在央视少儿栏目无条件播放，栏目广告费可与制作费用相抵。半计划模式以上海美术电影制片厂为代表，制作成本由上海美术电影制片厂和上海市电视台分摊，营销、衍生品开发等费用由上美厂自行承担。市场模式以民营企业如三辰卡通为代表，作品制作、播出渠道、衍生品开发等一切环节的成本均自行承担，自负盈亏。

1993 年前，动漫制作单位大多是国营企业，动画片生产所需的资金主要依靠国家投入。伴随着中国电影机制改革的不断深入，国营动漫制作单位走向市场化，除了国家资金投入以外，国营动漫企业也进行社会融资制作动画电影。1993年，长春电影美术分厂采取承包的方式组织制片生产。1995 年，我国取消了针对动画片的统购统销政策，动画业快速走向市场。上美厂第一次运用市场运作的方式，拍摄了《自古英雄出少年》，海尔集团和北京红叶电脑动画公司共同制作了我国第一部由企业投资拍摄的动画片《海尔兄弟》。1996 年，湖南三辰卡通集团成立。

电脑制作技术逐步使用于动画制作。1996 年，中央电视台技术制作部计算机机房、北京九金星图形图像制作中心、北京逊文森电子有限公司等专门从事电脑动画片制作的公司和工作室相继成立。电脑动画片制作技术的推广，使得动漫企业开始采用分工协作的制片体系，将动画、绘景等密集型的劳务加工外包到周边的动画公司和制作实体。1999 年，湖南三辰卡通集团全部通过电脑制作了大型科普动画片《蓝猫淘气 3000 问》，采取"动画—衍生品"战略，设计、制造出音像制品、图书、玩具、文具、服装等 10 多个门类、1500 余种动画衍生品，围绕"蓝猫"形象打造了衍生品零售链条，在全国升设 1200 余家"蓝猫"连锁经营专卖店，进行产品价值的深度开发。①

1999 年，上美厂成立上海影视动画集团公司，标志着从单一的制片生产单位逐步转变为集影视制作、发行、放映和产品的授权经营及衍生品开发等于一体的综合性文化娱乐集团。上美厂斥资 1200 万元、历时 4 年制作的动画电影《宝莲灯》成为我国第一部市场化的长篇动画电影。在电视动画方面，2001 年上海美术电影制片厂推出动画片《我为歌狂》，是我国第一部拍给青少年而不仅是儿童看的动画片。2002 年，我国动画产量突破万分钟大关，达到 11392 分钟。②

（三）市场化阶段（2004 年至今）

1. 国家出台了一系列产业政策促进动漫产业的提质增量。为引导动漫产业集群化发展，政府开始筹建动漫产业基地。2004 年，我国首批国家级动画产业基地由广电总局授牌成立，包括中国电影集团公司、中央电视台中国国际电视总公司、上海美术电影制片厂、上海炫动卡通卫视传媒娱乐有限公司、杭州高新技术开发区动画产业园、常州国家高新技术产业开发区软件园、湖南金鹰卡通有限公司、三辰卡通集团、南方动画节目联合制作中心等九家国家动画产业基地和中国传媒大学、北京电影学院、中国美术学院、吉林艺术大学等四个教育基地。

2. 2005 年，由广东原创动力文化传播有限公司制作的系列动画《喜羊羊与灰太狼》成为我国动漫发展史上具有里程碑式意义的作品，截至 2022 年 7 月，共播出作品 37 部 2719 集。"喜羊羊"系列播出版权收入占 30%，另外 70% 的收入来自衍生品开发和形象授权。③ 喜羊羊这一 IP 形象切入主题农场、主题酒店等领域，不断扩大品牌授权商品市场零售规模。2010 年，广东原创动力文化传播有限公司推出"喜羊羊嘉年华"大型实景主题乐园。

3. 动漫原创作品的产量骤增。2010 年，国产电视动画片产量突破 20 万分钟。2011 年，电视动画产量达到最高峰 26 万分钟，之后增速放缓，重在质量提升。2018 年，中国动画电影产量为 51 部，动漫衍生品的市场规模达到 650 亿元。④ 随着移动互联网的兴起，网络动漫出现了很多新的盈利模式。其中，较为常见的主要有平台模式和免费模式。平台模式包括动画创建、业务管理和知识产权管理等独立模块。免费模式即商家为用户提供无需支付金钱的产品或服务，通过免费观看吸引更多流量。与传统媒体上的动画作品相比，网络动画大多针对年轻观众，部分改编自人气网络小说或漫画，拥有较大的周边产品市场，在产业链上下游均拥有较高的结合度。

---

① 周静：《浙江：动画业何时动起来?》，《浙江日报》2002 年 8 月 12 日第 10 版。

② 方德运：《中国影视动画产业化的问题与出路》，俞小一编：《中国电影年鉴 2008》，中国电影年鉴社 2008 年版，第 173 页。

③ 《中国动画年鉴》，中国广播电视出版社 2009 年版，第 730 页。

④ 《2019 年我国动漫衍生品行业收入规模及市场份额分析》，2019 年 4 月 9 日，http://tuozi.chinabaogao.com/chuanmei/049411022019.html。

4. 动漫行业市场交易量不断增加。作为产业交易平台，各类动漫节展纷纷涌现。2005 年，浙江省杭州市举办了第一届我国国际动漫节，项目总成交额为30 亿元。2019 年，第十五届中国国际动漫节总成交额达 165 亿元。动漫依托动漫品牌、动漫形象或其他动漫 IP，与其他产业日趋融合，形成动漫旅游、动漫体育、动漫教育等崭新的产业形态。《哪吒之魔童降世》国内总票房超 50 亿元，全球总票房达到 7 亿美元，成为我国动画电影票房之最。①

5. 中国动漫全球化进程加速。开拓海外动漫市场以中外合作为主，内容输出海外为辅。中外合作能够降低动画作品的开发风险，分散开发成本，成为我国动漫开拓全球市场的主要形式。内容输出是指我国原创动漫作品在海外市场的发行。2012 年，美国梦工厂动画工作室和上海东方传媒集团、华人文化产业投资基金、上海联和投资有限公司合资成立了电影制片公司东方梦工厂。东方梦工厂和美国梦工厂联合制作的动画电影《功夫熊猫3》取得了超 5 亿美元的全球票房及超 10 亿元人民币的中国大陆票房，成为中国动漫全球化发展的重要里程碑。2018 年，暴走漫画推出的首部动画电影《未来机器城》通过奈飞实现了全球市场的在线同步发行，奈飞为买断《未来机器城》的全球线上发行权支付了 3000万美元，刷新了我国动画作品出海的线上发行版权交易记录。2018 年，华人文化产业投资基金收购了东方梦工厂的美方股份，东方梦工厂成为纯中资公司。

二、中国动漫产业政策的演变

（一）行业整体性政策

在计划经济体制下，动画业实行"包产包销"制，即由国家将生产任务下达到国有制片厂，制片厂完成制作后，由国家机构统一购买作品、安排播出渠道。制作方只追求产品的艺术性和影响力，不注重产品的商业属性，不考虑市场发行与销售问题。1993 年以前，我国国营动漫生产单位主要以上海美术电影制片厂为主，其他单位只是将动漫生产经营作为单位业务的一部分，内部设一个动漫机构。如南京电影制片厂动画组、北京科学教育电影制片厂动画车间，上海电视台动画制片厂、中央电视台中国电视剧制作中心美术创作室等。中影公司每年下达生产指标，指标内的美术片必须收购，收购价格基本固定，并且会适时调整。到了 80 年代，随着电视媒体的发展，电视台逐渐成为中国动画片的主要市场，改变了长久以来动画片仅由中影公司按计划收购的局面，反映出由计划指令行政管理向行政管理与市场调控相结合的发展方向。同时，国家相继出台一系列政策，鼓励企业创收。1981 年，文化部发出《关于长短美术、记录、科教影片输出实行外汇分成试行办法的通知》，指出，凡各制片厂自 1981 年起生产的影片，每输出至一个国家或地区的影片发行权、电视播映权、磁带录像权等，其所

---

① 张海燕：《中国动漫产业发展前景与策略》，《轻工科技》2021 年第 7 期。

得外汇除国家规定比例上交财政外，其余的按制片分成60%，我国电影输出输入公司分成40%。从20世纪80年代中期开始，部分国营动漫制作单位对机构设置和管理制度进行了改革，开始实行多劳多得的薪酬分配方式。

1993年，广电部发布《关于当前深化电影行业机制改革的若干意见》，规定美术片等片种的70%仍通过中影公司原价收购发行，其余30%及其他载体由各厂自主发行，收入归己。1993年底，上海科学教育电影制片厂对原有生产经营体制做了调整，完善承包责任制，明确岗位责任和经济指标；实行全员聘用制，打破终身制；改革分配制度，建立收入与效益挂钩的激励机制。1995年，中国电影放映公司宣布停止动画统购统销政策，国营动漫单位逐步实行市场化的生产方式，一批地方电视台和民间力量进入动画制作领域，我国动画业步入计划向市场转型时期，开始推行经济承包责任制。1999年，上美厂成立上海动画影视（集团）公司，与下属的上海亿利美动画有限公司、上海卡通文化发展有限公司、上海美术电影绘制厂、上海美术电影专修学校、《卡通王》杂志社5家具有独立法人资格的公司共同构成集团公司的基本架构。

2002年4月，广电总局下发了《影视动画业"十五"期间发展规划》，旨在推动文化体制改革，提高文化生产数量，2003年12月又颁布《关于促进广播影视产业发展的意见》，指出应当加快推进国产动漫产业振兴，强化动漫市场运作，建立和完善动漫产业结构体系，扩大国产动画生产规模。2004年，广电总局下发了《关于发展我国动画产业若干意见》，提出24条针对性的政策措施（简称"二十四条"）。"二十四条"指出，要从深化体制改革、构建播映体系、控制产品质量等方面入手，建立我国动漫产业发展的新格局。具体措施方主要包括四个部分的内容：播出方面，提出积极构建动画片播映体系，增加国产动漫作品的生产和播出，加强对境外引进动漫作品的审核；作品生产方面，提出实行题材规划和发行许可证制度，提倡建立国产动画精品工程项目；行业体制方面，提出实行制播分离，鼓励多种所有制经济共同参与，动画企业按照现代企业制度组建公司，并建立完善的动漫交易市场；政策扶持方面，提出对动画制作发行机构的部分费用实行免征营业税的政策优惠。"二十四条"是第一个系统地对我国动漫产业发展提出意见的政策文本，是我国动漫产业发展的政策纲领，具有里程碑的意义。

2006年7月14日，国务院转发了财政部等十部委联合拟定的《关于推动我国动漫产业发展的若干意见》（简称"二十八条"），指出要打造成熟的产业链，培植龙头企业。具体措施包括：财政金融方面，建立扶持动漫产业发展专项资金，开展动漫企业认定工作，为通过认定的企业提供所得税增值税减免、进出口退税等多项财税优惠；投融资方面，取消对资本进入的限制，鼓励社会资本进入动漫产业；奖励方面，提出设立国家级原创动漫大奖，为优秀作品和人才提供资金帮助。2008年3月16日，文化部、财政部、国家税务总局发布了《动漫企业认定管理办法》，规定可以享受税收优惠政策的动漫企业、产品的范围，详细解释了动漫企业认定的标准、程序、罚则以及审核方法等。2008 年 8 月 13 日，文化部发布了《关于扶持我国动漫产业发展的若干意见》，提出要扶持民族原创，完善产业链条，完善支撑体系，加快平台建设，改进管理服务，优化发展环境，提出要实施国产动漫振兴工程，以重点支持原创产品的创作生产为龙头，发挥财政资金的杠杆作用。广电总局设立了少儿精品发展专项资金项目和国产动画发展专项资金项目。2011 年，我国首次评选"少儿精品发展专项资金及国产动画发展专项资金项目""国家动漫精品工程""中国文化艺术政府奖之动漫奖"。2012 年，文化部发布了《"十二五"时期国家动漫产业发展规划》，这是第一个国家级的动漫产业专项规划，提出"大动漫观、全产业链"的发展理念，强调通过建设产业链、发掘市场潜力、保护知识产权等方式创造良好的发展环境，以培育动漫企业的市场竞争力。

（二）针对性政策

1. 生产准备阶段：为了规范动画作品内容，广电总局对动画产业加强审核管理，"二十四条"提出实行题材规划和发行许可证制度。2005 年，国产电视动画片发行许可制度正式由广电总局宣布实施。2006 年，广电总局又下发《国产电视动画片制作备案公示管理制度暂行规定》，要求动画在生产前，应到广播影视行政部门进行报备，制作完成后，需由广电总局发放《动画片发行许可证》后方能播放。2011 年，文化部和广电总局等部门联合发布了《关于国家动漫精品工程申报工作的通知》，要求申报的动漫产品艺术表现创意新颖，具有品牌化、市场化、产业化的开发价值。2011 年《关于评选中国文化艺术政府奖首届动漫奖的通知》提出，在中国文化艺术政府奖中增设动漫奖，对部分优秀的动漫产品、技术成果、创作者给予精神奖励和物质奖励。

2. 生产阶段：财税金融优惠政策方面，政府出台了产业专项基金、税收优惠和文化金融支持等一系列政策。2010 年发布的《文化产业发展专项资金管理暂行办法》，明确产业专项基金主要用于培育骨干动漫企业、帮扶动漫基地和园区。2009 年《关于扶持动漫产业发展有关税收政策问题的通知》、2010 年《动漫企业进口动漫开发生产用品免征进口税收的暂行规定》、2014 年《进一步支持文化企业发展的规定》明确了税收优惠政策，以降低动漫企业税负为目标，对通过认定的动漫企业实施减免增值税、关税等。《关于金融支持文化产业振兴和发展繁荣的指导意见》《关于鼓励和引导民间投资健康发展的若干意见》《关于推进文化创意和设计服务与相关产业融合发展的若干意见》等明确了文化金融支持政策，旨在引导民间资本进入文化产业，鼓励金融机构开发针对动漫企业的衍生品并扩大对动漫游戏的信贷投放支持。

3. 播出阶段：广电总局在动画片播映体系上给予政策优惠，引导构建播映体系。2004 年，广电总局下发《关于开办少儿频道的通知》，要求全国各地尽快落实中央电视台少儿频道的落地和覆盖工作，支持有条件的省级电视台开办动画上星频道，如北京卡酷、湖南金鹰、上海炫动、江苏优漫、广东嘉佳等地方卡通卫视，并增加国产动画片的播出比例。2004年，《关于发展我国动画产业若干意见》要求，每季度播放国产动画片的时长占总时长的比例不少于60%，且需加强对引进境外动画的审核。2005年《关于促进我国动画创作发展的具体措施》要求，电视台黄金时段（17：00—19：00）必须播映国产动画，且需按照6：4的比例播出国产动画和引进动画。2006年《关于进一步规范电视动画片播出管理的通知》要求，国外动画禁播时段延长为17：00—20：00，并将国内外作品播出比例由6：4调整为7：3。2008年《关于加强电视动画片播出管理的通知》将国外动画禁播时段延长为17：00—21：00。实行动画制作和播出相分离的制度，改变影视播出机构动画制播一体化的状况。

4. 交易阶段：加强动漫作品的知识产权保护。2012年，政府相继出台了一批知识产权保护方面的政策文件，如《关于加强战略性新兴产业知识产权工作若干意见的通知》《全国打击侵犯知识产权和制售假冒伪劣商品工作要点》《深入实施国家知识产权战略行动计划（2014—2020年）》，旨在保护新兴产业知识产权，打击网络侵权盗版。目前，我国动漫产品正版化情况良好，大型视频门户网站作品均为正版引进，并采取会员制观看、单次付费观看、广告搭配观看等方式以保证收入。国家设立了一系列奖项表彰优秀作品和创作团队，目前，我国规格最高的动漫奖项是由广电总局主办的中国国际动漫节"金猴奖"。

三、中国动漫产业发展趋势与对策

（一）动漫产业发展趋势

1. 竞争趋势。互联网企业、地产企业和消费品企业等传统行业巨头越来越多地进入动漫产业领域，一方面成为行业投资的资本方，另一方面通过与动画公司合作投资作品的形式，推动动漫内容生产和IP开发进程。从长远来看，传统行业巨头进入动漫领域有助于分散风险，具有极大的商业增值潜力。通过投资入股及收购小型公司的形式，在一定程度上促进产业之间的交流协作。

2. 格局趋势。我国动漫产业发展的目标是促进产业链上下游融合，实现多元化发展。越来越多的头部企业开始将业务触角向产业链上下游延伸。我国动漫产业链融合的模式有几种，一是横向拓展业务，基于对产业的了解和自身资源储备、战略发展方向的诉求，头部企业进行业务层面的横向拓展；二是并购入股，通过对自己未涉足产业领域的公司和团队进行并购入股，实现更加紧密的产业合作，实现产业深度融合；三是寻求战略合作。

3. 内容趋势。随着长视频平台和在线动漫平台借鉴奈飞的动画投资模式，对国产原创动画进行持续投入，直接面向动画工作室和公司合作动画项目，推动动画内容的拓展。成长起来的"90后"及"00后"群体，从小养成了对动画内容的消费习惯，对全龄化动画内容的消费意愿和能力也不断走高。

4. 技术趋势。全世界正进行新一轮动画制作产业升级，AI 算法等技术的研发将助力动漫生产半自动化的发展。技术在动画生产运用中的发展趋势为，一是运用领域拓展，由于计算机算力的提升和图形学的发展，在动画领域，计算机已经可以自动完成一些简单的中间帧，简化动画的制作过程，未来有望将这一技术运用到复杂帧和关键帧的制作中；二是实现精度提升，4K 超高清动画和游戏动画产业的深度融合是未来必然的趋势。

5. 平台趋势。由于用户付费和 IP 授权收入的高速增长使得在线动漫平台依然有较大的增长空间，因此，在线动漫平台有望逐步实现收支平衡。无论是用户付费率还是商业化程度，在线动漫平台相较于其他内容平台还有很大的业务增长空间，海外市场的发展前景有望成为我国动漫平台新的增长点。

（二）动漫产业发展对策

1. 重点支持原创动漫发展。挖掘本土文化资源，推动我国动漫产业从引进代理为主走向自主开发为主，通过政策支持，打造成熟的动漫产业链，培育具有较强竞争力的市场主体，创造一批具有中国风格和国际影响的动漫品牌。不断优化产品结构，让既有自主价值取向又有自主知识产权的国产动漫产品占据国内市场主导地位，并不断扩大国际市场份额。

2. 增强企业的竞争能力。企业是市场竞争的主体，支持动漫产业就要给动漫企业更多的扶持。要积极培育一批具有强大自主创新能力和市场运营能力的动漫研发和运营企业，鼓励引导社会资本对动漫产业的投资，符合条件的动漫企业还可以享受软件产业优惠政策。

3. 实施动漫文化品牌战略。塑造特色鲜明的动漫形象既是推动动漫企业取得突破性进展的动力，也是动漫行业实现产业化的源泉。动漫品牌的多少、盈利空间的大小，是动漫产业整体实力的主要标志。动漫产业要促进中华优秀传统文化创造性转化、创新性发展，创造出具有中国特色的动漫作品。

4. 大力培养高端动漫人才。优秀动漫人才是动漫产业发展的关键。我国动漫产业缺乏既懂艺术又懂技术的复合型人才，因此必须加强高端人才培养，为产业振兴提供强大的技术支撑和人才支持。加快建设公共技术平台，依托高等学校和科研机构及动漫产业基地，建立动漫产业人才培养体系。

5. 培育完整的动漫产业链。动漫市场通常分为三个层次：一是动漫出版物和音像制品市场；二是动漫作品的影视播出市场；三是动漫形象的衍生产品，包括游戏、文具、玩具、食品、服装、日常用品和主题公园。要赋予原创动漫制作企业在产业链中的关键地位，建立灵活高效的生产体系和统一规范的市场体系，促进动漫产品多层次开发和增值。

6. 保护动漫知识产权。动漫产品是我国广大青少年喜爱的精神食粮，应当加强内容管理，特别是对进口动漫产品的内容审查，严厉打击违法经营行为，加大对动漫衍生产品的知识产权保护力度，维护健康的市场秩序，营造良好的发展环境。

7. 拓展全球动漫市场。作为服务贸易的重要组成部分，我国国产动画的国际竞争力不足，现阶段我国依然为动画贸易逆差大国，出口规模远不及进口规模。加强与重点院线渠道和全球性流媒体的国际化合作是拓展海外市场的重要方式。奈飞、亚马逊等已经建立了较为成熟的遍及全球多个国家和地区的流媒体运营网络，动画作品可以通过与其合作实现快速出海，这也是未来中国动画走向世界的主流渠道。

第四节　中国游戏产业

一、中国电子游戏发展历程

（一）萌芽期（1989—1999 年）

电子游戏从 20 世纪 80 年代开始由国外传入我国大陆，并快速在青少年群体形成热潮，经历了从街机到家用游戏机再到电脑游戏的发展过程，出现了游戏厅、网吧等经营场所。国产第一台电子游戏机在广西桂林市诞生。1994 年，大陆第一本电子游戏杂志《电子游戏软件》出版，北京金盘电子有限公司发行第一款自主研发的国产单机游戏《神鹰突击队》，使 1994 年被称为大陆游戏产业元年。1995 年，大陆首个专业电脑游戏公司前导软件成立。1996 年，大陆发行了首个基于微软平台的游戏《官渡》，发布了第一款商业游戏《中关村启示录》。1999 年，盛大游戏成立。

（二）发展期（2000—2008 年）

21 世纪初期，个人电脑开始进入家庭，互联网技术的发展催生了网络游戏时代的兴起。2000 年，我国游戏产业的市场由单机转向网络，我国第一款网络游戏《万王之王》上市，2000 年被称为中国网络游戏元年。然而，由于电子游戏存在赌博、色情、暴力等内容，对青少年群体的身心健康产生不良影响，电子游戏在一段时间被称为"电子海洛因"。2000 年 6 月 15 日，国务院办公厅批准了文化部等部门《关于开展电子游戏经营场所专项治理意见的通知》，开始对这些经营场所采取治理措施。2001 年，盛大游戏从韩国引进并代理游戏《热血传奇》，创下全球大型多人在线游戏记录。2002 年，首届中国电子竞技大会开幕，电竞和直播成为网络游戏新的增长点。2003 年，国家体育总局将电子竞技纳入正式体育比赛项目，即将电子设备视为运动器械开展的、考验选手的智力对抗的体育运动。2004 年 4 月 17 日，首届中国电子竞技运动会举办。2003 年，腾讯公司推出的"QQ 游戏"引领了互联网游戏娱乐体验，腾讯 QQ 社交平台注册用户数突破 1 亿大关。2004 年，腾讯控股在香港联合交易所主板正式挂牌，成为第一家在香港主板上市的中国互联网企业。2004 年，广电总局对网络游戏类电视节目进行专项治理，鼓励和扶持健康游戏和绿色游戏，促进网络游戏更好地发展。2005 年，盛大游戏在美国纳斯达克上市，收购了韩国游戏公司 Actoz 的控股权，成为国内首个收购国外游戏上市公司的企业。盛大游戏采用了游戏本体免费、道具增值服务收费的全新运营模式，开创了网络游戏行业盈利新模式，成为我国网络游戏主要运营模式。2007 年，新闻出版总署推出防沉迷系统来规范玩家的游戏行为，限制游戏时间；启动"民族网络游戏出版工程"，鼓励自主研发。2008 年，游戏产业渐渐成为国民经济发展的重要组成部分。

（三）繁荣期（2009 年至今）

伴随着互联网和信息技术的发展以及智能手机的普及，移动游戏成为中国游戏市场重要的增长点。2009 年，Rovio 娱乐发布手机游戏《愤怒的小鸟》，成为当年现象级手机游戏。据《中国游戏产业报告》数据，2015 年，我国游戏市场实际销售收入达到 1407 亿元，首次超过美国成为全球第一大游戏市场。[①] 腾讯游戏开发运营的手机游戏《王者荣耀》成为迄今为止最为成功的移动网络游戏。同时，电子竞技的发展为游戏产业增添了活力。《英雄联盟》《刀塔 2》等大型网络游戏生成的电竞赛事、电竞直播成为游戏产业的重要组成部分。2017 年，电子竞技比赛被国际奥委会正式列入体育赛事。电子竞技带来比赛收视门票、广告赞助费用等收入。2018 年，全球游戏市场的收入规模达到近 1379 亿美元，我国游戏收入约占全球游戏市场收入的 1/4。[②] 我国网络游戏形成完整产业链，主要由网络游戏研发商、运营商、分销商、用户四个部分组成。网络游戏研发商属于上游，由专业的游戏制作人员开发游戏内容产品，主要有腾讯游戏、网易游戏、卓越游戏、永航科技、天马时空、完美世界等。网络游戏运营商属于中游，是运营管理网络游戏产品的公司，主要通过售卖游戏道具和游戏时长、向用户提供增值服务及出售内置广告取得收入，主要有网易、盛大、百度游戏、腾讯游戏等公司。分销商和相关延伸产业处于下游，网络游戏分销商负责开通销售渠道，将游戏发售给玩家用户。

二、中国电子游戏产业现状

近年来，随着移动互联网技术的持续发展，我国电子游戏产业整体上呈现出蓬勃发展的态势。游戏用户的需求越来越趋向于细分化，不同种类和形式的产品

---

① 中国音像与数字出版协会游戏出版工作委员会：《2015 年中国游戏产业报告》，中国书籍出版社 2015 年版，第 9 页。

② 罗艳：《我国游戏产业"走出去"发展路径研究》，《无锡商业职业技术学院学报》2020 年第 1 期。

内容层出不穷。社交化和高端化是当前移动游戏产品发展的趋势，根据游戏产品社交化来增加用户对产品的黏性，凭借游戏产品高端化来获取较高消费水平的用户，已成为移动游戏企业商普遍的发展方式。

（一）游戏产品形态更加多样

在客户端、网页、移动三种主要类型基础上，拓展虚拟现实、电视等更多游戏类型，同时借助技术手段，推动不同类型游戏的融合发展。基于移动应用平台创新的小程序游戏成为市场增长的重要动力。我国最具代表性的手机游戏产品发展趋势有三类，一是价值引领路线中的经典游戏，如《冲顶大会》，以有奖竞答、益智娱乐为基础，题目涉及科学、文化、艺术等知识；二是传播中华优秀传统文化的游戏如《完美世界》，游戏取材于我国的历史故事和文化典籍，具有鲜明的中国文化特色；三是创新技术路线的手机游戏，如《非常英雄》，改编自中国四大名著《西游记》，能够推动新技术、新价值的不断创新。

（二）网络游戏市场规模与用户数量稳步增长

我国游戏市场最大的细分市场是移动游戏，其次是 PC 客户端游戏，最后是网页游戏，三者占国内游戏市场份额的 90% 以上。据中国音像与数字出版协会游戏出版工作委员会发布的《中国游戏产业报告》，2019 年中国游戏市场实际销售收入 2308.8 亿元，其中移动游戏收入 1581 亿元，占整体营销收入近七成，用户规模 6.2 亿人；客户端游戏营销收入 615 亿元，占比 26.6%，用户规模 1.42 亿人；网页游戏营销收入 98.7 亿元，占比 4.3%，用户规模 1.9 亿人。2020 年，我国游戏市场实际销售收入 2786.87 亿元，用户规模 6.65 亿。2021 年，中国游戏市场实际销售收入 2965.13 亿元，用户规模达 6.66 亿人。[1]

（三）国产自主研发游戏海外市场明显提升

据《中国游戏产业报告》数据，2019 年，中国自主研发游戏海外市场营销收入 115.9 亿美元，同比增长 21%。从地区分布看，美、日、韩是中国自主研发游戏最主要海外市场，收入合计占海外总收入的 67.5%；其次为欧洲和东南亚市场。2020 年，我国自主研发游戏海外市场收入 154.4 亿美元。2021 年，我国自主研发游戏的海外市场实际销售收入达 180.13 亿美元。[2] 当前，国内移动游戏市场主要由腾讯和网易两大巨头垄断，占我国游戏市场份额的约 70%。2019 年，腾讯游戏收入高达 1411 亿元，占据中国游戏市场 48% 的市场份额，是全球游戏

---

① 田丽、刘思西：《发展、变革与博弈中的游戏产业》，《青年记者》2021 年第 9 期。
② 魏东：《游戏品牌：去发现，无限可能》，《中关村》2022 年第 2 期。

收入排名第一的游戏开发商及发行商。[①]

（四）游戏产业盈利模式逐渐多元化

游戏产业以游戏内容为中心，带动电子竞技、游戏直播、游戏短视频等周边产业加速发展。我国电子竞技市场销售收入 2018 年为 834.4 亿元，2019 年为 947.3 亿元，2020 年为 1365.6 亿元，2021 年为 1401.81 亿元。[②]《英雄联盟》和《王者荣耀》联赛是国内最成熟的职业联赛。网络游戏直播平台指主播以各种游戏为直播内容，通过解说游戏比赛或展示游戏技术来吸引观众的平台网站，主要通过观众赠送礼物及平台广告流量等方式实现盈利，主要有虎牙、斗鱼、全民等。据艾瑞咨询发布的《2019 年中国游戏直播行业研究报告》，2018 年，中国游戏直播市场规模为 131.9 亿元，用户规模为 2.6 亿人。[③] 游戏展会指组办关于网络游戏内容的展会，展示并宣传网络游戏，有游戏主播或职业选手进行游戏表演，有游戏商品的销售。网络游戏周边产品指的是以游戏为载体、对其潜在价值进行挖掘所衍生出来的产品，包括游戏主题的玩具、饰品、食品等衍生产品。

（五）技术迭代推动游戏产业高质量发展

随着互联网与电信技术的发展，5G 网络、游戏引擎、云游戏、区块链、人工智能等技术领域的进步与革新，成为未来游戏产业发展的重要推动力。5G 网络具备高速率、大容量、低延时的特征，解决游戏安装包偏大而影响用户进行即时游戏体验的问题。游戏引擎的发展，将使得游戏产品的画面表现、产品稳定性等方面更进一步完善，将带来游戏产品质量的显著提升。云游戏是以云计算为基础的游戏方式，所有游戏都在服务器端运行，并将渲染完毕后的游戏画面压缩后通过网络传送给用户，保障了产品稳定性的同时也控制了服务器投入成本。区块链起源于虚拟货币比特币，以密码学技术为基础，通过分布式多节点共识机制，可以完整地记录价值交易的全过程。最著名的区块链游戏为"云养猫"游戏。人工智能（AI）是利用计算机的软硬件来模拟人类智能行为的技术，在游戏中主要应用于 AI 设计及用户数据分析。

三、中国游戏产业政策法规

1997 年，新闻出版署颁布了《电子出版物管理规定》，加强对电子游戏出版物的管理，规范游戏市场经营秩序，初步形成了由新闻出版署全面负责的对游戏

---

① 人民网：《腾讯发布 2019 年财报：游戏业务营收 1411 元》，2020 – 03 – 19，m. people. cn/n4/2020/031910903-13795918,htmlo。

② 智研咨询：《2023—2029 年中国电子竞技行业市场运营格局及未来前景分析报告》，https：// www. chyxx. com/research/202110/978255. html。

③ 艾瑞咨询：《2019 年中国游戏直播行业研究报告》，https：// report. iresearch. cn/report_pdf. aspx? id = 3414。

研发企业实行审批及发放许可证的游戏内容审批制度。

2002 年，新闻出版署和信息产业部颁布了《互联网出版管理暂行规定》，对包括互联网游戏在内的互联网出版活动提出了全面、具体的管理原则和办法。同时，新闻出版署成立了全国游戏出版物专家审读委员会，加强对游戏内容的审查管理，标志着由新闻出版署全面负责的游戏审批制度的确立。

2003 年，中国出版者协会游戏工作委员会成立。新闻出版总署等部门开展打击"私服""外挂"的专项治理行动，加强网络游戏进口审查和内容审查，严格查处存在色情和赌博性质的网络游戏，治理网吧，净化网络游戏空间，推行网络游戏实名制防止青少年沉迷游戏。

2004 年，国家新闻出版总署启动"中国民族网络游戏出版工程"，鼓励国产游戏开发民族游戏精品，扶持国内软件开发商、网络运营商、内容提供商以百名中华民族优秀历史人物的故事为主题，开发大型系列网络游戏《中华英雄谱》。

2007 年，"网络游戏防沉迷系统"正式实施，用以防止青少年群体的游戏成瘾问题，凡是没有安装该系统的网游一律不准公开投入运营。

2009 年，全国信息与文献标准化技术委员会出版物格式分技术委员会发布了《动漫出版标准体系表》，包括设计标准、研发标准、出版发行标准、宣传推广标准、衍生品制作营销标准等，推进动漫产业标准化、规范化建设。

2010 年，《网络游戏管理暂行办法》正式实施，是一部专门针对网络游戏进行管理和规范的部门规章，系统地对网络游戏的娱乐内容、市场主体、经营活动、经营行为和法律责任做出了明确规定，对我国网络游戏健康有序的发展具有深远意义。

2013 年，全国动漫游戏产业标准化技术委员会在上海成立，发布了《全国动漫游戏产业标准体系框架》，其中手机（移动终端）动漫系列标准上升为国际标准，提升了我国动漫产业的国际话语权。

2018 年，国务院机构改革后，明确由新闻出版署履行国产网络游戏审批、进口网络游戏审批、游戏变更审批等游戏监管职能，随后文化和旅游部废止了《网络游戏管理暂行办法》。2018 年，强化游戏版号管理，调整产品结构，优化产业格局，对大企业的上下游垄断起到重要的调控作用。

2019 年，国家新闻出版署出台了《关于防止未成年人沉迷网络游戏的通知》，在完善游戏实名制基础上限制未成年人游戏消费金额和时长，对游戏市场的健康发展做出进一步规范。

2020 年，国家多部门出台十余项数字经济发展相关政策。上海提出建设"全球电竞之都"。《中华人民共和国未成年人保护法》增设了"网络保护专章"，为规范网络游戏服务，从内容治理、技术发展、产品功能设置、部门分管、企业、家庭、学校、社会组织责任及未成年人行为监督与引导等多个方面做出明确规定，提供法律保障。

四、中国游戏产业的知识产权保护

为构建良好的游戏版权保护生态，引导版权行业规范化发展，国家在行政领域加大整治力度。自 2005 年起，国家版权局开展打击网络盗版侵权行为的"剑网行动"。

2011 年，百度文库建立了版权作品过滤系统，有效拦截线上恶意文档，判断是否侵权。版权过滤技术的发展带来了版权保护技术和方式的革新，成为企业维权的重要手段，收到了预防侵权事件发生、降低治理成本、维护正常版权秩序的效果。

2020 年，中国网络游戏版权工作委员会成立，通过行业自治推动游戏版权健康发展。由 5G 云游戏产业联盟主办的"ICT 中国·云游戏大会 2020"召开，33 家游戏企业共同签署了《云游戏版权保护自律公约》《云游戏平台防沉迷自律公约》，推动云游戏标准建立。

2020 年，最高人民法院印发《关于加强著作权和与著作权有关的权利保护的意见》，司法审判探索游戏版权保护新规则。特别强调要高度重视互联网、人工智能、大数据等技术发展新需求，依法妥善审理体育赛事直播、网络游戏直播、数据侵权等新类型案件，促进新兴业态规范发展。

2021 年，新修改《著作权法》正式实施，以"视听作品"替代了"电影作品和以类似摄制电影的方法创作的作品"，将游戏形成的连续动态画面涵盖其中，加以保护。此外，打破作品类型封闭列举式规定，引入惩罚性赔偿制度，设置最低侵权赔偿标准，加强对网络盗版行为的打击力度。

2021 年，中共中央、国务院印发《知识产权强国建设纲要（2021—2035年）》，强调实施知识产权强国战略，构建响应及时、保护合理的新兴领域和特定领域知识产权规则体系，尤其是互联网领域知识产权保护制度。

2021 年，中国版权链正式上线，极大地简化了版权认证申请流程，直接关联数字内容版权方，快速实现版权登记，作品产生即上链进行确权存证，为版权方提供全平台、全时段侵权监测服务，成为解决版权领域确权、维权等问题的一站式版权服务平台。

资料链接

动漫改编游戏的经典佳作

一、《龙珠：斗士 Z》

《龙珠：斗士 Z》在格斗游戏界很受欢迎，对各种水平的玩家都十分友好。无论操作水平如何，玩家们都可以在游戏中充分体验到《龙珠：斗士 2》里的各种超能力以及各种人气角色，包括悟空、弗利萨和贝吉塔的众多移动操作和招式。每一步操作都能延伸出全新的更加强力的后续连招，就像是在《龙珠：斗士 2》里面看到的一样，将敌人送上天。还有必杀大招，可以将整个星球都击穿，游戏画面则会切换到整个宇宙的视角，玩家可以尽情享受深邃宇宙的美景。

标准连招、闪避以及二段跳的操作都十分简单，他们的移动模式和战斗策略都十分相似，同时有着更高阶的连招和技巧，玩家击败他们之后可以获取这些内容。此外，内容丰富但又轻松愉快的剧情模式也给《龙珠》迷们带来了更大的惊喜，随着游戏中的敌人人造人 21 号逐渐提升能力，剧情也在不断推进。而且剧情中的各种对话都十分幽默搞笑，角色之间的互动也让人眼前一亮。《龙珠：斗士 Z》无论是在游戏性方面还是剧情方面都表现得十分出色。

二、《究极忍者风暴 4：博人之路》

《究极忍者风暴 4：博人之路》作为《火影忍者》系列中第七部，也是最后一部作品，包含了《博人之路》特有的内容，其中出现了 2015 年《火影忍者剧场版：博人传》及许多年轻角色成年之后的形象。这款游戏的战场采用了 3D 模式，玩家们可以选择三个角色并进行切换。

游戏中共有 106 名《火影忍者》的角色可供选择，而且墙上战斗的模式也自系列第一作之后，在本作中得以回归。尽管格斗模式较为简单，这款游戏中的一些新机制，包括武器破坏系统以及元素伤害（火系伤害可以点燃角色的衣服）也给战斗体验添色不少。游戏的主线故事主要设定在第四次忍界大战的时候，玩家们可以从不同角色的视角来经历各种剧情，而《博人传》的部分则发生在 15 年之后。《究极忍者风暴 4：博人之路》有着不错的视觉设计、有趣的剧情转折和紧张刺激的战斗场景。

三、《足球小将：新秀崛起》

《足球小将》游戏对于喜欢足球的玩家来说，能够唤起许多回忆。这是一款快节奏的街机风格的足球游戏，能够给玩家带来动画感十足而又绝佳的射门和身临其境的抢断体验。故事模式则有两种不同的路线：玩家可以和动漫中一样选择操控小翼在中学锦标赛中奋战、建立属于自己的辉煌，或者是创建自己的独创角色作为日本队的一员其他与明星足球队进行比赛。这款游戏另外一个特色则是可以自己创建角色，选择不同的技能和能力，并且可以在本地或者联网组建自己的梦之队。这款游戏与《FIFA》不同，它是一款风格夸张的足球游戏，视觉设计也非常炫酷。

四、《游戏王 决斗者的遗产：链接进化》

是时候开始决斗了！2019 年发布的《游戏王 决斗者的遗产：链接进化》是热门卡牌游戏的最新数字版作品，其中包含了《游戏王》中共计 10000 张以上的卡牌，并且引入了《游戏王 VRAINS》中使用的"新大师规则"。对于老玩家来说，这款游戏的操作模式自然并不陌生，对于从来没玩过《游戏王》的玩家，游戏中有十分贴心的新手教程。

五、《骇客时空 G. U.》

《骇客时空：最后的记录》包含了最初在 PS2 上发布的三部曲的内容，进行了画质升级，带来了全新的故事章节，而且在玩法方面有了许多提升。系列游戏跟随主人公芭蕉追击大反派三爪痕的过程动魄惊心。而一路上遇到的其他角色，给这段旅程增添了许多乐趣。与同伴联合用出强力的组合技及在地下城探索稀有道具的游戏模式永远不会过时，而随着剧情发展一步步查明真相的过程也充满了乐趣。每一场战斗之后能力都会得到提升，因此能够切身感受到芭蕉在一步步成长。

六、《海贼无双 4》

《海贼王：海贼无双 4》采用了《真三国无双》的操作模式，并且很好地与《海贼王》的冒险内核结合起来。在这款游戏中，你可以和路飞以及草帽海贼团一样探索各种岛屿，并最终找到他们梦中的珍宝。但是要注意的是，你还要与大量的敌人进行战斗，各种建筑物甚至会坍塌，给你的战场带来大量烟雾和额外的障碍。《海贼王：海贼无双 4》十分注重细节，在每个角色的战斗风格方面展现得淋漓尽致。更重要的是，你还能在游戏中重新经历《海贼王》的各种名场面及冒险故事，动漫中的经典场景也将在游戏里再现。

七、《数码宝贝故事：赛博侦探　黑客记忆》

《赛博侦探》系列是《数码宝贝》衍生作品中的一款不同的 RPG 游戏，给玩家们带来了十足的游戏乐趣和娱乐体验。在这款游戏中，我们将作为黑客进入到赛博空间，解决各种迷题，同时收集各种数码兽来进行抚养或者战斗。经典的回合制战斗充满乐趣，尤其是可以利用数码兽的属性相克击败敌人。数码兽升级后获取的新能力和外观也是这款游戏的一大亮点，而且《赛博侦探》充分利用了东京这个大环境背景，将现实世界和数字世界联系在了一起。简而言之，这款游戏相当于是两部经典 RPG 游戏的结合，其中包含了大量炫酷而可爱的数码兽，而且还可以陪伴它们一步步进化。

八、《命运石之门：精英》

这款游戏是《命运石之门》游戏的更新版，与 2011 年版的《命运石之门》动画保持完全一致，但同时又包含了游戏中独特的动画故事元素。这款游戏更偏向于视觉小说品类，但叙事主体则会根据玩家的选择而有所不同，这也会对游戏结局造成影响。简单来说，这是一部关于时间旅行、国际阴谋和多重时间线的科幻故事，涉及许多物理学方面的内容，紧张刺激的剧情给玩家带来极佳的游戏体验，是近年来视觉小说游戏的上乘之作。

九、《北斗神拳：失落的天堂》

如龙工作室成功开发了《北斗神拳：失落的天堂》这款游戏，并于 2018 年发售。主人公健次郎在地球的废墟中不断探索，同时还要与众多敌人进行格斗，而他的北斗神拳式格斗风格往往会让敌人们以各种可怕的方式死去。尽管故事发生在后末日式的世界，健次郎还是一直在进行一些正常的活动来让自己保持忙碌，包括棒球、调酒、模仿桐生一马以及玩 *Out Run* 这类复古游戏。《失落的天堂》是一款不错的动作冒险类游戏，动作和操作方面称得上是顶级水平。

十、《妖精的尾巴》

如果你幻想前往菲奥莱王国加入灭龙魔导士纳兹的魔导士公会并成为其同伴的话，这款游戏能够满足你的愿望。RPG 游戏《妖精的尾巴》包含了动画中的许多元素，在游戏中踏上冒险的旅程，帮助公会重现昔日的辉煌。动画内容与游戏操作完全融合在一起。玩家们会接到各种任务委托，逐渐提升在工会的等级和声望。从任务中获取到奖金之后，玩家还可以升级公会的装饰，比如添加魔法商店，或者更换一块更好的任务公告板。玩家还可以与不同角色产生羁绊，并且让他们加入自己的团队，比如温蒂和格雷，他们能够提升战斗时的团队合作力量。这款游戏采取的是回合制模式，玩家需要关注自己的 MP，恰当地施展各种连锁攻击，从而组合出特殊技能。在整个冒险旅程中，玩家需要不断地完成任务，从而提升等级。此外，哈比永远都是玩家们的开心果。

十一、《绯红结系》

万代南梦宫开发的这款未来主义风格的动作/RPG 游戏，借鉴了《薄暮传说》的部分理念，开发团队也充分利用了科幻风格的优点，创造出了一个奇怪的世界。想要吞食人脑的异性从天而降，而超能力人类精英则需要凭借自己的能力保护日本。

十二、《勇者斗恶龙　达伊的大冒险》

作为一款手机端团队 RPG 游戏，基于系列漫画的内容，补充了《达伊的大冒险》最新动画的部分情节。玩家在游戏中需要三线作战，能够与最多三名玩家联机合作进行战斗。游戏中还包含了两种不同的故事模式，一种是完全贴合游戏原本的故事线，玩家需要完成各种任务，逐渐遇到一些熟悉的角色并且吸纳到自己的团队中，而另一种则基于由《达伊的大冒险》系列漫画的原作者三条陆监制下独创的全新故事。

十三、《新美妙世界》

这款游戏延续了动画作品《美妙世界》的剧情及初版游戏中的内容，有了一个新的主人公 Rindo，他在臭名昭著的"收割者游戏"中被抓获。游戏中还出现一些过往作品中的角色，他们将共同揭露这个致命游戏的真相，指引新角色探索游戏的意义。

十四、《数码宝贝：绝境求生》

《数码宝贝：绝境求生》是一款生存/策略类游戏。游戏中有许多角色可供选择，不同角色会引出不同的故事剧情和数码宝贝的进化路线。这款游戏的操作模式包括探索岛屿、角色社交以及战斗部分。玩家可以在这款风味十足的游戏中做出不同的选择，并且规划自己的时间。

十五、《宝可梦传说：阿尔宙斯》

这是一款《精灵宝可梦》的开放世界游戏，游戏设定在第四世代的神奥地区，时间设定在《精灵宝可梦：钻石珍珠》的故事线之前。它是一款动作/RPG 游戏，并且与系列前作有了许多不同，但继承了前作的经典操作模式。尽管游戏故事设定在过去，全新的木质精灵球会给我们带来惊喜，捕捉到宝可梦之后会有蒸汽冒出。这款游戏的时间设定在宝可梦训练师锦标赛出现之前，因此，我们能够从中体验到全新的游戏乐趣。

资源来源：https://gouhao.qq.com/content/detail/0_20210527153719_CLzbwVzrF。

参考文献

[1] 蔡尚伟, 温洪泉. 文化产业导论 [M]. 上海: 复旦大学出版社, 2006.

[2] 方明光. 文化市场与营销 [M]. 上海: 上海人民出版社, 2003.

[3] 郭鉴. 吾地与吾民: 地方文化产业研究 [M]. 杭州: 浙江大学出版社, 2008.

[4] 胡惠林. 文化政策学 [M]. 上海: 上海文艺出版社, 2003.

[5] 胡惠林, 李康化. 文化经济学 [M]. 上海: 上海文艺出版社, 2003.

[6] 胡惠林. 文化产业学 [M]. 上海: 上海文艺出版社, 2006.

[7] 花建. 区域文化产业发展 [M]. 长沙: 湖南文艺出版社, 2008.

[8] 哈特利. 创意产业读本 [M]. 曹书乐, 包建女, 李慧, 译. 北京: 清华大学出版社, 2007.

[9] 亨廷顿. 文明的冲突与世界秩序的重建 [M]. 张立平, 等, 译. 北京: 新华出版社, 2002.

[10] 黄永林. 中国文化产业发展论纲 [M]. 武汉: 华中师范大学出版社, 2022.

[11] 凯夫斯. 创意产业经济学 [M]. 孙绯, 等, 译. 北京: 新华出版社, 2004.

[12] 刘玉珠, 柳士发. 文化市场学 [M]. 上海: 上海文艺出版社, 2002.

[13] 李康化. 文化市场营销学 [M]. 太原: 书海出版社, 山西人民出版社, 2006.

[14] 李向民. 中国文化产业史 [M]. 长沙: 湖南文艺出版社, 2006.

[15] 李怀亮. 当代国际文化贸易与文化竞争 [M]. 广州: 广东人民出版社, 2005.

[16] 李宝虹, 等. 文化产业投资 [M]. 北京: 清华大学出版社, 2013.

[17] 孙有中. 美国文化产业 [M]. 北京: 外语教学与研究出版社, 2007.

[18] 汤林森. 文化帝国主义 [M]. 冯健三, 译. 上海: 上海人民出版社, 1999.

[19] 陶斯. 文化经济学 [M]. 周正兵, 译. 长春: 东北财经大学出版社, 2016.

[20] 熊澄宇. 文化产业研究战略与对策 [M]. 北京: 清华大学出版社, 2006.

[21] 熊澄宇. 世界文化产业研究 [M]. 北京: 清华大学出版社, 2012.

［22］徐浩然. 文化产业管理［M］. 北京：社会科学文献出版社，2006.

［23］休伊森. 文化资本：创意英伦的兴衰［M］. 蓝胤淇，译. 北京：商务印书馆，2020.

［24］姚伟钧. 文化资源学［M］. 北京：清华大学出版社，2015.

［25］张胜冰，徐向昱，马树华. 世界文化产业概要［M］. 昆明：云南大学出版社，2006.

［26］张朝霞. 演出与经营管理［M］. 上海：上海音乐出版社，2005.

文化产业概论